RENATE JUST

KRUMME TOUREN 1

REISEN IN DIE NÄHE

**FRANKEN ALPENVORLAND
NÖRDLICH VON MÜNCHEN**

VERLAG ANTJE KUNSTMANN

Überarbeitete Neuausgabe 2007
© der deutschen Ausgabe: Verlag Antje Kunstmann GmbH,
München 2001
Umschlaggestaltung: Michel Keller, München
Gestaltung: Sabine Wimmer, München
Lithografie: ReproLine, München
Satz: Frese, München
Druck und Bindung: Clausen & Bosse, Leck
ISBN 978-3-88897-261-4
1 2 3 4 5 • 11 10 09 08 07

INHALT

... eine relativ langsame, behutsame
Bewegung über Land,
ein ganz allmähliches
Weitergezogenwerden...

Kapitel 1:
TAGEDIEB

LAST MINUTE

Wie Schwänzen muß es sein. Man kann ja einen Zettel liegenlassen, bevor man verschwindet. Bin abends zurück, oder morgen, oder längstens in drei Tagen. Schwänzen ist schließlich kein Dauerzustand, sondern ein kurzes Verduften zwischendurch. Irgendwann wird man das kleine Telefon aus der Tasche fummeln und daheim eine Nachricht deponieren: Hör mal, es ist jetzt halb zehn und sich sitze auf der Fraueninsel beim Entenfüttern. Bin im Café Central in Innsbruck, Gilmstraße, und trinke gerade meine zweite Melange. Stehe auf dem Dreisesselberg und gehe jetzt runter nach Lackenhäuser. *Wartet nicht auf mich.*

Vielleicht ist es dieser Morgen gewesen, daß man partout nicht zu Hause frühstücken wollte. Die Luft, die vor Sonnenaufgang durchs offene Fenster kam, derart beißend frisch, daß es einen in den Nasenlöchern fror. Das durchgedrehte Vogelremmidemmi in den Bäumen – Krakeelen, Wetzen, Pumpen, Ruckeln. Der Geruch nach Gras, Tau und Apfelblütenblättern, von denen es ein paar auf den Dielenboden getrieben hat. Der Himmel, der wolkenlos und blau werden würde wie die Hundszungen im Gartenbeet. Und dann das Auftauchen des Sonnenballs, der das Zimmer, nur kurz, in Rotgold badete.

Was für ein Tag! Den werden wir uns stehlen, aber sofort. Ausgeschaltet bleibt der Computer, knittrig die Bügelwäsche, verkrustet das Geschirr. Abhauen: Zu einer dieser kleinen Extratouren in die Nähe, nach denen einen anfallartiges Bedürfnis packt. Katzen füttern, ein Kaffee im Stehen. Wohin man aufbricht, das entscheidet einzig ein kleines Sehnen, ein inneres Bild, das gerade stärker ist als andere. Alpenwärts, wenn es ein Tag der Fernsicht ist? Vielleicht mal wieder nach Passau und das Vogelreservat in den Innauen begucken? Ins Dachauer Hinterland, oder gar über die böhmische Grenze?

Aus der angeblätterten Zeitung plärrt einem ganzseitig »Ratzfatz weg!« entgegen, eine von diesen Billigflieger-Annoncen, »Das große Kribbeln. Für 238 Mark! Fliegen in den Wonnewochen!« – »Nix wie weg!

Sechzig Sonnenziele!« Na vielen Dank, jetzt das Parkdeck Modul B des Großflughafens, und dann blödes Malta oder Manacor… unlustig auf solche Plätze ist man nicht, weil man ein großer Ökoheiliger und Kerosin-Nachrechner wäre, sondern weil man von derlei Budget-Strandparadiesen ein paar kennenlernen durfte, eine schwere Prüfung, Las Palmas oder Hammamet.

Die Sonne bescheint heute Bayern auch, was sie, zugegeben, nicht an Hunderten von Tagen tut, aber dann wär's ja hier auch so beige-verbrannt wie an all den verkaufsschlagermäßigen SONNE!-Destinationen. Last-Minute-Reisende sind wir selber – à la minute können wir uns in lauter Gegend stürzen, sobald wir den Hausschlüssel umgedreht haben, ein fideles, freies Unterwegsgefühl haben wir auf unseren Eskapaden vom Start weg – und sind nicht erst »verreist«, wenn wir uns auf ein Hotelzimmerbett plumpsen lassen, verschwitzt von stundenlangem Verfrachtetwerden in ein Land, das sich viel schwüler und stickiger anfühlt, als wir dachten.

Eigentlich bin ich in den vergangenen Jahren immer weiter ins gar nicht so kleine Lager der Reisemuffel hineingerutscht. »Wozu überhaupt wegfahren? Es ist schön hier bei Grit«, heißt es hinterhältig in Botho Strauß' frühem Roman »Rumor«. »Ein bißchen öde und unbehaglich, aber schön genug.« Man kennt das: auch aus einem Habitat von durchaus unbedeutenden Reizen zieht es einen immer seltener machtvoll in die Ferne. Ach, dieser Furor, die ganze Welt sich höchstpersönlich einverleiben zu müssen! – Wie viele Altersgenossen hat man in jüngeren Jahren eh eine ganze Menge Globus abgespeichert, damals, als die mittlerweile explodierte Pläsier-Mobilität noch vergleichsweise bescheiden plätscherte. Bei manchen erinnerungsverklärten Schauplätzen, die man nach zwanzig Jahren wieder aufsuchte, hätte man das besser unterlassen. Heute geht es mir, wie offensichtlich einer wachsenden Zahl von Bodenhaftern, immer öfter so, daß die Aussicht auf den Zustand »Verreistsein« (es gibt natürlich Ausnahmen) eher Unwohlsein als Vorfreudebibbern auslöst. Je mehr permanentes Lebens-Hopping die Flexibilisierungs-Zeitläufte fordern, desto bockiger scheint das unsereinen zu machen.

Uns graust es schon vorm *Packen,* diesem üblen Suchen, Falten, Stopfen. Uns graust es vor den Durchschleusungs- und Verteilerplätzen des Reisens, wo man uns sortiert, bündelt und weiterverschiebt – den Schalensitzreihen im Airport-Aquarium oder der Hauptbahnhofshalle mit ihrem fettigen Croissant-Geruch. Wir hassen diese Selbstwahrnehmung zwischen Zerflossenheit und Erstarrung, die uns, gezwängt in die diversen Transportmittel, regelmäßig befällt: ob im Automobilstau am Schkeuditzer Kreuz bei geschlossenen Lüftungslamellen gegen die LKW-Abschwadungen der Kriechspur, ob in der stehenden Jet-Kabine, wo sich zig matte Arme immer wieder nach oben recken, um an den nippelartigen Düsen der Frischluftzufuhr zu drehen, vergeblich natürlich. Oder im rammelvollen IC-Abteil, wo nicht zum ersten Mal der Schubfachaschenbecher der Armlehne festklemmt, um uns schließlich in einer stinkenden Wolke entgegenzukrachen.

Und dann ist man am Ziel – in einem dieser Hotelzimmer halt, wo man einen Plastikschuhlöffel und zwei Golden-Delicious-Äpfel, aber niemals genügend kaltes Mineralwasser vorfindet, wo man auf der Bettkante telefonieren muß, mit Blick in die Naßzelle, auf die reliefartigen Frottee-buchstaben der Duschvorlage und den Schwenkarm des Runzelvergrößerungsspiegels. Vielleicht gibt es auch ein Schwimmbad, »irgendwo im zweiten Stock ein schweigendes, blaues Viereck, das aussieht wie jene Becken, in denen Brennstäbe versenkt werden« – so Eva Demskis Hotel-hallenbad-Assoziationen.

KRUMME TOUREN

Womöglich ist es die lange Kette solcher Mißbefindlichkeiten des »erwachsenen«, »vernünftigen« Reisens, in der Erinnerung verschwimmend zu einem einzigen gereizten Druck- und Unbehaustheitsgefühl, die eine Art Im-Frühtau-zu-Berge-Regression bewirkt hat. Die *Ausflüge* früher, was waren sie schön! Aus grauer Städte Ma-hu-ern! Burgruinen kraxeln, verproviantiert mit harten Eiern und Zitronenbonbons in einer nieren-

förmigen Blechdose, in Flüssen schwimmen, Himbeerlimo und Troll-
blumenwiesen, Hüttenübernachtungen und Wehrgänge.«Reichtum am
Wege« hießen damals die regionalen Reiseprospekte mit gestochen schönen Schwarzweißfotos, und wenn man in die Gebirgssommerfrische fuhr,
dann gewiß nicht um sich »Happy Ferien« mit Schauschnitzen und
Schnupperklettern in einem Hoteletablissement namens »Funimation«
(Gastgeber: »die Falky-Family«) zu gönnen. So wirbt heute der Katsch-
berg/Kärnten.

Nostalgie, na schön. Der prallen Gegenwart, siehe oben, kommt man
eh nicht aus bei den kleinen Fluchten, den Mikroreisen, den krummen
Touren auf den Sträßchen der Nähe, der engen und etwas weiteren, sagen
wir's ruhig, Heimat. Das Terrain ist ja etwas brenzlig: Heino, Kein-schö-
ner-Land-Gedankengut, Brauchtumspflege, die Omas mit ihren ominösen Sprüchen: Kind, Deutschland ist doch *so* schön, was müßt ihr denn
immer so weit weg… Da schwangen überdeutlich Enge, Beschränktheit
und Ressentiment mit, wenn nicht gar braune Heimatschollentöne – und
gerade packte man seinen Traveller-Rucksack für Ecuador. Heute muß
man sich eher gegen die Carolin-Reiber-Gotthilf-Fischer-Bilderwelt ab-
grenzen, wenn man deutsch/österreichische Lande bereist: schlimmsten-
falls war unlängst die Volkstümliche Hitparade vor Ort oder man hat
irgendwelche kreischbunten Fernsehschrecken namens »Klingendes
Eichsfeld« oder so ähnlich produziert.

Aber es wäre ein Jammer, wenn einen das Jodelspießertum abhalten
würde von der kleinräumigen Erkundung mitteleuropäischer Landschaften und Kulturräume. Entreißen muß man diesen Verhunzern und ihrer
Gefolgschaft die Bilderhoheit über Stadtlandfluß hiesiger Gefilde! Und
wenn man dann abseitig umherrutscht auf Landsträßchen, Bauernwegen,
manchmal sogar noch durch Alleen, dann wird man ein paar banale, aber
ans Herz gehende Erfahrungen wiederentdecken: wie wohlgefällig es ist,
daß hierzulande die Sommer frisch und grün sind und nicht gelbverdorrt,
daß es nach Heu riecht statt nach Provencekräutern, daß man von Kastanien mindestens so kühl beschattet wird wie von Platanen und Pergolas.

Und daß man im weichen Moorwasser eigentlich lieber schwimmt als in Algen, Quallen und Salz. Ungeahnte Landschaftseuphorien kann man erleben, aber auch gemischte Gefühle bis zur harschen Desillusionierung, fad ist es mir jedenfalls selten geworden. – Ich wohne im östlichen Oberbayern, deshalb ist dies der Ausgangspunkt meines Herumkarriolens, das erstmal nach Franken, ins Voralpenland und ins nördliche Oberbayern führt. Es heißt ja immer, daß die Welt für das Kind riesengroß ist und daß Strecken und Räume schrumpfen, je älter man wird. Ich habe das eigentlich umgekehrt erlebt: für mich ist eine überschaubare Region, die sich allemal in ein paar Autobahnstunden durchqueren läßt, immer weiter und unerschöpflicher geworden, und wäre ich nicht zu faul für ausgiebige Fußgängerei, würde ich sie natürlich nochmal erheblich gedehnter erleben. Ich fahre aber leider ziemlich gern Auto, in das ich vorm Aufbruch erstmal ein paar Sachen werfen muß, eine ganze Menge, um ehrlich zu sein. Und los geht es, immer gleich: dort, wo der Kies der Hofeinfahrt auf den Asphalt der Gemeindestraße trifft. Ein Tor gibt es nicht, und die Grenzlinie ist von Grasinseln durchsetzt, von Sandkuhlen ausgewaschen, die bei Regen zu großen Pfützen werden. Dann spült es auch immer eine Zunge von Kieseln auf den öffentlichen Teerbelag – die Kiesel sind noch »hier«, das Sträßchen bereits »unterwegs«. Aufbruch – das ist der Moment, wenn die Reifen nicht mehr knirschen und mahlen, sondern auf dieser knapp eineinhalbspurigen Chaussee kleinster Ordnung ins glatte Rollen kommen. Als letzte Impressionen die Schönheiten meines Dorfs: die Stallkittel und ausgebleichten Karodecken der Nachbarn, die zum Trocknen krumpelig auf den Staketenzaun gepfählt sind, die von Federn und Mist gesprenkelte Gänsewiese samt ihrem heiseren Schnattern, das bemooste Bushäuschen unter der kränkelnden Kastanie, die Wertstoffdeponie und Bauer Wasners Gartenzwerge, eher Gartenriesen, vom Tschechenmarkt in Domažlice. Und wenn ich wieder-wiederkomm', wird in der schokofarbenen Bodenverplattung um Dirschls stolzen Neubau auch der letzte Stein gesetzt sein.

CAR WHEELS ON A GRAVEL ROAD

Und was ist das Reisegepäck? Der kleine Rucksack, die alte Thermoskanne mit Bakelitbecher, zwei, drei Bücher, die man gerade liest, Generalkarte, Stadtpläne und Meßtischblätter – diese möglichst flächendeckend, denn ich bin ein Landkartennarr. Zigaretten und der englische Flachmann mit Brandy, nicht so ganz autofahrergemäß, aber für manche empfindsamen Aussichtspunktmomente ein sehr angenehmes Stimulans. Andere Ausflügler schieben sich zur Stimmungserhöhung ein kleines Stanniolpäckchen mit Dope in die Hosentasche – da ist vielleicht die heutige Schleierfahndung im Grenzgebiet zu Österreich mal kurz mitzubedenken. Ferner müssen Dehio, Reclam-Kunstführer oder Prestelband über die zu erkundende Region ins Gepäck (Herbert Schindlers »Kunstreisen in Niederbayern« kann ich schon singen) – denn wenn einem auch kürzlich das Demokrit-Zitat zu denken gegeben hat: »Die Bildung ist für den Glücklichen eine Zierde, für den Unglücklichen eine Zuflucht«, so ist man doch, Zuflucht hin oder her, darauf versessen, über wittelsbachische oder fürstbischöflich-salzburgische Geschichte nachzulesen, über Rottaler Blankziegel-Gotik und Egid-Quirin-Asam'sche Stucktheatralik, über Markt- und Bauernleben, Pest und Feuersnot von ehemals. Und außerdem haben wir unlängst im nicht gerade ältlich-bildungsbeflissenen »Titanic« eine diesbezüglich ermunternde Passage von Max Goldt gefunden: Da hat dem Autor jemand »blödes Reiseleiterwissen« unterstellt, weil in seinem »weiträumigen Gedächtnis« hängengeblieben war, daß die Alster 54 km lang ist. Der verbreitete »regelrechte Stolz« auf das Desinteresse an unseren Gebieten, an ihrer Vergangenheit, hat den Max Goldt geärgert. »In Bielefeld gibt es z.B. einen heute wenig attraktiven Platz namens Kesselbrink mit einer Skateboardrampe und anderen unspektakulären Geschichten«. Zu anderen Zeiten trug es sich aber zu, daß dort »ein primitives Badeleben in Kübeln und Zelten« stattfand, später »Kosaken ihre struppigen Pferdchen anpflockten«, wie sich aus dem Studium lokalhistorischer Heftchen erschließt. »Wer nichts weiß«, so Max Goldt, »der sieht am Kesselbrink nur Autobusse und Skater und ist ein armer, linearer Gegenwartswurm.« Ja!

Also, Bücher schmeißen wir ins Auto, manchmal sogar Gedichte, und die Laufschuhe hinter den Fahrersitz, deren Profil noch vom letzten Mal erdverbacken ist. Und ganz viele Musikkassetten verschiedener Genres, man weiß nie, was paßt. Vielleicht hätte man beim Aufbruch, wenn noch die Nebelschleier über den Wiesen hängen, gern so ein elfenhaft schwebendes, magisches, flirrendes Violinsolo im Ohr? Oder lieber treibendes, schnell rhythmisiertes, ein bißchen schrilles Barock-Gehüpfe, von Komponisten mit munteren Namen wie Valentin Rathgeber oder Johann Georg Pisendel? »Tönet, ihr Pauken« vom Contrapunctus Ensemble aufgespielt, oder »Schon eilet froh der Ackermann« aus Haydns Jahreszeiten? Kann aber auch sein, daß Bluegrass gerade richtig ist, Harry Conninck jr., Van Morrison oder »Car Wheels on A Gravel Road«, Country von Lucinda Williams. Und oft genug sind es, namentlich im altbayerischen Raum, die hiesigen Traditionals, die echten »Stickln«, Zwiefache und Dreigesänge, kratzig oder rührend, getragen oder derb, die uns über Land ans Gemüt gehen: Übas Wassa muaß I umi / Hör die Fischerl springa / Liegt a Ringerl am Bodn / Ko's ned aufabringa. Ein bißchen heikel wird es mit der Musikuntermalung, wenn sie allzu programmatisch, sozusagen verdop-

Terrassencafé im Fränkischen, 50er Jahre

pelnd, zum Klingen kommt: wie elegisches Keltengezirpe in Irland einfach too much ist, so »Nachmittag eines Fauns« in hochsommerlicher Pans-Stunde, geschweige denn die »Winterreise« auf, sagen wir, kahlen, vernebelten Alleen Ostböhmens. Ein bißchen Seelenkitsch ist ja ganz schön, so allein in der automobilen Gondel, aber man kann's auch übertreiben.

Es ist das Trugschlüssige, aber auch das Verführerische, daß sich das Autofahren auf kleinen und kurvigen mitteleuropäischen Landstraßen, abseits der Zentren, außerhalb der Freizeitexplosionen an den Weekends, manchmal noch immer so anfühlt wie das sorg- und fraglose »Genußfahren« der Fünfziger- und frühen Sechzigerjahre, in den »Kraichgau« vielleicht oder in ein Terrassencafé mit Frucade-Schirmen. Eher ein Rollen als ein Rasen, manchmal über bogenförmig verlegtes Basaltpflaster damals, samt dem charakteristischen Grummelgeräusch unter den Reifen. Ellenbogen aus dem Kurbelfenster oder das Faltdach offen, und gegen den Fahrtwind ein getupftes Acetat-Tüchlein um den Kopf, im Nacken geknotet.

Sowas trägt die Fahrerin heute nicht mehr; und am späten Nachmittag wird sie heutzutage auch auf den kargsten Sträßlein gehetzt von Nebenerwerbsjungbauern in dicken Schlitten, die schnellstens heim wollen vom Tagesjob in der Gerüstbaufirma auf den Trecker in Grammetsöd. Morgens aber ist sie oft so allein auf den kurvigen Bändern von Dorf zu Dorf, zwischen Bachgrund und Höhenrücken, daß sie zum Kartenlesen nicht mal an den Rand fahren muß. Vom Bulldog, der herantuckert, wird hilfreich heruntergefragt: Wo woll'n mer'n hi?, dann ist wieder bloß noch Vogelsang und Windessausen und das Gluckern eines unter Wasserdost und Mädesüß verborgenen Baches. Vorm dunklen Fichtenwald leuchtet das Weiß von Traubenkirschen- und Schneeballblüten, in den gelbglänzenden Wiesen stäubt der Hahnenfuß. Man steigt aus und läßt die Autotür offen, damit es nicht knallt. Ein Fasan, denen begegnet man häufig, schleift seinen Prunkschweif den Bach entlang und läßt sich nicht weiter stören. Wo woll'n mer'n hi? Hier sein, das paßt schon im Moment.

ALASKA ODER ALTAUSSEE?

Ist man vielleicht ein gar zu genügsames schlichtes Gemüt, womöglich »profund einverblödet ins Gewohnte«, wie Doderer einmal lästerte, wenn man derartige Nichts-Besonderes-Lebensmomente so mag? Man rätselt schon manchmal, was es ist, das einem die heimischen Landschaftsstimmungen, oft so gar nicht spektakulär, im Grunde teurer macht als die weißen Küsten, die blauen Berge der Ferne. Immer fällt mir dann der Banff National Park in den kanadischen Rocky Mountains ein, Jahrzehnte her, daß ich da mal war. In einer opulenten Bergsteiger-Lodge, die Climber sahen aus wie kalifornische Surfboys, und alles war von gewaltigen Ausmaßen: das gehauene Balkenwerk, die Natursteinkamine, die rustikalen Fauteuils in der Lounge. (Bei Kubricks »Shining« hatte ich eine Art Déjà-vu an diesen Platz.) Es hat mich dort ein Heimweh nach den bayerisch-österreichischen Kalkalpen überfallen, das ich für einen immerhin erwachsenen, wenn damals auch noch jungen und Ferne-Welt-versessenen Menschen, nicht für möglich gehalten hätte. Alles falsch, da in Alberta: die Straßen zu highwayhaft gerade, die Bergtäler zu breitgedehnt und zu dicht bewaldet – keine grasigen Mugel, keine zirbenen Heustadel, *keine Almen!* Die Kuhglocken sind mir abgegangen, die hölzernen Brunnentröge, die Tiefblicke auf eine Turmzwiebel und die verräucherte Kachelofen-Niedrigkeit der alten Hüttenstuben im Karwendel oder Kaiser. Und die Namen habe ich vermißt: Hochbrunnsulzenscharte, Kopftörlgrat, Seeleinsee, Scharfreiter... was hatten Mount Fatigue und Assiniboine mir zu sagen?

War ich borniert und heimattümelnd beschränkt? Damals schon? Ich denke, es hat einfach nicht geschnackelt. Es hat das äußere Bild nicht das innere elektrisiert, und umgekehrt. Nur, wenn da irgendein Funke springt, zwischen der eigenen geprägten Seelenlandschaft und dem, was uns vor Augen kommt von der Oberfläche der Welt, dann *erlebt* sich Unterwegssein, das habe ich deutlich so erfahren. Wie das funktioniert, das ist höchst subjektiv und manchmal auch reichlich mysteriös. Man kann in

Machu Picchu stehen und nichts rührt sich: Schon gut, toll. Irre. Wie auf den Fotos. Und wie auf den Fotos bleibt es auch. Eindimensional, uneingängig, platt. (Und sein ureigenes Peru-Feeling hat man auf den abgelegeneren Ruinenhöhen von Pisac, da wird es auf einmal durchlässig, das Draußen nach dem Drinnen, vielleicht wegen eines bestimmten Bergwindrauschens, wegen der spezifischen Steinigkeit des schattigen Pfads, der wiedererkannten Wärme flacher Felsplatten.)

Öfters als auf weiten Reisen habe ich dieses »Mich Betreffende«, diese Empfindung von Einklang, Widerhall und Mitten-Drin-Sein, in den nicht besonders exotischen Gegenden der Welt gefunden. Das konnte auch, damit ich mir vielleicht den Ruch des totalen Scheuklappen-Chauvis vom Leibe halte, in Burgund sein oder irgendwo anders in »la France profonde«, in County Cork oder Dorset, in Böhmen oder Slowenien – in den »gemäßigten Zonen« jedenfalls. Und immer habe ich eine relativ langsame, behutsame Bewegung über Land, ein ganz allmähliches Weitergezogenwerden gemocht: über die nächste Kette, ins nächste Tal, in die Ebene, ans Meer; den erkennbaren Wandel von nördlicher zu südlicher Vegetation, von den Hausbauformen des Hochgebirges zu denen der Weinregionen, die Vielfalt an einem einzigen mittleren Flußlauf, dem Inn zum Beispiel, eine Welt zwischen der Quelle am Malojapaß und der Passauer Mündung. Wie lange war ich schon nicht mehr im Engadin? Muß ich denn ratzfatz nach Mauritius?

Ich mag nun nicht die ganzen tourismuskritischen Lamentos nachbeten, die der ausufernden Mobilität natürlich zu Recht ankreiden, daß sie das vernichtet, wonach sie so hektisch wühlt. Es ist auch nicht unbedingt mein überentwickeltes sozialökologisches Verantwortungsbewußtsein, das mich für den Exoten-Tourismus weitgehend immun macht. Ich finde bloß in der Ferne erfahrungsgemäß nicht, was ich suche. Ich will und muß da nicht *sein*, auch wenn ich vielleicht enorm gern lese und phantasiere über Indien oder die Arktis. Sehr viel lieber als realer Aufenthalt sind mir meistens Orte, *an* denen ich tagträumen kann, als jene, *von* denen ich womöglich tagträume. Man bedenke nur mal, wie relativ das ist mit dem

Fernweh: während hierzulande inzwischen jeder Rosenheimer Bank-
lehrling seinen Wohnmobiltrip über die Route 66 plant, öden sich die
Bewohner von Seligman/Arizona vielleicht zu Tode in ihrer dürren, stau-
bigen Middle of Nowhere und wären liebend gern in Oberammergau.
Und während in unseren Reisebüros immer gerne Transsib-Touren als das
große Bahnreise-Abenteuer gebucht wurden, möchte halb Sibiren wahrscheinlich so leben wie in Filderstadt.

Ich sitze jedenfalls noch am Bachrand irgendwo im tertiären Hügelland zwischen Donau und Inn und kriege langsam ein klammes Hinter-
teil. Die Sonne ist wärmer geworden und der Fasan ist weitergewatschelt.
Da will man auch ein Stück voran aus diesem Winkel, den man nicht
kennt und doch kennt, als Anmutung an alle Kinderidyllen wieder mal,
an versunkene und wahrscheinlich nie gehabte, an das, was uns damals
nicht besonders auffiel und wonach uns heute die Sehnsucht treibt. »Heimat ist da, wo wir nie waren«? Für Augenblicke aber können wir doch so
ein unbeengtes, nachgeholtes Zuhause-Gefühl erwischen. Nicht auf Dauer, denn alle Wunschbilder sind bekanntlich brüchig und trügerisch. Um
die nächste Kurve, hinterm Waldstück da vorne, fällt die freundliche Illusion dann in sich zusammen wie eine Windschutzscheibe, die von einem
Stein getroffen wurde. Da manifestiert sich wieder Deutsch-Neuland
anno 2000 plus, »Siedlungsdruck«, Gewerbefleiß, Landmaschinengroß-
handel und fahnengeschmückte KFZ-Halden.

KLEINSTADT-IDYLL

Giften wir uns nicht fruchtlos; es wird Zeit für einen Kaffee. Es geht
in unseren Landen nie lange dahin, ohne daß man auf eine Kleinstadt
trifft, auf einen zwergenhaften Markt oder eine wuchernde Speckgürtel-
Gemeinde, auf die Einkaufsstadt oder das historische Kleinod, das Kurbad
oder die Heimatvertriebenen-Plansiedlung. Da kann auf den Durchrei-
senden trauliches Behagen ebenso warten wie eine geradezu suizidale
Tristesse. Nie und nimmer, will er schwerste Verdüsterung vermeiden,

sollte er sich am *Sonntagnachmittag* in einem deutschen Landstädtchen einfinden. Dann regiert an diesen Orten eine Art bleiche Hölle von gravierender Ansteckungsgefahr. Ich erinnere mich, wie ich einmal aus dem fränkischen Gemeinwesen Betzenstein geflohen bin, an sich eine putzige Fachwerkanhäufung, die aber wirkte, als hätte dort soeben eine Neutronenbombe jegliches Leben ausgelöscht. Einzig ein schrumpeliger weißer Luftballon kroch über das Marktplatzpflaster und die Sonne stach aus einem Himmel wie Zement. Sonntägliche Lebenszeichen äußern sich als vereinzeltes, schlechtgelauntes Schleichen entlang der Schaufenster von »Plachutka-Mieder«, »Wehmeier-Optikstudio« und des Video-Hotpoints. Kinder werden in der halbleeren Eisdiele, natürlich unter »italienischen Marktschirmen«, mit Kiwisahnebechern ruhiggestellt, und der Vater lauert nur darauf, wann er sich endlich ins Sportvereinsheim absetzen kann. In den neugebauten Hangsiedlungen »Am Blütenanger« sitzen die Bewohner verdauend auf den Terrassen, in ihren buntgepolsterten »Hochlehnern«, und nur rund ums Multiplex rumort ein wenig Jugend.

Ausgestorben scheint heute die Spezies der unermüdlichen Fenstergucker, die früher, paarweise oder einzeln auf ihre Sofakissen gelümmelt, die Öde des Sonntagnachmittags aufs schönste versinnbildlichten, indem sie stundenlang annäherndes Nullgeschehen observierten. Heute gucken sie natürlich lieber drinnen, Markt und Straßen sind verlassen/Still erleuchtet jedes Haus, was der Flimmerschirm hergibt, und das ist nicht wenig, nach der Größe der Schüssel auf dem historischen Steildach zu schließen. Es ist so gähnend leer, daß man sogar die säuberlich markierten Schrägparkplätze auf dem alten Kornmarkt lieber voll Blech sähe. – Sollten sich die Jugendlichen solchen Pflasters nicht ständig wünschen: nix wie weg? Doch heutzutage sind die Söhne der Provinz gerne Nesthocker, online im verschalten Jugendzimmer, bis die Freundin schwanger und das neue Baugebiet ausgewiesen ist. Und dann kleben sie das nächste Eigenheim an die kleine Stadt.

An einem Vormittag unter der Woche ist alles ganz anders. Heiter und handfest daseinsfroh stellen sich dann die Provinzstädte dar. Da herrschen

Handel, Wandel, Markt und Menschenballung, und der Durchreisende kann sich willkommen fühlen. Und kommt nun endlich zu seinem Milchkaffee. Von jeher liebt er Kleinstadtcafés und ist jedesmal wieder entsetzt, wenn sie sich auf einmal in Etablissements namens »Der Kochlöffel« oder »Taverna Zorbas« verwandelt haben, wenn die gepolsterten Rundbänke verschwunden sind und die polierten Nußbaumstühle, die pergamentenen Lämpchen und bogenförmig gerafften Stores, das verkratzte, schwere Hotelsilber und die schmalen Karten mit gedrehter Kordel, die Holländerschnittchen und Ragout Fin anboten, Zitrone natur und »draußen nur Kännchen«. – Hier aber wischt ihm nun das Schürzenfräulein einen Platz unter den Laubengängen vom Morgentau frei, klammert die gestärkte Tischdecke fest (»Is ned zu frisch heraußen?«) und serviert schaumigen Café au lait in einer dicken Tasse. Nebendran frühstückt ein betagterer Stammgast – Griaß Eahna, Herr Ramelsberger, wie immer, gell – seine offenbar programmierte Zeche aus Würschtln und Hausbrot zur Lokalblattlektüre, und schon fallen auch die ersten befreundeten Jungmütter in ihre Alu-Stühlchen (»Mei, I sog der's, gestern hätt I eahm derschlogn kenna«) und bilden kleinere Heerlager aus Buggys, Wattejacken und Stofftüten mit ragenden Lauchstangen. Etwas später werden sich die typischen etwas strizzihaften, mitteljungen Männer im Café einfinden, schneckerlgelockt und mit gelbbraunem Teint, die sich gerne »Lebenskünstler« nennen: Geh Dany, bringst mia a Woaz. Rund um die Marktstände gegenüber stehen Eimer mit selbstgeschnittenen Bauernblumen, Vergißmeinnicht, Maiglöckchen, Pfingstrosen; Kartoffeln werden in eiserne Waagschalen gefüllt und Landeier in die mitgebrachten Kartons, Salatköpfe in Zeitungsbögen gewickelt; und die dicke Geflügel & Nudelfrau preist – »einmal probiert, für immer verführt!« – ihre überaus gelben Makkaroni an.

Den Fremdling im Café erfüllt großes Wohlbehagen. Vierzig Kilometer von seinem Wohnort entfernt fühlt er sich wie an einem blitzenden Urlaubstag. Die Staffel- und Volutengiebel der schönen Bürgerhäuser rundum können es leicht mit einer italienischen Piazza aufnehmen, sogar Kaffee zubereiten kann man jetzt mancherorts in der deutschen Provinz.

Griaß Eahna, Herr Ramelsberger, wie immer?

Es ist dies kein Ferienort, kein auf Fremdenverkehr abzielendes, nach Fremdenverkehr geierndes Milieu, sondern ganz normaler süddeutscher Kleinstadtalltag. Es ist aber nicht *sein* Alltag, der Durchreisende hat Aus-Zeit, ist en passant und empfindet sich als taugenichtshaft frei. Er muß ja hier nicht ein seriöses Leben fristen; er existiert in diesem Laubengang-Café in einem unernsten Zwischenraum, einer Luftblase, und ein wenig schwerelos und unverhaftet ist ihm auch zumute. Keiner kennt ihn *hier*, keiner weiß *dort*, in seinem angestammten Bereich, wo er sich gerade herumtreibt, hat er sich vielleicht schon aufgelöst? Ein bißchen ein »Anderer« ist er jedenfalls bei jeder seiner Ausfahrten – und wäre der Begriff des »Flaneurs« nicht so abgegriffen und auch etwas eitel (für bayerische Bezirksstädte außerdem entschieden zu grandios), dann käme das Schlendernde, Schauende, genüßlich Verplempernde dieser Seinsweise seinen eigenen Zeitvertreiben ziemlich nah.

Die kleinen Städte in der Frühlingssonne, zumindest die in den südlichen Altbundesländern, das ist ja auch ihr Charme, scheinen einem manchmal auf eine Weise nett, befriedet und in sich ruhend, daß dies schon eine leise Panik verströmt. Alles ist höchst adrett und praktikabel, Waren jeglicher Art quellen aus allen Öffnungen, das Volk sitzt frohgemut open air bei Prosecco, Capuccino und Gyros und noch wird es den Wenigsten schlecht. Da läßt man sich manchmal sehr gerne anstecken von der komfortablen Harmlosigkeit und verdrängt vage Kann-nicht-mehr-lange-gutgehen-Besorgnisse. Und denkt sich höchstens, wie verschröderisiert, wie sehr »Neue Mitte« jetzt auch das Kleinstadtklima ist, beziehungsweise wie genial der »Laptop-und-Lederhose«-Schmäh der CSU. Vielleicht wäre »Laptop-und-Leinendirndl« noch eine Idee treffender, denn es gibt Gründe zu der Annahme, daß die Provinz ganz und gar unter dem Geschmacksdiktat ihrer *Jungen Frauen* steht. Jedes neuere Lebensstil-Detail könnte von einer jener blonden Dreißigerinnen mit Goldohrringen und ausrasiertem Nacken erfunden sein, die sich feinmacht mit dieser furchtbaren neuen Trachtenmode (Puffärmel, Schnallen und Schnürungen überall, vorspitzender Unterrock und »witzige« Haferlschuhe): die Einfamilienhäuser mit dem Buchskränzchen an der Haustür, die asymmetrischen vertrockneten Floristen-Arrangements in den Blumenläden, die Inflation von Schickschnackläden voller blöder Puppen, die parfümierten Teegeschäfte sowie die proppenvollen Drogerie-Elysien; und nicht zu vergessen das Sortiment der örtlichen Buchhandlung: Gaby Hauptmann und KonsortInnen, Mondmystik und Pastakochen. Dergleichen sind die clean-flauschigen Horreurs der Provinz heute, und an der Kasse des Schleckermarktes sitzt eine junge Dame dieses Typus und sagt auf passende Bezahlung im singenden Lobestonfall: »Aaah, Sie haben's *recht* gemacht.«

Die zeitgenössische Geschenkverpackungswelt verflüchtigt sich manchmal schon in einer Seitengasse unter Schwibbögen, zweitrangige Geschäftslage. Da riecht es dann auf einmal wieder nach Alter und feuchtem Mauerwerk, da halten sich bisweilen noch, mit letzter Kraft, die Lädchen betagter Schwesternpaare, die in ihre Strickjacken gewickelt aus einem Hinterzimmer schlurfen, wenn die Ladenglocke bimmelt, ein selten gewordener Klang. Da betritt man gelegentlich ein Schreibwarengeschäft, in dem die Selbstbedienung nie erfunden wurde, sondern eine gegen Schulkinder gewappnete Kittelmatrone ihren Ladentisch bewacht und das Notizblöckchen DINA6 aus einer unzugänglichen Stellage gräbt, deren schmale Holzfächer einzeln beschriftet sind. Im sparsam beleuchteten Schaufenster hat sie die alljährliche Erstkommunions-Deko arrangiert: Kerzen mit Spitzentüchern, aufgeschlagene Wachsbücher, Weihwasserschälchen und »Die Lausbuben des lieben Gottes«, einen offenbar unvergänglichen »heiteren Ministrantenroman«. – In diesen Gassen ist es schattig und kühl, und manchmal begegnet uns hier ein Mensch, an dessen schlampiger Gangart und wanderndem Blick wir abzulesen meinen, daß er sowas Ähnliches betreibt wie wir, ein vazierender Bruder im Geiste, und schon verklingen seine Schritte in der Gegenrichtung.

JAWOHL, AUCH KIRCHEN

Wieso Bruder? Öfters sind es Frauen, man möchte sagen »natürlich«, die an solchem unaufwendigen Schlendrian Gefallen finden, bei denen Neugier nach dem »Kleinen«, dem »Nahen« vorhanden ist. Theoretisch könnten unsere Art von Regionalpartien alle machen, die phasenweise etwas Zeit übrig haben: Studenten in den Semesterferien, Freiberufler, Arbeitslose (denn teuer sind sie ja auch nicht), Hausmänner, Künstler, Lehrer und Schüler, Pensionisten – und natürlich jeder Berufstätige, der seinen Urlaub nicht ab der ersten Minute mit einer »richtigen« Reise verplant. Aber wenn Männer sich zu Ausflügen auf die Socken machen, dann sind die doch lieber irgendwie sportlicher Natur; dann wird wenigstens geangelt, berggestiegen, gesegelt oder gleitgeflogen, und die auf relativer Höhe der Fun-Sport-Zeit Befindlichen raften und skaten, freeclimben und mountainbiken selbstredend. No sports? Bloß so gehen und gucken? Ach Gott und *Kirchen*? Weißt du, ich wollte doch dringend noch die Rahmen für die Fliegenfenster bauen …

Ja, Kirchen. Selber schuld, wer die verpaßt oder bloß mal schnell abhakt, weil er sie für altbackenen Bildungsballast hält. Die historischen Kirchen sind absolute HIGHLIGHTS – hier paßt das doofe PR-Klischee mal vollinhaltlich – unseres Landes, was ja nicht neu ist, aber vielen doch

Mariendom Freising, Krypta

entfallen. Sie sind so ziemlich das Unkonventionellste, das Trend-Wider-spenstigste, was bei uns an Baulichkeiten herumsteht. Ganz und gar un-passend, übertrieben, sind diese unwahrscheinlichen Hallen mit ihren grandiosen Raumeffekten; sind ihre Raffinesse-Entfaltung, ihre uner-schöpflichen Details, ihr Luxus oder ihre strenge Magie. Alles nur ad mai-orem gloriam Dei geplant und verfertigt (naja, irdische Profilsucht war schon auch beteiligt), aber dennoch für eine immaterielle Angelegenheit, die den Mehrheiten von heute, den Voll-im-Trend-Dynamikern sowieso, selten noch was bedeutet. Allein die generöse Zweckfreiheit, mit der eine gotische oder hochbarocke Stadtpfarrkirche heute aus dem Bankhaus- und Ladenpassagengewirr zu ihren Füßen ragt, macht sie zu einem Relikt des Wundersamen und Speziellen – und schließlich gehören die Gotteshäuser Süddeutschlands (und über seine Grenzen) anerkanntermaßen zu den größten Kunstwerken, den schönsten Architekturen weltweit.

Es ist mir schon passiert, daß ich in der Basilika von Ottobeuren, diesem kolossalen Barockmirakel, der einzige Besucher war. Alles nur für mich, nicht zu fassen, diese Myriaden von Kinderengeln und gestikulierenden Schutzheiligen, dieser Blattgoldglanz im Sonnenlicht, diese delirierenden Stuckexplosionen. – Ich kann ihn nicht mehr hören, diesen ignoranten Is-mir-alles-zu-überladen-Standardspruch in Barockkirchen, meistens von Leuten meiner Generation oder jüngeren, dem auf dem Fuße der Zusatz folgt: *Romanische* Kirchen find' ich aber toll, so schlicht, so meditativ … Weit her kann's auch mit dieser Begeisterung nicht sein, denn zwischen den dicken 12.-Jahrhundert-Pilastern von Biburg ist man ebenfalls allein, und in den entlegenen Landkirchlein, für die man oft erst einen zyklopischen Schlüssel organisieren muß, sowieso.

Gut so; sauer wäre man, wenn man sich zum Beispiel in Sankt Koloman hoch über dem Tachinger See vor dem spätgotischen Flügelaltar des Gordian Guckh drängeln müßte, und vor dem Blick, der sich von der grauen Steinkapelle auftut: weithin über zwei Seen in einem ebenen Becken, über das wald- und wiesengescheckte Relief der Rupertigau-Voralpenlandschaft bis zu den Felsenrücken von Staufen und Zwiesel am Horizont. Käme man aus Tulsa oder Adelaide, dann würde es einen an diesem Platz wahrlich überlaufen (Look, Phoebe, this is really *it*!); stellt man sich als Nahbeheimateter, dem das alles quasi gehört, wenigstens gerne vor. Dann gibt man der jungen Bäuerin im Einzelhof neben der Kirche den Schlüssel zurück – haben Sie's schön!, »Mei, scho«, sagt die.

Das Drumherum von Kirchen ist oft so angenehm mitverschont. Die einsame Lage von Wallfahrtskirchen auf einem »Bühel« oder in einem Bachgrund, die manchmal ganz stillen Stadtplätze, die vom Schiff oder dem Chor einer hochgetürmten Hauptkirche beschattet werden und an die englischen »cathedral closes« erinnern, die Höfe, Gärten, Kreuzgänge eines weitläufigen Klosterbezirks. Zuweilen ist dort ein Internat oder eine

Klosterschule untergebracht, und es steigert das eigene Freiheitsgefühl ungemein, wenn man durch die offenen Fenster in den Chemiesaal guckt und die Zöglinge malochen sieht.

Gerne erinnere ich mich auch an einen brüllend heißen Junitag in Bamberg, als ich den steilen Kaulberg zur Karmelitenkirche hochgekraucht war, um dort die eigenartigen Kapitelle der »anachronistischen Romanik« anzusehen. Ich saß etwas aufgelöst auf einem Mäuerchen im Kreuzgang, als ein kleiner Kuttenbruder daherkam: »Sie suchen Ruhe im Karmel?«, sprach er milde – äh, ja, irgendwie schon – und »Haben Sie schon gespeist?«, sonst hätte ich wohl ein klösterliches Bedürftigenmahl erhalten, und »Gottes Segen für Sie« zu guter Letzt. – Aus solchen Bereichen tritt man dann immer etwas fromm in die säkulare Welt hinaus, auch wenn man sich mit dem Schmerzensreichen Rosenkranz oder dem Luther-Katechismus schon lange nicht mehr auskennt, plopp, fällt der hohe Portalflügel wieder an sein Lederkissen, man blinzelt in den Mittag und schiebt einen weiteren Schnell&Steiner-Kleinen-Kirchenführer in den Rucksack, Hunderte hat man schon daheim. Und auch wenn man vor der Kirchtür gleich von einem Skater-Burschi halb umgerummst wird, wenn einem jetzt wieder einfällt, daß man noch Weißwein besorgen wollte und den »Spiegel«, so bleibt doch immer ein bißchen was hängen vom Weihrauch; ernster gesagt, von der würdigen Aura dieser Räume, der etwas selbstvergessenen und gleichzeitig konzentrierten Verfassung, in der man sich da drinnen befunden hat; und vielleicht das Bild eines graziösen Engels, der auf dem Kanzelrand balanciert wie ein Vespamädchen im Damensitz, oder die schrägen Augen eines Heiligen Sebastian.

»MEIN GESCHÄFT IST DIE PERIPHERIE«

Am Auto hängt ein Strafzettel, wir haben uns ganz schön vertrödelt in dieser Stadt, und auf seine Parkreglements achtet heutzutage jedes Kaff mit Unerbittlichkeit. Es zieht uns jetzt auch wieder ins offene Land hinaus. Fahren macht nun aber weniger Spaß, denn es ist diese flimmernde, grauverschleierte Mittagszeit eines heißen Tages angebrochen, in der die Stunden kriechen, und man schläft mit offenen Augen. Man sollte zu dieser Tageszeit keine Plätze ansteuern, an denen einem besonders liegt, denn alles ist häßlicher: ausgewaschen, verschwommen und entfärbt. Am besten ist jetzt eine Art Siesta: Spachteln und aufs Ohr legen. Also erst ein Dorf finden, gar nicht so leicht, das einem mittags was zu essen gibt, denn die Wirtschaften sind häufig bloß noch bessere Vereinsheime und »kochen auf« bloß am Sonntag sowie bei Beerdigungen und Hochzeiten. Aber irgendwo kriegt man doch einen Brotzeitteller mit Schwarzgeräuchertem von einem schniefenden Kind auf den Biertisch an der Hauswand geschoben, die gleichfalls schniefende Mutter kommt aus dem Bullenstall zum Abkassieren, richtig, es ist ja Pollenflugzeit, von deren Auswirkungen man gottlob verschont ist. Sonst könnte man nämlich nicht ein bißchen später seine olle Decke aus dem Kofferraum holen und unter den Arm klemmen, dazu was zu lesen und eine Dose, jawohl ausnahmsweise Dose, kaltes Bier von der letzten Tankstelle und den Fußweg zu der hübschen Stelle am Waldrand hochsteigen, wo man sich jetzt niederlassen wird, ein Weilchen, von des Krautes Aroma umhaucht. Es ist nicht nur Heuschnupfen-, sondern auch Zeckenzeit, aber daran denkt man jetzt lieber nicht, vielmehr ziemlich schnell an gar nichts mehr.

Kühler wird's, wo-bin-ich? Zum Glück nicht über einem Ameisenbau, und von den kleinen Tierchen, die herumkrabbeln, hat sich jedenfalls keines an mir verhakt, mit den in dieser zeckeninfektiösen Region gar nicht so seltenen Folgen von »Wanderröte« und Borrelien im Blut; dann müßte ich morgen gleich zum Doktor zwecks Antibiotika, das kenne ich schon. Wo bin ich also? Endlich kann ich meine 1:50 000-Karten des Bayerischen Landesvermessungsamtes, Schummerungsausgabe, auspacken, in der vertrauten lindgrünen Tönung, in ihrer schönen, präzisen Gestochenheit, dem schattierten Auf und Ab; sie selbst schon wie ein Stück Landschaft von ungeheuer hoch oben – nicht wie diese schematisierten, idiotensicheren Gebrauchs-Wanderkarten mit ihren fettgedruckten Hinweisen und ihren vorgezeichneten Goldene-Wandernadel-Trails. Wo ich sitze, ist die Gefahr, dem organisierten Wandervereinswesen zu begegnen, den Herren mit Hut und den Gattinnen in Übergröße-Bundhosen, ohnehin sehr gering: keine Gipfel, kein tiefer deutscher Tann, und o Täler weit, o Höhen finden sich anderswo auch Caspar-David-Friedrich-hafter befriedigend. – Wo bin ich also, hier unter dieser Hasel, mit dem eher flachen Blick über Ackerland, vorrangig Mais natürlich, der aber gerade erst ausgesät wurde und die Landschaft noch nicht mit seiner eintönigen, stumpfen Braunoliv-Färbung überzieht. Also, erst war ich auf der Verbindungsstraße nach Hörgertshofen nordwestlich unterwegs, dann bin ich, oh Land, das meine Sprache spricht, abgebogen nach Zettelaign, Hasenpoint und Wimpersing; der Weiler im Gegenlicht muß Froschöd sein, das Gehöft, woher es bellt, dann logischerweise Guglmucken, der Wald in meinem Rücken heißt Schandlholz, und das Glockengetön kommt wohl schon vom Markt Mauersbach herüber.

Die Sonne steht jetzt tiefer, ein leichter Wind kämmt durch die Wiesen, die vor der ersten Mahd noch hoch und voller Blumen sind, und daß es bloß noch zwei, drei Arten sind, welche die Gülledüngung überstehen, darüber seufzt man bloß noch ganz leise, man hat es schon zu ausgiebig bejammert in all den vergangenen Jahren. Das betrifft überhaupt viele von den Destruktionsvorgängen, denen unsere Lebenslandschaft unterzogen worden ist in der kurzen Zeit, seitdem es uns gibt. In weiten Teilen Niederbayerns läßt es sich jederzeit verläßlich an einer himmelhoch ragenden weißen Säule orientieren, kompakt wie Rasierschaum, auch bei ansonsten völlig wolkenlosem Firmament. Man sieht sie stehen von den Hängen des Bayerischen Waldes im Norden, von den Anhöhen an Inn und Isen im südlich angrenzenden Oberbayern, über Kilometerfernen hinweg, in denen das Auge sonst nichts mehr erkennt – das ist natürlich die Dampfwolke des Atomkraftwerks Ohu. Wie von der Spinne im Netz ziehen sich von diesem Zentrum die Hochspannungstrassen über Land mit ihren turmhohen, vielstrebigen Masten. Das läßt sich auch von keinem wildbienenumsummten Rastplatz übersehen, sowenig wie das schwarze Folienblitzen der Erdbeerfelder im Dunst, sowenig wie die titanisch dimensionierten Fertigungshallen des Automobilherstellers in der Ebene, des wichtigsten Arbeitgebers weithin. Wie die industriellen Hafenanlagen, die festungsartigen Staubauten am großen Fluß, wie der Verkehrsflughafen im Moos, der nach wenigen Jahren schon wieder zu klein ist, wie die Autobahnen, die angeblich hinten und vorne nicht reichen. Man hat das nicht alles auf einmal im Blick, von seinem Wiesenhang aus, aber man weiß immer, daß es da ist. Und nie geht einem die Zeitrelation aus dem Kopf, daß keines dieser Trumms vor dreißig Jahren schon da war, daß dieses Bauernland über mehr als 2000 Jahre der Besiedelung sein Gesicht weniger verändert hat – alte Bilder weisen es überdeutlich aus – als in der *halben* Lebensspanne unserer Generation. Heute vollziehen sich die strukturellen, nicht revidierbaren Eingriffe wie auf einem auf Zeitraffertempo eingestellten Fließband, und alle kulturpessimistischen Klagelieder sind schon längst gesungen.

Quälenderweise sind wir alt genug, um mit der unmittelbaren, eigenen Erinnerung leben zu müssen: an Flußtäler ohne Gewerbegebiete, an Dorfränder ohne Neubauzonen, an türmereiche, unverstellte Stadtsilhouetten. Und wir wollen oder können nicht einfach zwecks ein bißchen Romantiktankens in die noch »intakte« Ferne abjetten: auf ein französisches Landschloß im eigenen Park, auf eine Gewürzinsel mit Regenwald. Wie soll das werden: wird künftig auch das »Landschaftsschöne« nur noch den Reichen in bewachten Shangri-Las zur Verfügung stehen? Und uns Zurückgebliebenen im Land der »öden Orte« (so ein Buchtitel) eine Welt aus industrieller Landwirtschaft, Handelszonen und Zersiedelung – zur Erholung Wasserrutschen und Rummelplatz-Fahrgeschäfte, Safariparks und Museumsdörfer?

So ist es halt häufig die Empfindung des elegischen »Noch«, die uns hinaustreibt in die Landschaften nicht weit von unserer Haustür. Noch können wir es finden, das »Pittoreske«, das so oft pejorativ verwendet wird, als machten wir uns mit unserer Freude an schönen Szenerien grundsätzlich der biedersinnig glotzenden Wirklichkeitsverweigerung schuldig, als sei die Sehnsucht nach Idylle etwas Grundbeschränktes.

Noch sehen wir die Bilder, die wir ziemlich tief in uns tragen, von einem Waldrand aus wieder, wenn auch oft genug schon verkratzt und verzerrt. Noch können wir sogar mit einem kleinen Automobil umhergurken – das Paradoxe dieses Wunsches ist mir bewußt –, um solche Bilder für uns zu sammeln und zu speichern. Da kommt mir die über neunzigjährige Mutter von Freunden in den Sinn, die erst im Rentenalter den Führerschein machte und sich so den späten Lebensgenuß des automobilen Schweifens verschaffte, mit bloß ein paar Beulen im Blech. Wie sie mich beneidet hat, auf ihren Stock gestützt, um meine bescheidenen Ausfahrten, Städtenamen fielen ihr ein, reizvolle Strecken: »Aber sie *lassen* mich ja nicht mehr!«

Mich lassen sie schon noch ein bißchen, zum Glück; Zeit wird's jetzt auch für die letzte Etappe dieses Tages unterwegs, die erfahrungsgemäß immer die intensivste ist: die Fahrt im sinkenden Licht, in den Abend hin-

Spätnachmittag im ostbayerischen Holzland

ein. Jetzt kommt die sentimenthaltige heure bleue, wo die Stoppelfelder
rotgolden werden, die Laubbäume in hellerem metallischem Glanz stehen, wo in den Schattengründen die ersten Abendnebel schwaden, und
die Landschaftstotalen ihre vielfach gestaffelte, blaugrüne Tiefenschärfe
entfalten unter einem Seidenzelt von Himmel. Der energische Morgen-
rabatz der Vögel ist nun in ein melodisches Geflöte übergegangen, und
zum ersten Mal an diesem Tag, bis jetzt war das keine Minute so, wird
einem der Umstand des Alleinseins etwas fragwürdig bewußt. Da tut es
gut, einen Sonnenuntergangs-Ausguck anzusteuern, kurz das Cognac-
fläschchen anzusetzen und den Autokassettenrecorder auf volle emotio-
nale Dröhnung zu stellen: Dvořák, Cellokonzert oder Dumky-Trio,
Schuberts Arpeggione-Sonate, Blues oder Brahms. Und dann schwelgen
wir halt schön dämlich dahin im rosa Schein, erinnern uns vielleicht,
gerührt aber schmerzlos, an manche Sonnenuntergänge, bei denen wir

nicht allein waren, und brummen tiefempfunden das wunderbar ziehende Motiv des dritten Satzes aus Brahms Dritter mit, das schon so manche Filme affektiv gesteigert hat und dies nun für unser kleines Privatspektakel tut. Gar nicht so falsch, wenn man bei solchen Übungen keinen nahestehenden Gewohnheits-Ironiker an der Seite hat; da wäre nicht viel los mit der Ergriffenheit, während die Sonne sich verkriecht über Unterhaindlfing.

Grundsätzlich ist so ein Tag, sind ein paar Tage dieser Art, sehr schön als Solopartie. Kaum je fühlt man sich am falschen Platz, trübselig und daneben, wie es manche vielleicht auch nicht mehr blutjungen Alleinreisenden von südlichen Stränden kennen werden, wenn da rundrum die Liebe lacht, die Fitness federt, der Eros schwirrt, aber leider weniger für sie. Sich solch deutlich spürbarer Mängellage auszusetzen, ohne die Gefährdung durch gewaltige Ego-Einbrüche, dazu gehören Nerven, die nicht jeder hat. Unterwegs nach Unterhaindlfing, nennen wir's weiter so, ist das Ego nicht so wichtig, es ist irgendwie gar nicht so richtig da. Man fühlt sich entspannt nach außen gekehrt, konzentriert neugierig auf allerhand Kleinkram, aber auch heiter versunken; man pflegt unabgelenkt seinen eigenen Blick auf die Dinge, seine eigenen Spintisierereien, seine eigenen Tageslaunen, und meistens sind die gut.

Jedenfalls dann, wenn man halt keine Ultra-Kicks erwartet. Wenn man vielleicht so ein Typ ist, der schon in Göttingen oder Chemnitz leicht fremdelt, einfach, weil es da schon so *anders* aussieht, der aber gerade dieses nuancenhaft Andere genießt. Für den generell das Empfinden für Orte, für *topoi*, in der Wertigkeit ganz knapp hinter der Sensibilität für Menschen steht, als mindestens Zweitwichtigstes im Leben. Den wird dann zum Beispiel auch die Akribie nicht gelangweilt haben, mit der Peter Handke in der »Niemandsbucht« seine obskure Pariser Banlieue ausgekundschaftet hat, oder in Salzburg die Gegend um Taxham und den Almkanal. Vielleicht ist es auch jemand, dem der vertrackte Satz von Doderer gefällt (eines bekanntermaßen sehr reisefaulen, des Verhafteten bedürftigen Autors): »Glücklich ist vielmehr derjenige, dessen Bemessung seiner eigenen Ansprüche hinter einem diesfalls herabgelangten höheren Bescheid so weit zurückbleibt, daß dann naturgemäß ein erheblicher Übergenuß eintritt.« Oder, auch recht genügsam, Brigitte Kronauer: »Was er sich wünschte, heute, morgen, war eine rundliche, verschwiegene, die Welt abriegelnde Hügelkette, ganz für ihn und um ihn herum.« Oder Emily Dickinson, klipp und klar: »Mein Geschäft ist die Peripherie.«

Vielleicht hat zu unseren Gunsten jemand den höheren Bescheid gefällt, daß es uns im Wohlbekannten, in den Wiederholungen, im Naheliegenden nicht fad wird. Dafür sind wir an unbekannte Adresse ziemlich dankbar, denn es erspart uns erhebliche Mühen, daß wir im Dienste unserer Wunscherfüllung und unseres Seelenfriedens nicht ständig über den

Das Fremdenzimmer wird garantiert mit floraler Biberbettwäsche versehen sein ...

Globus kreuzen müssen. Das heißt nun nicht, daß wir unser Lebtag *gar* nichts mehr sehen wollen als Varianten von Unterhaindlfing. Es gibt ungesehene Weltgegenden, deren Namensklang auch uns zum Träumen bringt: Limousin, Nova Scotia, Sarmatien, Connemara... ob wir je hinkommen ist fraglich. Macht nichts, das hält die Sehnsucht wach.

Jetzt ist es fast dunkel geworden am Rand der niederbayerischen Hügelkette. Nun erhebt sich die Frage: Lassen wir uns in unserer Bewegung weiterziehen, morgen vielleicht über den Strom und damit in einen anderen Landesteil? Suchen wir uns ein Nachtquartier in Markt Schrobensberg, dessen Lichter schon herüberleuchten? Dort werden sie rätseln, was die Dame mit dem Autokennzeichen eines so nahen Landkreises im Gasthof Goldenes Rad mit Metzgerei wohl verloren hat; das Fremdenzimmer wird garantiert ohne Schuhlöffel und Vergrößerungsspiegel, dafür mit wundervoll floraler Biberbettwäsche und auberginegetönter Duschkabine versehen sein, und zum Hoffenster hinein wird es leise nach Tierblut muffeln.

Das würde uns nicht wirklich stören, aber es ist eigentlich ein runder Tag gewesen. Kehren wir um, zu Hause sind wir auf dem Schnellweg in einer knappen Stunde. Dort wird man sich hoffentlich freuen, denn wir haben im Lauf des Tages frischen Erzeuger-Spargel eingekauft, und sogar ein feuchtes Geschirrtuch als Verpackung dazugekriegt, einen langgesuchten Krimi in einem kleinen Antiquariat gefunden und ein schweres Baumwollhemd, das dreimal so teuer aussieht wie es war. Also auch noch Schnäppchen gejagt! (Der einzige Zweck, der manchen in die Pampa zieht.) Heimwärts; im letzten Drittel fährt das Auto fast von selber; es würde vermutlich alleine heimfinden wie ein alter Gaul. Wenn ich mich zu Hause langlege, werden die Bilder des Tages hinter den Lidern rückwärts laufen, ein wichtiger Teil des stattgehabten Erlebnisses. Aber ich suche doch noch die Stelle von Eckard Henscheid, wo er über die »Mittlere Oberpfalz« als eine »durchaus denkbare und sinnerfüllte Lebensform« schreibt: *»Wohl fühle ich mich allzeit der ›Heimat‹ verbunden, und das nicht nur ›spirituell‹, sondern auch per Bratwürstl und Fichtelbrunner Bier und semispiri-*

tuell via allerlei Maria-Schnee-Kirchlein ..., der Heimat als einem noch immer dubiosen und belächelten Terrain.

 Die fast immer belustigte, sich besserdünklerische und partiell ja auch berechtigte Reaktion unserer aufgeklärten Kreise auf Heimat-Composita war mir früh vertraut – dies beiseite, beinhaltete für mich der Begriff Heimat gleichwohl immer nur Freundliches, Vertrauensvolles, Gemütvolles, wie im gleichnamigen Brahmsschen Chorlied gleichsam schwebend Geborgenes ... Ich wüßte wirklich nicht – auch und gerade heute nicht –, was das Gefühl von Heimat groß ›brechen‹, ›relativieren‹, ›ironisieren‹ sollte. Die kruden und dummen Beschädigungen dieser Heimat sind das eine – der Heimat approximative Kongruenz mit einem Gefühl für's Poetische, ja Paradiesische das andere.« – Da fühlen wir uns doch, über die Donau nach Norden hin, ganz sympathisantenhaft verbunden mit dem Dichter, und wenn es uns demnächst, an einem anderen abgezwackten Tag, gelingen sollte, sie zu überqueren, schaffen wir es womöglich sogar bis »Ammerthal, Siebeneichen, Sulzbach-Rosenberg«?

...das Walberla war eine Bonsai-Ausgabe
ernstzunehmender Massive...

Kapitel 2:
KINDHEITSLAND FRANKEN

EIN WIEDERSEHEN:
ERLANGEN, EFFELTRICH, EHRENBÜRG

Warum hatte der Berg bloß so einen blöden Namen? Weit und breit das einzige geographische Gebilde, das einigermaßen erhaben und schroff aussah – und dann mußte das »*Walberla*« heißen, »Wall-bäh-lla«, gleich doppelt versehen mit dem feuchten fränkischen »l«, bei dem sich die Zunge ganz vorn an die Schneidezähne stülpt. Das preußischstämmige Kind in Mittelfranken konnte diesen irgendwie ordinär gelutschten Umlaut (»Du Dolldn!«) genausowenig ausstehen wie die dialektmäßige »la«-Verniedlichung (»Etzertla geh her da, Maadla«) und nahm das *Walberla* infolgedessen immer etwas gehemmt in den Mund. Aber »Ehrenbürg«, so der amtliche Name der 512 Meter hohen Erhebung, sagte nun mal kein Mensch, wenn es dort hinaufging zur Familienpartie oder zum Schulausflug, was nicht gerade selten vorkam.

Doofer Name, aber schöner Berg. Der markanteste jedenfalls, den das Kind kannte. Eigentlich zielte sein Herzensbegehr auf nie gesehene Gipfel namens Piz Bernina oder Großvenediger, aber solche Alpenriesen kamen im Erlanger Dasein nur auf den Abreißkalendern von »Kolonialwaren-Farnbacher« vor. Das Walberla war eine Art Bonsai-Ausgabe ernstzunehmender Massive: ein »Inselberg«, alleinstehend und keinem Kamm und keiner Kette anhängend. Ein Tafelberg mit einer auffälligen Delle: als hätte ihm eine riesige prähistorische Handkante eine Art Sofakissen-Hieb versetzt. Oben war es überraschend wild und karg: ein verstepptes felsiges Plateau mit richtig steilen Abbrüchen aus kalkweißem Dolomit. Oft fegte um seine Kanzeln ein kräftiger Wind – auf den Fünfzigerjahre-Fotos haben die Walberla-Wanderer stets verblasene Frisuren und halten ihre Röcke fest –, ein Sausen und Fauchen über der milden fränkischen Vedute, das eine Vorahnung jener Hochgebirgseuphorien vermittelte, in die das Kind sich fortphantasierte – der frühe »Heidi«-Film mit Elsbeth Siegmund und Willy Birgel hatte diesbezüglich aufwühlende Wirkung entfaltet.

Warum mußte man auch partout in Mittelfranken aufwachsen? An der Regnitz und im Knoblauchsland spielte kein einziges Kinderbuch. Und alles Erstrebenswerte der Welt war halt in diesen *Geschichten* enthalten, die das Mädchen sich fanatisch einverleibte, die es geschenkt bekam aus Theodor Krisches Universitätsbuchhandlung, die es sich bergeweise auslieh aus der Volksbücherei im Egloffsteinschen Palais, oder die ihm, selten genug, im Corso-Palast und den Glocken-Lichtspielen vor Augen kamen. Wie vermutlich sehr viele Kinder konnte es in größte Übellaunigkeit, fast Schwermut verfallen über das Begrenzte des eigenen kleinen Lebens. Die Familie, die Freunde, die Spiele, das Schwimmbad – alles soweit ganz o.k., aber das *war's* doch nicht! Ganz woanders hätte es leben mögen, am besten als ein ganz anderes Kind. Ach, in »Seebühl am Bühlsee« zu weilen, auf einer Graubündener Ziegenalm, in »Gepäckschein 666«-Hamburg Taten zu vollbringen oder auf der Atlantikinsel Pokenoe! Gepaßt hätte ihm ein unaufgeräumtes amerikanisches Veranda-Holzhaus, mit Geschwistern, die »Buddy und Kim« hießen und einem Wuschelhund namens »Boomer«. Ein Internat namens »Heiligenwald«! Oder wenigstens ein duftiges Mädchenzimmer in einer Wirtschaftswunder-Villa mit Markisen und grasgemähtem Hang »zum See«, wie sie in den laminierten Schneider-Büchern vorkamen, die Bewohnerin mit Ponytail, Pantoletten und drei Lagen Petticoat… In anderen fränkischen Städtchen, den krummen Fachwerkorten mit Mauern und Türmen, mit Kopfsteinpflaster und Wassergrabenschloß, konnte man sich immerhin in die versunkene Welt der auch sehr geschätzten altmodischen Josephine-Siebe-Bücher hineinspinnen, in »Rose, Linde und Silberner Stern« und die »Oberheudorfer Buben- und Mädelgeschichten« – aber *Erlangen*, das war schon unfair.

Heute hege ich gegen meine Geburtsstadt eher versöhnlich gemischte Gefühle; ich erlebe sie halb fremdelnd, halb wiedersehens-melancholisch, als eine kregle, kneipenübersäte, etwas neubiedere Studentenstadt, vorbildlich verkehrsberuhigt, mit Unmassen von Fahrrädern. Ihre gewaltigen Trabanten-Annexe in den einstigen Feuchtwiesen kommen mir zwar unglaubhaft wie eine Fata Morgana vor; aber die vertraute abgezirkelte

Hugenottenarchitektur, mit den langen Reihen traufseitiger Mansart-
dachhäuser an den geraden Straßenzügen, finde ich ausgesprochen apart.
Freilich ist dieses strenge Barock weiträumig gereinigt und aufgehellt
worden, damals waren die Häuserzeilen schwärzlich und die Flucht-
punkte schienen endlos entfernt. Langweilig dehnten sie sich dahin, wie
die eigene Siemens-Neubausiedlung, wie die sandigen gleichförmigen
Kiefernpflanzungen des Sebalder Reichswaldes, wie die aneinanderge-
reihten Karpfenteiche des flachen Westens, Baden verboten. Und die Iro-
nie, daß die fade Bänkchen-Promenade am Fuß des Burgbergs, auf der
man täglich mit der Oma spazierenwackeln mußte, ausgerechnet »Rivie-
ra« hieß, hat man damals bloß nicht begriffen.

Aber jedes Mal, wenn es hinausging aus der mittleren Stadt, die seinerzeit auch bei Erwachsenen einen schallenden Ennui-Ruf hatte (Kor-
porierte, Beamte, Siemens und viele, viele Bierkeller), hob sich die Stimmung, zumal wenn die Richtung des Walberla und darüber hinaus
eingeschlagen wurde. Da begann, bei Effeltrich oder Wiesenthau, ein
Land, das »Fränkische Schweiz« hieß, und obwohl es dort auch keine Gei-
ßenpeter-Alm gab wie in der Schweiz der Schweizer, war dies ein Gefilde, das dem Kind ans Gemüt ging, schon früh. Eine Gegend, so haben
sich die Dinge verdreht, in welche die erwachsene Person hin und wieder eine Sehnsucht zurücktreibt, die sich ganz ähnlich anfühlt wie das
Alpen-Fernweh des kleinen Mädchens.

Warum habe ich immer die Empfindung, »in die helle Richtung« zu
fahren, wenn ich heutzutage aus Südostbayern nach Franken aufbreche?
Zwar hat wohl jeder seine ganz subjektiv »belichtete« Topographie im
Kopf, aber besonders schlüssig ist meine nicht: es geht nach *Norden*, es geht
ins Land der Kindheit, die mir nicht unverhältnismäßig besonnt in Erinnerung ist. Franken ist für mich keineswegs eine Art »irdisches Paradies«,
auch nicht wesentlich lichtvoller oder markant unprovinzieller als Altbayern (wenngleich das Evangelische und die Aufklärung dort vielleicht
etwas früher mit einigen Geistesfinsternissen aufräumten). Aber das ist für
meine »Helligkeits«-Wahrnehmung ein unmaßgebliches Aperçu. Ent-

scheidend ist vielmehr das Gescheckte, Gesprenkelte der weit ausgebrei-
teten Landschaft unter einem größeren Horizont, so kommt es mir heute
vor; von den Jura-Weiden mit ihrem weißlichen Fels, über die auenarti-
gen Wiesentäler der Flüsse, zu den kleinräumigen Karrees der Obstgärten
und Weinberge – fast immer scheint ein Sonnenfleckengeglitzer über dem
vielgestaltigen Riesenspielzeugland zu liegen, und auch die Laubwälder
Frankens flimmern eher etwas verspielt, als daß sie schwarzgrün und ernst
ragen wie die ostbayerischen und alpennahen Nadelforste.

Ein dunkles Element, ein etwas klaustrophobischer Riegel der Mono-
tonie, ist auf vielen fränkischen Anreisen der sehr preußisch-brandenbur-
gisch anmutende Reichswald, dieser endlose Kiefernpelz, in den sich
Nürnberg eingewickelt hat. Man kann's immer gar nicht glauben, daß
versteckt hinter dieser Taiga eine Großstadt rumort, man hört und sieht
rein gar nichts von ihr. Dem ganzen Föhrengestänge entkommen und auf
erfreuliche Weise in fränkisches Feeling eintauchen läßt sich mit einem
kleinen Schlenker von der AB-Ausfahrt Nürnberg Nord nach Heroldsberg und dann weiter ins Dorf Kalchreuth. Albrecht Dürer hat der Ortschaft zwei seiner atemberaubenden Aquarelle gewidmet – Kalchreuth,
auf einer Liasterrasse mit weitem, freiem Panorama gelegen, war schon
immer ein Lichtblick zwischen Nürnberg und Erlangen, ein erhöhter,
offener Platz zum Spazieren und Schauen. Natürlich steht keine einzige
der Dürerschen geduckten Bauernkaten mit den tiefgezogenen Strohdä-
chern mehr, aber immerhin stammt das kompakte Schloß der Nürnberger Patrizierfamilie Haller, in dem sich heute einkehren läßt, aus seiner
Zeit. Und der Landschaftsblick nach Norden, über die ordentliche Wohnbebauung unserer Tage hinweg, ist noch immer völlig kenntlich: die breite Senke, die weitwinkeligen Abschwünge der gestaffelten Höhen, oben
bügelbrettartig eben hingezogen, bis hinüber zum Kirschenberg Hetzles
(da kommen wir noch hin, da freuen wir uns schon drauf); vor allem aber
die Farben an diesem bedeckten Tag, das verschleierte Blau-Braun-Grün
unter einem glasig-grauen Himmel. Hier sind wir angekommen in Franken, schon stehen auch die ersten Kirschen-Omas mit ihren Spankörben

am Straßenrand, füllen einem aber leider die Früchte in ein »Diidla« aus
Plastik um, weil das Kerbla wird ja noch gebraucht. – Auch die Kalchreuther Kirche ist lupenrein fränkisch; allerdings ein sehr opulentes Dorfkirchlein, denn die besagten Haller, denen das Dorf als »freieigener Besitz«
über 600 Jahre quasi gehörte, ließen sich nicht lumpen. Sie statteten den
schlichten rechteckigen Bau mit dem Polygonalchor im späten 15. Jahrhundert vom feinsten aus: mit allem, was die Nürnberger Kunst zu ihrer
Blütezeit zu bieten hatte. Da steht ein großer Wandelaltar mit beweg-
lichen und festen Flügeln und ragendem Gepreng, mit Schnitzfiguren im
Schrein, Reliefs und Gemälden aus Passion und Marienleben auf den Flügeln – ein wunderbarer Vorgeschmack auf die gotischen Reichtümer
Frankens, die durch die Reformation erhalten worden sind, während das
schwerreiche katholische Altbayern allenthalben abräumte und barockisierte. Fast noch schöner ist das filigrane Kalchreuther Sakramentshaus,
das, weil so elegant und qualitätvoll, sogar mal dem Lorenzkirchen-Mei-
ster Adam Kraft zugeschrieben wurde. Dann ist da noch ein geschnitzter
Anna-Selbdritt-Seitenaltar, es gibt spätgotische Tafelbilder, Glasgemälde,

Wandbehänge mit allerschönstem Rankenwerk auf schwarzem Grund sowie eine rare tönerne Gruppe der Zwölf Apostel mit ihrem Heiland – und das ist noch keineswegs alles an Artwork, womit die Haller ihr damals abgelegenes Landkirchlein veredelten. – Nach der Kirche kann's zum Wirt gehen, wie es auch in Franken löblicher Brauch ist; ansässige Nürnberger raten in Kalchreuth besonders zum Gasthof »Drei Linden«, wo man durchgehend warm aufkocht, zum Beispiel Hasenkeule in Lebkuchensoße, über welcher wir dann vollends im Lokalkolorit versacken. Wer nach Franken fährt und einen Hang zu deftiger Kochkunst hat, sollte sich mit vorherigem Abspecken präparieren; denn hier wird er zulegen, das kann ich aus gourmandiser Selbsterfahrung versprechen. Vielleicht tut's in Kalchreuth auch das freundliche »Café im Kirschgarten«, mit den Tischen in der Wiese und schöner Aussicht.

Kindheitsmäßig unvorbelastete Leute müssen nun keineswegs ins nahe Erlangen hineinfahren, das ja heute Großstadt ist und entsprechend in die Gegend gefingert hat, sondern können sich kleinräumig und abseitig in Richtung Fränkischer Schweiz vorarbeiten: über Dormitz (ein wucherndes Wohndorf, aber mit einer ebenfalls reich ausgestatteten gotischen Kirche) und Rosenbach nach Marloffstein, woselbst sich der ehedem bierdünstelnde Moder-Ansitz, in dem wir auf Schulausflügen rotgrüne Limonaden aus Schnappverschlußflaschen konsumierten, zu einem properen Schloßhotel gemausert hat. Ein Schlenker nach Atzelsberg empfiehlt sich wegen eines wunderschönen Biergartens mitten im Grünen, nahe dem edel-schlichten Sandsteinschloß, in welchem Erlanger Bürger gerne ihre Familienjubiläen feiern – die stuckierten Staatsräume kann man ganz demokratisch samt Catering bei der Stadtverwaltung mieten. Das ergibt stimmungsvolle Feste, hier oben auf der weiten Hochfläche des Rathsbergs, wo jedem Dorf sein kleines Adelsnest beigesellt ist, und wo man sich an den Sommerabenden vom »Blauen Saal« in feinem Gewand in die Obstbaumwiesen schlagen kann. Und wenn man da mit Weinflasche im hohen Gras sitzt, dann erblickt man auch schon, jenseits von von Gaiganz, Weingarts und Ermreus, das Walberla, das gute.

Ich aber muß halt doch zuvor *hinein* in die Kindheitsstadt: nachgucken, retour-kutschen, sentimentalisieren. Muß mich diesem Zwielicht aussetzen, das dort nur für meinesgleichen herrscht, wie es auch Träume etwas fahl beleuchtet, deren spielzeughaft vertraute und gleichzeitig schattenhaft unheimliche Szenerie. Ich bin selber eine Art Schatten; in dieser fahrradklingelnden Studentenboutiquenstadt gehe ich am hellichten Nachmittag umher wie ein Wiedergänger, über den Theaterplatz und durch die Wasserturmstraße, seitlich an der Orangerie vorbei, und unumgänglich lande ich im Garten des Café Mengin am Schloßplatz, alle paar Jahre wieder, darauf wartend, daß sich irgendein Riß öffnet, der mir erhellt, was die Vergangenheit mit der Gegenwart zu tun hat, ein Blitzschlag, der die schon reichlich grauhaarige Person unterm modisch riesenhaften »Gauloises«-Schirm *verknüpft* mit dem Kind von 1959 unter der rotweißgestreiften Scherengitter-Markise. Das ist eine so zwanghafte wie traurige Übung, weil sie nie funktioniert. Und die beiden Chow-Chows, die, wie damals, wie seitdem?, flach im Akazienschatten auf der Bärenhaut liegen, sind natürlich ihre eigenen Urenkel, aber ich, ich soll das*selbe* Lebewesen sein? Zeit stehengeblieben, Zeit rasend verstrichen, im gänzlich unverwandelten getäfelten Innenraum des Mengin, wo kein Mensch sitzt, wo das altbekannte unwirkliche Licht durch gelbe Glasscheiben die immergleichen Pferdesporttrophäen in der verspiegelten Vitrine bescheint, verstärkt sich die sinistre Zwischenwelt-Empfindung noch, und vor allem taucht dann doch der gefürchtete unselige Wunsch auf, es könne nochmal alles rückwärtsdrehen, auf Anfang… Auf ganz früher, als einem der Schloßgarten noch eine unübersichtliche, geheimnisvolle Landschaft war, und kein geringfügiges Baum-Karree, von einem minderen Feudalherren mit mißratener Barockplastik versehen. Als einem die kugelförmigen Papierkörbe aus Eisendraht, die sich in fabelhafte Kreiselbewegung versetzen ließen, noch bis zum Hosenlatz reichten…

Schluß jetzt, Eiskaffee zahlen, Mengin-Postkarte einstecken (die kommt an die Pinnwand, da, wo ich *jetzt* daheim bin!). Ich liebe das Mengin unmäßig, und die Vorstellung, es könnte sich über die Sonnenschirme hinaus modernisieren, trifft mich mit Messern, aber es ist doch ganz in Ordnung, daß anderes aus Erlangen verschwunden ist wie ich es selber bin: das »Bayerische Schokoladenhaus« mit seinen sagenhaften Süßigkeiten, der gehaßte Bleyle-Laden, das »Haus der Dame« (zu nobel für unsere Familie, wir kauften beim handfesten »Eisert«), die Milchbar »i-punkt«, vergangen wie offenbar alle Milchbars der Welt. Die einst so bedeutsame Bücherei ist ins ehemalige Rathaus gewandert und verleiht jetzt wahrscheinlich Beverly-Hills-Fernsehserienbücher, und in der neubarocken Hauptpost sitzt McDonalds. Ersatzlos abgeschafft ist das Terrassencafé auf dem Burgberg – wahrscheinlich hat es die feinen Leute, die dort oben seit jeher splendid siedelten, irgendwann zu sehr molestiert mit seinem Publikumsverkehr aus dem Flachland-Erlangen der Siemens-Standardbauten. Auch das schwemmt es wieder nach oben, beim Spaziergang durch die Villenviertel oberhalb der Palmsanlage, des Eichenwalds; das grummeln-

… die kommt an die Pinnwand, da, wo ich jetzt daheim bin!

de Ihr-da-oben-wir-da-unten-Gefühl der frühen Jahre – es sind dieselben Türmchenvillen mit den hohen Treppenhausfenstern aus Jugendstilglas, die gekalkten Mauern mit den Schmiedeeisentoren, die einen mulmig erinnern an den unbezähmbaren Sozialneid auf die Götterlieblinge in der Rathsbergerstraße – je weiter hangaufwärts, desto gewappelter. Dafür hatten die Bergbewohner, schwacher Trost, keine »Seekuh« vor der Haustür, wie wir in unserer ersten Mietskaserne an der Drausnickstraße; da fuhr nämlich mitten auf der Asphaltstraße, wie auf Trambahnschienen, mehrmals täglich puff-puff eine schwarze Dampfeisenbahn stadtauswärts, pfiff gellend und blies uns den Rauch in die Fenster; die Sekundärbahn, eben »Seku«, gen Gräfenberg, später elektrisch, 1963 abgewickelt.

Womit wir uns wieder der Fränkischen Schweiz nähern. Nicht per Seekuh, sondern durch den Meilwald über Atzelsberg und Adlitz hinunter nach *Effeltrich*, wo eine riesige, von einer Holzbalustrade abgestützte 800jährige Linde im Ortszentrum eine schattige Laube bildet, inzwischen überwiegend ein mit Ziegelsteinchen vollgestopfter Betonbaum, der dennoch wacker alljährlich wieder Blüten treibt, an immerhin 90 Prozent seines Geästs. Leider ist er arg umdonnert vom Verkehr, nicht mehr so recht einladend als Tanzplatz für die einheimischen Traditionstrachtler in Fältelrock und Brautkronen. – Bei »Palm und Enke« am Erlanger Marktplatz haben wir uns in der reichhaltigen Frankonia-Abteilung mit Regionallektüre versorgt, sitzen unter dem Wellplastik-Knatterdach des Gasthofs zur Linde, diesmal nicht hungrig genug für die Vielfraß-Bratengebirge seiner gelobten Küche, und begucken uns die Wälle und Ecktürmchen der Kirchenburg.

Im folklorefreudigen Effeltrich tummeln sich am Faschingssonntag noch immer die »Fosaleggen« und »Struhbään«, mir von einer eindrucksvollen Heimatkunde-Exkursion mit Grundschullehrerin Fräulein Maud Übelein in abenteuerlicher Erinnerung: ein Winteraustreibungsbrauch in buntester Kostümierung mit enthemmtem Peitschengeknall und tapsigen Strohmännern, die durch den Schneematsch gescheucht wurden. – Ihre mächtige Wehrkirche haben sich die Effeltricher Bauern im 15. Jahrhun-

Effeltricher Bäuerinnen vor der Wehrkirche (Foto aus den 50er Jahren)

dert »in Eigenleistung« abgeknapst, gegen die Mordbrennereien des wüsten Markgrafen Albrecht Achilles »mit dem krummen Maule«, der sich seinerzeit ein Großreich zusammenraffen wollte und dabei halb Franken in Schutt und Asche legte. Heute, wo innerhalb der Wehrmauern nur die üblichen polierten Grabsteine pingelig aufgereiht sind, läßt sich das chaotische Gedränge in diesen Schutzräumen für das allzeit gepeinigte Landvolk kaum fassen, als selbst der Sakralraum *»von Truhen, Mobilien und Bettgewand so vollgestopft war, daß man nicht zur Kanzel kommen konnte; so konnte am 11. Nach Trin. kein Gottesdienst gehalten werden«.*

Endlich sagt am Nebentisch jemand »Allmächt«, da hab' ich schon lange drauf gewartet, gewadded. »Allmächtna, draai Braadwoschd mid Graaud iißd du etzerd, Hebbed, und dä Kärschkouchn dahaam?« Heute könnte ich stundenlang zuhören, »waichem und haddem d«, (haddes D

wie bei »Diäbollo«, dem berühmten Maler der Würzburger Residenz).
Jemand hat eine »Batteldour, ganz allaans« auf der Wiesent aber »scho sou
schäi« gefunden, und der Nürnberger Dichter Fitzgerald Kusz, der mit
dem grandiosen Großes-Fressen-Familienmelodram »Schweig, Bub«
(»Schwaich, Bou«?), hat dem Walberla ein liebevolles Haiku gewidmet: *»es
walbälä is unsä fudschijama / jedä mou in seim lehm ämall nauf / obbä dä schnäi
fehld im summä, dä schnäi.«*

Der Zwergfujijama ist nun, bei Kunreuth mit seinem Wasserschloß,
ganz herangerückt und die Landschaft zeigt sich von größter Anmut. Bin
ich wirklich keine drei Autostunden weg von meinem Wohnort zwischen
Rott und Inn? Dermaßen *andersartig* sieht die Kulturlandschaft hier aus,
zierlicher, kleinteiliger, getupfter, transparenter. Wie ein Aquarell vielleicht, im Vergleich mit einem dickgespachtelten Temperabild. Das liegt an
vielerlei; an den mageren Kalksteinböden des Juralandes, die keinen groß-
flächigen Ackerbau, Maisbau, erlauben wie die fetten Lößböden Niederbayerns. An den zahllosen Streuobstwiesen, von denen diese fränkische
Region geprägt ist, »hängende Gärten«, schwingende Gärten bergauf

Kirschblüte in Franken

bergab, die ihr etwas Filigranes, Tänzerisches verleihen. – Wie sehr die Kultivierung der hochstämmigen Obstbäume eine Szenerie zieren kann, das hat man in Bayern südlich der Donau schon ganz aus dem Blick verlieren können: da sind die freundlichen Haine über Jahrzehnte plattgemacht worden für ein monotones Übernutzland, und kein viel zu verspätetes staatliches Streuobstwiesenprogramm wird den massenhaft vernichteten Liebreiz über ein paar Subventionsmittel reinstallieren können.

Ich war eine Ewigkeit nicht mehr zur Kirschblüte in Franken, aber das Walberla, so heißt es, sähe dann bis zu seiner Felszone aus wie in Watte gepackt, oder vielleicht doch in »Schnäi«? Mit Grauen erinnere ich mich an eine agrarische Fernsehsendung, in der ein kaltschnäuziger akademischer Obstbau-Fachidiot über Perspektiven der Ertragssteigerung im Kirschenanbau referierte, im Dienste der elenden Konkurrenzfähigkeit: Halbstammplantagen, Niedrigspaliere zur Flächennutzungsoptimierung, das sowieso, aber der Stein der Weisen, da sei man in der Forschung schon recht weit gediehen, das werde in der Zukunft wahrscheinlich die Kirschenreifung unter »halbtransparenter Zeltabdeckung« sein. Hilf Himmel! Nicht hier! Nicht genug, daß aus den schönen Bodenseehügeln ein riesiger Appellplatz militärisch aufmarschierter Jonagold-Halbstämme geworden ist, nun sollen womöglich die sanft rollenden Ausläufer der Fränkischen Schweiz unter Folie und Plexiglas verschwinden! Gleich bremsen wir beim nächsten Kopftuch-Mütterlein am Straßenrand und erwerben wieder einen Kirschensack – Stärkung der Direktvermarktung und des regionalen Absatzes –, zögern kurz vor ihren zwei Flaschen Selbstgebranntem, die auf dem Klapptischchen aufgebaut sind, lassen diesen Einkauf aber bleiben, denn lokale Brennereien, wie wir wissen, kommen jetzt erst noch, wie Sand am Meer.

Es ist ein nicht-endender Frühsommerabend, und es ist Balsam, hier umherzurutschen. Es wachsen noch jede Menge unordentlicher Hecken; auf den Wiesen – kaum Äcker, fast nur »Grünland« – stehen Glockenblumen und Margeriten, Wiesensalbei und Lichtnelken, an den Böschungen haldenweise die steifen Lupinen. In den lichten Buchenwäldern huschen die Sonnenstrahlen hinter den graurindigen Stämmen längs, Elsbeere und Mehlbeere, die unter ihren Kronen beheimatet sind, erkenne ich allerdings nicht, und immer wieder öffnet sich der Blick ins Freie – von Kunreuth über Mittelehrenbach, an Ortsspitz vorbei über Seidmar nach Leutenbach. An welchen meiner Lieblingsplätze soll ich die Kirschtüte tragen: an die versteckte St.-Moritz-Kapelle bei Leutenbach, oder auf einen der beiden »Burgsteine« bei Seidmar oder Haidhof? Am Parkplatz der Moritzkapelle sprudelt eine Quelle unter einer rührend ungefügen, flachen Holzfigur hervor, die auf einer Schultafel in Kinderschrift bedichtet ist:»*St. Moritz, Ritter wert!/Stehst da mit Schild und Schwert/Im Sonnenstrahl./Schlugest einst Gottes Schlacht/Hältst jetzt getreue Wacht/Über dein Tal. – Pfarrer Dr. Georg Konzle*«. Man sollte sich mit dem Moritzwasser die Augen benetzen, hilft gegen fast alles. Die Kapelle liegt ein Stück bachabwärts in einer Lichtung, auf dem ummauerten Kirchhof mit Fernblick herrscht unglaublicher Friede. Wer jetzt, Zeit wird's, die Füße zu bewegen, zwei Stunden laufen mag, der sollte der gelben Rundwanderungs-Markierung zu den aussichtsreichen Burgställen von Seidmar und Haidhof folgen. Von der Felsklippe auf der Haidhofer »Flöß« aus liegt einem die Gegend fast so schön zu Füßen wie vom Walberla herunter – und es treten einem unter der Woche wahrscheinlich keine Rentner in beigen Windjacken auf die Füße.

Ja, die Rentner. Wie den deutschen Mittelgebirgsgegenden überhaupt hängt auch der Fränkischen Schweiz der Nimbus an, sie sei ein Urlaubsparadies vorwiegend der weniger betuchten Seniorenpaß-Inhaber. Ihre bescheidene touristische Infrastruktur bediene überwiegend diese gefestigte Zielgruppe: mit Wanderwegen für den hellbraunen Polsterschuh, mit plüschigen Billigquartieren, mit Schonkaffee und Mutterns Küche, Kneippanlage und Kutschfahrten. Schon wahr – die Toskana ist das hier nicht. In Pottenstein zum Beispiel gibt es ein Geschäft, das ausschließlich mit den ältlichsten Damenblusen der Welt zu handeln scheint, und die hängen alle frontal auf der Straße: eine einzige Pastellvision mit Abnähern und Applikationen, Goldknöpfen, Keulenärmeln und Bindeschleifen. Die

Therme Obernsees wirbt mit »Sprudelliegen, Nackenduschen und Ruhegrotte«, und die Freizeitgestaltung bewegt sich zwischen Hinterglasmalkursen (»Erstellen Sie Ihren wertvollen Zimmerschmuck selbst!«) und dem Jubiläum des Liederkranzes Wiesenttal: »Fünfzig Jahre Singen in Frieden und Freiheit«.

Aber so ist das eben mit dem Unterwegssein im Heimatland: dergleichen muß man, leicht schaudernd, auch irgendwie mögen. Man sitzt nun mal nicht in einer geschmackvoll restaurierten Finca, einem »Mas«, einem umbrischen Gehöft, unter denselben metropolitanen Gesinnungsgenossen, die man auch auf jeder Lesung, jedem Kulturempfang, jeder Prosecco-Gartenparty zu Hause trifft. Bei Reisen durch die deutschen Provinzen läßt es sich nicht umgehen, daß man auch Piefke unter Piefkes ist, daß man in unverhofft engen Kontakt mit der Gotthilf-Fischer-Welt, dem Apfelschnittchen-mit-Kunstsahne-Milieu, den »FeWos« samt Grillplatz, Satellitenanschluß und Streicheltierzoo gerät. Und zuweilen fühlt sich der innere Spießer da entspannter als im Anspruchs-Ambiente der Edelweine, des Knitterleinens, der südlichen Naturstein-Zweitwohnsitze.

BURGEN UND ANDERES QUARTIER

Man kann allerdings auch in der Fränkischen Schweiz komfortabel logieren – wir sollten uns drum kümmern, denn der Tag neigt sich. Zweiundvierzig Kilometer sind wir heute gereist ab Autobahn, toll! Ich bin fein raus, denn ich habe den Schlüssel von Nürnberger Freunden für ihr Hetzelsdorfer Häuschen. Wäre dem nicht so, dann wäre meine erste Wahl in der gesamten Fränkischen Schweiz, lange ließe es sich dort aushalten, mit Sicherheit die prachtvolle Burg Egloffstein. Allzeit war dieser ragende Adelssitz, den die Sippe derer von Egloffstein seit über 600 Jahren bis heute ununterbrochen behaust, für das Fußvolk nur von außen zu bestaunen. Wahrlich imposant klebt die Burg auf einer Felsnase über dem steilen, enggebauten Dorf – vor einigen Jahren, als ihr Mauerwerk noch grauverwittert und marode war, schien sie direkt aus dem Gestein zu wachsen, und die schrägen weißroten Blockstreifen der Fensterläden leuchteten in etwas unernst-spielzeughaftem Kontrast über das Trubachtal. Vor kurzem ist die ganze Anlage mit ihren hohen Kemenatenbauten, dem gekehlten Eckturmhelm, der barocken Schloßkapelle, was wohl bitter nötig war, aufwendig saniert worden, und seither halt erstmal arg blütenweiß. Aber sehr ansehnlich ist es doch auch, wie die hellen Wände mit ochsenblut-farbenen Eckquadern und Giebelfachwerk harmonieren. Und vor allem kann man sich nunmehr hier ganz schloßherrlich einmieten. Zwei Gäste-wohnungen ließ der Besitzer, Baron Albrecht von Egloffstein, im Rahmen der Renovierung einrichten: beide reizvoll. Eine in einer Art Kavaliers-häuschen gleich oberhalb der Burg, wo auch die Egloffsteins selber heu-te etwas kommoder als in ihrem historischen Großgemäuer wohnen. Die andere, die würde ich nehmen, mitten im Kastell, mit den hohen Mauern des äußeren Burghofs als privatem Vorgarten, mit Adlersblick ins Tal hin-ab und der einen oder anderen Felswand im Inneren.

Egolffstein: Wahrlich imposant klebt die Burg auf einer Felsnase …

Hin und wieder führt der Baron selber durch den Stammsitz seines uralten Geschlechts – regulär zu besichtigen ist die Burg nicht – die nette Frau Lilo Meier im Egloffsteiner Verkehrsamt weiß die Termine. Einer solchen Tour habe ich mich zugesellt und studieren können, daß der deutsche Adel die Nonchalance, mit der seine britischen Standesgenossen ihre Castles vermarkten, erst noch ein bißchen üben muß: mit dem kleingeldklimpernden Verkauf von selbstgeklebten Echtfoto-Doppelkarten tut sich der Freiherr, vormaliger Bundeswehr-Oberstleutnant im Dienste von Bonner Wachbataillonen, etwas hart: »Meine Frau ist da umsichtiger.« Der überstandene Kraftakt der Renovierung ist jedoch merklich sein ganzer Stolz. Eine Fotowand demonstriert den Gästen aus der »Pension Mühle« unten im Tal das Egloffsteinsche Paar in moderigen Bröselnischen kauernd, hämmernd, Schutt räumend (»Guck mal, die ist ja *viel* jünger«, wispert eine Tourteilnehmerin). Anerkennend registrieren wir, daß man auch in diesen Kreisen selber hinlangt beim Eigenheimumbau, benützen brav die Fußabstreifer (»müssen wir ja zu Hause auch«) und stellen fest, daß im biedermeierlichen Gemach der Goethefreundin Julie von Egloffstein, welches heute als privates Gästezimmer genutzt wird, die Betten zwar sehr hübsch grünweiß bezogen sind, aber nur ein Waschbecken und keine Naßzelle vorhanden ist – da ist man in der »Mühle« doch besser bedient. »Und wie heizen Sie hier oben?« Alles mit Einzelöfen vom Gang aus? Also nee…

Über das Schloßhotel Wiesenthau, nicht weit von Forchheim im Wiesental, rümpfen meine fränkischen Freunde etwas die Nase: »da quellen doch unentwegt die Bräute raus…« Stimmt, 109 Hochzeitsfeiern allein heuer – aber es ist doch ein ausnehmend stattliches giebel- und türmereiches Renaissance-Schloß, mit Gewölbeweinkellern und Gartenterrassen und »Gourmetzentrum« und sonstigen Annehmlichkeiten für den habituellen Michelin-Reisenden. Die Burgpension Burggaillenreuth ist vergleichsweise vielleicht ein etwas kariertes Unternehmen samt Antiquitätenhandel und Motorradmuseum im Burgverlies, möbliert in leicht verblichenem Gelsenkirchener-Rokoko-und-Rustikalgemisch, aber der

Wohnturm mit Fachwerkanhängsel liegt sehr schön, in einem Park alter Bäume, hoch und ganz ruhig über dem zentralen Wiesenttal.

Die Gasthöfe, naja. Da hat allermeistens der Siebzigerjahre-Uniform-stil zugeschlagen. Die besseren Etablissements wie der »Resengörg« in Ebermannstadt sind dann besonders üppig mit Spinnradln, Salzgebäck-kränzchen, Kunstblumengestecken, Zierkissen und Messingmännchen an den Toilettentüren versehen; die einfacheren beschränken sich auf viel Furnier, Polsterbänke und das übliche Hängelampen-Unwesen in allen kupfergetriebenen und häkelgesäumten Spielarten. Und die Fremden-zimmer mit den gewulsteten großmusterigen Möbelmarkt-Zweisitzern, den Fichte-Klarlack-Betten und auf dem Balkon zwei Gußplastikstühlen samt Restwasserlacke in der Sitzfläche – solche Herbergen lassen einen schon eher hoffen, es möge nicht allzuviel regnen im Oberfränkischen, damit sich das Behaustsein aufs nötigste beschränke. Die qualitätsmäßig erste Adresse der Fränkischen Schweiz, das Hotel Feiler, liegt ausgerechnet in Muggendorf, dem verbauten, geräuschvollen und wenig attraktiven Hauptort ; die Küche aber ist exquisit.

Beim »Resengörg« bin ich zu meinem ersten »Schäufela« gekommen, einem walberlaförmigen Krustenschweinsbraten-Berg mit Kartoffelknö-delkugeln, und meinem ersten Hausgebrannten, denn den braucht man dann. Gegenüber quengelt ein Kind, das seine »Bisdolln« im Auto verges-sen hat, und nebendran unterhalten sich zwei Gartentanten über die Ver-träglichkeit von Schneckenkorn und »Iichela« in ihren Staudenbeeten. Ach ja, die Klassenausflüge mit der Bahn nach Ebermannstadt, und dann weiter auf die Streitburg oder die Neideck; sangesfroh waren wir weiß Gott damals: »Halli hallo wir fahren…«, aber viel lieber grölte die ganze R5a des Marie-Therese-Gymnasiums, auf die Melodie von »Marina, Ma-rina, Marina«, das »Farah-Diba-Lied«: »Oh Farah, oh Farah, oh Farah/ Was nützt dir der Schah und sein Geld/Schenkst du ihm kein Söhnchen/ Schmeißt er dich vom Thrönchen/Genauso wie Soraya/Und seine erste Frau«. Auf ewig im Kopf, auf ewig absurd mit Ebermannstadt assoziiert.

In meinem Hetzelsdorfer Quartier, hoch über und zwischen den

Wipfeln eines dichtbelaubten Steilhangs, fühle ich mich wie in einem Baumhaus. Ein angenehmes Eremitage-Leben, hier oben in Blattwerk und Geäst, »absent« im Doppelsinn: dem Alltag so abhanden gekommen wie auf einer ägäischen Insel; nicht mal ein Radio gibt's, das Dorf hört man kaum, und das Weltgeschehen büßt, gefiltert durch die Forchheimer Lokalzeitung, entschieden an Interesse ein. Absencen aber auch im eigenen Hirn, das sich hier gerne und leicht verwirrt Jahrzehnte früher herumtreibt und mit etwas Strenge wieder in die Jetzt-Gegebenheiten zurückgepfiffen werden muß. Ständig puzzlet man an den Impressions-Fetzchen von einst und jetzt: Diese Fachwerkgiebelreihe, aber ja, wohlvertraut, aber diese Flußbiegung ging doch andersrum?

Der Kribbelfaktor solcher sentimentalen Reisen ist ja nicht das Hochglanzblitzen des Brandneuen, des Exotischen, des Niegesehenen, sondern der etwas grünspanige, angelaufene, stumpfe Schimmer von Altem Zeugs. Sie mögen ein bißchen nach Rumpelkammer stauben, solche Rückwärtsreisen nach langer Zeit, aber wer alte Dachböden schätzt, weiß, daß man da immer Überraschungen erlebt. Es ist ein Anderes Land, ein zweites und zusätzliches, das man schließlich erlebt auf der Suche nach dem vergangenen, ein ganz unterschiedliches Kaleidoskopbild, das sich zusammenschüttelt aus den ursprünglichen bunten Teilchen des Kindheitsgedächtnisses. Es steht auf dem Kopf oder ist seitenverkehrt, aber vielleicht, so ist es mir gegangen, leuchtet das neue Bild der alten Gegend sogar heller als das etwas verschattete, keineswegs fleckenlose Kinderbild.

JÜDISCHES LEBEN IN DER FRÄNKISCHEN SCHWEIZ

Nicht, daß man in sich diesen Raum nun zu einer friedsamen Winkelwelt zurechtmachen könnte. – Weit jenseits des Tals von meinem Ausguck liegt manchmal ein Abendsonnenfleck über der Burg Feuerstein auf der »Langen Meile«: daß man diese massige Festung nur schlecht erkennt, ist kein Fehler, denn sie ist stilreine NS-Architektur, 1941 brandneu aufgezogen und als Raubritterburg gezielt camoufliert gegen feindliche

Luftangriffe; in Wahrheit beherbergte das Gemäuer ein Institut für Hochfrequenztechnik, in dem Kodiergeräte und Steuerungssysteme für Flugzeuge entwickelt wurden. In der Nazi-Zeit arisierte man die weltbekannte Bing-Höhle zur »Streitberger Höhle« um, deutsche Tropfsteine durften nicht nach einem jüdischen Kommerzienrat und Metallgroßhändler heißen, und wenn er hundertmal die Höhle entdeckt und Touristen ohne Zahl angelockt hatte; wenn er in Streitberg noch so schöne Brunnen und Pavillons und Feuerwehrleitern gestiftet und die Kinder allweihnachtlich mit Gebäck und Spielzeug beschenkt hatte.

Jetzt hat die Bing-Höhle ihren alten Namen wieder – aber wie lange hat es gedauert, daß man sich im Nachkriegsfranken an die jahrhundertealte Geschichte der jüdischen Landbewohner erinnerte, die auch in vielen Fränkische-Schweiz-Dörfern ihre Gemeinden, ihre Synagogen und Schulen, Mikwen und Friedhöfe unterhielten? Wir haben in unserem sonst so lokalpingeligen Erlanger Heimatkundeunterricht kein Sterbenswort von ihnen gehört. – Halbwegs zwischen meiner Unterkunft und der NS-Burg Feuerstein liegt das Dorf Hagenbach, in dem im 19. Jahrhundert zeitweise mehr Juden als Christen zu Hause waren. Einen halben Kilometer westlich vom Dorf trifft man in den Kirschenhängen, mit schönsten Trubachtalblick, auf eine schwermütige Idylle, den jüdischen Friedhof, auf dem als letzter der 85jährige ledige Buchbinder und Händler Abraham Hutzler aus Hagenbach bestattet wurde. Immerhin schon 1934 widmete ihm der Wiesentbote einen durchaus respektvollen Nachruf: »Wer kannte ihn nicht, den alten Abraham, der mit seinem Bündlich landauf und landab zog, zeitlebens ein ehrlicher und aufrichtiger Mann, der seine Abnehmer immer gut bedient hat. Bis in sein hohes Alter mußte er sich mühen in der Sorge um das tägliche Brot. Zahlreiche Leidtragende folgten ihm auf seinem letzten Gange.« Nur gut, daß er die sozusagen kleinwinzige Hagenbacher Kristallnacht ein paar Jahre später nicht mehr erlebt hat, als Forchheimer SA-Trupps das Synagogeninventar auf der Trubachinsel verbrannten, die letzten alten jüdischen Ehepaare, die Seiferhelds und die Mais, auf die Ladefläche ihres Dreirad-Lieferwagens

zerrten und ihre Häuser zertrümmerten. Nach Dachau kamen sie, in Riga und Theresienstadt verlieren sich ihre Spuren.

In den fränkischen dörflichen Siedlungen waren die Juden, seit dem Mittelalter aus den Städten immer wieder vertrieben, weil man ihnen zum Beispiel die Schuld an der Pest gab, oder weil die reichsstädtischen Handelsherren ihre lästigen Konkurrenten loswerden wollten, mit Schutzbriefen von den lokalen Kleinfeudalherren geduldet, da bei dieser meist hochverschuldeten Ritterschaft das jüdische Bargeld erwünscht war. Viele aber lebten in bitterer Armut, die »Tropfhäusler« zu mehreren Familien in einer Kate, drückend waren die Abgaben – Hagenbachs Herrschaft, die Seefried von Buttenheim verlangten zusätzlich zum Schutzgeld eine alljährliche »Neujahrsgabe« von »sechs Pfund Zucker, zwei Pfund Pfeffer, zwei Pfund Ingwer«. Die jüdischen Viehhändler durften ihre Tiere nicht auf die gemeindlichen Hutweiden stellen, und als »Schmuser«, als Heiratsvermittler, wurden sie oft um ihren Lohn betrogen. Sie handelten, schlecht und recht, mit Spezereien, Schnittwaren, Altkleidern und Geflügel; Handwerk und Landwirtschaft waren ihnen erst im 19. Jahrhundert beschränkt zugänglich, und immer mehr Juden wanderten ab aus dem engen Tal, suchten ihre Zukunft in Übersee, bis das Gemeindeleben langsam erstarb, bis sie alle verschwunden waren, die klingenden, eigentümlichen Namen: Männdlein Mitteldörfer und Huda Steingasser, Jette Mack, Amschel Hirsch Farnbacher, Jacob Semmel und Rika Pretsfelder (die letztgenannte schickte nach dem Zweiten Weltkrieg noch Care-Pakete nach Hagenbach).

Heute ist der Hagenbacher Friedhof, letztmalig 1978 mit Hakenkreuzen geschändet, wie der in Pretzfeld, der 1984 mit SS-Runen beschmiert wurde, meist mit einem Gittertor verschlossen; bei Josef Seitz in Pretzfeld, der die jüdische Geschichte seiner Region gründlich erforscht hat, bekommt man den Schlüssel. Die Äste mit den lanzettlichen Kirschbaumblättern hängen schwer auf die Grabsteine hinunter, je weiter vom Eingangstor, desto zieratreicher und repräsentativer werden diese, bis zu den neoklassizistischen Vasen auf den hochragenden Wassermann-Gräbern. Die meisten Gedenksteine sind schräg im Boden sitzende, halbovale Platten, in hebräischer und altdeutscher Schrift geprägt, beidseitig Säulen, die an die Tempelsäulen Jachin und Boas erinnern sollen, dem Himmelsbo-

Ermreuth: Synagoge

gen darüber, manchmal mit dem Auge Gottes, allerdings ohne das christliche Dreieck, das Trinitätszeichen. Um die fünfhundert Menschen sind hier bestattet, mit diesen Toten und dem Blätterrauschen und dem Blick in die Ferne, wohin es die überlebenden Nachkommen verschlug, ist man allein. Ich wüßte keinen vielbeschwätzten großstädtischen Mahnmal-Stelenwald, der ein besserer Platz des Gedenkens wäre. Und die Stille lastet wirklich eisern – kein bittersüßer Klezmer-Sound, wie in *jedem* Fernsehfilm über *jeden* jüdischen Begräbnisort, entlastet uns in diffuse Wehmut.

Die Synagogenmauern von Hagenbach gingen in den Achtzigerjahren in eine Garage ein; die Synagoge von Ermreuth hat man aufwendig restauriert; sie ist nun eine dieser zwar wichtigen, aber immer auch leicht fragwürdig perfekten musealen Stätten – wie auch die neuen jüdischen Museen in Fürth und Schnaittach –, die einem in ihrer Sterilität immer auch etwas glatt und verharmlosend erscheinen wollen. Das Ermreuther jüdische Denkmal freilich hat eine bizarr aktuelle Nachbarschaft: ein abblätterndes Schloß mit verschlossenen Fensterläden, dessen Park verwahrlost und dessen Eisentor mit Eisenketten versperrt ist: hier tobte sich in den Siebzigern die neonazistische »Wehrsportgruppe Hoffmann« aus, und auch heute noch lebt ihr Anführer, nach längerer Haftzeit, in dem ehemaligen Waffenlager und Hauptquartier. Die düstere Aura des Ansitzes hat Tradition: nach dem Ersten Weltkrieg saß der »Stahlhelm« im Ermreuther Schloß, Ludendorff kam öfter zu Besuch; dann war es Kreisführerschule der NSDAP.

Es ist ein Tag des feinen Regens, keine durchschlagende Pladdernässe, sondern ein weiches Sprühen aus den Wolken, das einen federleichten Film auf Haare und Jacke legt und die Landschaft in transparentes Silberlicht taucht. Wir haben Juni, also hohe Vorsaison, sind aber wieder mal auf Solopartie zwischen all den grünen Hügeln unterwegs. Allein krauchen wir durch das wunderschöne Krumme Tal mit seinen kahlen Wacholderhängen nach Großenohe, parken fast allein auf dem herzigen Gräfenberger Marktplatz, wo wir bei der »Metzgerei Derbfuß«, bei »Hengelein Haushaltswaren« und im nach rückwärts unendlich ausufernden und voll-

gestopften Allround-Laden von Herrn Wölfel unsere Einkaufsliste ab-
haken können.(»Was machst'n mit'm Quark?« – »Und du mit Zucchini?«
– das sind schon interessante Fragen unter Gräfenbergerinnen, die sich
gegenseitig in die Gitterwägen starren.) Frotteetücher führt Herr Wölfel
nicht, aber »null Problemo«, seine Schwester im Wäschegeschäft »gleich
rechts hinterm Hiltpoltsteiner Tor, da ruf' ich schnell durch, dann hält die
für Sie offen.« Wir haben nämlich gleich zwölf Uhr, zu welchem Zeit-
punkt die stillen Städtlein für drei Stunden vollends ersterben. Ich kriege
dann auch viele Handtücher vorgeführt, aus Schachteln ganz unten am
Boden und Schachteln oben an der Decke, in allen Flauschqualitäten, keine Ladenschlußzeit beschleunigt die Darbietung, und, richtig, »Adé!« sagt
man hierzulande beim Abschied.

Vielleicht ist es das dämmerige Halblicht dieses feuchten Tages, indi-
godunkles Stratocumulusgewölk über schwefelgelbem Horizont, das den
eigentümlich hochragenden Doppelklotz der Burg Hiltpoltstein so vam-
pirschloßartig-sinister aussehen läßt. Eine etwas gruselige Burg, auch aus
der Nähe. Auf rutschigem, moosigem Kopfsteinpfad kraxelt man durch
geduckte Fachwerkvorhöfe empor, je höher man kommt, desto gerümpel-
liger und düsterer wird es, rostiges Gerät liegt herum, verschlossene Lat-
tenzauntore vor schwarzen Felsenlöchern; das unbehauste, schon lange
leergeplünderte Hochschloß selbst ist verrammelt – Privatbesitz, Verwen-
dung unklar –, wandelt da ab und zu ein einsamer Mensch durch die finsteren Räume, hallenden Schritts? Oder irrlichtern hier vielleicht doch
die beiden Kindsmörderinnen umher, die letzten, die man in der frühen
Neuzeit zu Hiltpoltstein köpfte, wie immer von Chorgesang untermalt?
Zwischen Burgfels und Kirche muß man sich schräg durchpressen, so eng
ist der tropfende Durchlaß – dieses ganze Burgareal hat sich die verwach-
sene, nach Moder und Fels riechende, »derhauene« Stimmung bewahrt,
die man auf alten Fotos oft so begierig studiert, weil in der Wirklichkeit
alles Ruinöse an historischen Stätten üblicherweise in hausputzartigem
Furor beseitigt wird. Bunter Anstrich, frischverlegtes Fußgängerzonen-
Pflaster, nette Bogenlaternchen, Papierkörbe und Pflanzkübel; hier ist man

mit derlei Geschichtsverniedlichung noch nicht weit gediehen, hier ist ausnahmsweise mal der Verfall monumentalisiert. Im properen Süddeutschland, anders als in den östlichen Provinzen und Nachbarländern, wo einem das ungeschützt Trümmerhafte auch zuviel werden kann, haben derartige Plätze einen exzentrischen Zauber, sind Stätten des Atemholens zwischen Holzschutzmittel-Fachwerk und Farbkasten-Verputz.

ETWAS MÜHLENROMANTIK

Irgendwie, das merke ich langsam, drücke ich mich um die berühmte Mitte der Fränkischen Schweiz herum, um ihren richtig »schweizerischen« Teil: die tiefgesägten Flußtäler, die Felsklippen, die Höhlen, die Postkartenorte Gößweinstein, Behringersmühle, Tüchersfeld, Pottenstein. In Gößweinstein dann renne ich kurz in die Balthasar-Neumann-Basilika, die nach Schweiß riecht vor lauter Buswallfahrern – ihre Bauherren waren sich beiläufig nicht zu katholisch, um anno 1731 Paramente, Altartücher, Ministrantenröcklein günstig bei jüdischen Textilhändlern zu beziehen. Die Durchgangsstraße stinkt und dröhnt, am Bankautomaten mahnt eine Mutter ihr fummelndes Kind: »Des is fei ka Spüllzeuch, Steven«, und im Café herrscht am Nachbartisch, in einer Runde sonnenbankgegerbter Goldschmuckträger, Schadenfreude über die Boutiquenpleite abwesender Bekannter: »Die haben doch schon ihr Privathaus reingesteckt, die können die Finger heben, weiter können die gar nix mehr…« Nur fort hier, auch die Viktor-von-Scheffel-Stube im gleichnamigen Gasthof sparen wir uns leichtherzig, wo sich das Renommé des Dichters, daß er besser saufen als reimen konnte, anhand eines launigen Gästebucheintrags von 1883 nachvollziehen läßt: »Belletriste?! Belle warste, triste biste, siehste, wie de biste, Belletriste…«

Wir wollen uns einen anderen literarischen Topos begucken, die legendäre »Pulvermühle« bei Waischenfeld nämlich, wohin Hans Werner Richter 1967 die »Gruppe 47« zu ihrer sich schließlich als final herausstellenden Tagung zusammenrief. Kein Wunder, denkt man sich, daß die

Treffen der Gruppe 47, 1967

bundesdeutsche Autorencrème sich nach diesem trüben Versammlungsort vielleicht endgültig nicht mehr riechen konnte. Ein bißchen grünversponnene Mühlenromantik hätte man schon erwartet an so einem Dichterstelldichein, vielleicht sogar ein Restglimmen von Genius Loci, doch die heutige Pulvermühle hat so viel Poesie wie das Kaffeefahrtziel eines Schweinfurter Busunternehmers. Eigentlich wollte ich hier einkehren, aber das lasse ich bleiben: der Mißmutstau der vereinzelten Ehepaare hinter den Panoramascheiben teilt sich bis auf den matschigen Riesenbauplatz draußen mit. 1967, so sieht man auf alten Fotos, hatte das Landgasthaus noch eine einfache Putzfassade und Sprossenfenster, nichts von Verbundglasfront und beizfarbenen Endlosbalkons, und die im Garten herumstehenden Leute mit den Hornbrillen und Kurzhaarschnitten und schwarzen Sakkos sehen auch gemäß der heutigen Retro-Ästhetik ober-

cool aus. Man weiß, was damals vorfiel: für noch viel cooler hielt sich der
SDS Erlangen, der anrückte mit Vietcong-Fähnchen und Megaphon-
Tröten, mit Luftballons und einem Poster: »Hier tagt die Familie Sauber-
mann«. Über platzenden Ballons, Anti-Springer-Resolutionen, Parolen
wie »Lieber tot als Höllerer« setzte in der Literatenschaft heftige Lager-
bildung zwischen Solidarisierern und Altliberalen ein, Grass verwahrte
sich dagegen, von Lettau als »Genosse« vereinnahmt zu werden – und
Zaungast wäre man schon aus dem Grund gerne gewesen, den heutigen
Heimatbesinger Martin Walser nächtens dabei zu beobachten, wie er zwischen die Lämpchen der Biergartenbäume persönlich nordvietnamesi-
sche Flaggen drapierte. Schwer zu glauben nach dreißig Jahren, daß sich
in der Wiesent einmal der Vietcongstern spiegelte, daß hier Siegfried
Unselds langer Citroën neben Rolf Haufs' kurzem R4 parkte, daß Lars
Gustafsson eine Bakunin-Geschichte vorlas, Augstein »viel Bier trank«
und auch Peter Bichsel sich im Wintergarten »bacchantisch« aufführte;
Guntram Vesper hat sich im »Lesebuch der Gruppe 47« an die Abgesangs-
tage im Land der »überhängenden Felsen« erinnert. Heute ist die Pulvermühle für literarische Spurenschnüffler ein trauriger »falscher Ort«, triste
wirste da, Belletriste, den Freizeitfischern und Freiluftschachspielern spu-
renlos rücküberantwortet, und das Foto von Günter Eich im Inneren
wirkt wie ein dämliches Versehen.

Mit den Kühlen Gründen ist es so eine Sache. Die Mühlenromantik
der wasserklaren Teiche und gischtenden Bäche, der bemoosten Schöpf-
räder und traulichen Katen, der Wandersmänner, Ringlein und Töchter-
lein, sie war schon zu ihrer Entstehungszeit eine Fiktion. Daß es in den
feuchten Steiltälern der Fränkischen Schweiz, die damals noch »Muggen-
dorfer Gebürg« hieß, so viele Klappermühlen gab, das mochte den Dich-
terseelen und Ballonmützen-Aquarellisten des frühen 19. Jahrhunderts
gefallen, nicht aber den Müllern selbst. Die machten einander nämlich
desaströse Konkurrenz, die Gegend war mit mehlmahlenden und holz-
sägenden Kleinbetrieben heillos übersetzt, kümmerlichen Existenzen
wie der Ebenhack'schen Mühle in Hetzelsdorf: »...gewöhnlich den gan-

zen Sommer kein Wasser, der Müller muß, wenn er hin und wieder eine Metze zu mahlen erhält, mit der Hand nachhelfen, und das Gewerbe ist daher eigentlich als ruhend zu betrachten und unglaublich geringfügig.« Not herrschte auch auf der Pulvermühle, wo die Königlich-bayerische Bürokratie, die keine Konkurrenz für ihr monarchisches Schießpulver-Monopol wünschte, den Pulvermüller Kolomann Keller über Jahre eiskalt und scheibchenweise, auf dem Dienstweg, in den Ruin trieb. Ein verzweifelter Bettelbrief der Pulvermüllerin von 1839 direkt an König Ludwig I. hat sich erhalten und kann einen heute noch wütend machen über den seinerzeit erforderlichen Comment äußersten Kriechertums von Untertanen gegenüber ihrer hochmögenden Herrschaft: »Getrieben durch die äußerste Noth wage ich alleruntertänigst Unterzeichnete«, schreibt die Waischenfelder Müllersfrau ihrem Landesherrn, »folgende Bitte Eurer Königlichen Majestät in allerhöchster Devotion zu unterbreiten«… (Sie ersucht um einen Staatsauftrag von einigen hundert Zentnern Pulver aus den Zeughausbeständen zur Verarbeitung, für ihren schuldenbeladenen, »in Tiefsinn und Schwerrmuth dahinlebenden« Ehemann, für ihre vier unmündigen Kinder »ohne Brod«) Sie tut dies »fußfälligst flehend«, »allerdevotest innständigst« – und ist sich »der allerhuldvollsten Erhörung meiner allersubmissesten Bitte vom allergnädigsten Herzen des Landesvaters, ersterbend in tiefester Ehrfurcht, ganz gewieß«, die »allerunterthänigst treu gehorsamste Antonia Keller Pulvermüllerin« … Umsonst, Majestät geruhte keineswegs zu reagieren, die Familie endete im Elend.

Nein, sie waren wohl keine gemütvollen, heimeligen Orte, die so liebenswürdig gestochenen und kolorierten Mühlen der Fränkischen Schweiz, auch nicht für die drei bitterarmen Tagelöhnerbrüder Prell, die als »Hintersäßer« auf der Schottersmühle im Wiesenttal um 1850 mit dem Mietzins im Rückstand waren und in einer winzigen lichtlosen Kammer mit dem Abtritt in der Ecke vegetieren mußten. Kein Platz war in dem Gelaß für eine Schnittbank, die sie zum Korbflechten, ihrem dürftigen Broterwerb, benötigten und »kann nicht einmal ein Bett in fraglichem

Zimer gestellt werden, was uns doch unentbehrlich ist, indem zwei der Gebrüder Brell sehr an der Lunge leiden und im Winter ganze Nächte durch im Bette wegen Husten sitzend verbleiben müssen, und daher nicht wohl auf dem Dachboden die Betten zu stellen seien, indem auch zu demselben Boden nicht einmal eine Stiege führt, sondern erst auf noth-dürftige Weiße mit einer Leiter zu ersteigen ist«. – Die hustenden Brüder verließen schließlich die Gegend mit einem »Armutszeugnis« des Ge-meindeamts Engelberg, ihr weiteres Schicksal ist unbekannt. Die Schot-tersmühle ist heute eine beliebte Einkehr mit abendlich strahler- und lampionbeleuchtetem Garten und die Versorgungslage, namentlich mit

Aufgelassene Mühle in der Fränkischen Schweiz

den begehrten »Riesenpfannkuchen«, ist rundum unkompliziert – anders als zu den Reisetagen des Fürsten Pückler-Muskau, der sich 1835 auf eine unangenehm amüsierte Weise über die Bedürftigkeit seines Quartiers Tüchersfeld äußerte: »In einer dieser Hütten nahm ich in einer stark eingeheizten Stube, in der Gesellschaft einer Million Fliegen, mein Frühstück ein, das zu den originellsten gehörte. Es ward im ganzen Dorfe zusammengesucht; vom Gemeindehirten erlangte man die Butter, aus der Mühle lieferte man den Rahm, den Zucker verkaufte mir ein haussierender Jude und den Thee hatte ich selbst mit, frische Eier aber, kochendes Wasser und Salz produzierte die Wirtin ... Der Hunger ließ mich kaum bemerken, daß die Löffel von Eisen, die Teller von Thon und die Tasse nur ein Topf waren. Zugleich mit mir aß an einem anderen Tisch die Familie, alle aus derselben Schüssel, eine schreckliche Mode, die hier unter den guten Leuten fast allgemein ist.«

Die guten Leute! Was scherte es einen reisenden Aristokraten der Romantik auf der Suche nach idealer Gemütslandschaft, daß die »Kleinseldner« und »Tropfhäusler«, denen er »viel embarras im Hause gemacht«, vielleicht gerade wieder von Mißernten und Hungersnot, von Brennholzverteuerung oder Viehseuche, von Überschwemmung oder aber einem »noch niemals gewesten Wassermangel« heimgesucht worden waren? Womöglich hatte ihnen soeben eine der feudalen Treibjagden Gärten und Fluren zermalmt – das Einzäunen war den Untertanen verboten, damit die Herrschaften zu Pferde freies Galoppieren hatten über Kohlrüben und Kartoffeln hinweg. Noch 1846 berichtete das Landgericht Pottenstein, »daß hunderte von Familien sich befinden, welche nicht einen Kreuzer Geld besitzen, um nur dafür ein Pfund Salz oder Schmalz zu kaufen, damit sie ihre einzige Nahrung, die Suppe aus Wasser und Erdäpfel bestehend, ein wenig salzen und schmalzen könnten«.

Daß sie »entdeckt« wurde, als ein schatzkästchenhaftes Idyll voller deutschinnerlicher Symbolik – Burgruinen und Adlerfelsen, Mühlengründe, Fossilienhöhlen und Fachwerkkaten –, hat der Gegend in den letzten zweihundert Jahren nicht zum materiellen Nachteil verschlagen.

Schon lange muß kein Hiesiger zur Existenzsicherung mehr über den Großen Teich, höchstens pendelt er ins Nürnberger High-Tech-Gewerbe, und die polierten Schmuckkästlein von heute sind die hangseitig aufgestapelten Eigenheime mit den blinkenden Kippfenstern und den patinafreien Dachflächen aus engobe-braunen Falzbetonsteinen. Die Ausflugslokale präsentieren sich oft in abgezirkeltem Neu-Fachwerk, das wie aufgeklebt aussieht, mit Terrassen voller weichbeiniger Kunststoff-Schalenbestuhlung und mächtigen Kuchenvitrinen; die Fische, die Großdichter Viktor von Scheffel noch pries: »Forellen schnalzen in die Höh' / Gern prüf' ich sie im Munde«, pressen sich japsend in Sprudelbassins zusammen; und wenn man eines dieser hüftsteifen Pensionärspaare sich vom stumm weggespachtelten Sonntagsbraten erheben sieht und auf den Audi 80 zuwalzen (»Etz war's doch immä so kill, etz ist wiedä so haaiß.«): dann hätte man selber lieber keinen Sauerbraten verspeist. Daß es in dieser freßfreudigen Gegend eine »Bäckerei Mehl« und einen »Gasthof Friedrich Fett« gibt, scheint einem irgendwie passend.

DURCHS AUFSESSTAL UND IN DEN NORDEN

Die ganze angestrengte, organisierte Traditionshuberei der Verkehrsvereine – kein Ende des originalen Bauernbrot- und Küchla-Backens, des »Fränkische-Hexenbesen-Bindens«, kaum ein Kaff ohne girlandengeschmückte »Osterbrunnen« (ehedem waren die bunten Eier ausgeblasen und bemalt, heute sind sie natürlich aus knallfarbenem Plastik) – müssen wir uns nicht antun. Die barocke »Weiße Marter« bei Köttweinsdorf, beworben als das »schönste und größte Kleindenkmal Nordbayerns«, haben wir uns auch gespart – wer will schon ein großes Kleindenkmal sehen? Entziehen läßt es sich den Prospekt-Attraktionen vielfältig. – Zum Beispiel mit einer Wanderung in aller Herrgottsfrühe durch das glücklicherweise straßenfreie Aufseßtal, ab Doos oder ab der Kuchenmühle bis Wüstenstein. Ein gutes altmodisches Landpartie-Gefühl, wenn man da ganz allein das kalksteinsplittrige Weglein entlangtrapst, immer wieder

abweichend durch taunasses Gras und Glockenblumen und Walderdbeeren zum Gluckerbach in seinem schönsten Wiesengrund, vom Morgennebel noch dünn verschwadet. Es tropft und raschelt in den dichten Laubwaldhängen, graugrünsilbrig sind die Farben des lauen, sanft nieseligen Tagesanbruchs und die Jeans durchweicht bis Schienbeinhöhe. Die trocknet die Autoheizung dann wieder, wenn wir, immer stiller wird es im Wechsel von Taltiefe zu den weiten Landwellen der Anhöhen, Richtung Hollfeld weiterfahren. Der Ort Aufseß mit seiner Burg Unteraufseß liegt am Weg, die läßt sich besichtigen. Sie sitzt etwas erhöht mitten im Dorf, wie eine alte Henne über ihren Küken, und ist einer dieser liebenswürdig verwohnten Ansitze des dauerhaften Fränkische-Schweiz-Kleinadels; seit 1114 thronen die Reichsritter und Barone von Aufseß auf Unter-, Ober- und Höchstaufseß, das letztere ist abgebrannt. Sonst hätte es womöglich noch ein Allerhöchstaufseß gegeben, denn die Burgen erwuchsen, indem einander nicht grüne Brüder im Wortsinn immer noch eine draufsetzten, in ergrimmender Sichtweite des jeweils Düpierten. »Klitschen« nennt ja

Im Aufseßtal

der Adel selbst gern despektierlich seine Landsitze; und der »Ahnensaal« von Unteraufseß ist dementsprechend eine etwas edeltrödelhafte Wohnstube mit verschrammten Samtfauteuils der Wagnerzeit, Kachelofen und knitteriger Tapisserie – der »Club der Ebermannstädter Jungunternehmer« tagt hier gern. Im mittelalterlichen »Meingoz-Steinhaus« hat sich die historistische Studierstube eines Mannes erhalten, dem man freilich nicht genug danken kann für die Gründung eines der buntesten, üppigsten, uferlosesten und spannendsten Museen in ganz Deutschland: die Sammelwut des Hans von Aufseß legte im 19. Jahrhundert den Grundstein für Nürnbergs Germanisches Nationalmuseum; jede Reise und tagelangen Aufenthalt wert in seiner gestuften und verschachtelten Architektur zwischen Kreuzgang und gläserner Postmoderne, umgeben von phantastisch vielfältigen kunst- und kulturgeschichtlichen Reichtümern… In einer knappen Stunde könnten wir da sein, von diesem leeren, nordfränkischen Juraland aus, aber wir heben uns das auf für eine eigene kleine Reise.

Unteraufseß ist nicht das einzige Landschloß der Fränkischen Schweiz von kuriosem Charme. Das weißleuchtende Greifenstein über Heiligenstadt, Heimat des Hitler-Attentäters Claus Schenck Graf von Stauffenberg, ist mit seinen Jagdtrophäengängen und seiner etwas sonderlich gemischten Bibliothek häufig etwas überlaufen, die putzige Burg Pottenstein ebenso. Mein Favorit ist das kleine Hundshaupten unweit von Egloffstein, fast verkrochen am Ende der Dorfstraße hinter seinem Halsgraben, das noch vor wenigen Jahren von der betagten Freifrau und CSU-Abgeordneten Gudila von Pölnitz bewohnt war. Bis sie es, komplett bis zur letzten Stehlampe und Gardinenstange, samt einer wuchernden Kollektion katholischer Devotionalien, dem Landkreis Forchheim überschrieb und der Öffentlichkeit zugänglich machte; angeblich traute sie den leiblichen Erben nicht über den Weg, was den Zusammenhalt des Ensembles anging. »Der Adel hat keinen Geschmack«, schrieb eine, die es wissen muß, die Journalistin Gräfin Charlotte von Saurma, im »Merian«. Unsereiner aber findet diese noch so behaust wirkenden Landschloß-Interieurs ganz wunderbar und imaginiert sich nicht ungern auch mal als hierorts wurzelnde Baronesse, die in Twinset und Perlenkette, oder lieber in Reithose und Harris-Tweed, mit dem Kaminbesteck hantiert und jemand Beschürztem mitteilt: »Den Tee nehmen wir heute im Laternenzimmer.«

Die meisten Herrenhäuser der Region sind noch immer in privater Hand, und durchaus nicht alle sehen so verwunschen und romanhaft aus, daß man direkt neidisch würde. Aber auf das träumerische Schlößchen Weiher im Ahorntal zum Beispiel, mit seinem stillen Teich, auf Kohlstein, Unterleinleiter, Wiesentfels, Trockau, Kunreuth oder Freienfels hätten wir gar nichts dagegen, mal hinter das Schild »Privatbesitz« eingeladen zu werden. Zuweilen kann man als Draußenstehender einen verstohlenen Blick erhaschen auf wehende Vorhänge hinter hohen Fenstertüren, auf ein paar Gartenmöbel im Halbschatten des Parks, und an allerlei literarische Schloßgeschichten denken, die man stets in einer Art Bann verschlungen hat. Marie von Ebner-Eschenbachs und Ferdinand von Saars elegische altösterreichische Novellen, Mechthilde Lichnowskys wunderbare »Kindheit«-Reminiszenzen von Schloß Schönburg in Niederbayern etwa, oder manche zeitgenössischeren Erinnerungsbücher, die das Landadelsleben keineswegs besonders idyllisieren, sondern mit einiger bitterer Komik darstellen: Katrine von Huttens (leider vergriffenes) »Luftschloß meines Vaters« über ihr Familienleben im unterfränkischen Stammsitz Steinbach gehört dazu, Albert von Schirndings »Herkommen« und Isabella Bossi Fedrigottis »Palazzo der verlorenen Träume« aus einem finster-verwinkelten Kastell bei Rovereto. Sie ist schon etwas spinnig, meine Vorliebe für die schwebend-diffuse Atmosphäre dieser Schloßmilieu-Erzählungen, für ihre gemischte Stimmung aus Exklusivität und Moder, aus fremdartig strengem Ritual und bizarrer Verwandten-Exzentrik, aus ungeheiztem Barocktreppenhall und besonntem Rosen-Parterre ... Auf einem fränkischen Landsitz ließen sie sich jedenfalls mit Genuß alle wiederlesen.

Lassen wir die aristokratischen Wolkenschiebereien und gönnen uns ein bourgeoises Bier, einen dunklen, kräftigen, untergärigen Trunk, ein würziges Hausgebrautes, für deren Vielfalt Nordfranken berühmt ist. In der Nähe von Aufseß haben wir reiche Auswahl. »Die Kathi« in Heckenhof hat den schallendsten Urigkeits-Ruf, aber das Bier, versichern Kenner, sei beim »Reichold« in Hochstahl, beim »Ott« in Oberleinleiter, beim »Krug« in Breitenlesau sogar noch spezieller. Das sind meist sachliche, preiswerte Wirtschaften, die zu ihren gerühmten Getränken wochentags meist bloß eine Brotzeit, Tellersulz oder »Ziebeleskäs« (angemachten Quark), anbieten. In der Brauerei »Sonnenhof« unterhalb der Burg Unteraufseß kann man zum Aufseser Dunkel, zum Hefeweizen aus der Bügelflasche oder zum »Gluckerla« auch gediegen mampfen, vielleicht einen Lammbraten mit Spinatfüllung und Kloß für keine 15 Mark. In der Ecke unterhalten sich, immer beliebt, ein paar Feriengäste bei ihrer Mahlzeit über vergangene Mahlzeiten: »Nein, Paul, vorgestern hast du Roulade gehabt, nicht Kalbsrahmbraten.« Immer noch besser als die Heiligenstädter Honoratioren gestern abend an meinem Tisch, die sich nicht einkriegten über die miserablen Golf-Abschläge ihrer Ehefrauen und sich dann, »ich war auch amal a Achtasechziger«, selig alter Ingo-Insterburg-Darbietungen erinnerten. Ansonsten raunt es nur von Fußball, Fußball, es läuft gerade irgendeine große Meisterschaft: »die Kroaten gestern ham echt zaubert« … »der Morlock, ich hab ihn ja ʼkannt, Hans, hat er gʼsagt, mir wärn heut Regionalliga…« – Ausnahmsweise fehlt in diesem Lokal das Deko-Element Korkenzieherhasel mit kleinen Flauschi-Vögelchen drauf, das habe ich schon bei mancher Einkehr bewundert. »A weng a Kelläweddä wär scho rechd«, sagt eine Bedienung und schaut in den nicht düsteren, aber doch etwas mulmigen, feuchtelnden Himmel: Sonnenschein bitte sehr, »Kellerwetter«, zu dem sich der Franke, für den, derʼs noch nicht weiß, »auf die Keller« begibt, in die schattigen Biergärten oberhalb der im Fels gekühlten Fässer, seinen »Doschd« zu stillen.

Ich bin sehr zufrieden mit der Wetterlage; habe allerdings nie die allgemeine Gier nach Dauersonne begriffen. Was ist an linden Regentagen auszusetzen, wenn es nicht gerade schüttet und bläst und wochenlang Schwergewölk drückt? Man braucht doch bloß einen Schirm? Ich mag diesen hell dampfigen, überall recht verschnarchten und menschenleeren Tag ausgesprochen gern, der mir die nördliche Peripherie der »Frängischen« (Schweiz lassen die Einheimischen stets weg) unaufwendig verzaubert. Zum Beispiel den Marienplatz in der etwas verlassen wirkenden alten »Oberstadt« von Hollfeld. Ein überraschend weitläufiges Oval mit angerartiger Wiese und alten Bäumen in der Mitte, umstanden von dichter, mäßig hoher Wohnbebauung des schlichten 19. Jahrhunderts. Höchst stimmungsvoll, seltsam zeitlos, déjà-vu-vertraut und fremdartig zugleich – könnte das hier nicht auch Flandern sein oder Vorkriegs-Kurland? Kaum Läden, kaum Leute, die »Stadtschänke« dämmert im Ruhetag, nur »Banges Verlag und Büchershop« links hinten in der Ecke wäre vielleicht aufzusuchen. Eine Ladentür gibt es nicht, nur ein hölzernes Doppeltor vor einem dunklen Gewölbeflur, in dem sich Türme von Meyrinks »Walpurgisnacht« und »Wie interpretiere ich Romane und Novellen« stapeln. Im ersten Stock, hinter dieser altmodisch verglasten Wohnungstür? Auf Klingeln erscheint ein junger Mann. Büchershop? »Kommt drauf an, was Sie suchen, Lernhilfen oder Frankenliteratur.« Letztere findet sich in einer Art clubsesselmöbliertem Wartezimmer, wo die Kundschaft wiederum sich selbst überlassen ist und sich mit ein paar Fundstücken schließlich in ein munteres, modernes Büro vortastet: »Vorsicht, daß Sie die Bücher nicht in den Sekt legen«, denn hier steht einiger Schaumwein zwischen den Rechnern herum. Gibt's was zu feiern? »Ach was, wir erhöhen nur unseren Blutdruck, das Mistwetter…«

Aparter Betrieb, mal ganz was anderes als die uniformen Kleinstadtsortimenter mit ihren Seller-Tischen, und dabei durchaus namhaft: Bange/Hollfeld kennt jeder altsprachliche Gymnasiast, denn der Verlag stellt seit Äonen die kleinwinzigen »Spickhilfen« her, die zentimetergroßen Übersetzungsschwärtchen von Arian über vor allem Cäsar, Nepos und Livius, bis zu Thukydides und Xenophon, für den schwitzigen Handteller oder die Ärmelmanschette während betreffender Schulaufgaben.

Wie es wohl wäre, hier zu leben?, sinniert die Besucherin unter einem Laubbaum des sie geradezu magisch einnehmenden Platzes. Erster Stock Marienplatz, in einem dieser Biedermeierhäuschen? Bei Bange im Lernhilfen-Lektorat beschäftigt, »Lebensnahe Diktate«, Sprachen und Pädagogik hat man ja mal studiert, jeden Morgen diagonal über diese so markant weitläufige wie engumstellte Platzfläche? Abends ein bißchen Programmkino im »Kintopp« oder eine Einstudierung der wackeren »Gangolfbühne«? Und als Höhepunkt, endlich mal zwei Meistersingerkarten im nahen Bayreuth, nach jahrelangen vergeblichen Versuchen? Also, äääh, gondeln wir lieber kurz und touristisch vorübergehend nach Sanspareil weiter, Sanzpareil, nicht Songparäi, wie man von einer der Bangeschen Sektflötendamen korrigiert wurde. Aber an dem liebenswürdigen Platz mal Quartier zu nehmen, im Gästehaus Schmidt, mit Café, Nr. 20, oder in Rosi Brehms niedlicher Ferienwohnung, Nr. 6, Fenstergucken auf die Bäume und das Kopfsteinpflaster, auf die sich kreuzenden Wege der Fußgänger, auf die paar Marktstände für Käse und Honig, das möchte einem schon behagen.

SANSPAREIL UND THURNAU

Durch das Kainachtal, einen dieser mageren Wacholder- und Felsengründe, nach Sanspareil. Auch diesem außerordentlichen Platz bekommt der verhangene, entvölkerte Regentag. Dunkles, schwermütiges Rokoko – eine Seltenheit. Auf dem Parkplatz läßt sich eine Gruppe geistig behinderter Rollstuhlfahrer gerade geduldig in ihren Bus heben – dann bin ich ganz allein in einer halbdunklen Unwahrscheinlichkeit, einem tropfenblitzenden, moosigen, felsigen Fantasia. Was soll das hier? Mitten im unspektakulären, gleichmütigen Felderland des Nordjura ein mystischer Hain, eine theatralische Bizarrerie, fernab jeden höfisch-raffinierten Milieus? Es war eine der großen »dames d'esprit« des 18. Jahrhunderts, die kunstsinnige und belesene Markgräfin Wilhelmine von Bayreuth, Schwester Friedrichs des Großen, die sich aus der »wildnuß« eines von eigentümlichen Felsformationen durchsetzten, domartigen Buchenwalds um

Wilhelmine von Bayreuth

1745 ein inszeniertes Arkadien zaubern ließ. Ein merkwürdig finsterer Lustgarten ist da entstanden, die Kronen der Laubriesen lassen nur Dämmerlicht fallen auf die Sirenen- und Kalypsogrotte, auf Vulkanshöhle, Parapluie und Pansitz, und wie die mit »Zeigertäfelgen« versehenen, antikisch-mythologisch umgedeuteten, durchlöcherten Gesteinsbrocken alle hießen. Daß diese grünfeuchte, etwas klobige, eher an Wagnerisch-Wotanisches gemahnende Felsenszenerie ausgerechnet die ägäische Insel Ogygia simulieren sollte, mit den Schauplätzen der Telemachsage, läßt sich wohl nur so erklären, daß die Markgräfin zwar den vielgelesenen Bildungsroman des Erzbischofs Fénélon »Les aventures de Télémaque« kannte, nicht aber aus eigener Anschauung das weiße, harte Licht Griechenlands. Man treibt durch den laubüberwölbten Steingarten von Sanspareil fast wie durch eine Art Unterwasserwelt, versucht, sich die vielfältigen Staffagen und Prospekte dieses Rokoko-Themenparks dazuzudenken, die längst verschwunden sind: die pseudo-archaischen Strohballen- und Holzstoßhäuschen, mit Moos und bunten Steinen ausgekleidet, Tanzpavillons und Baumlauben, die bemalten Kulissen und geschreinerten Einsiedeleien, die metallene Chinoiserie des Äolustempels auf einer Felsnase, die dreifachen Kuppeltürmchen samt »hängendem Garten« auf dem Belvedere-Felsen.

Aber all diese Verspieltheiten können dem Hain von Sanspareil schwerlich seine Melancholie genommen haben – nicht ohne Grund hieß einer der Pavillons »Le contentement perdu« –, eines der großen Themen der Vorromantik war schließlich auch die Eremitage, das Einsamsein. Und die sacht alternde, intelligenzsprühende, aber nicht porzellanhübsche Markgräfin hatte in ihren Sanspareil-Tagen Grund zum Kummer: ihr Gatte, der Markgraf Friedrich von Bayreuth, betrog sie mit einem Hoffräulein von Marwitz, so daß sie, lektüreumhäuft in einer ihrer bergkristallverzierten Mooshütten, ihre Verlassenheit wohl heftig kompensieren mußte: »Wie glücklich ist der Mensch, der sich im Buch vergräbt...«, bedichtete sie ihre solitude damals, und welcher von Älterwerden und Alleinsein zeitweilig Umwölkte könnte ihr das nicht nachfühlen.

Allerdings verliert sich die Anteilnahme wieder etwas, wenn man nach-
liest, welche Beschwerlichkeiten die Musenhof-Ambitionen, die feinsin-
nige Bautätigkeit der Bayreuther Markgräfin den Untertanen aufluden:
Zwangsarbeiter schafften Steine und Holz aus den Wäldern herbei, die
Handwerker bekamen Hungerlöhne, »und für die mühseligen Feinarbei-
ten, zum Beispiel Blattgold walzen und hämmern, verwendete man
geschickte Waisenkinder, die nach zehn Stunden Arbeit einen Teller Suppe und einen Kanten Brot erhielten« (Bernt Engelmann in »Wir Untertanen«). Es freut einen doch immer wieder, daß derlei feudal und privilegiert konzipierte Stätten heute dem gemeinen Mann gehören, dessen
Ahnen dafür bluten mußten.

Es ist einem aber auch recht, daß heute kaum einer davon hier her-
umspaziert. Und gewiß hat niemand zu Sanspareil so einen nett-makabren
Einfall gehabt wie Jean Paul, der ins Gästebuch des Gasthofs Münch
schrieb: »Zum Andenken an diese artig auseinandergebrochene Schweiz,
wahrscheinlich von Riesen, um sich ein wenig damit zu steinigen.« – Das
Ruinentheater betrachtet man in Gesellschaft einzig eines Maulwurfs, der
mit seinen rosa Schaufelhändchen zwischen muschel-inkrustierten Tuff-
steinbögen nach einem Erdloch fummelt, und den Morgenländischen
Bau, der in seiner ganzen steinchenbeklebten Rokokozierlichkeit natur-
schwärmerisch um eine hohe Buche herumgebaut wurde, hat man ebenfalls für sich. Nur im angenehmen Café jenseits des Buchsparterres, das in
den mansartgedeckten Küchenbau eingezogen ist, hört man Stimmenge-
wirr und Tellerklappern; das braucht man jetzt auch, Wärme und Mit-
menschen, Kaffee und Brombeerkuchen. Da sitzt eine Gruppe junger
Mütter mit Kindern und hat sich viel zu erzählen. Die Korkenzieherhasel
mit Anklemm-Vögelchen drauf ist auch wieder da. Neben dem Schirm-
ständer steht ein Buggy mit dem absolut jesulein-haftesten Baby, das ich
je gesehen habe. Nur die Jeans-Windelhose paßt nicht so ganz zu dem
heiligmäßigen, endlos milden und abgeklärten Blick aus langwimprigen
Sternenaugen; stumm und ehrfürchtig wird das wundersame Kindlein
umstanden von ein paar Normal-Fratzen; eine veritable Krippenszene.

Sanspareil: Felsentheater

»Wie die Fliech'n um die Marmelad«, sagt die Mutter nicht ohne Stolz, »des is fei immer so.«

Und wohin jetzt mit mir? Ich bin etwas angesteckt von Sanspareils Einschichtigkeits-Aura; außerdem ist die Musik im Autoradio fast zu stimmig zu diesem ernstgrundierten Lustort: Haydns »Lamentazione«-Symphonie mit ihren langgedehnten Oboe-Klagetönen, die von den Streichern nicht sehr überzeugend fröhlich umtändelt werden. – Aber nun reißen immerhin die Wolken auf, der Tag wird blank und klar konturiert. Ich wundere mich über das eigenartige Dorf Krögelstein, das hauptsächlich aus überhöhten, schwarzbraunen Holzscheunen zu bestehen scheint, endlos aufgereiht zu Fuß überhängender Felsen, und über die Ortsnamen auf der Karte: Dörnwasserlos und Weichenwasserlos, Modschiedel und Welschenkahl. Die Gegend ist karger und strenger geworden, immer öfter sind die Dächer schiefergedeckt, die Außenmauern mit schuppenartigen, anthrazitfarbenen Schieferschindeln verkleidet, hier meint man schon eine Anmutung der großen Nadelwälder an Bayerns Nordgrenze, von »Bayrisch-Sibirien«, zu spüren.

Und dann Thurnau! Auch eine ernste Sandstein- und Schieferstadt, kein geranien-verniedlichtes Puppenhaus-Ensemble, aber bei weitem attraktiver als all die Fränkischen-Schweiz-Städtchen mit den berühmteren Namen. Ein ganz anderer Hauptplatz als in Hollfeld, ein steil ansteigender, in sich gebuckelter Markt, mit zwei imposant ragenden Renaissanceschlössern, eines davon in luftiger Höhe durch einen hölzernen Quergang mit der Kirche verbunden. Gestaffelte, enggebaute Spitzgiebelhäuser, und ein stiller See, der an die Schloßmauern grenzt, die Sandsteintürme mit ihren schwarzen Helmen spiegeln sich darin. In zwölf Zimmern dieses Herrensitzes samt Ahnengalerie und Folterkammer verbrachte die Schriftstellerin und Pianistentochter Diana Kempff eine wohl ziemlich unglückliche Kindheit, die sie in dem bitteren kleinen Roman eines dicken Kindes, »Fettfleck«, verarbeitet hat. Darin läßt sich nachlesen, wie der Schloßpark täglich zwischen drei und fünf für den alleinigen Rundgang der adeligen Großmutter geräumt werden mußte, und wie die alte »Erlaucht« sich im luftigen Quergang vom Eulenturm in ihre wappengeschmückte »Kirchenloosche« verfügte.

Thurnau hat eine jahrhundertealte Töpfertradition, noch heute arbeiten hier sieben Töpferbetriebe, und man kann gute Hafnerkeramik in Hülle und Fülle finden, Milchkrüge oder Kloßschüsseln mit gelben oder grünen, dunkelbraunen oder kobaltblauen Bleiglasuren. Besonders schön liegt Eveline Schnauders Laden am Schloßsee, beliebt ist auch die Töpferei Renner mit ihrer unverfälschten Gebrauchskeramik. – Und wieder treffe ich weder auf dem Seerundweg noch auf den Treppen des Oberen Marktes, weder am Neptunbrunnen mit seinen spuckenden Delphinen noch am Töpfermuseum in der Alten Lateinschule irgendwelche Mit-Sightseer. »Eisen-Straßburger« gegenüber dem imposanten Schloß hat gerade Räumungsverkauf und besonders günstige Artikel samt Neonzet-

teln einzeln ins Schaufenster gepinnt: Kälberschnuller – 3 St. 10 Mk.!
Kuhkette 30 Prozent billiger! Gartenhandschuhe – 3 Paar 5 Mk! –, die
kann ich brauchen (und habe später beim Benützen öfters an Thurnau
denken müssen, aber auch das graublaue Schüsselchen mit dem einfachen, exakten Spiralmuster, von der ziemlich verklecksten jungen Töpfe-
rin Eveline Schnauder, erinnert mich jeden Tag an diese Stadt). Hier
könnte man auch sehr kommod Quartier nehmen: im alten Haus der
Hagens am Kirchplatz zum Beispiel, die in Bayreuth ein schönes Antiquariat betreiben und ihre Thurnauer Pensionszimmer immerhin mit
Laura Ashley ausgestattet haben. Bekocht werden die Gäste auch, »phantasievoll und fränkisch-leicht«. Es gibt darüber hinaus zwei Pensionen am
Ufer des Schloßsees, und man kann sich direkt im riesigen Renaissance-
schloß einmieten; die Gästewohnungen der Universität Bayreuth stehen
auf Voranmeldung auch Urlaubern zur Verfügung. Von der »Gastwirtschaft und Metzgerei Fritz Müller« als Einkehr habe ich mich allerdings
schnell wieder weggedrückt: da hockte in der zum Schneiden verschwa-
deten Stube bloß einer dieser bellenden Männerstammtische beieinander;
und die Hausfrauen im angrenzenden Metzgerladen haben doch allzu komisch geguckt, was ich da drinnen wohl verloren hätte.

SCHÖNE AUSSICHTEN

Thurnau ist mein nördlichster Punkt; zurück fahre ich auf einsamen
Sträßchen über Limmersdorf und Alladorf und Schönfeld nach Planken-
fels, und in Waischenfeld, schon wieder im Zentrum der Fränkischen
Schweiz, nochmal ostwärts nach Freiahorn und Trockau. Dicht rauscht
und staut die Berliner Autobahn vorbei, aber da sind wir ganz schnell
unten durch und in ein paar Minuten im Dorf Lindenhart. Dies ist auf
keinen Fall zu versäumen, denn hier ist in der Kirche das wohl größte
Kunstwerk der Region eingesperrt: die frühen Vierzehn-Nothelfer-
Tafeln von Matthias Grünewald.

Um sie angucken zu können, muß man erstmal ins Neubaugebiet und

Grünewald-Altar: Sankt Georg

bei Herrn Loder in der Ringstraße 6 klingeln. Komme gleich, komme gleich: man wartet auf den Herrn der Schlüssel im Lindenblütenduft auf einer Rundbank um einen uralten Stamm: allein der ummauerte schattige Wiesenanger des gotischen Kirchleins ist ein erquicklicher Aufenthalt. Auf eine Stunde in Lindenhart stellt man sich eh besser ein, denn Herr Loder ist keiner, der's kurz macht. Dafür hat seine sich steigernde Führungs-Dramaturgie entschieden Suspense-Qualitäten. Erst betrachten wir gründlich das Emporen-Schiff und die Decke und die Grablegen der Herren Groß von Trockau, dann wenden wir uns schön langsam dem Flügelaltar zu, aber erstmal ausgiebig seiner figürlich geschnitzten Front, höchstwahrscheinlich (nach dem Muster der Untergewänder, weiß Herr Loder) Michael Wolgemut zuzuschreiben. Endlich dürfen wir hintenrum, zu den Grünewald-Tafeln auf der Schreinrückseite. »Jetzt sind Sie enttäuscht, oder?«, fragt Herr Loder listig.

Kann ich nicht sagen. Wegen der fahlen Farben und der teilweise etwas skizzenhaft-unfertigen Anmutung dieses Bildwerks? Wegen der anatomisch vergratschten Stummelärmchen des Schmerzensmanns in der Mitte? Nein, es ist Malerei, vor der man nach Luft schnappt, die einen anspringt und am Boden annagelt. Die zwei Seitentafeln vor allem, knapp so hoch wie eine Zimmertür, aber bedeutend schmaler, auf der sich ein Menschengewirr drängelt wie in einer vollgepackten Trambahn. Einer hat sich jeweils im Vordergrund Platz geschaffen, die anderen müssen zusehen, wie sie sich zusammenpressen. Rechter Hand ist die Hauptfigur der Hl. Dionysius, in einem lachsfarbenen Mantel von exquisitestem Faltenwurf und »höchster malerischer Gravität« (W. Fraenger). In den Händen trägt er eine bleiche, eigentümlich gequetschte Maske als Märtyrersymbol, wie ein Horrorfilmobjekt aus Gummi sieht sie aus: das ist sein eigener abgeschlagener Kopf. Die linke Frontgestalt ist gewiß eine der großartigsten der gesamten Kunstgeschichte: ein sehr junger, aufrechter, gestraffter Sankt Georg in einer grausilbernen Rüstung von gleichzeitig ganz realistischem und magischem Lichtschimmer. In seinen graziös verdrehten Langfingern hält er Schild und Fahne, kalkweiß und absonderlich geschwungen. Auf die Schultern fällt ihm feingeringeltes rötliches Blondhaar, und sein Gesichtsausdruck ist versunken, gelassen, eine winzige Idee schmerzlich. – Dahinter das Gewimmel der restlichen Nothelfer, Patrone gegen Leibweh wie Veitstanz, Wochenbettprobleme wie Stottern, in Franken von jeher besonders verehrt: Der Exorzist Cyriakus, der einen haustierkleinen Dämon am Bein festhält, Christophorus, dem das Jesuskind die Mähne verwurschtelt, Pantaleon mit den eigenen Händen auf den Kopf genagelt, Erasmus mit seinem Gedärm auf eine Haspel gewickelt ... Der Hintergrund ist wie ein schwarzer Gewitterhimmel, durchsetzt von einem geradezu jugendstilig wuchernden Goldgerank.

Wie staunenswert und wie gut, daß so ein singuläres Werk in einem abgeschiedenen Dorf, umgeben von bläulichen Wäldern, hat bleiben können. Bindlach bei Bayreuth, denke ich mir, wird sich heute krankärgern. Denn für diese Gemeinde war der Altar 1503 angefertigt worden (Grünewald arbeitete damals mutmaßlich in der Nürnberger Wolgemutschen Werkstatt). Als sich Bindlach aber 1687 einen schön neumodisch prächtigen Barockaltar leisten konnte, überließ es den ausrangierten gönnerhaft den Lindenhartern, die gerade abgebrannt waren und nehmen mußten, was sie kriegten. Nicht, daß die ihr Glück zu schätzen wußten: sie zerrupften den Altar und stellten ihn an die Wand: der arme St. Georg stand wahrscheinlich für Jahrhunderte mit dem Gesicht zum feuchten Putz. – Erst 1924 einigte sich die Kunsthistorikergilde auf die Zuschreibung an Grünewald – dann war das Geriß um die Tafeln groß. Die Dörfler aber blieben zäh; im Krieg war es die Mesnerin, die den Altar vor eventuellem Bombeneinschlag ausquartierte. Und nachdem er nun mehrmals, zuletzt in den Achtzigern, restauriert wurde, nachdem die Kirche wegen »akuten Anobienbefalls« aufwendig trockengelegt wurde, hat er in Lindenhart wohl endgültig seinen festen Ort. – Herr Loder, mit dem die Zeit im Flug vergangen ist, würde sich wenigstens eine kleine Hinweistafel an der Autobahnausfahrt wünschen, aber dem Pfarrer sei das nicht recht. So ist dies ein Grünewald-Werk geblieben, dem man völlig unbedrängt, in aller Ruhe gegenüberstehen kann, was einem in Colmar oder der Alten Pinakothek selten vergönnt ist.

Draußen ist der Frühsommerabend angebrochen und wird sich lange hinziehen, Sonnenwende ist noch nicht vorbei. Blick auf die Karte: gute Exempel gibt es in diesem weitläufigen Waldgebiet für meine Sammlung klangvoller deutscher Ortsnamen: Schwürz, Sorg, Kotzenhammer, Bocksrück und Wasserkraut, und in Laufweite wäre das mysteriöse Naturdenkmal »Bratwursteiche« zu finden. Wär' doch was für die ostfränkische Japanwerbung: »Grünewald & Bratwursteiche«?

Ich fahre der Abendsonne entgegen auf die Hohenmirsberger Platte, den höchsten Punkt der Fränkischen Schweiz, kein markanter Berg, sondern eine schräge, offene Felder- und Wiesenanhöhe, auf der ein hölzerner Aussichtsturm steht. Den kann man vergessen und einfach westwärts weiterspazieren zur Ruhebank »Gestiftet vom FSV Hohenmirsberg«. Wie lange bin ich da gesessen? Was macht uns bloß immer so froh an derartigen Belvederes? Daß wir einen riesenspielzeughaften Überblick haben, und so viel auf einmal vor den wandernden, schweifenden Augen, den unverstellten Horizont? Daß wir den Himmel über der »Schönen Aussicht« spüren wie die luftige, nicht beengende, aber dennoch schützende Kuppel (*noch* jedenfalls, wir sind ja nicht in Ozonloch-Tasmanien) über unserem ganzen Leben? Und uns zumindest einbilden, in dem grünblaugoldenen Land, das uns in unschlagbarem Breitwandformat, in keiner industriellen Optik zugänglicher Tiefenschärfe, zu Füßen liegt, die Krümmung des Planeten zu erkennen, der uns trägt?

Vielleicht gefällt es uns auch, nur mal kurz und unriskant »über den Dingen«, den gewohnten, zu verweilen. Zum Glück sind wir noch nicht tot und schweben als Geistwesen durch die Lüfte, und runterfallen können wir von einer zivilisierten Aussichtskanzel auch nicht. Gleich werden wir wieder drunten bei dieser kaffeemühlenartigen, kompakten Kirche sein, unter den saubergedeckten, festen Ziegeldächern, bei den Autos. Jetzt aber sitzen wir oberhalb und haben die Augen offen und dehnen die Zeit. Wir fokussieren Einzelheiten; diesen Taleinschnitt, jene ferne Ruine, oder wir gucken »ins Narrenkastl«, nehmen keine Details wahr, sondern nur die Ferne, die Leere, das Rauschen. Und erholen uns von unserem permanenten Zapper-Sehen, die Ellenbogen auf den Knien, oder einen Arm auf der Rückenlehne, um jemandes Schultern. – Solange diese Art des versunkenen Landschaft-Schauens noch nicht ganz verlernt ist – und man begegnet den meditativen Starrern zum Glück noch oft: auf den Bergen, an den Ufern des Meeres und der Fließgewässer, an Zugfenstern und auf Jägerständen, in Wüstendünen und manchmal sogar im Flugzeug über den Wolken –, ist man versucht, der Menschheit eine Empfindungsfähigkeit für ihren Globus zuzuschreiben und damit eine Chance. Aber die Entscheidungsträger, so ist es doch, haben im Flugzeug die Nase im

Wall Street Journal und, wenn sie Urlaub machen, in den Menükarten besternter Restaurants, auf ihren Segelknoten oder Golfbällen.

Geh mir aus dem Sinn, ferne Erfolgsmenschenwelt, hier oben auf der Hohenmirsberger Platte! Ich weigere mich, von diesem Punkt aus weiter zu denken als bis nach Wohlmannsgesees jenseits des Wiesenttals, wo ich mir im etwas morschen Gasthof mit Brennerei Heid je eine Flasche Birnen- und Mirabellengeist besorgen werde und mit ein paar Gläschen den Abend verdudeln, denn morgen, ach, ist mein letzter fränkischer Tag. Das zweite Stamperl hinter meinem nachtfalterumtanzten Fenster, unten rawummst das Hetzelsdorfer Feuerwehrfest, verschafft mir dann einige Zweifel: Bin ich eigentlich bescheuert, daß ich mich hier so wohl fühle? Ein haltloser Idylliker, der sich nur allzugern die Gegenwart ausblendet, ein unkritisches »Romandig-Debberla«, weil ich die ungeliebte, enge Kindheitslandschaft im reifen Alter so unerschöpflich und anziehend erlebe?

Aber noch einmal bewege ich mich in den Spurrillen der Vergangenheit, fahre in wildem Zickzack über Hundsboden und Egloffsteinerhüll, Thuisbrunn und Walkersbrunn südwärts auf den Hetzles. Eigentlich ist das falsch rum, wir sind immer von Süden her auf die Hochfläche gekommen, den schnurgeraden Schlaglochweg zwischen den Kirschbäumen empor. Aber egal, es ist hier alles zum Gänsehautkriegen gleichgeblieben, seit, *wieviel?*, siebenunddreißig Jahren. Die Obstbäume sind knorriges altes Holz, die Waldschenke in der Mulde gibt es noch, das Felderplateau auf der Anhöhe ist ebenso ausgebreitet und unverstellt wie all die Jahre in meinem Kopf. Es ist ein Junitag, aber auf einmal rieche ich herbstlichen Rauchgeruch, sehe eine Gruppe weit auseinandergezogener Spaziergänger über die abgemähten Wiesen und Stoppeläcker schlendern, ganz klein da vorne, in Richtung des Lehmberghangs. Das sind *wir* doch, das waren wir 1959, mein Vater und ein Freund in schweren, patentgestrickten Pullovern, meine Mutter, die dunklen Haare hochgerollt, in wulstigen Kreppsohlenschuhen, gesprächsversunken. Mein Bruder und ich pfeifen, die Grenzen des Kalten Kriegs ignorierend, den River-Kwai-Marsch und Paul Dessaus

Mutter-Courage-Lied, dann rennt er wieder seinem Bumerang nach, und ich rubble an den Grasflecken auf meinen nagelneuen hellen Jeans herum, »Florida-Jeans« hießen die damals. Eben haben wir ganze Felder von Herbstzeitlosen entdeckt und gelernt, daß die giftig sind. Die Sonne steht schon tief hinter Poxdorf und Baiersdorf, und im Dorf Hetzles wartet der blaue Goliath, mal sehen, ob er ausnahmsweise gleich anspringt.

Im Dorf Hetzles der Gegenwart, im ebenfalls erfreulich unmodernisierten Fachwerkgasthaus »Schwarzer Adler«, kann ich meine etwas verwirrte Gemütsbewegtheit gegenüber der jungen Wirtin nicht für mich behalten: Wissen Sie, ich bin hier aufgewachsen, war Jahrzehnte nicht da, es ist ja zum Glück noch genauso schön, fast find ich's heute schöner… Jajaaa, sagt die, man kann's schon aushalten hier, Probleme gibt's überall. Und serviert der sentimentalischen Heimkehrer-Dame ein besonders monumentales Stück Erdbeerkuchen und »mögen Sie den Kaffee vielleicht stärker als normal?« Das hat mich noch *nie* jemand gefragt, aber vielleicht werde ich ja derart bevorzugt, weil ich in diesem Landstrich irgendwie, halt doch, verschwommen, wehmütig, akzeptier' es endlich, ZU HAUSE bin.

Burg Hiltpoltstein

Ganz allgemein gilt für die beschriebenen Touren, daß sie öfters über sehr kleine, gewundene Verbindungsstraßen führen, weshalb gute genaue Landkarten mitgenommen werden *müssen*, damit man nicht die hübschesten abseitigen Fahrstrecken übersieht oder sich ständig verfährt (sich manchmal ein bißchen zu verirren, kann freilich auch Spaß machen). Man braucht also, für den großen Überblick, die **Generalkarte Deutschland Extra 1:200 000 Bayern Nord, Blatt 10, Mairs Geographischer Verlag**, erhältlich im Buchhandel und an Shell-Tankstellen. Für die Nebensträßchen, für Fahrrad- und Fußwanderstrecken, benötigt man dann den **1:50 000-Maßstab**. Straßen und Fahrwege, die auf der Generalkarte nicht mehr zu finden sind, sind übersichtlich auf der **Kompaß-Karte 171 (Fränkische Schweiz)** zu erkennen, erhältlich im Buchhandel, in Souvenir- und Schreibwarenläden. Am genauesten und vom Kartenbild her am befriedigendsten ist allerdings die **Wanderkarte des Bayerischen Landesvermessungsamtes: Naturpark Fränkische Schweiz und Veldensteiner Forst** (Buch- und Schreibwarenhandel). Natürlich lassen sich alle beschriebenen Routen beliebig abwandeln und verknüpfen.

EMPFOHLENE STRECKEN

Abkürzungen: ✗ – Gastronomie; ⊨ – Übernachten; ♀ – Kleinbrauereien; P – Burg; d – Schloß; N – Aussicht; ❖ – Heimatmuseum; † – Kirche; S – Mühle; P – Landschaft; B – Ortsbild; / – kleineres Zentrum

1. Autobahnausfahrt Nürnberg-Nord – Heroldsberg (✗, /) – Kalchreuth (N , ✗, †,) – Dormitz (†) – Marloffstein (✗, d) – Atzelsberg (d) – Effeltrich (✗, †) – Gaiganz – Ermreus – Kunreuth (✗, †) – Mittelehrenbach – Dietzhof (♀, ✗) – Leutenbach – Moritzkapelle (P) – Seidmar – Haidhof (N , P) – Thuisbrunn (✗) – Kirchenruine Dietersburg – Egloffstein (N , P , ✗, †, S, ⊨, /)
(diese Tour geht durch die Kirschgartenlandschaft der südlichen Fränkischen Schweiz und ihrer Peripherie)
2. Egloffstein – Trubachtal bis kurz vor Obertrubach (P , S) – Möchs – Hiltpoltstein (P , †) – Kappel – Abstecher Krummes Tal nach Großenohe (P) – Gräfenberg (✗, B , /) – Ermreuth (Synagoge) – Neunkirchen am Brand (✗, †) – Hetzles (✗, B) – Schotterstraße auf den Hetzles (N , P) – Pommer – Regensberg (✗, ⊨, N) – Weingarts – Kunreuth (✗, d) – Mittelehrenbach – Schlaifhausen (✗) – Wiesenthau (✗, ⊨, d) – Kirchehrenbach (✗) – Wiesenthau – Pretzfeld (†, d) – Hagenbach (jüd. Friedhof) – Hetzelsdorf (♀, ✗) – Hundshaupten (d) – Egloffsteinerhüll – Egloffstein
(diese Tour führt durch das felsen- und mühlenreiche Trubachtal, über das freund-

liche Hügelland um Gräfenberg und Hiltpoltstein, auf den Hetzles und den Aussichtspunkt Regensberg, und die Landschaft rund ums Walberla)

3. Ebermannstadt (✣, ✕, B , ⛲, ／) – Eschlipp – Drosendorf – Drügendorf – Tiefenstürmig – Kalteneggolsfeld (P) – Heiligenstadt (P , ✕, ⛲) – Heroldsmühle (S) – Nebenstraße nach Hohenpölz (P) – Königsfeld – Steinfeld – Oberes Wiesenttal (P , P) – Hollfeld (✕, ✣, B , ／) – Drosendorf – Sachsendorf – Aufseß (P , ✕) – Wüstenstein – Gößmannsdorf – Siegritz – Veilbronn – Leidingshofer Tal (P) – Oberfellendorf – Streitberg (P , ✕, ⛲) – Ebermannstadt
(diese Tour geht in den ruhigen Nordwesten der Fränkischen Schweiz, berührt Heiligenstadt und Schloß Greifenstein, das romantische obere Wiesenttal, das obere Aufseßtal und das hübsche Leidingshofer Tal)

4. Ebermannstadt – Birkenreuth – Wohlmannsgesees – Windischgaillenreuth – Burrgaillenreuth (P , ⛲) – Gößweinstein (P , †, ✕, ⛲, ／) – Behringersmühle – Wiesenttal (P) bis Rabeneck (P , ⛲) – Gut Schönhof bei Eichenbirkig (✕) – Sophienhöhle/Klausstein/Rabenstein (N , P) – Oberailsfeld (†) – Tüchersfeld (O , ✣, B) – Pottenstein (P , ✕, B , ⛲, ／) – Kirchenbirkig (✕) – Leienfels (N) – Bärnfels – Geschwand – Bieberbach-Wichsenstein (N) – Morschreuth – Moggast – Wolkenstein – Urspringtal – Wannbach (✕) – Pretzfeld – Ebermannstadt
(diese Tour führt ins berühmte felsige Zentrum mit den engen Tälern und den bekannten Orten und Burgen und berührt mit Leienfels und Wichsenstein zwei namhafte Aussichtspunkte des südlicheren Teils)

5. Waischenfeld (P , ✕, S, ⛲, ／) – Rabeneck (P) – Doos (P) – Wüstenstein – Breitenlesau (♌, ✕) – Hochstahl (♌, ✕) (Abstecher Heckenhof ♌, ✕) – Hollfeld (✕, B , ✣, ／) – Krögelstein (B) – Wonsees (P) – Sanspareil (P , d) – Thurnau (✣, ✕, †, S, B , ⛲, ／) – Alladorf – Schönfeld – Obernsees (kleiner Barockgarten) – Truppach – Wohnsgehaig (N) – Mistelgau – Glashütten – Freiahorn – Poppendorf – Trockau (d) – Lindenhart (†) – Trockau – Hohenmirsberg (N) – Adlitz – Kirchahorn – Langenloh – Waischenfeld (✕, ⛲, ／ , P)
(auf dieser Route läßt sich von Doos oder Wüstenstein aus im autofreien Unteren Aufseßtal wandern, sie führt zu ein paar der bekannten Kleinbrauereien, in den Norden nach Sanspareil und Thurnau, in die weitläufigeren Täler des Mistelgau und des Ahorntals, zum Grünewaldaltar nach Lindenhart und zu den Aussichtspunkten der Neubürg bei Wohnsgehaig und der Hohenmirsberger Platte)

ÜBERNACHTEN

Im südlichen Teil – Strecken 1 und 2

Burg Egloffstein, Ferienwohnungen (siehe Text S. 46): – Albrecht von Egloffstein, Rittergasse 80b, 91349 Egloffstein, www.burg-egloffstein.de, albegloffstein@debitel.net, ✆ 09197/8780 (Ü 58 – 68 € für zwei Pers.)

Schloßhotel Wiesenthau (siehe Text S. 48): Schloßplatz 1, 91369 Wiesenthau, ✆ 09191/79590, www.schlosshotel-wiesenthau.de, info@schlosshotel-wiesenthau.de (ÜF im EZ für 65 €, im DZ für 75 €).

Gasthof Polster, Egloffsteinerhüll: einfaches Gasthaus mit Wiesenbiergarten in ruhiger Obstbaumgegend nahe Schloß Hundshaupten – Babette Polster, Egloffsteinerhüll 1, 91349 Egloffstein, gasthof-polster@t-online.de, ✆ 09197/ 275 (ÜF 22 €).

Berggasthof Hötzelein, Regensberg: modernes Kastenhotel, aber in wunderbarer Aussichtslage auf einem Bergsporn, gute Küche und Frankenweine, üblicher Komfort, Zi mit Balkon nehmen! – Auf dem Regensberg 10, 91358 Regensberg, ✆ 09199/8090 (ÜF ab 44 €).

Romantik-Ferienhaus Karin, Betzenstein und Roßhof Eckenreuth: schönes Fachwerkhaus im alten Kern des pittoresken Städtchens, dazu gehört ein Fachwerkhof außerhalb mit Reitmöglichkeit. Südostecke der Fränkischen Schweiz. – Hauptstr. 36, 91282 Betzenstein, ✆ 09244/1218 (ÜF 90 € für zwei Pers.).

In der mittleren Fränkischen Schweiz – Strecken 2 und 4

Hotel Altes Kurhaus, Streitberg: stilvoller Fachwerkbau des 19. Jhdts, die alte »Molkekuranstalt«, eine der frühen Touristenattraktionen der Fränkischen Schweiz, Garten, schöne Aussicht, bekannte Küche. Streitberg ist von den touristischen Zentren das netteste. – W. Kaiser, Streitberg 13, 91346 Wiesenttal, www.alteskurhaus-streitberg.de, kontakt@alteskurhaus-streitberg.de ✆ 09196/736 (ÜF 42 €).

Schwarzer Adler, Streitberg: alter Fachwerkbau mit Tradition im Ortszentrum, Terasse und Gartenbetrieb – Fam. Strohmer, Dorfplatz 7, 91346 Wiesenttal, ✆ 09196/929490 (ÜF EZ 38 €, DZ 60 €).

Hotel Feiler, Muggendorf: First-Class-Haus, Luxuskitsch, für den, der's mag. Phantastische Küche im unangenehmsten Ort der Region (Dependance im ländlichen Bärnfels). – Oberer Markt 4, 91346 Wiesenttal, www.hotel-feiler.de, info@hotel-feiler.de ✆ 09196/92950 (ÜF ab 55 €).

Burg Rabeneck: in der echten, nicht getürkten (im Gegensatz zu Raben*stein*), klotzartigen Mittelalterburg in schönster Lage über dem Wiesenttal sind genau drei Doppelzimmer zu vermieten. – Norman Schiller, Burg Rabeneck, 91344 Waischenfeld, ✆ 09202/565 (ÜF im DZ für 78 €).

Landgasthof Schatz, Hollenberg: ganz im Osten, einsam im Wald über dem schönen, autofreien Püttlachtal, vom Schloßberg weiter Blick ins Pegnitzer Land (die relativ nahe Autobahn stört nicht, Zufahrt von Pegnitz über Körbeldorf, von Pottenstein über Mandlau/Kosbrunn). Bekannte Küche, bequeme Zimmer. – Hollenberg 1, 91257 Pegnitz, www.landgasthof-schatz.de, landgasthof-schatz@t-online.de ∅ 09241/2149 (ÜF im EZ ab 36 €).

Hirtenhaus Etzdorf, Ferienhaus südl. Gößweinstein auf dem Dorf, restauriertes Fachwerk-Hirtenhäuschen mit eigenem Garten, studioähnliches Wohnzimmer, alte Bauernbetten. – Cornelius Lenhard, Ehlersstr. 3a, 91301 Forchheim, ∅ 09191/ 60528 (Max. 6 Pers., 2 Pers. für 47 € pro Tag, jede weitere zzgl. 2 €).

Landhotel Schloß Buttenheim: freundlich eingerichtetes Garni-Landhotel in einem Forsthaus des Schlosses, im Ort zwei typische Brauereigasthöfe. – Susanne von Seefried, Schloßstr. 16, 96155 Buttenheim, www.landhotel-buttenheim.de, info@landhotel-buttenheim.de, ∅ 09545/94470 (nur DZ, ÜF ab 56 €).

In der nördlichen Fränkischen Schweiz – Strecken 3 und 5

Gasthof Schloß Giechburg, Scheßlitz: in der Nordwestecke gelegen, nahe ins schöne Bamberg, eindrucksvolle Burghalbruine in freier Hochlage, Terrasse, Biergarten. Bei der Ausstattung eine deutliche Vorliebe für klobige, rundliche Vollholzmöbel. Schöne Spazierwege und kleine Straßen in einer nicht überlaufenen Gegend. – Fam. Rösch, Giechburg, 96110 Scheßlitz, ∅ 09542/424 (ÜF ab 30 €).

Heiligenstädter Hof, taubengrauer, restaurierter Fachwerkgasthof am freundlichen Heiligenstädter Marktplatz, über den die Leinleiter fließt, Zimmer mit üblichem Komfort, Auszeichnung Bayerische Küche. – Fam. Harrer, Marktplatz 9, 91332 Heiligenstadt, ∅ 09198/781 und 782 (ÜF 23 €).

Ferienwohnung Rosi Brehm, Hollfeld, am historischen Marienplatz (siehe Text Seite 65/66) – Marienplatz 6, 96142 Hollfeld, ∅ 09274/1478 (FeWo ab 29 € für 2 Pers., zusätzl. Pers. 6 €).

Antikhaus Hagen, Thurnau, (siehe Text Seite 71), ehem. Herberge von 1580, neben Kirche und Töpfereimuseum, Saisonküche auf Bestellung, Weine aus dem Felsenkeller, Bibliothek aus dem familieneigenen Antiquariat. Hans-Jürgen & Renate Hagen, Kirchplatz 8, 95349 Thurnau, www.antikhaus-hagen.de, info@antikhaus-hagen.de, ∅ 09228/1580 (ÜF im EZ ab 36 €, DZ ab 58 €).

Schloß Thurnau: im großen Renaissanceschloß mit weitläufigem Innenhof, Appartements der Universität Bayreuth, die hier eine musikwissenschaftliche Niederlassung hat, Voranmeldung ist erforderlich. – Schloß Thurnau Gastronomie und Service GmbH, 95349 Thurnau, www.schlossthurnau.de, info@schlossthurnau.de, ∅ 09228/954220 (ÜF im EZ 54 €, im DZ 74 €).

Burg Unteraufseß und **Burg Oberaufseß**, Ferien-Apartments. Die alteingesessenen Barone auf diesen mittelalterlichen Fränkische-Schweiz-Burgen vermieten in ihren alten Gemäuern attraktive und schön möblierte Ferienwohnungen. www.oberaufsess.de, cv@t-online.de, ∅ 09198/510, FeWo ab 40 € für zwei Pers.; www.schloss-unteraufsess.de, info@schloss-unteraufsess.de, Tel. 09198/565 (Preise auf Anfrage). Unzählige weitere Gasthöfe, Ferienhotels und Privatquartiere finden sich in den Prospekten der einzelnen Gemeinden und Gegenden, welche die **Tourismus-Zentrale Fränkische Schweiz** (www.fraenkische-schweiz.com), Oberes Tor 1, 91320 Ebermannstadt, ∅ 09194/797779, aufliegen hat. Dort ist man sehr hilfreich und informiert; und es gibt zum Beispiel nützliche Faltblätter zum »Einkaufen auf dem Bauernhof«, zu »Brauereien und Brennereien«, über Höhlen, Kleinmuseen und über Möglichkeiten zum Angeln und Fliegenfischen.

Die allermeisten Gasthöfe, und auch Bauernanwesen, der Fränkischen Schweiz haben allerdings den fad-modernisierten Standard-Look. Trotzdem können ja die Vermieter nett und die Lage angenehm sein; man kann auch einfach umherfahren, sich umgucken, wo es einem besonders gefällt und irgend jemanden fragen, wer hier vermietet. Außer in der Hochsaison, und vielleicht an den Wochenenden, da kommen die benachbarten Großstädter gern, wird man überall was finden.

ESSEN UND TRINKEN

Im südlichen Teil – Strecken 1 und 2

Schwarzer Adler, Hetzles: Fachwerkgasthaus an der Dorfstraße mit Lindengarten, unaufgemotzte, angenehme Wirtsstube, deftiges Essen, hausgebrannte Schnäpse. Hauptstr. 12, 91077 Hetzles, ∅ 09134/5131 (Di Ruhetag).

Linde, Effeltrich: kein pittoresker Bau, aber bei Einheimischen beliebte, preiswerte typische fränkische Landküche. Gegenüber der uralten Tanzlinde und der spektakulären Wehrkirche. Neuenkirchener Str. 5, 91090 Effeltrich, ∅ 09133/2639 (Do Ruhetag und Fr ab 17 Uhr).

Gasthaus zum Schloß, Kunreuth: beim Wasserschloß, mit gemütlicher Stube und kleiner Terrasse, Karpfen und Spargel zur Saison, Hausschlachterei und gute Brotzeiten. Schloßstr. 13, 91358 Kunreuth, www.gasthaus-zum-schloss.de, ∅ 09199/ 217 (Mo Ruhetag).

Gasthof Seitz, Thuisbrunn: breitgiebeliges, altfränkisches Wirtshaus mit rotweißen Fensterläden, fränkische Küche, z. B. Reibekuchen, die hier »Baggers« heißen. Thuisbrunn 11, 91322 Gräfenberg, www.gasthof-seitz.de, info@gasthof-seitz.de ∅ 09197/221 (Mi/Do Ruhetag).

Landgasthof zur Sonne und **Gasthaus Sponsel, Kirchehrenbach**: ein nicht sehr reizvoller Ort, aber mit zwei sehr empfehlenswerten Wirtschaften, am Walberla-Fuß. Die »Sonne« ist der äußerlich nettere Fachwerkbau, die fränkische Küche in beiden zu rühmen. Beide machen sehr gute Wurstwaren, in Glas oder Dose auch mitzunehmen: Sülzen, Leberwurst, Bratwurst- und Knoblauchgehäck etc.; zum Reinknien mit dem hausgebackenen Bauernbrot. Der »Sponsel«, in dem der Nürnberger Autor Fitzgerald Kusz Stammgast ist, veranstaltet im Herbst auch Konzerte und Lesungen, brennt selber, z.B. Quitten-, Trauben- und Ebereschenschnaps, und betreibt am Wochenende die hochbeliebte Gartenwirtschaft »Lindenkeller« bei Gosberg. Sponsel: Hauptstraße 45, 91356 Kirchehrenbach, www.gasthaus-sponsel.de, info@ gasthaus-sponsel.de, ✆ 09191/94448, (Di Ruhetag), Sonne: Hauptstr. 24, 91356 Kirchehrenbach, www.dennerschwarz.de, info@dennerschwarz.de ✆ 09191/ 979902 (Di/Mi Ruhetag).

Gasthaus Kroder, Schlaifhausen: hübscher Fachwerkbau im Wiesenthauer Ortsteil, preiswerte, gute fränkische Küche, Hausbrennerei. Die Kletterer an den Walberlafelsen treffen sich hier. Schlaifhausen 43, 91369 Wiesenthau, www.walberla.de, kroder@walberla.de, ✆ 09199/416 (Mo/Di Ruhetag). Auch Ü ab 20 €.

Brauereigasthof Alt, Dietzhof: das Bier vom Faß oder aus den Bügelverschlußflaschen gilt als eines der besten in der Fränkischen Schweiz, in den Stuben und dem Fachwerkhof sitzt man angenehm. Unter der Woche (ab 17 Uhr) gute Brotzeiten, am Wochenende (So ab 11.30 Uhr) wird groß aufgekocht. Hier empfiehlt sich bei schönem Wetter Reservierung. Dietzhof 8, 91359 Dietzhof, www.walberla.de ✆ 09199/267 (Mo Ruhetag).

Gasthof Mühlhäuser, Wannbach: ein untouristisches, bei Nürnberger Kennern aber sehr populäres Wirtshaus in unspektakulärer Straßenlage des unteren Trubachtals. Angenehm normale, chi-chi-freie Gaststube, Wildspezialitäten, hausgebrannte Schnäpse. Wannbach 61, 91362 Pretzfeld, www.gasthof-muehlhaeuser.de, info@gasthof-muehlhaeuser.de, ✆ 09194/9253 (Mo Ruhetag).

Privatbrauerei Gasthof Meister, Unterzaunsbach: ein Dorf weiter im Trubachtal, ziemlich häßliches Haus, aber mit kleinem Garten am Flußufer. Bierkenner lieben das Hausgebraute, die Preise beim »Meister« sind unschlagbar niedrig und die Wirtin sehr nett. Auch hier selbstgebrannte Obstschnäpse. Haus Nr. 8, Unterzaunsbach, 91362 Pretzfeld, ✆ 09194/9126 (Di Ruhetag).

Friedmanns Bräustübl, Gräfenberg: in der Altstadt am Hiltpoltsteiner Tor, niedrige Wirtsstube mit alter Spunddecke. Bayreuther Str. 14, 91322 Gräfenberg, www.kleinerwirt.de, info@kleinerwirt.de, ✆ 09192/997435. Das Gräfenberger »Stadtcafé«, direkt am hübschen Markt, ist leider eine Pilsstube, die nur abends geöffnet hat; behagliche Cafés sind Mangelware in der Fränkischen Schweiz (Mo Ruhetag).

In der Mitte – Strecken 3, 4 und 5

Gasthof Resengörg, Ebermannstadt: nobleres Traditions-Fachwerkgasthaus in der Stadtmitte, vorzügliche fränkische Küche. Evtl. reservieren, Hauptstr. 36, 91320 Ebermannstadt, www.resengoerg.de, info@resengoerg.de, ✆ 09194/73930. Die Obstbrände sind hier preisgekrönt. Gutbürgerliche Küche im »Schwanenbräu« (eigenes Bier, Hausbrände) und in der »Post« am Marktplatz. (Mo erst ab 17 Uhr).

Gut Schönhof, Eichenbirkig: ein alter Bauernhof auf der Hochfläche bei Waischenfeld, der zu einem hocheffizienten Bio-Betrieb umgewandelt wurde. Die Gasträume sind auffällig gepflegt und gemütlich, der Gastgarten groß mit schöner Aussicht und die Speisekarte, vor allem mit den Juralamm-Gerichten, raffiniert und üppig. Gute Frankenweine und tolle Desserts; mehrfach ausgezeichnet. Eigene Bio-Landwirtschaft mit streng artgerechter Tierhaltung, Käseladen und Metzgerei mit Hof-Produkten. Schönhof 10 – 11, 91344 Waischenfeld, ✆ 09202/1228 (tägl. geöffnet, Nov. bis Ostern nur Fr bis So). ÜF ab 40 €, www.gut-schoenhof.de – In Waischenfeld ist der Biergarten oben an der Burg sehr schön zum Sitzen, hat aber nur eine kleine Brotzeitküche.

Stempfermühle, Schottersmühle im Wiesenttal: von den touristischen Ausflugsbetrieben wohl noch die traditionsreichsten und gediegensten. Es sitzt sich halt schön am Wasser, aber es ist auch oft viel los. Die Schottersmühle bei Rabeneck von »Slowfood« gelobt. ✆ 09196/272. Die **Sachsenmühle** liegt ebenfalls schön im Talgrund, nahe Gößweinstein. ✆ 09242/241. Die **Kuchenmühle** hat eine schöne, abgeschiedene Alleinlage im unteren Aufseßtal (nur kleine Zufahrt, keine Straße), ist aber ein langweiliger Neo-Fachwerkkasten. ✆ 09196/377.

Brauereigasthof Winkler, Bronn: Gediegener Dorfgasthof mit gemütlichen getäfelten Stuben, ganz im Südosten hinter Pottenstein, gelobte Küche. Klumpertalstr. 49, 91257 Pegnitz, ✆ 09241/3491 (Di Ruhetag).

Gasthof Bauernschmitt, Kirchenbirkig: moderneres Dorfgasthaus südlich von Pottenstein, prima Frankenküche, Riesenportionen. St.-Johannes-Str. 25, 91278 Pottenstein, www.landgasthof-bauernschmitt.de, bauernschmitt@t-online.de, ✆ 09243/9890. ÜF ab 30 €.

Im Norden – Strecken 3 und 5

Heroldsmühle bei Oberleinleiter: das riesige alte Mühlrad am historischen Gebäude ist bloß noch Dekoration, aber hier gibt es ausgezeichnete Forellen in alllen Varianten, z.B. superfrische Räucherforelle mit Bergen von frischem Sahnemeerrettich. Sehr schöner Spaziergang in der Umgebung: das felsige Trockental nach Laibarös. Heroldsmühle 3, 91332 Heiligenstadt, ✆ 09198/641 (Mo/Di Ruhetag).

Gasthof Büttel, Lohndorf: ebenfalls in der ruhigen Nordwestecke, im hügeligen

Vorland, hübsches Haus mit grünen Läden, Garten, fränkische Küche. Litzendorfer Str. 3, 96129 Geißfeld, www.gasthof-buettel.de, buettel-hotel@t-online.de, ∅ 09505/806700 (Mo Ruhetag).

Brauereigasthof Hartmann, Würgau: im Norden bei Scheßlitz, renommierter Brauereigasthof mit regionaler Küche in gediegenem Barockbau. Fränkische Schweiz 26, 96110 Würgau, www.brauerei-hartmann.de, info@brauerei-hartmann.de, ∅ 09542/920300 (Di Ruhetag).

Gasthaus Persau, Püttlach: ganz normales, etwas modernisiertes Dorfgasthaus in sehr ruhiger Ecke. Hier ist das Püttlachtal ganz friedlich, das untere Ende ist spektakulär und felsig. Keine Straße führt hindurch, unter der Woche, außer Saison, wildromantisch. Preisw. Wildgerichte. Püttlach 24, 91278 Pottenstein, Püttlach 24, 91278 Pottenstein, ∅ 09246/279 (Mo Ruhetag).

Forsthaus Schweigelberg: Schönes altes Forsthaus im Herzen der Fränkischen Schweiz, schattiger Biergarten, von »Slowfood« ausgezeichnete fränkische Saisonküche. Behringsmühle, 91327 Gößweinstein, Tel. 0172/8120871, www.forsthausschweigelberg.de, info@forsthaus-schweigelberg.de.

Weitere namhafte **Hausbrauereien** finden sich in **Buttenheim** (Löwenbräu und St.Georgen-Bräu), in **Hohenschwärz** bei Thuisbrunn (Hofmann; hier gibt es nur ein einziges, überaus würziges ungespundetes Dunkelbier, von dem die Fans schwärmen), **Hetzelsdorf** (Penning-Zeißler, hat eingefleischte Anhänger, nette normale Wirtshausterrasse gegenüber der sonderbar riesigen neugotischen Kirche, auch hier kann man für vergleichsweise lächerliche Preise solide essen.), **Weigelshofen** (Gasthof Pfister, unterhalb der Langen Meile, westlich von Ebermannstadt) www.bierfranken.de und www.fraenkische-bierkeller.de.

AUSSICHTSPUNKTE

Besonders schön sind die Panoramen vom **Walberla** und von den **Hetzles**rändern im Süden, vom **Wichsenstein** und **Leienfels** über dem Trubachtal, von der Straße von **Kalteneggolsfeld** nach Heiligenstadt, von den Anhöhen bei **Tiefenellern** und der **Giechburg** im Nordwesten, von der **Neubürg** und der **Hohenmirsberger Platte** nahe dem Ahorntal, von der Burg **Rabeneck** im Zentrum, vom **Petzberg** östlich von Aufseß, und, ganz im Norden bei Thurnau, vom **Görauer Anger** bei Kasendorf über die nördliche Juralandschaft. Vielleicht mein Lieblingsplatz ist die **»Vexierkapelle Reifenberg«**. Da fährt man von der Bundesstraße Forchheim-Ebermannstadt links hinauf ins noch recht ansehnliche, fachwerkreiche Dorf Reifenberg, und windet sich dann sehr steil und eng durch Laubwald den Berg hinan. (Ein kleiner Biergarten, nicht immer offen, versteckt sich unter den Bäumen.) Oben im Freien steht das schlichte weiße Kirchlein, das Vexierkapelle heißt, weil es von fast allen Richtungen zu erspähen ist. Entsprechend umfassend ist der Rundblick von oben, am schönsten abends, wenn man allein ist und den Sonnenuntergang im Westen verfolgen kann. Die Dolomitnadeln des Walberla leuchten fast grell, aus dem Himmel dringt ein fächerförmiges Strahlen wie auf manchen alten Gemälden. Die Stadtballungen von Erlangen und Forchheim sind schon halb in einem graublauen Dunst verschwunden, und über dem Regnitztal ahnt man in der Weite die anderen Landschaften Frankens, die für die *nächste* Reise: Aischgrund, Steigerwald, Rangau und Frankenhöhe…

ZU FUSS

Ein gutes und anregendes Fußgängerbuch ist der »Bruckmann Bild-Wanderführer Fränkische Schweiz«. Unzählig sind die Möglichkeiten, am schönsten wohl zur Kirschblütezeit und im Herbst. Die Füße sind für Bequeme auf alle Fälle brauchbarer als das Fahrrad; es geht schon arg bergauf/bergab. Man muß auch nicht immer gleich heftig wandern, unbedeutende Kurzspaziergänge sind fast überall lohnend. Einen besonders schönen Pfad, wieder mal im Abseits der Urlauberballung, finde ich den Rundweg durch das **Paradiestal**, zwei Stunden ab Treunitz im nördlichen Oberen Wiesenttal, ein bildschöner kleiner Seitengrund ohne Autos.

KUNST UND KULTUR

Im zentralen **Ebermannstadt** findet man die Tourismuszentrale Fränkische Schweiz, die für das gesamte Gebiet genaueres Prospektmaterial bereithält und sehr wohlinformiert und hilfsbereit ist ($\emptyset$ 09194/7977799). Im gleichen Haus am Oberen Tor 1 die Fränkische-Schweiz-Bücherei (geöffnet Freitag 16–18 Uhr) und der Fränkische-Schweiz-Verein ($\emptyset$ 1433), der eine ganze Reihe sorgfältiger und opulenter regionalgeschichtlicher Bücher herausgegeben hat: über jüdisches Dorfleben, Fachwerk, Burgen, Mühlen und Reisende der Romantik zum Beispiel. Auf Lager hat sie alle Frau Weisel in der Kellerstraße 14, ($\emptyset$ 4128). In der Nähe der Wiesent liegt das »Scheunenviertel« mit seinen alten Fachwerk- und Bruchstein-Nutzbauten, und Samstag findet auf dem Marktplatz von 8 – 11 Uhr ein Bauernmarkt statt. Die 1000jährige Stammburg **Egloffstein** (www.burg-egloffstein.de) ist seit Jahrhunderten im Besitz der gleichnamigen Adelsfamilie und normalerweise nicht zu besichtigen. Hin und wieder aber veranstaltet der Freiherr Burgführungen für Gruppen, denen man sich dann anschließen kann. Termine zu erfragen bei der Tourist-Info Egloffstein, info@markt-egloffstein.de, $\emptyset$ 09197/62920. Gleich unterhalb der Hauptburg die Pfarrkirche mit farbenfrohem Emporen-Innenraum und der Rarität eines Hochaltars, in den die Kanzel gleich eingebaut ist. Die Kirche unterhalb der düsteren Burg von **Hiltpoltstein** beherbergt einen schönen gotischen Flügelaltar mit Passionsszenen, der wahrscheinlich aus Nürnberg stammt.Neben der berühmten Balthasar-Neumann-Barockkirche von **Gößwein-stein** liegt die kuriose Votivkammer, mit 76 Figuren geretteter Kinderchen, alle aus Wachs, alle in ihren kleinen Kleidchen.

Für die jüdischen Landfriedhöfe von **Pretzfeld** und **Hagenbach** erhält man die Schlüssel bei Lehrer Josef Seitz, Pretzfeld, ∅ 09194/5640, der sich in der jüdischen Geschichte der Region auch sehr gut auskennt.

Die wiederhergestellte Synagoge von **Ermreuth** mit einer kleinen Dauerausstellung über jüdisches Landleben ist regulär jeden ersten Sonntag des Monats von 14 – 18, Winter bis 17 Uhr geöffnet. Sonderabsprachen für Führungen bei der Marktgemeinde Neunkirchen (∅ 09134/7050). Wesentlich umfangreicher ist die Geschichte des fränkischen Landjudentums im Jüdischen Museum von **Schnaittach** dokumentiert, knapp 20 km östlich, etwas außerhalb der Fränkischen Schweiz gelegen. ∅ 0911/770577, geöffnet Sa/So 11 – 17 Uhr. www.juedisches-museum.org.

In **Tüchersfeld**, der vermutlich meistfrequentierten malerischen Felsen- und Fachwerktürmung der Fränkischen Schweiz, liegt im ehemaligen »Judenhof« auch ihr bedeutendstes regionales Museum. In die reichhaltigen heimatkundlichen Sammlungen ist ebenfalls eine originale Synagoge des 18. Jahrhunderts integriert. ∅ 09242/1640, geöffnet April–Oktober, Di–So 10 – 17 Uhr, November–März nur So, 13.30 – 17 Uhr. www.fsmt.de, info@fsmt.de.

Das sehr sehenswerte Landschlößchen von **Hundshaupten** ist von Ostern bis zum 31. Oktober Sa/So mit Führung von 14 – 17 Uhr zu besichtigen, von Pfingsten bis zum 31. August auch an den Wochentagen (außer Mo) 14 – 16 Uhr. Auskünfte über Sonderführungen und klassische Konzerte im Halsgraben beim Kulturamt Forchheim, ∅ 09191/708121. www.schloss.hundshaupten.de, kultur@vhs-forchheim.de

Burg **Pottenstein**, www.burgpottenstein.de, ∅ 09243/7221, 365 Stufen überm Ort, im Besitz des Freiherrn mit dem schönen Namen Winzelo von Wintzingerode, ein kurioses bewohntes Privatmuseum, ist von Mai bis Oktober Di – So 10 – 17 Uhr zu besichtigen. Nahebei die zwergenhafte Fachwerkstadt **Betzenstein** mit ihrem winzigen altmodischen Heimatmuseum.

Im Stauffenbergschen Familiensitz Schloß **Greifenstein** (∅ 09198/423) oberhalb von Heiligenstadt gibt es jede Menge Waffen und Geweihe, aber auch eine Bibliothek und Erinnerungen an den Hitler-Attentäter Claus Schenk Graf von Stauffenberg anzusehen. Besonders schön der barocke Park mit Lindenallee und Cerestempel, Chinesischem Pavillon und Eremitenhaus. Schloßführungen täglich 8.30 – 11.15 und 13.30 – 16.45 Uhr

Das Schloß **Unteraufseß** (∅ 09198/998217) mit seinen Erinnerungsräumen an Hans von Aufseß, den Gründer des Germanischen Nationalmuseums, ist mit Führung Di, Mi, Fr und Sa, jeweils um 11, 14 und 16 Uhr anzusehen (siehe »Übernachten«).

In **Hollfeld** steht die sogenannte »Museumsscheune Fränkische Schweiz«, mit vielen Zeugnissen zu Landwirtschaft und Handwerkstradition der Gegend und kompletten Werkstatteinrichtungen vom Hufschmied bis zur Schuhmacherei und Zimmerei. Auskünfte zu aktuellen Programmen beim Fremdenverkehrsamt Hollfeld im schönen historischen Wittauerhaus, ☎ 09274/98014. Geöffnet Sa/So Mai–Oktober 14–16 Uhr. Ebenfalls in einer alten Scheune in der Eiergasse ist ein neuer sogenannter »Künstlerstadl« mit diversen kunstgewerblichen Ateliers und Kursangeboten entstanden, ☎ 8605, und der »Kintopp« mit kleinem Café in der Theresienstraße ist ein richtiges kleines Programmkino mit ständig wechselnder Filmkunst. ☎ 9679, www.kintopp.de.

Im Felsengarten von **Sanspareil** bei Wonsees kann man sich jederzeit ergehen; der »Morgenländische Bau« und die dazugehörige Burg Zwernitz sind von Mitte April bis Mitte Okober, Di–So, 9–12 und 13.20–16.30 geöffnet. Auskünfte Gemeinde Wonsees, ☎ 09274/213. www.wonsees.de.

Das Ortsbild von **Thurnau** ist bemerkenswert schön und imposant, und wer zufällig den kleinen, traurigen Roman einer unglücklichen Kindheit, »Fettfleck«, der Pianistentochter Diana Kempff gelesen hat (er lohnt sich), wird unschwer das Schloß von Thurnau als Handlungsort identifizieren. Neben zahlreichen Töpferwerkstätten gibt es in der ehemaligen Lateinschule auch ein sehenswertes Töpfermuseum zu sehen. ☎ 09228/5351, www.toepfermuseum-thurnau.de, geöffnet April–September, Di–Sa 14–17 Uhr, So 11–17 Uhr, Oktober–Januar und März Sa 13–16 Uhr, So 11–16 Uhr.

Fast schon in Bayreuth und ganz am Rand der Fränkischen Schweiz ist man in **Eckersdorf,** wo im Lustschloß »Fantasie« ganz neu das erste deutsche Museum für Gartenkunst eröffnet hat. In achtzehn Themenräumen läßt sich anhand von Objekten, Möbeln und Bildern die wechselvolle Geschichte der Gartenmoden nachvollziehen: wunderbare illustrierte Pflanzenbücher und kolorierte Planzeichnungen, altmodische Spaten und Gartenscheren, ein ganzer Raum über höfische Lustbarkeiten al fresco. Das Museum ist von April bis September täglich außer Mo von 9–18 Uhr geöffnet. (☎ 0921/73140011, www.gartenkunst-museum.de) Die Hauptsache aber, der Park mit seinen gärtnerischen Spielarten vom formalen Barockgarten über den »empfindsamen« Landschaftsgarten bis zur historistischen Variante ist ganzjährig dem Lustwandeln zugänglich. Jean Paul rühmte ihn als »artistisches Lust-, Rosen- und Blütenthal« – nur die Wasserspiele sind noch nicht ganz wiederhergestellt.

Die Fränkische Schweiz ist in nächster Nähe umstellt (allerhöchstens eine Stunde Fahrzeit jeweils) von einigen der interessantesten und reichsten deutschen Städte: Bayreuth, aber vor allem Bamberg und Nürnberg sind jedes ausführliche Wiedersehen so überaus wert, daß ich hier gar nicht anfangen will, ihre Reize zu rühmen. Auf jeden Fall aber sollte man sich einen ganzen, geruhsamen Regentag einmal

Zeit nehmen für das **Germanische Museum in Nürnberg** – wem da nicht die Augen übergehen, der ist blind und blöd. (Geöffnet Di, Do – So 10 – 18 Uhr, Mi 10 – 21 Uhr, ∅ 0911/13310, www.gnm.de). Vielleicht läßt sich noch ein Freiluftspaziergang in dieser Stadt anhängen: und zwar ins Quartier St. Johannis nordwestlich der Altstadt mit dem wunderbaren alten St.Johannis-Friedhof und den »Hesperidengärten«. Das »Barockhäusle«, gleich bei den Hesperidengärten, hat als Café und Kneipe täglich von 9 – 23 Uhr geöffnet. Kleine fränkische Gerichte, ∅ 0911/339908.

Und angenehm überrascht bin ich von der Altstadt von **Forchheim** gewesen. Forchheim galt uns in der Kindheit immer als besonders ödes Kaff – und seine seitdem ausgeuferten Außenbezirke haben es nicht verschönert. Aber innen drin ist es richtig niedlich: hundertzweiundsechzig denkmalgeschützte Fachwerkhäuser! Kleine Stadtbäche, in denen noch immer die Karpfen in ihren Fischkästen umspült werden, die Kaiserpfalz mit ihrem schönen Innenhof und den gotischen Wandmalereien, das alte Katharinenkloster und vor allem der Hauptplatz mit seinem prächtigen, gestaffelten Fachwerk, der Kirchenzwiebel dahinter … in mehreren traditionsreichen Altstadthäusern sitzen die typischen Braugasthöfe, es gibt Cafés und Läden aller Art, und in der besonders buckeligen Kammerermühle die Weinstube »Schiefes Haus«. Gute Küche auch noch in den »Altstadtstubn«, Kapellenstraße, beim »Eichhorn« in der Bamberger Straße; einfacher im »Bräustübl« Hornschuchallee und im »Hebendanz«, Sattlertorstraße. www.forchheim.de

Zu guter Letzt die drei berühmten Tropfsteinhöhlen der Fränkischen Schweiz: Die **Teufelshöhle** bei Pottenstein ist April – Oktober täglich 9 – 17 Uhr und November – März am Di, Sa und So 10 – 15 Uhr mit Führung zugänglich (∅ 09243/ 208), die **Binghöhle** in Streitberg 25. März – 4. November täglich 9 – 17 Uhr (∅ 09196/ 340), und die **Sophienhöhle** bei Rabenstein vom 1. April – 31. Oktober täglich von 10.30 – 17 Uhr (∅ 09202/9700440).

LEKTÜRE

Michael Müller: *Fränkische Schweiz*, Michael Müller 2001. Detailfreudiger Reiseführer voller konkreter Tips und Hinweise, der beste und gründlichste.

Merian live: *Fränkische Schweiz,* Gräfe und Unzer 1973. Knapper, günstiger Reiseführer. (nur noch antiquarisch oder in Bibliotheken erhältlich).

Fisgus, Hannelore / Heyn, Helga: *Franken – Kunstgenuß bei Wein und Bier*. Edition Spangenbeg bei Dromer Knaur 1997. Vor allem kulinarisch orientierter Reisebegleiter mit vielen guten Empfehlungen, ein Kapitel über die Fränkische Schweiz. (nur noch antiquarisch oder in Bibliotheken erhältlich).

Schriftenreihe des Fränkische-Schweiz-Vereins, z.B. *Eine Burgenreise durch die Fränkische Schweiz, Jüdisches Leben in der Fränkischen Schweiz, Vom Land im*

Gebirg zur Fränkischen Schweiz – Eine Landschaft wird entdeckt u.a. Sehr detaillierte, gut ausgestattete und illustrierte regionale Feldforschungsbände für vertieft Interessierte, erschienen bei Palm & Enke, Erlangen.

Jakob Wassermann: Die fränkischen Romane *Die Juden von Zirndorf,* dtv 1999, *Caspar Hauser,* Fischer 1999, *Das Gänsemännchen,* Ars Vivendi 2004, und seine Autobiographie *Mein Weg als Deutscher und Jude,* Jüdischer Verlag 2005.

Hermann Kesten: Eher aus Sympathie für diesen jüdischen Nürnberger, denn mit Franken haben die hochunterhaltsamen Essays dieses zwangsläufigen Weltbürger-Emigranten nicht mehr sehr viel zu tun: *Meine Freunde, die Poeten,* Atrium 2006, *Dichter im Café.* Desch 1959 (nur antiqu.), *Lauter Literaten,* Droemer Knaur 1966 (nur antiqu.) – gute Reiselektüre sind sie allemal.

Ernst Penzoldt: *Die Powenzbande,* und die Erzählung *Die Leute aus der Mohren-apotheke,* beide Suhrkamp 2004 und 2002, spielen in Erlangen, das bei Penzoldt »Regnitz« bzw. »Mössel an der Maar« heißt, »die unbedeutende Pfarrwitwen- und Pensionistenstadt, zu deren Besichtigung ein halber Tag genügt«. Bissig und heute noch amüsant.

Diana Kempff: *Fettfleck.* Rowohlt 1980 (nur antiqu.)

Schloßgeschichten

    Marie von Ebner-Eschenbach: Dorf- und Schloßgeschichten, Insel 1991

    Ferdinand von Saar: *Guinevra und andere Erzählungen,* Verlag der Nation 1985, sowie *Sündenfall und andere Erzählungen*wohl (nur antiquar.)

    Mechthilde Lichnowsky: *Kindheit,* Fischer 1995 (nur antiqu.)

    Isabella Bossi Fedrigotti: *Palazzo der verlorenen Träume,* Piper 1997

    Albert von Schirnding: *Herkommen,* Langewiesche 1999

W. G. Sebald: *Die Ausgewanderten,* Fischer 2003. Die lange Erzählung *Max Aurach* spielt zwar (teilweise) im unterfränkischen Bad Kissingen, beschreibt aber die Stimmung jüdischen Bürgerlebens auf dem fränkischen Land (samt den folgenden Schicksalen von Vertreibung und Vernichtung) selten eindringlich.

Fitzgerald Kusz: *Hobb, Schdernla, wennsdn sixt* (Gedichte), *Du, horch* (Szenen und Geschichten), alle ars vivendi. Der Nürnberger Dialektautor ist nicht nur in seiner berühmt gewordenen Familiengroteske »Schweig, Bub« ein schön böser Sezierer fränkischer Mentalitätslagen und Laberrituale.

Im überhaupt sehr zu lobenden kleinen ars vivendi Verlag sind auch die etwas sanft-mütigeren, aber auch recht guten Dialektgedichte von Helmut Haberkamm »Frankn licht nedd am Meer«, 1996, erschienen sowie ein Sammelband »LiteraTourLand Franken«, 2000.

Und schließlich noch: Albrecht Dürer: *Aquarelle und Zeichnungen,* dumont 1983. Die Handvoll Wasserfarbenbilder mit fränkischen Motiven des Meisters sind und bleiben die allerschönsten Abbilder dieses Landstrichs (nur antiqu.).

Wellenschlurpschlurp und
der Geruch hölzerner Stege
auf naßveralgten Pfählen

Kapitel 3:

SOMMERFRISCHE
– DAS VORALPENLAND

AM STARNBERGER SEE UND IM ISARTAL

Education sentimentale

Waterworld! Als Kind des trockenen Franken, sandig, kalkig und pastellig die Farben, nach Oberbayern zu geraten, das war wie ein gischtender Sprung ins Wasser. Ein Glitzer- und Flimmerland, in das wir umgezogen waren, Seen über Seen, ein weiß-blau-smaragdenes Farbspektrum auf einmal rundum. Spiegelungen, Seerosenfelder, Wellenschlurpschlurp und der Geruch hölzerner Stege auf naßveralgten Pfählen. – Sie ließ sich erstmal gar nicht fassen, die Vielfalt der Gewässer in diesem Münchener Vorland: da waren die weiten Seeflächen mit dem rippeligen Schaumkronenwasser, gesprenkelt von Segeln; da waren die in schattigen Waldsenken versteckten Moor- und Toteislacken, samtweich und goldbraun – und es gab die gletscherfarbenen Hochgebirgsseen, die bei anderem Lichteinfall zu dunklen Spiegeln changierten, Fels und Gezack verdoppelnd und reflektierend auch den Schnee, das gefrorene Wasser der Gipfelzonen. Plötzlich waren »Seenplatten« in bequemer Ausflugsnähe und »Bayerische Meere«, sanfte Schilfgestade und von mäandernden Reißgewässern durchzogene Kiesbetten, träge Flußläufe zum Treibenlassen, »Gumpen« mit eisig-türkisem Bergquellnaß – und außerdem gab's noch ein paar profane stadträndische Baggerseen mit Hochhaus- und Elektromastenblick. Wie getränkt war die neue Heimat, sattgrün und saftig und blitzend überall.

Eben noch Stammgast des Erlanger Städtischen Röthelheimbades, nunmehr unverhofft auf dem Privatsteg der »Villa Frommel« in Leoni am Starnberger See zu sitzen, vis-à-vis von Roseninsel und Sissi-Schloß Possenhofen, ist dann ein Erlebnis gewesen, das sich eingeprägt hat – leider in eher peinvoller Weise. Vor allem eines habe ich, 14jährig, an dieser Goldküste schlagartig gelernt: was *jeunesse dorée* ist, was Klassenprivilegien und Dünkel sind. Ein mitgenommenes Nachbarskind war ich, eine spätpubertäre rechte Unglücksgestalt mit verschnittener Frisur und klümpchenbildendem Dralon-Twinset – und wurde von den lässigen Ostufer-Kids, die so ähnlich wie Camilla Servatius, Trutz Graf Wolffheim und Maximilian Vonderhöh hießen, die Loafers, edel verblichene Krokodilhemden, kleine Perlenketten und die glänzenden Mähnen mit Schildpattreifen gebändigt trugen, mit einem einzigen Abschätzigkeitsblick ausgesondert und nicht mehr wahrgenommen. Die Villa direkt am See, eine Art diskreter, traditionsreicher Nobelpension nur für Hausfreunde, war unglaublich. Im generösen Landhausstil des 19. Jahrhunderts, mit Kaminhalle, weitläufigen Treppenaufgängen, von Kaulbach und Carl Rottmann freskiert, mit Park und Tennisplatz im Schatten der hohen alten Bäume. Da spielten dann die Hierhergehörigen ihre Doppel und ließen mich am Steg hocken. War mir ganz recht, denn ich war ziemlich niedergebügelt von dieser recht dubios wahr gewordenen Besseren-Kreise-Phantasie aus meinen Mädchenbüchern. Graugrün und bleiern lag der berühmte See da, aus der metallischen Weite spießten allerhand Bootsmasten und es roch nach Tang. Dann erblickte leider ein wohlmeinender Vater meine solitude und schritt zur Tat: »Justin!«, befahl er schallend einem ultrahübschen Youngster mit umgeknotetem Pullover, der gerade zu seiner Clique latschte: »Du wolltest doch segeln, nimm die Kleine da mal mit raus, die soll auch was von ihrem Tag haben!« – Es kam zu einer völlig stummen, völlig lustlosen, kürzestmöglichen Partie auf dem schlaffen Wasser, meinerseits beidhändig in die Bootsbank gekrallt, betend um ein Ende. Zum Schluß, »halt mal den Baum vom Steg weg, das wirst du ja wohl können«, eben nicht, brachte ich dem gelangweilten, feindseligen »Justin« noch einen ratschenden Riß in seinem Segel ein. Ich wäre am liebsten ersoffen in diesem auch dafür legendären See.

Als sie in Leoni einige Jahre später das türmchenverzierte, schönbrunngelbe alte Hotel »Rechthaler« abrissen und einen potthäßlichen Dorint-Schuhkarton an seine Stelle setzten – überall sonst hätte mich so eine Schandtat mit Gram erfüllt –, habe ich die Bausünde diesem hochnäsigen Gemeinwesen gegönnt. Und auch wenn sich das Teenie-Trauma von Leoni mit den Jahren verspielt hat – eine gewisse Reserve dem ganzen Starnberger See gegenüber hat sich gehalten. Er ist so offensichtlich das Favoritengewässer der Betuchten, so ungeniert in off-limits-Besitzstände aufgeteilt, daß man sich als Gelegenheitsbesucher an kaum einem Uferstreifen sonderlich willkommen fühlt. Die öffentlichen Badestrand-Reservate fürs Normalovolk machen den Kontrast zur splendiden Verschanzung der an diesen Gestaden satt Situierten nur noch ersichtlicher. Der Landkreis Starnberg ist der reichste von ganz Deutschland – wo sonst im Durchschnitt drei Einkommensmillionäre auf 10 000 Einwohner treffen, sind es in Starnberg fünfmal so viele. Nur der Tegernsee, irgendwie unverfroren neureicher und verlüftelter, klotzt da noch deutlicher. Allerdings geht es mit der traditionsbewußten Kultiviertheit, die den Starnberger See einst als Refugium des gebildeten Adels und Großbürgertums prägte, auch unsanft bergab: immer mehr Protzvillen einer polierten Postmoderne im Derrick-Stil, immer weniger der verschnörkelten Fin-de-siècle-Sommerhäuser mit ihren verglasten Veranden und gedrechselten Holzbogen-Balkons – wo viel Geld da ist, wird der Denkmalschutz gnadenlos ausgehebelt. Zuletzt im Trauerfall um die »Villa Max« an der Ammerlander Seestraße, einem zauberhaften, holzverkleideten Landhaus von 1869, das um die Jahrhundertwende dem bizarren »Affenmaler« Gabriel von Max gehörte. Irgendwelche Käufer von 1996 stellten Abbruchantrag, trotz Denkmalschutzes, und ließen sicherheitshalber gleich die Fassadenmalerei, die historischen Täfelungen, Wandschränke, Kassettendecken und Kachelöfen verschwinden – Inventar herausgerissen, also keine »schützenswerten Elemente« mehr, Bußgelder einkalkuliert –, die Piloty-Villa in Ambach hatte ein ähnlich kunstsinniger Neubesitzer zuvor nächtens gleich total wegrupfen lassen, in berechtigter Hoffnung auf eine komplizenhafte Justiz, die seine Bußgeldbescheide von 750 000 auf 40 000 Mark hinunterbagatellisierte.

Ein wunderbares Memento an die reiche 19. Jahrhundert-Architektur der Region ist der opulente Bildband »Frühe Villen und Landhäuser am Starnbergersee« von Gerhard Schober, mit dessen Hilfe sich auch die heute noch geschätzten und gepflegten Exemplare der Gattung, samt Bau-

Landhaus Max

und Besitzergeschichte, auffinden lassen. Die »Villa Waldberta« in Feldafing hoch über See und Golfplatz, Typ Kuckucksuhr mit Belvedereturm,
steht immerhin unbegüterten Künstlern, Autoren und Übersetzern offen
– die Stadt München, die das 22 000 Quadratmeter große Prachtanwesen
von der wohlhabenden Witwe Bertha Kömpl erbte, vergibt dort dreimo-
natige Stipendien an Schriftsteller aus aller Welt, Seminare und Lesugen
werden abgehalten, anläßlich derer man sich zwischen Balustradenterrasse mit Flötenjüngling, Rosenlaube und künstlicher Grotte ergehen kann.
In Imre Kertészs »Ich – ein Anderer« läßt sich über seine Waldberta-Zeit
nachlesen, Botho Strauß, Fritz Rudolf Fries und Sarah Kirsch (»werde
gern retournieren«) haben sich im Gästebuch verewigt und viele Stipen-
diaten aus weniger begünstigten Weltgegenden wie die zahlreichen bos-
nischen, serbischen und kroatischen Künstler, die hier in kritischer Zeit
Zuflucht fanden.

Ein Katzensprung südwärts liegt auf dem Gelände der heutigen
»Fernmeldeschule des Heeres« ein für die Region geradezu siedlungshaft
bescheidenes Häuschen mit tiefgezogenem Knickwalmdach: jenem »Vil-

lino« haben wir ein absolutes Sahnestück deutscher Sprachkunst zu verdanken, nämlich das Musikkapitel »Fülle des Wohllauts« aus dem »Zauberberg«.

Erst neuerdings hat der Literaturwissenschaftler Dirk Heißerer, ein gründlicher Kenner der topographisch-literarischen Gewebe des Münchner Umlands, dort ein putziges Zwergmuseum installiert, das an Thomas Manns wiederholte Feldafinger Solo-Sommerfrischen erinnert, während welcher er 1920 das topmoderne Kurbelgrammophon seines Vermieters entdeckte und fortan an dem »Zauberkasten«, der »Wundertruhe«, dem »mattschwarzen Tempelchen« hing mit »einer ins Lasterhafte abbiegenden Leidenschaft«. (»Die Tannhäuser-Ouvertüre. Bohème. Aida-Finale. Caruso, Battistini, die Melba, Tita Ruffo etc... als seien die Stars zu Besuch«.) Aber der Dichter sommerfrischelte auch ein wenig in Feldafing, für seine Verhältnisse, laut typischem Tagebucheintrag, geradezu wagemutig sportsmännisch; er ruderte »gegen Tutzing bei Ostwind... Es war sehr warm, ich fuhr ohne Rock und Weste und legte auch die Hosenträger ab. Da ich kein Unterjäckchen trug, war der Oberkörper, nur mit dem Hemd bekleidet, dem Luftzuge frei, was ein sehr angenehmes Gefühl ist. Für den Kulturmenschen grenzt Natürlichkeit nahe an Wollust.«

Die Ohne-Unterjäckchen-Episode klingt nicht eben nach wogender

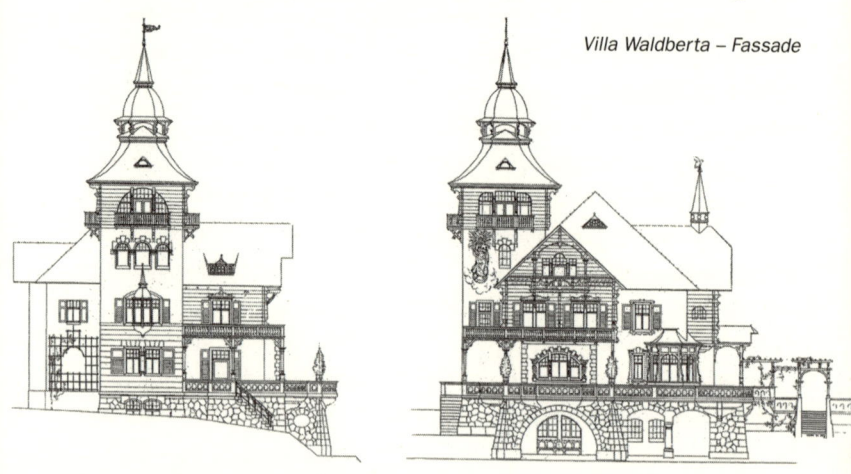

Villa Waldberta – Fassade

Sinnlichkeit, aber die bricht sich bei Thomas Mann ja bekanntlich selten Bahn, und wenn, dann höchst unbekömmlich. Daß das Wasser-, Wiesen- und Sonnenland der voralpinen Region, weich, anmutig und »juicy«, aber eine hochgradig sensuelle, stimulierende, die Liebe beflügelnde, eine *erotische* Landschaft ist, das haben durch die Jahre allerlei Literaten (und nicht nur diese!) verspürt, die den Sensationen des Physischen etwas unkomplizierter zugeneigt waren als der arme, verschnürte TM. – Im Grunde ist das bayerischen Land vor den Bergen eine Ideallandschaft für den reichen blühenden Frühsommer des Lebens, für den Taumel und das Glück und die Freiheit der Jugend, für die elektrisch geladenen und schwimmend aufgelösten Zeiten des Aus-Schweifens und der Erfüllung, eben »Sommer, Sommer, drinnen und draußen«, wie Franziska von Reventlows oft so erhitztes Tagebuch schwelgt. – Es war und ist wohl immer ein ähnlicher Sommer, hier draußen vor der Stadt, und immer ist da eine andere Haut, ein anderer Atem, nie ist man allein in den Morgendämmerungsschwaden über dem leeren Possenhofener Kieselufer, nach einer langen und sumpfigen Münchener Nacht, es ist Sommer, und es ist wieder jemand anderes, mit dem man sich im Unterwassergeschlinge der Seerosen auf dem moorigen Buchsee bei Münsing verfängt, es ist Sommer und die sinkende Sonne eine perfekte Leuchtkugel über der Tutzinger Bucht, von diesem taufeuchten Heuhaufen aus. Sommer, und der Vollmond spiegelt eine perspektivische Silberbahn ins schwarze Wasser vor Schloß Berg, in dem wir weit, weit hinausschwimmen, aber nicht um zu sterben wie sein weiland berühmtester Gefangener, ganz im Gegenteil.

In seinem Gedicht »Nevermore« schrieb »reglos in einem Hotelzimmer/voll elektrischem reglosem Licht« der weitgereiste französische Dichter Valery Larbaud: »Ach! Man gebe mir den Abendwind über den Wiesen/Und den Geruch frischgemähten Heus, wie in Bayern/Eines Abends, nach dem Regen, am Starnberger See«. Ach, man gebe mir... es werden Abertausende sein, die eine Münchner Jugend verbracht haben und ein bißchen weggetreten-verträumte Augen kriegen bei der Erinnerung an das Seenland vor der Stadt – nicht alles war in der Hand von Leo-

ni-Snobs –, an das summende, duftende, leuchtende »Nimmermehr«-
Land der frühen Abenteuer mit dem Glücklichsein.

Vielleicht lesen wir uns deshalb so teilnahmsvoll – und auch etwas
erheitert – fest in den Tagebüchern und Briefen, Biographien und fiktiven
Erzeugnissen jener Autoren, die lange vor unserer dortigen education sen-
timentale im schönen Oberland über die Stränge geschlagen sind. Die sich
im Angesicht von Ettaler Manndl und Benediktenwand nicht immer sehr
sittenstreng tummelten und sich allerlei Fehltritten und Obsessionen erga-
ben, vielleicht liegt ja alles am Föhn.

Hohenschäftlarn, östlich des Starnberger Sees am Isarhochufer, heute
eine bieder wuchernde Doppelhaus-Schlafsiedlung, scheint besonders lie-
derlich gewesen zu sein. »Bacchanale, oh mei, oh mei« gab es in Fanny
Reventlows Schwabinger Existenz bekanntlich nicht zu knapp, draußen
auf dem Isarkies schwärmt sie: »Gott, wenn man nackt leben könnte…«
Das tut sie in der Sommerfrische, die sie im Schäftlarner Bräu auf achtzig
Pfennig (mit Kind) herunterhandelt, ohnehin ziemlich ungeniert, »patscht
knietief« durch die Wiesen, geht mit ihren aufs Land zitierten Liebhabern
»noch lange nackt im Tau spazieren… ich fühle mich so jung… ganz
schwindelig vor Glück«, stürzt sich mit der Frauenrechtlerin Anita Augspurg (von ihrem Sohn Bubi »Frau Herr Doktor« genannt) nachts in die
kalten Isarwasser, liegt halbe Tage im Gras und verdödelt und verträumt
den bayerischen Sommer. Rabiat wird sie allerdings, wenn ihr dabei eine
bäuerliche Prozession vor Augen kommt: »knorrige, verbogene Arbeitstie-
re mit schwerem Gang, sie leiern und schreien ihr Heilige Maria, Mutter
Gottes… gehn lallend durch die blühende Welt«. Mit dem »schiefgetrete-
nen, verkümmerten Kleinbürgertum, lauter mißratene Gestalten, die man
einstampfen sollte. Pfui Teufel« hatte es die Gräfin durchaus nicht – die
frommen Einheimischen wiederum bekreuzigten sich angesichts des
anstößigen Treibens der Münchner Boheme in ihren Grummetfluren und
Heustadeln.

Helen Hessel war auch so ein Hohenschäftlarner Ärgernis. Daß die
Berlinerin im Dorf wegen des »Tragens von Männerkleidern« angezeigt

wurde, immerhin noch anno 1920, war ein ebenso ridiküler wie hilfloser Kujonierungsversuch an dieser zutiefst antibourgeoisen, freiheits- und lebenshungrigen Person. Der eigentliche Skandal war ihre Lebensform: die unverhohlen passionierte menage à trois, die sie mit ihrem Ehemann, dem Schriftsteller Franz Hessel, und dem gemeinsamen Pariser Freund Henri-Pierre Roché einen Isarsommer lang in der »Villa Heimat« praktizierte und die Jahrzehnte später das Vorbild für einen der berühmtesten Filme der Kinogeschichte wurde – für »Jules und Jim« von François Truffaut.

Truffaut hat die deutschen Szenen seines Films in eine romantische Fachwerkmühle, in den Schwarzwald, verlegt – die Schäftlarner Sommerfrischenvilla des wirklichen Geschehens, ein schlichtes bayerisches Haus mit Holzbalkon und Pfettendach, steht noch heute »An der Leiten 27«, in unzugänglichem Privatbesitz und mittlerweile nicht mehr außerhalb des Ortes, sondern ziemlich eingebaut. Den großzügigen Baum- und Wiesengarten gibt es aber noch, und die Aussicht über das Isartal hinweg stellt man sich auch heute ziemlich prachtvoll vor.

1919 schrieb Helen Hessel einen begeisterten Brief über dieses Fundstück an einen Freund: »Es giebt in Hohenschäftlarn ... ein Häuschen ganz für sich, das einmal von Dr. Wulfling oestr. Erzherzog bewohnt gewesen, alles in dem Grad enthält, dass kaum etwas hinzuzufügen ist, als Doppelfenster, elektr. Licht, Bettzeug, Bücherschrank, großes Säulen Baldachinbett ... Marmorplatte in der Küche, Cocosläufer, Uhr, große Keller, große Speicher, alles umgeben von Gemüse und Obstgarten und grossem Lawn ein wenig welliges Gelände und das alles – denken Sie Thankmar was die Welt doch immer noch zu bieten hat – für 150 M. im Monat.«

Mit der Hesselschen Ehe stand es da schon gar nicht mehr gut. Zwei Kinder waren da, und in der 33jährigen Mutter rumorte eine gewaltige Unruhe. Über ihren Mann schrieb sie: »Er ist ein so feines altes Ding – wie ein Buch, eingeschlafen oder tot.« Und der Autor, Inbegriff des sensitiven, distanzierten Beobachters, »mit seiner Art, alles den anderen zu überlassen«, sinnierte angesichts seines kleinen Sohns: »Der Vater ist zu still, die Mutter ist zu wild; er will nicht viel vom sogenannten Leben und sie zu viel…«

Kennengelernt hatten sich Franz Hessel, Henri-Pierre Roché und die Berliner Malschülerin Helen Grund in Paris, vor dem Ersten Weltkrieg, ganz wie im Film, und wie in diesem war Helen nachts aus einer Laune in die Seine gesprungen, um sich von Pierre herausziehen zu lassen. – Mit Jeanne Moreau hatte Helen Hessel freilich keinerlei Ähnlichkeit. Nichts von der weichen, kapriziösen Femininität dieser Darstellerin – und auch Jeanne Moreaus betörenden Knick- und Wiegegang kann man sich bei Helen Hessel, wie sie uns auf ein paar Fotos geblieben ist, schlecht vorstellen: eine herbe, sehr deutsche Frau mit ausgeprägten, fast kantigen Zügen, flachsblonder Mähne und trainiertem, braungebranntem Körper. Auf einem Foto klettert sie nackt und lachend auf der geschnitzten Balkonbrüstung der »Villa Heimat« herum, auf einem anderen schreitet sie nackt ins Wasser, Schaum zu ihren Füßen, Goldschimmer auf dem geknoteten Blondhaar. Sie liebte Hosen und Stiefel, Leinenhemden und abgetragene Militärwesten – vom ganzen Habitus eher eine nordische Jagdgöttin (»je m'apporte les amants«) als die sinnliche, katzenhafte Femme fatale Catherine, wie Jeanne Moreau sie verkörperte. Helen Hessel war eine »wilde Schwimmerin«, die Berliner Städterin verausgabte sich freiwillig in harter Landarbeit auf pommerschen Gutshöfen, beim Torfstechen, Melken, Getreidedreschen, ritt und jagte und las nachts auf dem Strohsack Plato.

In Hohenschäftlarn brach dann der »tourbillon« los, das Sturmgewirbel, nach dem sie hungerte: Als sich Roché und sie am Isartalbahnhof gegenüberstanden, hatten beide die Hände voll: sie hielt an jeder Hand ein Kind, ihm zogen zwei schwere Koffer die Arme lang. »Wann werden diese Arme frei sein?«: einer ihrer ersten Tagebucheinträge nach der Wiederbegegnung. Der vierzigjährige Hessel, mit seinem runden Schädel und seinem Kindermund von jeher eher »drollig« als ein Frauenschwarm, ganz im Gegensatz zu dem hochgewachsenen Freizeitboxer und gewohnheitsmäßigen Womanizer Roché, erlebt die atemlose amour fou, die sich da entfaltet, ohne Heimlichkeiten mit, segnet alles ab, »zugegen wie bei einem Naturereignis«, bei der »hilflosen, hemmungslosen Hingegebenheit«, die Frau und Freund gepackt hat. Er registriert das »Glühen und Blühen« seiner Frau in der Augustsonne, das »wunderbare Leuchten ihrer Haut« und den verschleierten Blick – und geht mit den Kindern Pilzesammeln.

»*Damals im Isartal*« – so überschrieb er, kurz vor seinem Tod, 1941 in der Emigration in Sanary, die Erinnerung an jenen Sommer, erstaunlich détachiert und marginal verfremdet: »Alter Mann« hieß der Fragment gebliebene kleine Roman, in dem der »Dunst von gemähten Wiesen und ein Wehn wie kühler Abendwind nach heißem Tage« noch einmal aufsteigt. Und es ist eben diese Stimmung, die auch den Leser, den späten, etwas voyeuristischen Zeugen dieser lang vergangenen leidenschaftlichen Liebesunordnung, besonders berührt: das pastorale Flair, die flirrende, besonnte plein-air-Atmosphäre eines ländlichen Sommers, die das ganze Gefühlsgeschehen untermalt oder wie eine gesummte Melodie begleitet – hätte es sich bloß in Pariser Avantgarde-Ateliers oder Berliner Feuilletonisten-Wohnungen zugetragen, wären wir vielleicht wesentlich gelangweilter von einem ziemlich alltäglichen Dreiecks-Trara aus Künstlerkreisen. Wie in Truffauts Film sind es Laubgeflimmer und Spiegelwasser, Morgenfrische und Abendruhe, es sind Waldwege, Heuwiesen, Gärten und einfache Holzmansarden, die den Zauber dieser Liebesgeschichte ausmachen, ihre Erotik instrumentieren. *Damals im Isartal*, als man den weiten Weg zum Fluß hinunter lief, der »grüner als grün, durch seine steinige, moosige Urlandschaft glitt, sickerte, strömte«, als man Nachtwanderungen durch die Wälder zum Starnberger See unternahm, im Mondlicht hellwach an seinen Ufern lagerte, und Helens Tagebuch das gesteigerte, entgrenzte Lebensgefühl solcher Sommernächte festhielt: »Laßt mich vorbei, das Wasser ist lauwarm. Mein Element, Zärtlichkeit... Das Licht auf dem Wasser glitzert zwischen den Fingern, mein Körper fühlt das Wasser, mein Kopf das andere Element, das mich so dicht umfängt. Gefühl der Unendlichkeit, Gewißheit, niemals zu sterben...«

Truffaut ließ das Liebespaar Catherine/Jim dramatisch ertrinken. In Wirklichkeit überlebten alle Beteiligten den Sommer ihrer größten Passion – denn das war er, wie ihre Tagebücher, Briefe, Romane bezeugen, für alle drei – um Jahrzehnte. »Die große Flut, mit Schönheit und mit allem Schlamm und Scherben«, wie Helen Hessel ihre Liebe zu Pierre später charakterisierte, verschlang sie nicht, wurde aber in den folgenden Pariser Jahren mehr und mehr ein unangenehmes, schlickiges Fahrwasser, in dem sie ruderte und kämpfte um die Einzigartigkeit ihrer Liebe. Mit einem Mann, der ganz gern zu seinen Don-Juanesken Gewohnheiten zurückgekehrt war, der sich überfordert fühlt von ihrer löwinnenhaften Absolutheit und die ganze Chose bitte sehr etwas leichter nehmen wollte. Afterplay: die Liebe, das fließende, das uneingedämmte, vitale Element jenes ganz besonderen Hohenschäftlarner Sommers stockte und versandete und verging. Mit Franz Hessel in Berlin blieb Helen, die in Paris als Modekorrespondentin arbeitete, in enger Verbindung – sie war auch bei seinem Tod anwesend.

Henri-Pierre Roché schrieb im hohen Alter den kleinen Roman »Jules und Jim«, der immerhin bezeugt, wie tief auch er, der erotische Flaneur, affiziert war von der lange zurückliegenden Hessel-Affäre. Franz Hessels Erinnerungen lesen sich herbstlich-elegisch – die Überraschung unter den dreifach aufgeschriebenen Reminiszenzen ist die sprachliche Phantasie, die Kühnheit und Frechheit von Helen Hessels Ton in Tagebüchern und Briefen, die es leider nur in einer französischen Ausgabe gibt. Sie, die Dilettantin unter den drei Autoren, hat uns den Hohenschäftlarner Sommer und seine Nachspiele am plastischsten und farbigsten überliefert – Sehschärfe und Intensität ihrer Notate übertreffen die männlichen Erinnerungen bei weitem an Reiz für den Leser. 96 Jahre ist sie alt geworden, auch ihren liebsten Pierre hat sie beträchtlich überlebt: »Man hat diesen schönen Kopf, diesen corpus, Hände, Füße, alles, was ich so intim gekannt und geliebt habe, als Häufchen Asche in ein Schließfach geschoben, zuzementiert, mit einer Nummer versehen – erledigt«, schrieb sie nach dem Tod des fast Achtzigjährigen an eine Freundin. »... Alles Entscheidende ist mir durch ihn gekommen, durch diese Passion, die er in mir entzündet hat. Mir kommt es vor, als sei ich selbst gestorben, da der Zeuge meiner äußersten Lebendigkeit nicht mehr vorhanden ist. Lass es, es wird sich einordnen nach einer Weile.«

Ja, in der Tat, beieinander liegen wohlsortiert die papierenen Überbleibsel von Roché und Helen und Franz: ihre Briefe und Tagebücher sind im »Harry Ransom Humanities Research Center« der Universität von Austin/Texas versammelt – weiter weg von der äußersten Lebendigkeit *damals im Isartal* ist wohl kaum ein Ort vorstellbar.

Und Hohenschäftlarn? Es kann der neuzeitlichen mittelbürgerlichen Eigenheimsiedlung nur bekömmlich sein, wenn sich der eine oder andere an den Liebeszauber erinnert, der diese Gemarkung vor achtzig Jahren zum Schauplatz hatte. Amor fou in Hohenschäftlarn heute? Da ist dann wahrscheinlich die Tiefbaufirmenbesitzersgattin mit ihrem Fitnesstrainer als »lover« verstrickt, und die Liebe spielt sich hinter Alujalousien auf Sitzlandschaft von »Böhmler im Tal« ab, schnell, bevor die Kinder vom Squashkurs heimchauffiert werden müssen.

Was wäre diese ganze geldig-privilegierte Isartal-Wohngegend von heute ohne ihre Vergangenheit? Etwas mißgelaunt und gestern-süchtig kurvt man die Villenstraßen über Zell nach Irschenhausen, Durchgangsverkehr ist hier natürlich höchst unerwünscht, aber »nun gerade« darf man sich auch ab und zu mal denken. Ja doch, nett habt ihr's hier hinter euren weißgetünchten Mäuerchen und Immergrünhecken, hinter euren Bogenfenstern und alarmgesicherten Schmiedeportalen, und manche bäuerliche Prachtshütte hat sich ja auch erhalten mit Holz und Schnörkel und Bankerl vorm Haus. Ist das nicht jenes putzige Anwesen, wo sich immer der »Bulle von Tölz« durch die Haustür quetscht und man jedesmal staunt, wenn man dieser TV-Serie ansichtig wird, daß sie für die kombinierte Körperfülle von Otfried Fischer und Ruth Drexel nicht einen etwas geräumigeren Drehort finden konnten? Aha, und in dieser prachtvollen, postmodern aufgepeppten Lüftlvilla, wahrscheinlich eine frühere Sommerfrischen-Pension, schreibt jetzt Klaus Doldinger seine Fernseh-

musiken, und hier wohnt ein Generalkonsul und da ein Unternehmens-
berater, und Grafen und Ärzte und Regierungsdirektoren hat's auch verstärkt.

Gibt es an diesen hübschen gewundenen Hochleitenstraßen überhaupt irgendeine Unterkunft für Reisende? Die schönen Fremdenpensio-
nen der Jahrhundertwende sind allesamt verschwunden, alle in diskret-
generöse Privathäuser umgewandelt worden; Sommerfrische ist hier nicht
mehr comme il faut, und Künstler, Dichter, Spinner, Nonkonformisten,
die sich in Irschenhausen einmal tummelten, halten sich im Hintergrund,
so es sie noch gibt. *Damals im Isartal* – auch hier. *Damals* residierten in den
Künstlerpensionen »Schönblick« und »Hollerhaus« die Frühemanzen Anita Augspurg und Lida Gustava Heymann und hatten auch mal Rosa Lu-
xemburg zu Besuch, Lou Albert Lazard verliebte sich in Rainer Maria Rilke (der die Gegend schon kannte, von seiner ersten Lou: Andreas-Salomé
mit Nachnamen, welche ihn als jungen Dichter über einem Wolfratshauser
Kuhstall beglückt hatte), und der Kandinsky-Freund Adolf Erbslöh malte
im Gartenatelier der Gräfin Beaulieu. Thomas Manns Hausarzt Eugenio
Pacelli führte auf dem Eggenberg ein offenes Haus, und auf den Dachböden mancher Bauernhöfe lehnen unter den Schrägen heute noch Öl-
bilder, von Slevogt-Schülern z.B., die Kost und Logis mit Eigenwerken
beglichen, ganz wie im Armen-Künstler-Klischee. Rohköstler und Spiri-
tisten, aber auch Zelebritäten wie Anette Kolb und Max Scheler, Paul Klee
und Ricarda Huch, Eduard von Keyserling und Regina Ullmann – alle
waren zeitweilig Sommerfrischengäste in Irschenhausen, und manchmal
würde man sich wirklich im Leben nichts inniger wünschen als eine kleine Zeitreise retour, mitten hinein in so ein langsam verblassendes Foto von
Irschenhausener Sommergeselligkeiten vor dem Ersten Weltkrieg. Diese
schöngeschmiedeten Gartenstühle im Obstbaumschatten, im Hintergrund
Clematisspaliere und Streifenmarkisen, dieses sommerliche Räuberzivil in
seiner Mischung aus Legerheit und Eleganz: knittrige Leinenjoppen und
weiße Spitzenkleider mit hochgeschoppten Ärmeln, die einfache Kinder-
schaukel an einem Birnbaumast, Sonnenhüte, Hängematten und der Ton-

krug auf dem Brettertisch: Ikonen einer versunkenen Ferienkultur, die uns Zeitgenossen der karibischen oder kanarischen Ballermann-Affenstrände sehr sehnsüchtig machen kann. *Nach* dem Ersten Weltkrieg allerdings bekam die Irschenhausener Idylle häßliche braune Flecken: im Haus eines Astrologen traf sich gern ein nationalsozialistischer Privatzirkel, Rudolf Heß kam auch öfters, der Hitlers Aufstieg massiv förderte.

Ein später sehr namhafter Gast hatte an Irschenhausen schon 1913 einiges auszusetzen: »Bayern ist zu feucht, zu grün, zu saftig. Und die Berge bewegen sich nie von der Stelle, sie sind immer da … Ich hause auf einer grünenden Wiese neben knospenden Kiefern und schaue auf die verdammten Berge und schreibe verdammten Quatsch.« So D. H. Lawrence aus der »Villa Jaffé« an der Seeleite, wo die etwa einjährige Liebschaft mit Frieda Weekly, geborene von Richthofen, offenbar die ersten Abnutzungsspuren zeigte. »Unsere Häuslichkeit ist's, die uns zur Konformität zwingt – und *sie* würgt uns ab. Frieda breitet sich so unbekümmert

Eine kleine Zeitreise retour

»Bayern ist zu feucht, zu grün, zu saftig …«

aus, daß ich mich klein danebenquetschen muß. Ich kann sehr gut zusammenschrumpfen.« Und dann noch das Wetter: »Oh Gott, der Regen steht tatsächlich wie eine Wand. Die Eichhörnchen haben sich einfach wie Wäschestücke am Schwanz aufgehängt. Ich mache einen Morgenlauf rund ums Haus statt einer Dusche.« Man kann sich die schlechte Laune in dem hutzeligen »Schweizerhäuschen« lebhaft vorstellen: Friedas Klamotten wie üblich überall verstreut, kochen konnte sie nicht und ewig Bauernbrot und »harte klare Butter« machten auch nicht satt. »Sogar die Landwirtschaft der hiesigen Gegend mit ihren abgezirkelten Wegen nimmt mir die Atemluft. Selbst die Ochsen sind faul und nichtssagend …« Auf dem Markt in Wolfratshausen gibt es nur *Regenschirme, Hosentragen und Lebkuchen* (im englischen Originalbrief auf deutsch), und die Stadt München bietet ebenfalls keine Erholung: »Kennen Sie München? Ich hasse es wegen seiner Geschwollenheit – unter den Augen geschwollen von Bier und Schwabingertum.«

Das klingt alles nicht mehr so ganz nach den hochgestimmten, vitalistischen Hymnen, zu denen die davongelaufene Ehefrau Frieda ihren un-

erfahrenen rotbärtigen Dichter-Liebhaber zu Beginn der Romanze ani-
miert hatte, die im schönen Isar-Loisach-Land so richtig erblüht war. Das
schöne altösterreichische Wort »Pantscherl« für ein Techtelmechtel scheint
einem im Fall Frieda/Lawrence wirklich angemessen, denn diese Beziehung war irgendwie sehr naß. Ständig patscht die wasserekstatische Frieda »mit geschürzten Röcken« in Flüssen herum, sie »wiegt sich auf dem
Wasser wie eine üppige Wasserlilie, ihre weißgoldenen Brüste einer voll-
busigen Frau von zweiunddreißig schwangen leicht in der Strömung«,
oder watet wenigstens durch »schaumige Maienwiesen«, während ihr Ge-
spons in »Kommunion mit einer Enzianblüte« verharrt.

   Und weiter im Feuchten: »Ah, der Überfluß, der wundervolle Überfluß jener Tage – Himmel und Erde flossen über«, notfalls »badete man
sich gesund in Fluten von Zankworten« – und natürlich fallen einem da
die nackt im Regen herumhüpfenden Lady Chatterley und ihr Wildhüter
ein –, Lawrence konnte schon ein grausamer Kitschier sein, und manchmal wundert es einen, was für coole und humorvolle Briefe er zu schreiben imstande war. Der junge britische Autor David Garnett, der das
schwelgende illegitime Liebespaar in Bayern besuchte, machte zunächst
eher boshafte Beobachtungen – Frieda erinnerte ihn »an eine schwitzen-
de Mutter von fünf Kindern im Zugabteil« und Lawrence an einen »pro-
letarischen, struppigen Klempnergesellen«, dann aber ließ er sich von
ihrer »Anziehungskraft aller glücklichen Liebespaare« bezaubern, und
auch Friedas Mutter, die strenge Baronin von Richthofen, die Lawrence
zunächst »wie ein Waschweib« beschimpfte, weil er ihrer verheirateten
Tochter das Leben »einer Barmamsell« aufgenötigt hätte, fand ihn nach
ihrem Besuch in der Ickinger Wohnung überm Dorfladen schließlich
einen »liebenswerten und vertrauenswürdigen Menschen«.

   Die schwerbrüstige und schlampige, schwärmerische und lebensver-
liebte Frieda mag uns heute ein bißchen peinlich sein – indem sie den
gehemmten, muttergeschädigten Lawrence aber radikal »entenglischte«,
wie er selber schrieb, ihn lachend und vollreif und erotisch völlig entspannt die Einfachheit der Liebe lehrte, brachte sie doch erst eine Art

Glück, das unkompliziert selbstredend nicht blieb, in sein kurzes, krankes Leben.

»Lady Chatterleys« natur-duselige Sexualität, vor allem aber der überwiegend unfreiwillig komische »Mr. Noon« verdanken sich jedenfalls erheblich den feuchtfröhlichen Tagen in Beuerberg, Icking und Irschenhausen, denen Lawrence in »Mr. Noon« denkbar blöde Namen wie »Ommersbach« und »Maulberg« verpaßte, und die er sträflicherweise auch noch nach *»Tirol«* verlegte. Der Stammtisch des »Gasthof Post« in Beuerberg hätte demnach den »alten, katholischen ungezähmten Geist der Tiroler« spüren lasen? Die altbayerischen Loisachtaler hätten sich sauber bedankt.

Den Starnberger See mochte Lawrence nicht, er fand ihn ein »langes, fahles« Gewässer, mißbilligte die erleuchteten Cafés dieses »Lustsees« und fror am Dampfersteg. Wir aber werfen einen letzten Blick von der Klostermauer in Beuerberg hinab ins hier tief eingeschnittene Loisachtal (die »Post« existiert als Wirtschaft nicht mehr, sondern ist heute ein breitgelagertes Privathaus mit hölzernen Läden im Dorfkern) und wenden uns über Eurasburg und das Dörfchen Berg wieder seinen Gestaden – und damit auch wieder mehr unserer Realzeit – zu. »Fahl« wird der See jedenfalls nicht aussehen, denn es ist ein klarer Frühherbsttag, das Wasser wird ultramarin und weißbekrönt blitzen, und beim Bierbichler in Ambach wird die Hölle los sein.

Das Ambacher Gefühl

Erstmal ist das vom Loisachteil hinüber eine bemerkenswert schöne Fahrt. Steil die Flußleite hinauf, läßt sich hinter Eurasburg eine kleine Schleife in den alten Weiler Sprengenöd einfügen, wo der moderne Wilderei-Dokumentarfilm »Das Ei ist eine geschissene Gottesgabe« spielte (ein kleinmeisterlicher Bayernfilm, den mir *kein* Fernsehprogramm noch einmal zu sehen vergönnt). Dann hinauf auf die freie Wiesenkuppe von Berg, Maibaum, Wirtshaus und Kirche in gehöriger Dreifaltigkeit am höchsten Punkt. Das Wirtshaus ist renoviert, dies aber aufs allerunauffälligste, wenngleich alte Stammgäste der Ur-Ausstattung nachweinen mögen, die ein idiotischer Architekten-Spekulant vor seiner Pleite herausrupfen ließ. Ewig stand das Wirtshaus zu Berg dann leer, bis es der heutige Wirt wieder zu einem freundlichen Anziehungspunkt mit astreiner bayerischer Küche umgestaltete. Weit und bukolisch geht der Blick, und die großzügig in der Landschaft verteilten Tische bieten das mir allerliebste Gastgarten-Privileg, nämlich die Füße ins Gras stellen zu können. Ein Platz, wo man nach Renke und Hollerkücherln mit Beerenröster gerne noch Bücher und Karten aus dem Auto schleppt und sich in der Sonne ausbreitet, bei noch einem Kaffee und einem abschließenden Weißbier; es zieht einen gar nicht so sehr runter an den See. Südlich von hier läßt es sich über die Einöden Schwarzlehen oder Rohr tief im Eurasburger Forst verlieren, einem immer noch dichten, wenig aufgesuchten geheimnisvollen Wald mit Senken, Gräben und Mooslacken, den nur ein paar Forstwege zugänglich machen. Auch das Sträßchen, das sich über Happerg, Steingrub, Birklkam zum See hinunterschlängelt, wirkt so versackt und versunken in seinen schattigen Laubwald-Moränenhängen, eine Bauernhaus-Ruine, ein schwarzschlieriger Tümpel, daß man nicht glauben möchte, im unmittelbaren Hinterland der vielleicht heißbegehrtesten Wohnlagen Bayerns zu sein. Linker Hand taucht nun die langgedehnte Schloßmauer von Weidenkam auf; durch die vergitterten Ochsenaugen-Aussparungen läßt sich heute leider kein Blick mehr in die weitläufige Parklandschaft des Ansitzes tun, sie sind sehr diskret mit Brettern verrammelt. Das neubarocke Schlößchen mit Söller, Reithalle, Pferdeställen, Pavillons – und 28 Hektar Grund – ließ um die Jahrhundertwende ein reichgewordener Schweinegroßhändler für seine unverheiratete Tochter bauen – wohl in der Hoffnung, eine derartige Mitgift würde sie denn doch unter die Haube bringen. Die in der Region als »Schweinemarie« berüchtigte Schloßherrin fand trotzdem nur einen sehr kurzlebigen Hochzeiter, der sie immerhin zur Gräfin Tattenbach machte, blieb aber dann ihr Lebtag solo auf ihrem opulenten Ostufer-Shangri-La und vertrieb sich die Zeit damit, schikanös Unmengen von Dienstboten zu verschleißen. Danach ging Weidenkam in den

Besitz einer von der Anthroposophie abgespaltenen, aber ähnlich orientierten Geistesgruppierung über, die seine dunkelgetäfelten Gesellschaftsräume, seine Gastzimmer mit blankpolierten Schränken und hochragenden Paradebetten auch für allerhand Gruppentagungen vermietete, weshalb auch ich einmal in den Genuß gekommen bin, in diesem wunderbaren Park mit seinen bemoosten Brunnenbecken, seinen geneigten Wiesenflächen mit Seeblick tagelang schloßfräuleinsmäßig herumzuspazieren. – Im Gärtnerhaus, am schloßfernen Ende des Parks, breitete sich derweil über Jahre eine mild anarchische, hippiehafte Szene aus, was an den vielen jungen Zivis und Hilfskräften lag, die dort ökologisch und naturnah als Parkpfleger jobbten. Sie waren es auch, die vor Jahren einen berüchtigten »Bonzentreff« in der Nähe, nämlich das damals mit Frischzellentherapie arbeitende »Sanatorium Wiedemann« aufs Korn nahmen, als diese Institution einen beliebten Fußweg zum See ihrer Klientel zuliebe aufbetonieren und mit modernen Leuchten versehen wollte. Den Wegweiser »Sanatorum Wiedemann« gestalteten sie mit sehr überzeugenden Schablonenlettern zu einem »Krematorium Fiesemann« um und wiesen simultan »2000 Parkplätze!« aus. Hat wohl einige Unruhe gegeben rund ums Promi-Kurheim und der Weg blieb wie er war.

Auch die zwei schönsten Aussichtspunkte des Südostufer-Hinterlandes haben sich wenig verändert über die Jahre: der Friedhof von Holzhausen, rund um die kompakte Zwiebelturmkirche, war allerdings früher nie zu denken ohne den ausladenden Lindenbaum mit der Rundbank und dem Marienbild in einer schrundigen Höhle des Stamms. Einer der Großstürme der letzten Jahre hat Holzhausens Linde den Garaus gemacht. Der Friedhof ist ein Gedicht mit seinen alten Schmiedeeisenkreuzen und seinem Wiesen-Wasser-Berge-Belvedere: wenn schon tot, dann hier. Eine allererste Ruhe-Sanft-Adresse; privilegiert ist man am Starnberger See auch noch unter der Erde, und viele der Namen auf den Grabinschriften sind illuster und gewiß nicht aus dem bäuerlichen Stamm des Moränenlands.- Noch mehr in die Ferne schweifen kann der Blick von der kleinen Kapelle Maria Dank bei Degerndorf aus, die allein auf einem markanten Grasmugel hockt. Dies ist der höchste Punkt der Ostufer-region, »ein Kraftplatz«, sagen Leute, die an dergleichen glauben, wind-umbraust und wundersam in jedem Fall.

Ambach. Am See. Sein Automobil läßt man hier nun wirklich besser etwas oberhalb der schmalen Uferstraße zurück, die ist motorisiert nur den Anliegern gestattet. Zwar hat der »Bierbichler« einen kleinen Park-platz hinter seiner Wirtschaft, aber der ist meistens sehr schnell dicht. Und wir möchten uns ja nicht so gerne zu den »erbittert kühnen Münchner Automobilisten« rechnen, »die auf der Suche nach den Epizentren der Ostuferkultur alle Verbote der Straßenverkehrsordnung ignorieren«. So hat der Ambacher Schriftsteller Tilman Spengler mal räsonniert, einerseits mit seinem Uferanwesen ein vom Fatum Begünstigter, anderereits wohl auch etwas geschlagen durch die Ballungen städtischer Kulturfolger auf Landpartie, die zuvörderst Achternbusch oder wenigstens Habermas in der Bierbichler-Gaststube besichtigen wollten, aber auch gern vorm Zaun des von Spengler, dem Theaterautor Tankred Dorst und dem Schriftstel-ler/Verleger Michael Krüger bewohnten Bauernhauses, zwei Hausnum-mern weiter, langsamer wurden oder gar fingerdeutend verharrten. Man kann sich das Gewisper vorstellen: Guck mal, Kursbuch, Hanser, weißt schon, Lenins Hirn und Merlin...

Soweit ich weiß, ist der Mythos um die ganze Ambacher Künstler& G'scheidhaferl-Agglomeration etwas verblichen; Achternbusch hat wohl endlich sein Ziel erreicht, daß man der Gegend ansieht, wie sehr sie ihn kaputtgemacht hat, und sich wegverfügt – man hört ihn nun gedämpfter aus der Landeshauptstadt und dem Waldviertel rumoren. Die Schauspie-ler-Geschwister Bierbichler sieht man angeblich kaum noch an der See-front ihres ererbten Gasthauses, das ja ohnehin schon längst vom Münch-ner Ruffini-Team geführt wird; die ebenso sportive wie schreibfrohe Berufs-»Hexe« Luisa Francia lebt wieder in den Mauern Münchens und hat zu ihren nächtlichen Schamanenakten in den Wäldern nun etwas wei-tere Anfahrtswege. Das von Carl Friedrich von Weizsäcker und Jürgen Habermas in schöner Westuferlage dirigierte Max-Planck-Institut mit der wunderbar diffusen Bestimmung »zur Erforschung der Lebensbedingungen der wissenschaftlich-technischen Welt« ist Geschichte wie alle wohlmeinend-ganzheitlichen Projekte der Siebzigerjahre, und infolgedessen sitzt selten noch ein »Professor Relativ« oder ein »Professor Konjunktiv« (so charakterisierten, laut Spengler, die Kellnerinnen ihre akademische Kundschaft mit den »keulenhaften Hinterköpfen« der Westufer-Denkriesen) auf den Bierbichlerschen Lederbänken herum. Die in Ambach verbliebenen Schreibtischarbeiter werden wohl froh sein, daß ihrem Seeidyll nun nicht mehr dermaßen fanfarenartig der Ruf eines unter Kastanien ausgelagerten Gesamt-Feuilletons anhaftet.

Wenn man heute nochmal in Achternbuschs »Ambacher Exil« hineinliest, (und man kann dann gar nicht mehr aufhören mit diesem assoziativen Tagebuch-Gelaber, das streckenweise ausgeflippt-poetisch, wunderlich-verrückt, streckenweise aber bloß läppisch, aggressiv oder selbstmitleidig ist), kommt man sich als Leser jedenfalls als nicht ganz koscherer Indiskretling vor. Als liege man da mit dem Verfasser irgendwie penibel auf der Lauer, in Zimmer 18 des Bierbichler-Gasthofs, nach sämtlichen Lebensäußerungen des Zirkusclans entlang des kurzen Ambacher Uferstraßen-Abschnitts, ob »der Sinologe« nun Frühstückssemmeln holt oder »die chinesische Schriftstellerin« dem Bus nachwinkt, ob Annamirl zu häufig den »Höllenhund« Schnupftabak nimmt und schon ganz krank ist, oder Luisa vierzig Tage fasten will, bevor Herbert mit ihr einen Sohn zeugen darf oder er doch eher in eine gewisse Christl aus der Weidenkamer Gärtnerei verschaut ist. Das alles ist monoman und lachhaft, und nervensägenhaft leiernd, aber doch von einem komischen Sog. Der lohnt sich auch, wenn man dann immer wieder auf Achternbuschsche Solitäre trifft: »Wenn ich einen Menschen abgeschrieben habe, bekommt er für mich so etwas Bedrückendes wie eine Fischsemmel«, wenn er »das wilde und geheimnisvolle Antlitz seines Bierfilzes« ansinniert, »ganz mit meinen Lebensregungen angetan, mit Strichen und Kreisen und Kreuzen…« oder, wie wahr und weise: »Weil man weiß, wie zerstörerisch Geld ist, wird man mit Bedürftigkeit bestraft.« Und bei manchen seiner Landschaftsbilder hält

Bierbichler

man es dann doch für einen großen Gewinn, daß er sich in dieser Gegend bemerkbar gemacht hat: »Gestern abend wichen alle Segelschiffe vom Starnberger See, um dem Abendlicht Platz zu machen, das sich prächtig in die Leere ergoß. Das gelbe Abendlicht bleibt in den gelben Blättern besonders gern ... Ich weiß nicht, wem es leichter fällt, den Höhen blau zu sein, dem See grau oder den Blättern ruhig.« Immer wieder kommt der Schallenkamer Weiher vor, die Stimmungen über dem See, die Jahreszeiten: »Aber ausgerechnet ich muß diesen letzten Rest Schnee in Händen halten, während der warme Wind in den Tannen braust wie riesige Bienenschwärme auf Reisen. Selbst die Krähen freuen sich im Frühling und gehen aufeinander zu, und ich nehme meinen Hut ab, denn vielleicht möchten sie sich auf meinem Haupt niederlassen und auf meine Schultern scheißen.« Und: »Die Landschaft siecht dahin. Vielleicht brauche ich eine Landschaft notwendiger wie eine Demokratie.« – Der Brocken »Ambacher Exil« ist halt doch ein sehr bayerisches, ein den Starnberger See sehr speziell bereicherndes Buch, auch wenn sich der Autor an einer Stelle entrüstet: »Nach der Lesung verglich mich einer mit einem Heimatkundler! Geduldig antwortete ich: Aber der hat doch keinen Befreiungsdrang ...«

Ich habe keine Lust, im Bierbichlerschen Garten einzukehren, der wie immer voll ist mit Stadtpflanzen in cooler Gewandung. See-Anlieger mit ihren Golden Retrievern ziehen auf dem Ufersträßchen vorbei, Jogger begrüßen sich mit kurzem Handheben, aus dem Gastgarten kommt das Quasselsummen eines geselligen Septembernachmittags. – Das Ambacher Gefühl, das kann auch eines dieser plötzlichen finsteren Stimmungslöcher sein, die für den alleinigen Ausflügler manchmal aufreißen, an einem noch so anmutigen Plätzchen – und niemand wird bestreiten, daß Ambach ein besonders hübscher, wohlbewahrter, stimmungsvoller Starnberger-See-Ort ist. Vielleicht ist es das so offenkundig splendide, besonnte Wohlleben an dieser halbprivaten Uferstraße, das ihn noch immer irritiert wie seinerzeit in Leoni? Jedenfalls verflüchtigt er sich jetzt lieber auf das riesige öffentliche Erholungsgelände ein paar Kilometer südlich, wo der Baderummel für dieses Jahr vorüber ist und die Großparkplätze leerstehen und eine Türkenfamilie im räudigen Gras picknickt.

Am Westufer

Hier sitzt er im Uferkies und erinnert sich an die Winterstimmungen im Süden des Sees, wo zwischen Buchscharn und St. Heinrich keine Häuser stehen und die Straße direkt an der Uferkante entlangführt. Die Kältefarben des Himmels: ein Lichtstreif von Orange, granitgraue Wolkenbänke, das transparente Blauviolett des Firmaments. An den Rändern ist der See gefroren, durchsichtige Eisplatten schieben sich wie zackige Schuppen übereinander, tote Äste und Blätter festhaltend, und spiegeln den Himmelsglanz. Weiter draußen ist das Wasser rollend und metallisch bewegt, kalt und gefährlich, nach nassem Grab sieht das aus. – Vom Seeshaupter Dampfersteg aus, ganz im Süden, ist der See dann wirklich endlos, verschwimmt in der Ferne konturlos mit dem Himmel in einem flirrenden, blendenden Perlmutt, das einem in der Kälte die Augen tränen läßt. Seeshaupt ist ein biederes Straßenkaff (das Hotel »Post«, in dem man Ludwig II. sein letztes Glas Wasser in Freiheit reichte, jetzt eine Seniorenresidenz),

aber zwischen zwei schöne, weite Freiflächen plaziert: im Norden der große Lappen des Sees, der leider nicht mehr Würmsee heißt, sondern nach
der ungeliebten Kreisstadt an seinem anderen Ende. Nach Süden hören die
Wohnsiedlungen schlagartig in einer weitläufigen Wildnis auf, dem Naturschutzgebiet des Weidfilzes, einem großen fremdartigen Loch im Wald-
und Bauernland. Es gibt hier keinen Wanderparkplatz, keine markierten
Wege oder gar Rundkurse – nur ein paar übriggeblieben schnurgerade
Nutzpfade aus der Torfstecherzeit. Besonders im Winter hat diese Landschaft nichts von bayerischer Gemütlichkeit – nordlandartig ist es hier,
streng, blaß und kahl. Schneewehen und altes Schilf, vom Wind schrägge-
legt, linear ins Moor geschnitten die parallelen Entwässerungsgräben,
deren stilles Wasser viel tiefer reicht als man denkt. Als gäbe es keine Zivilisation mehr zwischen dieser Moosebene und den fernen Bergen, ragen
am Horizont Jochberg und Benediktenwand herüber, in tintendunklem
Kontrast zu den knochenweißen und gelbvertrockneten Tönen des ver-
schneiten Moors. Jetzt ist der Torfboden oberflächlich gefroren, aber im
Sommer federt und gurgelt er unter den Füßen – dann ist das hier ein
summendes, heißes, fast schattenloses Niemandsland, heideartig trocken,
mit violetter Calluna, Besenheide, bedeckt, aus der einzelne Birken und
Krüppelkiefern ragen, an manchen Stellen wäßrig und sumpfig an anderen. Niemandsland? Der Fußgänger hält sich besser an die mageren Pfade,
wenn er keinen Kreuzotter-Kontakt will, und auch um der hier heimischen Kreatur ihren Frieden zu lassen: Brutvögeln und Lurchen, der Hei-
delibelle und der Kleinen Moosjungfer und dem Schillerfalter – aber auch
Knabenkraut, Hauhechel und Sonnentau. Wo ist hier der feudale See mit
seinen eingezäunten Uferstück-Besitzständen? Weit weg scheint er auch in
den Moosrand-Weilern Schechen und Sanimoor – Moosbewohner waren
immer Hungerleider –, und noch heute haben diese abseitigen Waldlich-
tungssiedlungen ein unscheinbareres, schlichteres Gesicht als die aufge-
putzten Segel- und Golfgemeinden in ihrer Nachbarschaft. Als sei es zwischen Schechenfilz, Nonnenwald und Schwarzweiler Filz einfach etwas
dunkler, als könne der Glanz des Sees nicht mehr bis hierher scheinen.

Wendepunkt. Hinter Seeshaupt drehen wir nordwärts. Seeseiten ist eine gar nicht überkandidelte, ganz einfache Gastwirtschaft in angenehmer Uferlage, und hier beginnt das schönste Stück Fußweg des Westufers. Zunächst durch Feuchtwiesen unterhalb des klassizistischen Seeseitener Schlößchens, das eher in die Mark Brandenburg als nach Oberbayern passen würde, dann, das Wasser immer rechter Hand durch die sehr englische Baum- und Wiesenlandschaft des Bernrieder Parks. Schade, daß nicht früher Morgen ist, denn wenn über den Rasenflächen noch Dunst liegt und die Sonne schräg vom Ostufer herüberscheint, ist es hier am erquicklichsten. Ein traumschöner Ort zum Schlendern, und endlich mal keine Sichtschutzhecken, keine Zäune, keine Off-Limits-Abschreckungen entlang des Ufers, denn die hundert Hektar des Bernrieder Parks sind auf ewig und alle Zeit ein Geschenk an die Öffentlichkeit, das der deutsch-

Seeshaupt

amerikanischen Bierdynastie-Erbin Wilhelmina Bush-Woods zu verdanken ist. Manche älteren Seebewohner erinnern sich noch an die
exzentrische Residentin auf Schloß Höhenried, die mit ascotmäßigen
Hutschöpfungen im Fond importierter Cadillac-Giganten herumzukut-
schieren pflegte und 1952 starb.

Bernried, rundherum eingekastelt von De-Ha-Has, Doppelhaus-
hälften mit Grillgärten und Garagengrenzbebauung, hat sich im alten
Dorfkern noch vergleichsweise ansehnlich erhalten; das ehemalige Augu-
stinerchorherrenstift im Grünen, nahe dem Dampfersteg, ist auch in seinen Resten noch eine stimmungsvolle Anlage. Die Klosterkirche, steifes,
etwas dusteres Frühbarock, ist aber des Betretens wert wegen eines dieser
lebendigen, erzählfrohen spätgotischen Flügelaltäre: hier wird die Heilige
Sippe präsentiert. Einen wunderschönen *Raum* kann man in der gegen-
überliegenden, wesentlich kleineren Hofmarkkirche erleben – ein ideal-
typisches, ländliches Dorfkirchlein, ausgestattet in großer Qualität. »Alles
ist rühmenswert«, schwärmt der Kunstführer: der monochrom weiße,
frühe Wessobrunner Stuck, die schwungvollen Rokoko-Seitenaltäre des
Tassilo Zöpf mit den Bauernheiligen Notburga und Isidor in ländlicher
Tracht, die Apostelfiguren im Schiff und die Pieta unterm Altar.

»Zur liab woanatn Frau« heißt eine zweite Pieta in der Seekapelle, zu
der man am Mariä-Himmelfahrtstag in einer Lichterprozession zieht, und
Tränen über Bernried zu vergießen hätte diese Figur jüngst einigen Anlaß
gehabt. Oh Maria hilf im Leben und im Sterben, aber bitte nicht gleich
nebenan: Ein kleines, ländliches Sterbehospiz, das eine der Bernrieder
Missionsbenediktinerinnen in einem eigens zu diesem Zweck vererbten
Wohnhaus am Ortsrand einrichten wollte, wurde vom Gemeinderat mit
großer Mehrheit abgeschmettert. Die Grundstückswertminderungen
durch die Nachbarschaft Sterbender und ihrer Pfleger schien den Anliegern nicht hinnehmbar, in genau einer jener säuberlichen, in Nettigkeit
und Gleichförmigkeit erfrorenen Vorortszeilen, von denen man schon
weiß, warum sie einem oft so gespenstisch vorkommen. Dabei wäre das
Hospiz ein geräumiges Haus gewesen, mit viel Grund drumherum, man

Feldafing

hätte wahrscheinlich pietätvoll auf keinen einzigen etwas lauteren Grill-
abend verzichten müssen. Manche Bernrieder fürchteten auch, man
glaubt es nicht, um ihren Stammplatz auf dem Friedhof, falls im Dorf nun
vermehrt von Auswärtigen gestorben würde. Es werden nun keine Mori-
bunden kommen, die aufopferungsvolle Schwester Angela vom Hospiz-
verein hat, bitter enttäuscht von der Kaltherzigkeit ihres Dorfes, für ihre
Pfleglinge im Kloster Polling bei Weilheim einen leerstehenden Seiten-
flügel gefunden.

Der Fall, der einen am Starnberger See im Grunde ebensowenig wundert wie eine ähnliche Kampagne am Ostufer früher, als die Anwohner
auf der leerstehenden Rottmannshöhe vehement eine Jugendpsychiatrie
zu verhindern trachteten, wurde groß und überregional publiziert und
kratzte erheblich an Bernrieds ganz frischem Lack als liberaler und welt-
offener Gemeinde. Hatte man sich doch gerade mordsprogressiv gegen
das borniere Feldafing profiliert, indem man den schwierigen Lothar
Günther Buchheim ans Herz drückte und ihm *hier* den Neubau seines

heftig umkämpften »Museums der Phantasie« möglich machte! Auch so ein würmseeischer Widerstands-Kasus, der Feldafinger Anti-Buchheim-Aufstand, in denen es *immer* darum geht, daß die an diesen Gestaden zu stolzen Preisen Niedergelassenen es als ihr Recht betrachten, daß in ihre Kreise keinerlei Mißhelligkeit dringt. Ein Buchheim-Museum in Feldafing? Da wären ja Kunstfreunde von sonstwoher durch ihre noblen Wohnlagen geschrammt! Das zumindest sah man in Bernried gelassener, und so wuchs hier am Höhenrieder Seeufer Günter Behnischs eleganter, lichter Frank-Lloyd-Wright-artiger Museumsneubau empor, unter viel Gezeter des kaum zufriedenzustellenden Buchheim, der nunmehr seine ebenso opulenten wie etwas krausen Sammlungen beherbergt, von höchstrangiger Expressionistenkunst bis zu den Klebebildchen der Ehefrau, Beckmann-Grafik und Paperweights, Karussellpferde und Ostasiatica, was sich halt so akkumuliert hat in des manischen Sammlers Stellagen. Buchheims Konzept, seine einzigartige Kollektion der klassischen Moderne nur mit allerhand Kuriosa und Kunstgewerbetand auszustellen, läßt Kunstexperten ja schwer seufzen, für das Publikum aber, das in Scharen in diese landschaftlich exquisit gelegene Raritätenkammer strömt, ist das Buchheim-Museum ein veritabler kunterbunter Geburtstagstisch. Lohnend wäre ein Besuch allein schon wegen der wunderbaren Naiven Max Raffler und Hans Schmitt, spätberufenen Künstler-Bauern aus dem Fünfseenland, die von Buchheim ausführlich gefördert und gesammelt wurden. Rafflers ländliche Alltagsszenen, von seiner Familie als »Gekrixel« in den Ofen gesteckt, sind heute unbezahlbar. Und ähnliches Geriß der Kunstsammler herrscht um die kantigen, bunten, glotzäugigen Holzskulpturen Hans Schmitts, wilde Kerle, zum Lachen und zum Fürchten zugleich.

Schade, daß es vom kurzzeitigen Atelierleben der Maler des Leibl-Kreises in Bernried kaum Zeugnisse gibt. Um 1870 verbrachte der eigenartige, elitäre Malerzirkel um Wilhelm Leibl, Carl Schuch, Wilhelm Trübner sommerliche Ateliertage in dem Dorf am Starnberger See. Eine Reihe der Bilder dieser strengen und spröden Künstler, die um nichts in der Welt

gefällig und anekdotisch, nur der Reinen Malerei verpflichtet sein wollten, gehören zu meinen Lieblingsbildern überhaupt. Vor allem ihre Landschaften und Interieurs, sehr oft hiesige, oberländische Veduten, in dunklen, verschatteten Tönen, in seltsam unspektakulärer, etwas karger und
melancholischer Optik, begeistern mich weit mehr als die inzwischen
überall postkarten-notorischen Kandinsky/Münter im Pfaffenwinkel,
von deren Blauen-Reiter-Trampelpfaden inzwischen ganze Tourismus-
Zweckverbände profitieren.

Ihr malerisches Ideal war streng und diszipliniert, ihre Bilder sind oft
dämmerig, spröde und reduziert – und als Leibl, der Mentor, die etwas
jüngeren Trübner und Schuch in Bernried besuchen kam, inspizierte er
umgehend kritisch ihre sommerliche Produktion, die Skizzen und Ent-
würfe, die sie an den Wänden ihres Quartiers aufgereiht hatten. Man ver-
mutet etwas mönchisch-asketische, meditative, rural-weltferne Künstler-
naturen hinter dieser Malerei – und liegt (außer im Falle Leibls) weit
daneben. Carl Schuch, der Wiener, war ein reicher, nervöser Dandy, der
schon jung exzessiv und kostspielig in der Welt herumvagabundiert war
»viel Geld ist mir davongerollt, immerzu, es sei…« Der in Neapel (»da
schmettert das Tamburin… und aus der Campagna glänzen die Fieber-
feuer herauf«) oder Brüssel oder Venedig keine erotische Eskapade ausließ
und sich in seinen Zwanzigern bereits die Syphilis einfing (»ich bin müde
und marod. Wie feindlich kann das Weib doch sein«).

Und Wilhelm Trübner, von dem es so wunderbar gedämpftfarbige,
leere, stille bayerische Landschaften gibt, muß ein aufgeplusterter Papagei
gewesen sein, wichtigtuerisch und geckenhaft. Klein und dick, trug er am
liebsten knallenge Anzüge, aus denen er wie herausgewachsen aussah, aus
tupfenübersätem englischem Homespun, und breitgeschlungene grelle
Krawatten, dazu sein Markenzeichen, einen keulenartigen Spazierstock.
Sein Standardspruch, im breiten pfälzischen Dialekt war: »Jaja, Allüre muß
mer halt habbe.« Aus den Bernrieder Tagen sind uns aus diesem Malerzirkel nur zwei Bilder überliefert, weniger bekannte Randfiguren haben
sie gemalt. Von Theodor Alt stammt das skizzenhaft-stimmungsvolle »Leibl

mit Freunden in einer Gartenwirtschaft am Starnberger See« und von Albert Lang eine »Landschaft bei Bernried« – nur ein schattiger, farniger Wurzelboden, mit dem Silberleuchten des Sees im Hintergrund.

Nicht viel anders als 1871, als dieses Bild enstand, sieht es wohl an manchen Flecken des Bernrieder Hinterlandes, abseits vom See, noch heute aus. Es sind im bayerischen Alpenvorland so oft die moosigen, filzigen Gründe, landwirtschaftlich uninteressant und auch für Sportsleute etwas unergiebig, in denen man sich wegträumen kann aus der Jetztzeit, aus der Freizeit, in etwas Immergleiches, oder zumindest die Illusion davon. Das kleine Bernrieder Filz, geschützt als ältestes Hochmoor des Freistaats, ist so ein verschlafener, wegloser Ort zwischen Zwergkiefern und Moospolstern, Schwingrasen und Heidekraut, mittendrin, unweit des Gutes Nußberg mit seinen freundlichen Weihern, das stumme, dunkle, irgendwie sehr alt wirkende Wasserauge der »Schwarzen Lache«. (Am Neusee, ein Stück weiter nördlich, ist das Baden nicht verboten.) »Walzende Gründe« hat der Kramer von Jenhausen vor ein paar Jahren schön plastisch die bewegten Filzböden seines Heimatwinkels genannt. Heute suchen wir vergeblich nach dem Dorfladen des alten Karl Krebs mit seinem Bohnerwachs/Malzkaffee-Sortiment: abgewickelt und dichtgemacht, altmodische Kramerläden gibt es heute fast bloß noch in den Bauernhofmuseen. Aber eine dörflich-behagliche Einkehr bietet immer noch das Gasthaus Steidl, im ruhigen Bauerbach gleich neben der Kirche gelegen, wo man an langen Tischen friedlich im Hof sitzt und am besten das weithin namhafte Bauernbrot mit Hausspeck oder Geräuchertem verzehrt. Im Frühjahr ist die mugelige Auf-und-Ab-Landschaft um Bauerbach und Jenhausen mehr gelb als grün von Butterblumen und Löwenzahn und südwärts blauen Ammergauer Alpen und Estergebirge wie aus dem Kindermalkasten.

»Drumline«, auch so ein Kinderwort wie aus der Hobbit- oder Mumin-Welt, heißen die brotförmig langgezogenen Buckelformationen, die hier im Südwesten des Sees die Landschaftsstruktur prägen. Ein Drumlin, ein Trockentälchen, wieder ein Drumlin, wieder eine längliche Senke,

Hunderte dieser walrückenartigen Huppel, eine verspielt hingeknetete Gegend, saftig und fröhlich, welche die Fließrichtung der Gletscher als Seitenmoränen so ausgeprägt nur hier hinterlassen hat. Was sich in diesen Winkeln, vor allem auf den Hardtwiesen, ein Stück westlich in Richtung Weilheim, noch zu wachsen und blühen bequemt, ist von erstaunlicher Vielfalt. Südlich der neugotischen Hardt-Kapelle kommen verschiedene Enzian- und Orchideenarten vor, Fliegenorchis und Ragwurz, Arnika, Ästige Zaunlilie oder Großblumige Brunelle. »Ferkelkraut« und »Teufelsabbiß«? Würde ich wohl nicht erkennen, und die wilde Gladiolenart Sumpfsiegwurz ist auch nicht leicht aufzufinden. »Allermannsharnisch« oder »Schwertel« heißt sie mit ihrem Volksnamen, teilt das Naturkundebuch mit, weil ihre Knolle von ovalen Fasermaschen wie von einem Kettenhemd umhüllt ist und früher gerne als Talisman getragen wurde. Wie oft in der Botanik klingen die Menschennamen für die Wildpflanzen kauziger und märchenbuchhafter als sich die jeweiligen Kräutlein dann fürs Auge des Laien ausnehmen – macht also nichts, wenn wir nur ein paar von ihnen tatsächlich bestimmen können. Man ist ja schon dankbar, daß eine buntscheckige Wildblumenversammlung wie auf den Hardtwiesen heute überhaupt noch möglich ist und nicht *jedes* rarere Gewächs über den Rote-Liste-Jordan gegangen ist.

Wir bleiben ein bißchen im westlichen Hinterland des Sees, können über Haunshofen, Diemendorf und den spektakulären Aussichtspunkt der Ilkahöhe (mit noblem Restaurant und volkstümlicheren Biergarten) nach Tutzing hinunterkurven. Oder wir queren hinter Monatshausen die Olympiastraße nach Westen, wo wir am besten irgendwo das Auto loswerden, denn die einsame Wald- und Moränenlandschaft des Kerschlacher Forstes und südlich-westlich des Dorfes Machtlfing ist noch weiträumig wundersam verschont von Straßen, Durchgangsverkehr und jeglicher Bebauung. Hier wäre unbedingt das Fahrrad passend, denn die Wege und Pfade, zum Beispiel zwischen dem ehemaligen Klostergut Kerschlach, in dem heute ein reichgewordener Computer-Entrepreneur ein ökologisches Mustergut eingerichtet hat, und dem Stephansbühel westlich von Machtlfing (wieder ein Traumblick) über die *andere* Hartkapelle tief im Wald zurück nach Kerschlach ziehen sich ganz schön, gehören aber zu den erfreulichsten und lohnendsten des Seenlands. Pure Landschaft, ein zeitverlorener Oberland-Traum, ein richtiges Loch in den Zivilisationsvernetzungen rundherum. Haben sie dieses Gebiet vergessen in allen ihren nutzorientierten Gegenwarts-Zurichtungen? – Hier bewegen wir uns schon im Dunstkreis des Ammersees, das doofe Andechs ist nicht fern – aber wir sind mit dem Starnberger See noch nicht fertig und geraten ab Tutzing in seine, zum Glück noch nicht *ganz* lückenlosen Klischeezonen aus verdichtetster Bautätigkeit, Golfplätzen, Yachthäfen und Chichi-Gastronomie.

Die Westufersiedlungen haben etwas Speckgürtelhaftes, In-die-Breite-Gegangenes, das den Orten gegenüber, ohne Durchgangsstraße und S-Bahn, schmal unter waldige Anhöhen gezwängt, in diesem Ausmaß erspart geblieben ist. Auch spießiger sind sie mit Verlaub, ausgefranster, zersiedelter – Tutzing bei schlechtem Wetter und schlechter Laune könnte atmosphärisch auch ein fades Taunus-Mittelzentrum sein, bis auf ein paar Lüftlpinseleien. Brahms hat hier mal gewohnt, na schön, heute tut das Peter Maffay, und refugienartig schön ist es nur im von Lenné angelegten Park der Evangelischen Akademie, wo man sich während der Sommermonate, außerhalb des Tagungsbetriebs, sehr altmodisch-gediegen und stimmungsvoll im früheren Schloß direkt am See einmieten kann. Erbauliche Tage möchten das wohl sein, und man muß ja nicht unbedingt in »Härings Wirtschaft im Midgardhaus« zum Tafeln auflaufen, einem sogenannten Promi-Lokal, das sich als »Munich's Gate To Heaven« anpreist, und zu mancher Zeit, wenn die Harleys und die Cabrios davor parallel in der Sonne brüten, wenn die immer noch indianermähnigen Musikproduzenten von Elton John oder Phil Collins sich Magnums und Millirahmstrudel und Zander mit Butterbrösel reinziehen, an die notorisch rummelige Wiesn-Käferschenke erinnert. »Des is einfach *Feeling* hier«, sagt die Wirtin.

Lange her sind im Midgardhaus die Zeiten beschaulicher, großbürgerlicher Sommerfrische, als die Terrassenvilla im italienischen Stil nacheinander das Quartier sehr unterschiedlicher Literaten-Sippschaften gewesen ist, wie der Münchner Germanist Dirk Heißerer akribisch rekonstruiert hat. Der später als Bayernwald-Chronist bekannte Maximilian Schmidt, genannt Waldschmidt, zog in den Sechzigerjahren des 19. Jahrhunderts den südlichen Charme des Starnberger Sees durchaus dem rauhen böhmischen Grenzgebirge vor. Günstigerweise war er mit einer reichen Goldbortenfabrikantentochter verheiratet, die ihm den Kauf der Tutzinger Villa aus gräflichem Besitz ermöglichte. Ab 1882 lebte im Midgardhaus der Ägyptologe und Verfasser von Historienwälzern Georg Ebers, eine Art Vorläufer des »Ramses«-Fließbandproduzenten Christian Jacq, der ebenfalls pro Jahr einen Pharaonen-Schinken auswarf und mit seinem »Ägypten für Höhere Töchter« genügend Geldmittel für einen Starnberger-See-Sitz erwirtschaftete. An seiner »Lieblingsstätte der Natur/der Schöpfung Schönheit stündlich zu gewahren« war dem rückenmarksleidenden Herrn Professor immerhin noch fünfzehn Jahre vergönnt – da gingen schon längst seine Enkelkinder in der Sommerfrischenvilla aus und ein. Unter ihnen war die kleine Ina Seidel, eine nachmalig sehr zwiespältige Erscheinung der deutschen Literatur – höchst erfolgreich, und bei einiger Betulichkeit gar nicht mal unspannend, ihre epischen Familienromane; bodenlos, und ihre Reputation nachhaltig vernichtend, die Hitler-Elogen namens »Lichtdom«, die sie nach dem Krieg zwar rhetorisch bedauerte, nicht aber wirklich die Wurzeln ihrer Verführbarkeit analysierte. Ihre Kindererinnerungen an den Starnberger See sind dagegen liebenswürdig und voll Jahrhundertwende-Flair.

Schwer auf die Reihe zu kriegen: die etwas kracherte Häringsche Edelgastronomie mit der Stimmung eines großzügigen Privathauses von damals: Klavierklänge und Batistkleider, offene Fenstertüren, Geruch von Thymianwiesen, Gezirp von Maulwurfsgrillen und Sonnenflecken auf den Teppichen der Bibliothek, die Löwen an der Ufer-Balustrade keine nostalgischen Deko-Kuriositäten wie heute, sondern von Kindern mit bebänderten Strohhüten belagert, »schläfrig an den Anblick des Sees und der Berge verloren, unwissend, wie gut wir es hatten...« Wem es für eine

Midgardhaus

Starnberger-See-Sommerfrische vielleicht an ergiebiger Lektüre man-
gelt, dem möchte ich dringend zu Christian Ferbers (Ina Seidels Sohn)
Familienbiographie »Die Seidels« raten – eine kritische, exemplarische
Geschichte des nationalkonservativen Bildungsbürgertums und wie es
Hitler auf den Leim ging, dazu ein wunderbar farbiges Gesellschafts- und
Jahrhundertporträt dieser teilweise recht bizarren Sippschaft. – Nach der
Seidel-Ära, in den Zwanzigern, war das Midgardhaus dann zeitweilige
Fluchtstation des hochverschuldeten expressionistischen Dramatikers
Georg Kaiser, der auch hier dem Hausbesitzer keine Miete zahlen konn-
te, statt dessen aber Gemälde und Bronzen aus dem Inventar abräumte
und im Kunsthandel verscherbelte. Dafür ging er später ins Gefängnis –
das Presse-Echo brachte ihm aber so viel Publicity, daß seine Stücke
schließlich zu den meistgespielten der Weimarer Zeit zählten.

Wenn wir hinter Garatshausen zum Ufer-Fußweg hinunterspazieren, sehen wir voraus die Roseninsel liegen, die sich bis 2003 wahrscheinlich ziemlich verändern wird. Noch ist sie ein verwildertes, verbuschtes Inselchen mit großer Vergangenheit, aber es wird heftig an ihr gearbeitet, damit der alte Glanz wieder greifbar werde. Noch ist das »Casino« genannte Schlößchen im pompejanischen Stil von einem häßlichen Maschendrahtzaun abgesperrt, der gelbe Putz bröselt von den Ziegeln und das Nymphen-Außenfresko am Türmchen flockt davon. Der leuchtend türkis ausgemalte Gartensaal mit den römisch inspirierten Figurinen und Ornamenten ist bereits restauriert und die fialenartige »Gläserne Säule« wird demnächst wieder im Garten aufgestellt, den man derzeit in ein formales Parterre umwandelt, um Zigtausende von Rosensträuchern, Flieder und pyramidale Pappeln anzupflanzen. Es soll also wieder prunken, das ehemals königlich-wittelsbachische Eiland, von Max II. dem Fischer

Ina Seidel und ihre Familie

Kugelmüller für dreitausend Gulden abgekauft und fortan bukolischer Rückzugsort der Monarchenfamilie, vor allem aber jener von Ludwig II, weshalb man etwas bangen kann um die Beschaulichkeit der Roseninsel, wenn einem die Verhältnisse auf Herrenchiemsee einfallen. Auf der Roseninsel hat der Kini immerhin weit öfter geweilt als in seinem Chiemseeschloß, und dazu noch in romantischster Konnotation: *Mit Sisi!* Man weiß ja, wie sie sich hier trafen, die beiden unglückseligen Ikonen des 19. Jahrhunderts. Er haderte auf Schloß Berg mit seinem Los, die kaiserliche Cousine grämte sich in ihrem Geburtsschloß Possenhofen oder im Feldafinger »Hotel Strauch« über das ihre, und bisweilen trafen sie sich halbwegs im See und jammerten mitsammen. Man weiß, daß sie, die einander »Möwe« und »Adler« nannten, einander in den Schubladen des Roseninsel-Casinos schwärmerische und klagende Briefe hinterließen und daß Sisi bei aller Seelenverwandtschaft des Cousins Chypre-Parfümierung nicht zum Aushalten fand. Der König veranstaltete aber auch grandiose Feuerwerks-Festivitäten auf dem Inselchen, mit der russischen Zarin als Staatsgast, Richard Wagner wurde selbstredend übergesetzt, und ein Besucher seines Vaters Max II. war zuvor Hans-Christian Andersen gewesen, der sich in seinem Tagebuch besonders die Ruderknechte mit ihren hochgekrempelten weißen Hemdsärmeln gemerkt hatte.

Ein Massenansturm wie an den anderen Ludwigs-Heiligtümern sei auf der Roseninsel keinesfalls erwünscht, versichert die Bayerische Schlösserverwaltung, mehr als zwei Gondeln würden für die Überfahrt nicht eingesetzt und niemals würden sich mehr als dreihundert Schaulustige gleichzeitig auf dem Drei-Hektar-Eiland aufhalten dürfen. Wer dem zukünftigen Frieden nicht recht traut, sollte sich jetzt schon von Norbert Pohlus aus Feldafing in einer girlandengeschmückten Plette übersetzen lassen, am Wochenende von Frühjahr bis Herbst geht das, sogar mit Rollstühlen und Kinderwägen. Und dann kann man sich, an einem dunkelverhangenen Tag vielleicht, wenn wenig los ist auf dem See, in aller Ruhe an Helmuth Berger und Romy Schneider bei Visconti erinnern, der hier »Ludwig II.« gedreht hat. Kann den verwachsenen Uferpfad langschlendern und das Gebirge auch mal wahrnehmen, wie es schiefergrau und finster den Süden vermauert, alle Spitzen von einer Wolkendecke waagerecht abgesägt.

An Friedl Brehm aus Feldafing erinnern sich heute nur noch wenige. Seine meist scheußlich illustrierten, papplaminierten kleinen weißen Bücher sind nicht mehr im Handel und vom Kulturbetrieb hat er sich zeitlebens weitgehend ferngehalten, ein Verschrobener, ein Exzentriker, wahrscheinlich auch Ausgelachter. Dennoch war er in den Sechzigern und Siebzigern eine wichtige und innovative Verlegerpersönlichkeit – einer der frühesten Entdecker und Förderer der jungen kritischen Mundartliteratur, die dann Furore machte. Gerhard Polt und Hanns Christian Müller, Felix Mitterer oder Carl-Ludwig Reichert, Bernhard Setzwein, Joseph Berlinger – alle waren sie in ihrer Frühzeit Friedl-Brehm-Autoren. Eine Souterrain-Wohnung im Pöckinger Fußweg, nahe den Bahngeleisen, ein einziges Zimmer mit Kochnische, war gleichzeitig Logis, Verlagsbüro und Bücherlager des langhaarigen Altfreak, der, weit über 50jährig, stets barfuß in Holzpantinen und mit einer Anti-Atom-Rune um den Hals herumlief. Im Brotberuf war Friedl Brehm schlechtbezahlter Lokaljournalist, und nach seinem frühen Tod 1983, aufgearbeitet von rigoroser Selbstausbeutung, Geldnöten, und einer Schwarzkaffee-und-Zigaretten-Lebensweise, erinnerten sich seine mittlerweile anderswo wohletablierten Autoren mit Sympathie an den »Mundart-Rocker« von Feldafing. Wie er sich in seiner Verlags- und Wohnhöhle, die vollkommen von Büchertürmen zugewuchert war und in der er zeitweilig noch schwule Schützlinge beherbergte, Trampelpfade vom Bett zum Schreibtisch gebahnt hatte. Wie alles ins Wanken geriet, wenn eine Buchhandlung mal wieder *ein* Backlist-Exemplar bestellt hatte, das unter Freudenbekundungen ausgebuddelt werden mußte. Wie er in seinem orangefarbenen Käfer, die Belegexemplare in Plastiktüten, angefahren kam, und wie er in seinem Kücheneck einen Orden des Bayerischen Ministerpräsidenten als »Suppenteller« aufgehängt hatte. Bei seiner Beerdigung spielte die Biermösl Blosn, und das saturierte Feldafing hatte einen Exoten weniger.

In der Ortschaft, besonders an der Thurn- und Taxis- und Höhenbergstraße, hat sich noch eine Reihe schrullig-schöner Fachwerk-, Erker-, Loggienvillen erhalten, der Bahnhof ist ein frühes Original von 1865 – und zum Tafeln oder Nächtigen gibt es das angenehmerweise nie sonderlich aufgefrischte »Hotel Kaiserin Elisabeth«, wo man würdig und gelassen in den Schleiflacklehnstühlen (kein Plastik!) der Terrasse rasten kann oder hinter den hohen Scheiben von Halle und Restaurant, zwischen Portieren und Pergamentlampenschirmen, geflochtenen Fauteuils und Perserbrücken vielleicht einen Tee und mit Maronen und Marzipan gefüllte Datteln zu sich nimmt. Solche hätten womöglich auch Thomas Mann gemundet, der in der Zauberberg-Phase seinem Tagebuch anvertraute: »Das Hotel Kaiserin Elisabeth, wie Feldafing überhaupt, ist entschieden ein Fund«.

Das Haus hält sich berechtigt was zu Gute auf seine Sisi-Vergangenheit, als vormaliges »Hotel Strauch« war es ein veritables Stammquartier der Kaiserin, wo sie vierundzwanzigmal wochenlang mit fünfzigköpfiger Bedientenschar und achtzehn Pferden im Gefolge logiert hat, ihre Suite und die Stallungen gibt es noch heute. Auch ihre *Kühe* nahm sie mit nach Feldafing, ein Stall im Dorf mußte exakt nach den kaiserlichen Anweisungen umgebaut werden, und nur deren Milch rührte sie an. Heute wird gelegentlich nach dem imperialen Menübuch gekocht, Kalbsvögerl und Zitronensorbet zum Beispiel, aber Sisi konsumierte hauptsächlich rohen Fleischsaft und Bouillon. Sie war bekanntlich exzessiv sportlich, aber was sie vom eigenartigen Hotel-Werbemotto »Golf Around The Sisi« gehalten hätte, darf man sich wohl fragen.

Eigentlich könnten wir uns an dieser Stelle nun wenden vom See, es ist kein übler Abschiedsblick über Wiesenhänge, Wasserfläche zum Gebirg. Aber da ist ja noch der Saugrüssel Starnberg, durch den jedweder Seeverkehr nordwärts hindurch muß. Die Agglomeration Starnberg ist dermaßen unansehnlich, daß man meinen könnte, sie sei den auswärtigen Seeausflüglern aus unprominenteren Wohngegenden extra in den Weg geschaufelt worden, damit die sich dann zu Hause in Moosburg oder

Mindelheim trösten können: See haben wir ja keinen, aber so hübsch wie *Starnberg* sind wir mit links. Verbaut und verhunzt die ehemals markante Silhouette am Moränenhang – das Gemeinwesen mit dem angeblich beliebtesten Autokennzeichen der Republik ist ein konzept- und liebloses Gewürfel, wo es einen überhaupt nicht zum Herumflanieren, zu Kaffeepausen, zum Häusergucken gelüstet. Die Geschäfte, so klagt eine der weniger bemittelten Ansässigen, seien gegenüber Weilheim oder Wolfratshausen zum Teil um fünfzig Prozent überteuert, Handlungen wie Feinkostläden, die Nudeln in Schmuck-Einweckgläsern und Edelbrände in Giraffenhalsflaschen feilhalten, Golfausrüster mit fluggepäcktauglichem »Suppä-Titan-Gerät«, 2600 DM allein für den federleichten Trolley; in jedem dritten Haus sitzt ein Steuerberater: »Der Bedarf ist da.« Die Grundstückspreise liegen aktuell bei 4000 DM pro Quadratmeter, und ehemals parkartige Villengärten sind längst mit Terrassenwohnanlagen vollgestellt. Bewegungsmelder und Außenkameras haften unter jedem Walmdach – und besonders wirkungsvoll meint sich vermutlich jenes Anwesen zu schützen, das einen lebensgroßen behelmten und uniformierten Plastikwachmann ans Gartentürl gepflanzt hat, mit finsterem Blick und abweisend erhobener Handfläche, eine Art Drohgebärden-Gartenzwerg. Natürlich gibt es oben in Söcking, in den stillen Wohnstraßen mit Seeblick, auch noch eine Kultur der Diskretion und Protzverweigerung: Carl-Friedrich von Weizsäcker lebt dort oben in einem unauffällig verkrochenen Bungalow mit Blick über die Maisinger Schlucht, ohne jede Luxusattitüde, und auch das Fünfzigerjahre-Familienhaus des Verhaltensforschers Eibl-Eibesfeldt, in dem die Parties seiner Kinder stattfanden, habe ich keineswegs als Prunkvilla in Erinnerung. Aber typischer für die Starnberger Geldgespicktheit ist wahrscheinlich die feudale »Gästevilla« des Wurstfabrikanten Rudi Houdek, der seine Salamischweine direkt gegenüber dem Yachtclub schlachtet – ein weißgelbes Palais mit Lawn und Säulenterrasse, angeblich, wer ko, der ko, meistens leerstehend.

Ich kenne in Starnberg eigentlich nur drei erträgliche Verweilorte: die

Bahnhofsrestauration im orientalisch-neugotischen Maximilianstil, vor allem den Nebenraum, den früheren »Warteraum für allerhöchste Herrschaften« mit seinen Tudorsäulen. Ferner die Pfarrkirche auf der Höhe, ein sonnengolden leuchtender Rokokoraum, der Josephsaltar ein Meisterwerk von Ignaz Günther, Bayerns wundervollstem Rokokobildhauer. Und schließlich das Antiquariat Heinemann in der Hanfelder Straße, verwinkelte, niedrige Räume in einem ehemaligen Kuhstall, nicht gerade Schnäppchenpreise, aber angenehm zum Stöbern.

Die »penetrante Kreisstadt« hat der in Starnberg geborene Schriftsteller Andreas Neumeister seinen Kindheitsort genannt. Und an seinem Erstlingsroman »Äpfel vom Baum im Kies«, einer Art experimentellem Heimatroman in einer eigenwillig-assoziativen, stellenweise sehr witzigen Prosa, wird die Honoratiorenkaste keine große Freude gehabt haben.

Die Nobeladresse Starnberg wird da wahrgenommen aus der Sicht ihrer unfeinen nordöstlichen Wohnblocks und der in die Würmebene geklatschten »Lego«-Neubausiedlungen, »Bury my Heart an der Biegung der Würm«, als Domäne von Großtankstellen und stinkenden Dauerstaus, von Raffgier und bauspekulativem Wildwuchs, rituell heimgesucht von Münchner S-Bahn-Rentnern, die vom Schwänefüttern ganz zerbissene Finger haben und den Tieren Namen wie »Graf Blücher« geben. »Viele Rentner betreuen ja jeweils ganz bestimmte Wasservögel. Das Futter streuen sie erst aus, wenn es ihnen gelungen ist, die Konkurrenz zu verscheuchen«. Seepromenaden-Pastorale: »Auf allen freien Stellen hockten die Möwen und verdauten hastig.« Auch Marie-Luise Kaschnitz hatte für diesen Lido keine warmen Worte: »In Starnberg sind die Ränder des Sees grau und uringelb und ein widerlicher Geruch geht von ihnen aus.« Gegen die Ausdünstungen des permanent stauenden Durchgangsverkehrs will man jetzt die ganze Stadt untertunneln; es gab aber auch die herrliche Idee, eine kilometerlange Brücke von Percha nach Pöcking quer über den See zu schlagen.

Soll uns nicht kümmern, denn wir hängen nicht fest auf der verstopften Josef-Jägerhuber-Straße oder vorm Landratsamt, weil wir uns schon weit vor Starnberg ins Abseits der Landstraßen geschlängelt haben. Aus Feldafing sind wir ins winzige Wieling hinübergefahren, haben die Olympiastraße und die Ascheringer Senke gequert und sind vor Landstetten nach Perchting abgebogen. In Hadorf allenfalls könnten wir in Kontakt kommen mit der aufgeschneckelten Starnberger Szene, denn hier hat der Landwirt Helmut Wagner nicht nur seinen Grund für den Starnberger Golfplatz hergegeben, sondern ist selbst eine typische Erscheinung dieser Kreise geworden, ein millionenschwerer Bussi-Bussi-

Bauer, der nicht mehr auf dem Bulldog sitzt, sondern in Golf-Bermudas beim Schampus. Über Mamhofen und Hausen sind wir dann schnell in Gauting, wo die Münchner Vororte uns wiederhaben. In wieder mal, immer noch, ausgesprochen ungeklärter Gefühlslage bezüglich dieses, nach etlichen abwesenden Jahren, wieder aufgesuchten Gewässers. Zum Fürchten, zum Verlieben? – Wahrscheinlich hat Andreas Neumeister recht, der an einer Stelle seines Romans seinen Protagonisten über auswärtige Querulanten mutmaßen läßt: »Seeneid ist es, was da schwelt.«

KARTEN

Generalkarte 1:200 000 Großraum-Ausgabe **Blatt 12, Bayern Süd**. Umgebungs-karte 1:50 000 des Bayerischen Landesvermessungsamts: **Ammersee – Starnberger See.**

EMPFOHLENE STRECKEN UM DEN STARNBERGER SEE

Abkürzungen: ✗ – Gastronomie; ⮒ – Übernachten; N – Aussicht; ✢ – Heimatmuseum, † – Kirche; P – Landschaft; d – Schloß;

München – Hohenschäftlarn – Haarkirchen – Kempfenhausen – Berg (✗, d) – Leoni (P) – Rottmannshöhe (N) – Aufkirchen (N , †) – Farchach – Mörlbach (†) – Bachhausen – Attenhausen – Höhenrain – Buchsee (P) – Münsing – Attenkam – Degerndorf – Aussichtspunkt Sonderham (N) – Berg (✗, ⮒) – Happerg – Steingrub – Weidenkam (P) – Holzhausen (N , †) – Oberambach (✗, ⮒) – Ambach (✗, ⮒) – St. Heinrich (✗, ⮒) – Seeshaupt (P) – Seeseiten (✗, ⮒) – Bauerbach (P) – Haunshofen – Diemendorf – Oberzeismering – Ilkahöhe (✗) – Tutzing (⮒) – Obertraubing – Deixlfurt (P) – Tutzing (✗, ⮒) – Feldafing (✗, ⮒, 0) – Possenhofen – Pöcking – Maising (P) – Perchting – Hadorf – Mamhofen – Hausen – Gauting – Buchendorf – Forsthaus Kasten (✗) – Neuried – München.

LAUFEN, SCHAUEN, BADEN

Starnberg und die Olympiastraße werden auf diesem Rundkurs gemieden. Sehr viel mehr läßt sich mit dem Fahrrad erreichen. So ist die ganze Ostuferstraße mit den zum Teil noch schönen Pracht- und Sommerfrischenvillen für den Durchgangsverkehr gesperrt, nur punktuell gelangt man ans Seeufer. Mit dem Fahrrad kann man sie in ganzer Länge erkunden. Auch die kleinen Seen hinterm Westufer, Nußberger Weiher, Hapberger Weiher, Bergknappsee, Gallaweiher und ihre Moore, der Maistettenweiher bei Monatshausen, verstecken sich vorm Motorisierten. Ebenso lassen sich die schönen Laubwaldgebiete überm Südostufer, der Eurasburger Forst, und überm nördlichen Ostufer, zwischen Allmannshausen, Weipertshausen und Ammerland, um Reichenkam und Seeheim nur zu Fuß oder per Rad entdecken.

Ein wunderbarer Spaziergang ist der Bernrieder Park zwischen Seeseiten und Bernried, Parklandschaft mit hohen alten Bäumen direkt am See. Und von Seeshaupt südlich kann man auf Stichwegen, die im Moos enden, die Osterseenfilze mit den versteckten kleinen Seen (Gröbensee, Gartensee, Lustsee) erkunden, oder die Schilfwildnis des Naturschutzgebietes Weidfilz, mit wunderbaren Fernblicken auf Benediktenwand und Herzogstand.

Noch ein paar lohnende Spazierwege, ein paar Belvederes, ein paar Badeplätze:
Von **Mörlbach** aussichtsreich am Waldrand nach Gut **Martinsholzen**

• Von **Holzhausen** idyllische Bankerl-Promenade nach **Reichenkam**

• Von **Holzhausen** an der Weidenkamer Schloßmauer längs nach Birklkam und Steingrub, am **Schallenkamer Weiher** vorbei zur Stroblmühle – **Ambach** – Oberambach – **Holzhausen**

• Das **Weidfilz** südlich von Seeshaupt ist als Naturschutzgebiet bewußt nicht mit ausgeschilderten Rundwanderwegen versehen. Wer es ein wenig erkunden will, muß sich auf der topographischen Karte die kleinen Stichwege suchen, die vom südlichen Seeshaupter Ortsrand hineinführen. Das werden vermutlich nur Leute tun, die sich in dieser empfindlichen Naturlandschaft auch vorsichtig bewegen.

• Ebenfalls teilweise weglos und rücksichtsvoll muß man sich in der Gegend zwischen **Neusee** und **Nußberger Weiher** zum ältesten bayerischen (winzigen) Hochmoor der **Schwarzen Lacke** vorarbeiten: Schwingrasen, Zwergkiefern und Moospolster.

• Von **Bauerbach**, hinter Bernried, aus, läßt sich sehr schön in die noch sehr artenreichen, weitläufigen **Hardtwiesen** hineinlaufen, eine Landschaft von ganz besonderem Zauber, mit einer kleinen neugotischen Kapelle mittendrin.

• Zum Schluß noch ein Fernblick-Spaziergang, an orangeleuchtenden Föhntagen besonders reizvoll: von **Diemendorf** hinter Tutzing mit spektakulärem Wetterstein-Panorama zum hübschen Gut **Rößlberg**, und von dort über den **Maistetten-weiher** (ein Waldsee, in dem man auch baden kann), bei größerer Lauflust mit Schwenk zur kalenderbildschönen **Ilkahöhe** hinauf, zurück nach Diemendorf.

Baden:
im seerosenbewachsenen **Buchsee** hinter Münsing, mit Bauernhaus dabei, das eine kleine Badeanstalt auf seinen Wiesenabhängen und kleinen Biergarten betreibt. Am Wochenende, wie überall, rammelvoll zugeparkt, besonders schön ist es allerdings am frühen Morgen. Auch dies wie überall. – Langschläfer wissen wahrscheinlich selber am besten, daß sie die Schönheit der Welt verpennen, denn nur zu dieser Stunde – und manchmal später am Abend – haben auch populäre Plätze noch einen unzerstörten Zauber. Am See selbst gibt es die großen, öffentlichen Freizeitgelände bei **Possenhofen**, **Ambach** und **Berg**, eben Freizeit-Dorados mit allen Horreurs. Angenehmer ist es da am kleinen Badestrand von **Seeseiten** oder im Strandbad von **Feldafing** mit seinen altmodischen Holzkabinen. Auch **Bernried** hat ein Strandbad nahe beim Park. An den anderen kleinen Seen im Westen,

außer dem **Deixlfurter** und dem **Maisinger** See (beim Gasthaus), ist Baden nicht vorgesehen. Man muß selber wissen, wie weit man sich daran hält.

ÜBERNACHTEN

Hotel Kaiserin Elisabeth, Feldafing, wohl immer noch die angenehmste Adresse am Starnberger See, wenig renoviert, mit etwas verblichenem Grand-Hotel-Charme, weiter Seeblick, eigener Park. Etwas altmodisch, aber solide, auch die Küche, manchmal wird nach dem kaiserlichen Menübuch gekocht. Der landschaftlich schöne Golfplatz liegt dem Hotel vor der Nase. Tutzinger Str. 2, 82340 Feldafing, www.kaiserin-elisabeth.de, info@kaiserin-elisabeth.de, ✆ 08157/93090 (ÜF EZ 75 – 80 €, DZ 130 – 160 €, Suiten 160 – 280 €).

Schloß Tutzing/Evangelische Akademie: nur vom 27. Juli bis zum 30. August, in der tagungsfreien Zeit, kann man im wunderschönen Tutzinger Schloß auch als Hotelgast logieren. Direkt am See liegt das Schloß mit seinem herrschaftlichen Park und eigenem Badestrand, mit löwenverzierten weißen Balustraden, efeu- und weinbewachsenen Mauern, Salons mit Kaminfeuer und Kronleuchtern, altmodischen Billardräumen, Stuckdecken und antikem Mobiliar, jedenfalls im alten Schloß, es gibt auch ein modernes Gästehaus auf dem Gelände. Bewußt kein TV und keine Minibar auf den Zimmern, dafür ein Kinosaal mit ausgewähltem Filmprogramm und alle großen Tageszeitungen ausliegend. Schloßstr. 2 – 4, 82327 Tutzing, www.ev-akademie-tutzing.de, ✆ 08158/2510 (ÜF im EZ/DZ 37 – 67 €). Privatzimmer nur im Juli/August, Akademiebetrieb ganzjährig.

Hotel Schloßgut Oberambach, Münsing-Ambach, allein im Park in einer der reizvollsten Ecken des Ostufers gelegen, eigenes Seeufer. Recht prächtig hergerichtet, Säulenloggia, italianisierender Garten. Rauchverbot in allen Räumen! Gepflegte Zimmer, Hauptakzent der Küche auf Vollwertkost aus biologischem Anbau zu beachtlichen Preisen. Oberambach 1, 82541 Münsing, www.schlossgut.de, info@schlossgut.de, ✆ 08177/9323 (Mo – Sa 18 – 21 Uhr, So/Feiertag 12 – 21 Uhr. Ü im EZ ab 119 €, im DZ ab 165 €).

Die meisten anderen Hotels am See sind 08/15-moderne Ferienklötze, am ehesten noch **Hotel Schloß Berg**, immerhin eine Institution mit berühmter Seeterrasse und hauseigenem Steg. Seestr. 17, 82335 Berg, www.hotelschlossberg.de, info@hotel-schlossberg.de, ✆ 08151/9630. (ÜF im EZ ab 55 €, im DZ ab 88 €), oder das **Forsthaus am See**, Am See 1, 82343 Pöcking, www.forsthaus-am-see.de, kontakt@forsthaus-am-see.de, schöne Lage, aber nobel-gschnaasig im chichiigen Landhausstil, ✆ 08157/93010 (ÜF im EZ ab 50 €, im DZ ab 75 €, Suite 240 €).

Dann lieber einfache **Gasthäuser** oder **Bauernhofquartiere**:

Gasthof Seeseiten, direkt am See in einer Bucht des Südufers bei Seeshaupt, einfacher Pensionskomfort, aber sehr schöner Blick und eigener Badestrand. Auch Ferienwohnungen. Schattiger Biergarten. Seeseiten 3, 82402 Seeshaupt, ∅ 08801/742 (ÜF im EZ ab 40 €, im DZ ab 65 €).

Gasthof Gerer, Ammerland, normaler traditionsreicher Familiengasthof etwas oberhalb vom See im Dorf, solide bayerische Küche, Biergarten. Hauptstr. 22, 82541 Münsing, ∅ 08177/700 (ÜF ab 24 €).

Urlaub auf dem Bauernhof gibt es in reichem Maß, vor allem im überaus reizvollen Hinterland des Sees, dieser vielgestaltigen Mischung aus Bauern- und Parklandschaft mit ihren weiten Ausblicken. Besonders schön sind die Wiesenrücken oberhalb des Ostufers und die wildgewellte, kuppige Moränen- und Drumlinlandschaft im Südwesten. Direkt am See, mit eigenem Strand, als Nachbar des berühmten »Bierbichler« zu **Ambach**, liegt der Bauernhof mit Fischerei der Familie Josef Strobl. ÜF (nur DZ) 20 € pro Pers., Ferienwohnungen nach Größe ab 35 €, Seeuferstr. 27, 82541 Münsing-Ambach, ∅ 08177/489. Besonders schön im Wiesenland überm See bei Ambach auch gelegen das Gehöft **Luigenkam**, (Therese Ruhdorfer, ∅ 08177/275, ÜF 18 €), der Bauernhof hat sogar einen eigenen Badeplatz unten am See. Freundlich auch das Gästehaus **Kugelmühle** in Ambach, ebenfalls mit privatem Strand, Kugelmühlweg 4, 82541 Münsing. ∅ 08177/524 (ÜF ab 20 €).

Eine traumhafte Aussichtslage haben die Höfe von **Faistenberg**, zum Beispiel der von Michael Frech (∅ 08179/8833, DZ 25 € ÜF) oder der Otthof von Moritz Eberl (∅ 08179/8807) mit seinen grünen Fensterläden und Holzbalkons. – Weit mehr Adressen mit manchmal recht einladenden Abbildungen findet man im Gastgeberverzeichnis des »Tourismusverbands Starnberger Fünfseenland«, ∅ 08151/90600, www.starnberger-fuenf-seen-land.de; für das Ostufer: www.muensing.de und www.toelzer-land.de

ESSEN UND TRINKEN

Gasthof Limm, Münsing, eine angenehme, unprätentiöse Mischung aus Bauerngasthof und Gourmetlokal, vorne Kachelofenstube, hinten feineres Restaurant, mit ebensolcher Küchenmelange. Ob Briesmilzwurst, gefüllte Kalbsbrust und Zwiebelrostbraten einerseits oder Edelfischteller mit Wildreis andererseits, alles von toller Qualität. Hauptstr. 29, 82541 Münsing, www.gasthauslimm.de, info@gasthauslimm.de. Reservieren unter ∅ 08177/411. So abend und Mi Ruhetag.

Gasthof zum Fischmeister, Ambach, naja, der Möchtegern-Kulturschickeria-Auftrieb beim »Bierbichler« kann schon nerven, in keinem Gartenlokal der Welt, glaube ich, muß man länger auf sein Essen warten, und dann ist es oft genug mittelprächtig. Aber es ist halt ein Treffpunkt, man sitzt und sitzt manchmal sehr gern unter den Bäumen am See und in den schönen Gaststuben, quasselt und bechert vor sich hin und vergißt die Zeit. Das *nie* mitgemacht zu haben, wäre ein ausgesprochenes Lebensversäumnis. Eigener Badestrand für die Gäste. Anlegestelle der Seeschiffahrt. Seeufer 31, 82541 Münsing, ✆ 08177/533 (Mo Ruhetag).

Forsthaus Ilkahöhe, Oberzeismering über Tutzing, seit Jahren hochbeliebtes, eher edles Restaurant mit Traumblick über den See und den Oberzeismeringer Zwiebelturm auf die Alpen. Feine Küche gehobenen Preiszuschnitts, im Biergarten kann man auch bayerische Küche zu Normalpreisen kriegen. www.ilkahoehe.de, ilkahoehe@t-online.de. Reservieren. ✆ 08158/8242 (Mo/Di Ruhetag, Biergarten bei gutem Wetter aber geöffnet).

Härings Wirtschaft, Tutzing, im Midgardhaus, einer alten Villa am See, typisches Promi-Restaurant mit entsprechend anspruchsvoller Küche, Terrasse. Spezialität: Bouillabaisse von Starnberger-See-Fischen. Im Seeufer-Biergarten gleich nebenan gibt es auch gute Sachen, aber da ist es billiger und volkstümlicher. Midgardstr. 3, 82327 Tutzing, www.haering-wirtschaft.de, information@haering-wirtschaft.de, ✆ 08158/1216 (Kein Ruhetag, Küche 10–22 Uhr).

Gasthaus Steidl, Bauerbach, mitten in sehr hübschem Dorf neben der Kirche, im Hinterland des Westufers bei Bernried, kleiner Hof zum Draußensitzen, sehr gute Bauernbrot-Vespern. Dorfstraße 5, 82407 Wielenbach, ✆ 08158/1259.

Landgasthof Berg, Eurasburg-Berg, eigentlich der Idealfall eines Landgasthauses. In einem winzigen, sehr hübschen Dorf in Hochlage über dem See. Zwar neue, aber angenehme Räume mit Kachelofen und weißen Wänden ohne jedes Deko-Brimborium, höchst erfreuliche, reichliche Küche, bayerisch mit ein paar Raffinessen, nicht zu teuer, anständiger offener Wein, Terrasse, Biergarten, man sitzt in der Wiese und hat einen sehr schönen Blick. Hinfahren! Schmiedberg 2, 82547 Berg, www.landgasthof-berg.de, ✆ 08179/1661 (Mo/Di Ruhetag, Küche von 11.30–21.30 Uhr. ÜF im EZ für 40 €, im DZ 70 €).

Waldgasthaus Manthal, abgelegen im Wald nahe dem Sträßchen Neufahrn-Kempfenhausen, preiswert und bodenständig, Manthalstr. 1, 82335 Starnberg, ✆ 08151/444767.

Zum kleinen Seehaus, St. Heinrich: Ausgezeichnetes Fischrestaurant mit guten Weinen mit prächtiger Aussichtsterrasse direkt am Seeufer. Buchscharnstr. 9, 82541 St. Heinrich, Tel. 08801/550, www.kleines-seehaus.de (Do Ruhetag).

Gasthaus Fischerrosl, St. Heinrich, auch so eine schon ewig vorhandene Institution am Südosteck des Sees, wie oft hat man da schon Renken gegessen? Bekannt gute Fischküche, recht gemütliche Stuben, leider kann man schlecht draußen sitzen. Beuerberger Str. 1, 82541 Münsing, ✆ 08801/746, fischerrosl@aol.com (Do Ruhetag).

Schloßgaststätte Hohenberg, das Schloß liegt oberhalb in Bäumen versteckt, der Gasthof, mit schönem Biergarten und alter Holzkegelbahn, ist einfach behaglich, bietet solide bayerische Küche, zum Beispiel auch das berühmte Ludwig II-Favoritengericht »Böfflamott« und mediterrane Küche. Die Umgebung ist wunderbar zum Laufen und Radeln. Hohenberg 3, 82402 Seeshaupt, ∅ 08801/626 (Küche täglich ab 11.30 Uhr, Di/Mi Ruhetag).

D'Wirtschaft, Seeshaupt, wirklich keine Schönheit von Lokal, im auch nicht übertrieben idyllischen Seeshaupt am Bahnhof gelegen, aber die phantasievolle Küche, von Französischem bis Bauernente, ist seit Jahren vor allem bei den Einheimischen populär. Seeseitenerstr. 2, 82402 Seeshaupt, ∅ 08801/1479, Mo/Di Ruhetag.

KUNST UND KULTUR

Im Dorfzentrum von **Berg** steht das Geburtshaus von Oskar Maria Graf, die vielbeschriebene Bäckerei, heute von einer Catering-Firma und einem Immobilienhändler genutzt, am Ortseingang von Aufkirchen sitzt der Autor als Denkmal herum, in Lederhosen auf seinem Koffer. Auf dem Kreuzweg von Aufkirchen nach Leoni hinunter kommt man am »Kastenjaklschlössl« vorbei (Kreuzweg 94), einem schönen weißen Biedermeierbau mit Eisenbalkonen, mit dem sich Grafs Onkel Andreas verspekulierte; eine Familienbegebenheit, die in Grafs wunderbarstem Buch »Das Leben meiner Mutter« eine größere Rolle spielt. Aber auch »Die Chronik von Flechting« handelt von Land und Leuten am Starnberger-See-Ostufer, wenn die Grafs dort auch »Farg« heißen, und der Niedergang des Kastenjakl-Onkels kommt ebenfalls vor. Vom schönen alten Heimrath-Hof in **Aufhausen** stammte Grafs Mutter, die Heimrath-Resl, deren Geschichte im späten 19. Jahrhundert uns der Sohn so reich und panoramaartig überliefert hat. Der heutige Besitzer, der Bildhauer Joachim Böhm, hat Oskar Maria Graf unterm Dach in einer Schnitzerei verewigt, von Flammen umgeben, was an seinen legendären »Verbrennt mich«-Appell an die Nazis erinnern soll. Daneben ein Denkmal für die Todesmärsche aus Dachau, die auch durch diese idyllische Gegend gescheucht wurden.

Schloß Berg, Ludwig II. letzter Ort, ist immer noch Privatwohnsitz der Wittelsbacher, die Gedächtniskapelle oberhalb der Stelle, wo der König im See ertrank, ist eine neuromanische Bizarrerie von größter Gräßlichkeit. Scheußlich wie jeder Bismarckturm auch der auf der **Rottmannshöhe**, ein düsterer preußischer Pflock, der dem reichsunwilligen König Ludwig noch posthum über seinen Todesort gepflanzt wurde. Später dann Schauplatz von Nazi-Fackelzügen, heute angeblich beliebt bei Schülern, die nächtens gern Okkultes treiben. Dennoch bei Tag ein schöner Aussichtsplatz und ein freundlicher Park drumherum. Das gründerzeitliche ehemalige Nobelhotel, Nervensanatorium und jesuitische Exerzitienhaus Rottmannshöhe, wie ein florentinischer Palazzo mit Glaswintergärten, war lange Zeit ein sinistrer, unbewohnter Ort, Drogensüchtige verkrochen sich hier, ein Mord geschah. Seit 1985 wird der Bau für eine kinder- und jugendpsychiatrische Klinik genutzt, was die Anlieger gern verhindert hätten.

Aufkirchens weithin sichtbare Kirche Maria Himmelfahrt hat ein schönes barock überformtes gotisches Stichkappengewölbe und einen bedeutenden Figurenzyklus. Einen Abstecher wert ist das gotische Stephanskirchlein von **Mörlbach** mit einem wunderbaren spätgotischen Flügelaltar, im Oberland eine Seltenheit, aus dem Umkreis des Meisters von Rabenden, »ein zierhafter, etwas krauser Schrein«. Besonders schön auch der ebenfalls gotische Verkündigungsschrein: der weißflügelige Erzengel im Goldknittergewand ist ein Traum und die gemalte Flucht nach Ägypten ein filigranes Landschaftswunder voller botanischer und topographischer Details.

In **Staudach** über Ammerland steht eine spätgotische Kapelle mit einem Vierzehn-Nothelfer-Flügelaltar, der allerdings neugotisch restauriert wurde, 1869 von jenem Franz Graf Pocci, dessen Nachfahren heute noch im Ammerländer Schloß leben. Der Kasperlgraf, der die Figur des Larifari erfand, fast dadaistische Kindertheaterstücke schrieb, als oberster Zeremonienmeister dreier bayerischer Könige die gute Gesellschaft aber in bissigen Karikaturen verspottete, muß ein interessanter Zeitgenosse gewesen sein, einerseits Hofmann, andererseits »Schnak von Ammerland«, phantasievoll, selbstironisch, aber auch tief melancholisch – der See war sein Rückzugsort für das »Windfeiern«, das »Windhorchen«, wie er es nannte. In Münsing, in der Familiengruft ist er bestattet.

Das ganze **Ostufer** befriedigt vor allem eine Schaulust an der »Villegiatur«, an Landvillen und Parkanwesen seit dem 19. Jahrhundert; da gibt es die »Himbsel-Villen in Leoni, Bauten einer Unternehmernatur, die den Dampfschiffverkehr auf dem See ebenso wie die Bahn nach Starnberg begründete. Es gibt die merkwürdige »Seeburg« südlich von Ammerland, eine neuromanische Sommerfrischen-Burg, die Friedrich von Thiersch für einen Baulöwen der Gründerzeit errichtete, und in Ambach, nachdem die Piloty-Villa abgerissen wurde, zum Beispiel noch »Seestraße 5 1/2«, 1866 von einem Tapeziererehepaar erbaut, das in der Lotterie gewonnen hatte, sowie die von Gabriel von Seidl stammende Bonsels-Villa des Biene-Maja-Erfolgsautoren, die sein Vorgänger mit einem gewaltigen Siebenbürger Holztor versehen hatte. Ein buntes Schnitzmonstrum, wie ein exotisches Asiatikum, steht es zwischen Staketenzaun und Buchen herum, mit einem putzigen Taubenschlag überm Bogen, der allerdings nur noch von gemalten Vögelchen bevölkert ist. Nazi-Ferienstil läßt sich auch besichtigen; in Obermannshausen, am Zieglerweg, steht die »Villa Johst« des NS-Hofliteraten, der Thomas Mann ins KZ bringen wollte. Es sei nochmal hingewiesen auf den opulenten Bildband von Gerhard Schober: »Frühe Villen und Landhäuser am Starnberger See«, Oreos Verlag, der für über 500 Seiten, mit mehr als 700 Abbildungen, mit Entwurfszeichnungen und Grundrissen, mit wunderbaren Duotone-Fotos für Interessierte mit 65,80 € bestimmt nicht zu teuer ist. Das Buchheim-Museum in **Bernried**, Am Hirschgarten 1, 82347 Bernried, ∅ 08158/99700, www.buchheim-museum.de, info@buchheim-museum.de, ist Di–So von 10–18 Uhr, in den Wintermonaten bis 17 Uhr geöffnet. Empfehlenswert ist die Schiffsanreise nach Bernried, da die S-Bahn bloß bis Tutzing fährt.

Thomas Manns »Villino« in **Feldafing** kann man auf dem Gelände der »Fernmeldeschule des Heeres« besuchen, wenn man sich zuvor mit dem Thomas-Mann-Förderkreis (wieso muß man den *fördern?*) im Münchner Literaturhaus (∅ 089/28927425) oder gleich mit dem umtriebigen Germanisten Dirk Heißerer (∅ 089/134142) in Verbindung setzt, der das kleine Museum installiert hat und im übrigen auch sehr populäre Wanderungen durch die literarische Landschaft des Starnberger Sees veranstaltet. Wer's halt mog. Heißerers penibel recherchiertes und unterhaltsames Buch »Wellen, Wind und Dorfbanditen – Literarische Erkundungen am Starnberger See« ist allerdings ein sehr zu empfehlender Begleiter rund um den See, voller überraschender Details und voller Anregungen zum Weiterlesen. – Das Veranstaltungsprogramm der »Villa Waldberta« (∅ 08157/9258280), falls man diese und ihren Park einmal von nahe sehen möchte, ist über das Münchener Kulturreferat erhältlich. Mit Pletten auf die Roseninsel kann man sich beim Fährbetrieb Norbert Pohlus (∅ 08157/998309) übersetzen lassen.

Das Antiquariat Heinemann in **Starnberg**, Hanfelder Str. 6, ∅ 08151/16479, hat täglich von 10–18.30 Uhr geöffnet, samstags bis 14 Uhr. (Ein weiteres Regional-Antiquariat liegt ein paar Kilometer nordwestlich in Weßling – Antiquariat Appel, Hauptstraße 60, ∅ 08153/1372. Geöffnet Do/Fr 10–12/15–18 Uhr und nach Vereinbarung).

LEKTÜRE

Dirk Heißerer: *Wellen, Wind und Dorfbanditen* – Literarische Erkundungen am Starnberger See, Diederichs 1999

Oskar Maria Graf: *Das Leben meiner Mutter,* dtv 1998 *Die Chronik von Flechting,* dtv 1979 (nur antiqu.), *Wir sind Gefangene* (besonders der Anfang), dtv 2004

Wilfried Schoeller: *Odyssee eines Einzelgängers. Texte, Bilder, Dokumente,* Büchergilde Gutenberg 1994

Gerhard Bauer: *Gefangenschaft und Lebenslust. Oskar Maria Graf in seiner Zeit,* dtv 1994

Thomas Mann: *Fülle des Wohllauts*-Kapitel im »Zauberberg«. S. Fischer 1991

Thomas Mann: *Tagebücher 1918–1921.* S. Fischer 1980

Herbert Achternbusch: *Das Ambacher Exil,* Kiepenheuer & Witsch 1987; *Wind.* Suhrkamp 1989

Andreas Neumeister: *Äpfel vom Baum im Kies,* Suhrkamp 1990

Martin Walser: *Ohne einander,* (einer der schlechtesten Romane Walsers, ein geradezu unangenehmes Buch, aber ohne Zweifel unter reichen Leuten am Starnberger See spielend) Suhrkamp 1996

Rupert Hacker: *Ludwig II. von Bayern in Augenzeugenberichten,* dtv 1986, ein aufregendes, erschreckendes Fakten-Buch über den Märchenkönig (nur antiqu.)

Brigitte Hamann: *Elisabeth – Kaiserin wider Willen,* Piper 1988

Michael Krüger: *Die Dronte* (besonders die Ambach-Gedichte samt Prolog), Fischer 1988

Lothar Günter Buchheim: *Die Tropen von Feldafing,* dtv 1988

Christian Ferber: *Die Seidels,* DVA 1979

Gustav Meyrink: *Das Haus zur letzten Laterne,* Langen 1973 (so hieß seine Starnberger Villa), *Nachgelassenes und Verstreutes;* nur antiqu.)

Alfred Kerr: *Erlebtes: Deutsche Landschaften, Menschen, Städte,* Fischer 1998

zum Abschweif ins Isartal:

Franziska von Reventlow: *Tagebücher 1895–1910,* Luchterhand Literaturverlag 1992 (nur antiquar.)

D.H. Lawrence: *Briefe,* Diogenes 1982 (ein guter Briefeschreiber, heute teilweise als Korrespondent besser erträglich als seine Romane, zum Beispiel das Frühwerk *Mr. Noon,* das in Irschenhausen und Beuerberg spielt)

Rainer Maria Rilke: *Frühe Gedichte* (entstanden ebenfalls zum Teil aus Isartal-Erlebnissen), Insel 1985

Henri-Pierre Roché: *Jules und Jim,* Aufbau 2005

Franz Hessel: *Alter Mann* (beschreibt im Rückblick die Dreiecksaffäre von Hohenschäftlarn), Suhrkamp 1988

Franz Hessel: *Nur was uns anschaut, sehen wir,* Literaturhaus Berlin 1998

Helen Hessel: *Journal d'Helen, Lettres à Henri-Pierre Roché,* André Dimanche 1991

Manfred Flügge: *Gesprungene Liebe. Die wahre Geschichte zu Jules und Jim,* Aufbau 1996 (für alle etwas süchtigen Voyeure dieser langvergangenen amour fou)

FLÜSSE VOR DEN BERGEN:
LOISACH- UND ISAR-AUFWÄRTS

Eine Wasserpartie – Isar-Floßfahrt

Sechzig Leute hocken auf niedrigen Bänkchen und gucken alle in eine Richtung wie im Kasperltheater, bevor der Vorhang aufgeht. Da vorne liegt München und da wollen wir hin. Noch ist das Zwanzig-Meter-Floß aus Fichtenstämmen an der Isarböschung in Wolfratshausen-Weidach vertäut. Die Anlieger hatten schon ihren täglichen Morgenspaß: die Hammerschläge des Zusammenzimmerns, gegen welche sie seit Jahren erfolglos prozessieren. Die Sonne sticht heftig, und viele Wespen umsurren die Frisuren: »Tua's einitretn ins Wasser, des Sauviach, des verreckte!« Aus Sonnenschutz- und Autanflaschen bestreicht man sich Dekolletés und Beinbehaarung. Eine Tuba röhrt probehalber auf, und ein kompakter Einheimischer wuchtet die drei 50-Liter-Bierfässer herbei, die wir bis zur Floßlände München-Hinterbrühl leeren dürfen. Porträtfotografen turnen auf den Stämmen herum und halten jedem die Nikon ins Gesicht. Aus den Ritzen zu unseren Füßen quillt eiweißsteifer gelber Schaum.

Endlich ein Rucken und wir geraten auf den schnellen lodengrünen Fluten ins Treiben. »Vorwärts, Kameraden, die Nacht wird kalt!« brüllt freudig ein Reservist, und schon legt die »Piddy-Jones-Band« los mit jenem Lederhosen-Dixie, der auf bayerischen Gewässern unverwüstlich ist. »...a Bier, a Musi und a Gschpusi...« Das Floß hat gemeinerweise gewendet, so daß sich alle erstmal kompliziert umsetzen müssen, bevor das lustige Mitklatschen losgehen kann.

Jeden gottgegebenen Morgen zwischen Mai und September, außer bei Hochwasser, legen an dieser Stelle mindestens drei voll-

a Bier, a Musi und a Gschpusi ...

besetzte »Gaudi-Flöße« ab. Bislang kannte ich diese Lustbarkeit nur passiv. Da lag man sonnenbratend im hellen Kies der Pupplinger Au oder am Georgenstein und las sich sehr langsam durch die Tageszeitung. Dann, ein durchzuckender Schreck im Gebein, Blechmusik und Chorgesang: »Rätätä, rätätä, morgen hamma Schädelweh, rätätä, rätätä, Schädelweh is schee!« Und dann zog eine Henkelkrüge schwenkende, schunkelnde Horde vorbei, uns verwirrten Badern »Schlucki, schlucki!« zurufend, ein Floß, zwei Flöße, noch ein Floß, »Bergvagabunden« und »Schöner Gigolo« instrumentierten den verpennten Hochsommertag, und lange dauerte es, bis das Wummern der letzten Rhythmusmaschine verklungen war.

Ja mei, wer's mog, denkt sich in solchen Augenblicken der Münchner gemäßigteren Temperaments und wundert sich höchstens wieder mal, was Ahnungslosen alles als urbajuwarischer Frohsinn angedreht wird. Denn es sind zu mindestens siebzig Prozent Preißn, zu denen traditionsgemäß auch Menschen aus Osaka oder Des Moines, Firmenbelegschaften aus Rheinzabern, Kegelclubs aus Hessen-Süd zählen, die das Stammpublikum der lukrativen Isarflößerei bilden. Drei Familienbetriebe in Wolfratshausen und Arzbach bei Lenggries halten die Rechte an diesem Freizeit-Business, gestützt auf nebenberufliche Mitarbeiter. »Jeden Tag halt'st den Schmarrn ja net aus«, erklärt unser Fahrensmann am langen Ruder, der in früheren Zeiten, als die Isarflößerei der lebenswichtigen Versorgung diente (Waren wie »welscher Wein«, Tölzer Möbel, Kalk und Salpeter, Kälber, Schleifsteine, Hafnererde, Hopfenstangen,

Isartal

Sensen und Schmalz – alles wurde zu Wasser befördert), die ehrenwerte Berufsbezeichnung »Ferg« trug.

Auf dem »Ordinari-Floß« begab man sich im 18. Jahrhundert zur Wallfahrt, die Frauenarzt-Witze, die der Entertainer unseres Ordinär-Floßes am laufenden Band erzählt, hätten fromme Pilger allesamt erröten lassen. Die weibliche Belegschaft eines württembergischen Textilbetriebs kommt aus dem Wiehern gar nicht mehr raus. An den Ufern gleitet die »Weiden- und Tamarisken«-Flur der Pupplinger Au vorbei, eine intakte Wildflußlandschaft mit weißen Kiesbänken und vielfach gegabelten Wasserarmen. Bizarre Schirmkiefern und Wacholderhaine wachsen hier, Pfeifengras, rare Orchideenbestände und »alpine Schwemmlinge« – Gebirgspflanzen, deren Samen die reißende Isar mit ihrem Geschiebe vom Karwendel bis ins Vorland gebracht hat.

Auf unserem Fluß wird so kernig gejohlt, daß eine Entenmutter ihre Brut entnervt ins Ufergestrüpp scheucht. Gerade wurde es etwas fad, da ist zum Glück der Fahrbegleiter ins Wasser gefallen. Da schwimmt er nun im geblähten Polohemd, umgeben von Leberkässcheiben, aufweichenden Semmeln, Plastikgabeln und Senfpäckchen, der Brotzeit, die er gerade servieren wollte. Ein paar Damen im Bikini hupfen gleich hinterher; Schadstoffstufe zwei, mäßig belastet, hat noch keinen umgebracht.

Bei der Mittagspause im »Mühltal«, muß ich zugeben, habe ich mich abgeseilt, *vor* der schrägen Floßrutsche, die meine Mitpassagiere nun unter Gekreisch hinunterdonnern, um in Gischtwolken zu verschwinden. Mit mir im Biergarten sind die Porträtfotografen vom Start zurückgeblieben und zählen beim Weißbier ihre Scheine: die meisten, im Schnellabor entwickelten Konterfeis haben sie schon bei der Halbzeit an den Mann gebracht. Sie wissen aus Erfahrung, wie's weitergeht: im weiteren Floßfahrtverlauf wird heftig getanzt, die Wasserstürze häufen sich, und am Ziel sind etliche so besoffen, daß sie sich selber auf den Fotos nicht mehr erkennen und einfach irgendeins kaufen. Die Floßlände in Hinterbrühl ist ein beliebter Treff Münchner Sandler: hier warten sie ab, bis der letzte Wellenfahrer an Land getaumelt ist, und teilen sich dann Semmeln und Würstlreste und vor allem die Bierneigen in den Fässern.

Im altvertrauten »Gasthaus zur Mühle« ist wieder Friede eingekehrt. Ein Pensionär füttert sein Hundi mit Marmorkuchen, und an der westlichen Hauswand, dem Platz der Stammgäste, diskutieren zwei Jazzmusiker. Langsam kriecht die Sonne ums Eck und taucht den Bauerngarten mit den Sonnenblumen, den vollhängenden Apfelbaum, in hellstes Licht, die dichtbelaubten Kuppen gegenüber verschwimmen in silbrigem Graugrün. Man kann hierher nur zu Fuß kommen; von Straßlach durch den Mischwald, von Grünwald entlang der Nagelfluhkanten. Im Hochsommer entdeckt man in den harzig riechenden Lichtungen Himbeerschläge, Pfefferminzfelder und auch mal einen riesigen Parasol, den man sich abends in der Pfanne brät. Man rastet an den Aussichtspunkten, die Schanz, Bürg oder Horn heißen, und hat die steinige Weite des Isarwildbetts, die Gebirgskette vor Augen wie auf einem 19.-Jahrhundert-Bild von Schleich oder Warnberger. Oder man läuft im Winter zum Mühltal, wenn über dem Dammweg am Kanal die Möwen kreischen und man die verfrorenen Hände in der schönen, niedrigen Wirtsstube dann gern um ein Glühweinglas faltet.

Was allerdings eine *Floßfahrt* angeht, so kann ich mich nur »Carl Burneys Tagebuch seiner musikalischen Reisen« von 1773 anschließen, der nach einer, zugegeben gefährlicheren, Tour auf der Isar seinem Diarium geradezu flehentlich anvertraute, er hoffe nicht, »diese Wasserreise in meinem Leben noch einmal thun zu müssen«.

Man mag's ja gar nicht glauben, aber die Strapaze Isarfloßfahrt hat der »Stern« unlängst seinen Lesern in einem Bayern-Special als »Riesengaudi« empfohlen; eigentlich kein Wunder in einer Beilage, die unter allen Biergärten ausgerechnet die Massentränke »Kugler Alm« empfiehlt und zum Übernachten ernsthaft das Hotel »Peterhof« in Neumarkt St. Veit, eine Bleibe in trüber Lage gegenüber einem verrotteten Bahnhof. – Egal, die Gebirgsflüsse südlich von München und ihr partienweise wundersam stilles Umland lassen wir uns nicht vermiesen, und brechen, am besten sehr früh an einem Mai- oder Junimorgen, wenn die Sonne spät erst verschwindet, zu einer ausgedehnten Tagesexkursion auf. Viel Barock ist diesmal auf der Agenda, die Isar-Loisach-Region ist in Oberbayern neben dem Pfaffenwinkel am reichsten mit Klöstern bestückt.

In Kloster Schäftlarn, tief unten im Urstromtal der Isar, klingen einem gleich mal die Ohren von großen Namen des bayerischen Rokoko: François Cuvilliés, Johann Baptist Zimmermann, Johann Michael Fischer, Johann Baptist Straub. Ein begeisternder Kirchenraum, um den Tag zu beginnen, elegant und beschwingt, leicht und hell. Die Details von Innenarchitektur, Baugeschichte, Ausstattung möchte ich bitte dem Kirchenführer überlassen; es ist aber wie immer ein Genuß, sich an den geschwungenen Bankwangen vorbei einen Platz zu suchen, die Füße auf dem Kniebänkchen abzustellen und die Augen schweifen zu lassen, sie mal auf Nah-, mal auf Ferneinstellung zu justieren, mal auf Ausschnitt, mal auf Totale – ein kleines Opernglas tut in Kirchen auch sehr gute Dienste. Irgendwann tanzt der Blick mit, mit dem Schwung von Rocaillen und Kartuschen, mit den abgewinkelten Beinchen und Hüftknicks dicker Putten, die schwerelos, in unaufhörlichem Flug auf ihren Puschelwolken schweben, mit dem Wogen und Falten und Knittern geblähter Goldgewänder, als würde in diesem Raum dauernd ein unsichtbarer Sturmwind herumfegen. Immer faszinierender finde ich die Deckengemälde des Rokoko, diese delirierend stürzenden und kreiselnden Kosmen in der Kuppel, oft temperamentvoll und ausfahrend-modern hingeworfen, mit krassen Licht- und Schatteneffekten, einer fahlen und manierierten Farbenpalette und völlig aberwitzigen, theaterhaften Architekturen – Schäftlarns Hauptfresko, das die Gründungslegende des Klosters zwischen schäumenden, stürzenden Wassern (die Isar als Victoria-Fall) darstellt, ist ein großartiges Beispiel. Manchmal hängen die modellierten Stuckbeine gemalter Figuren über die Ränder hinaus oder jemand lehnt da aufgestützt und guckt sich das ganze Spektakel etwas skeptisch an – das ist dann der Künstler selbst. Die überdrehtesten, perspektivisch am aberwitzigsten verzerrten, bizarrsten Deckenfresken sind die von Johann Evangelist Holzer in St. Anton, Partenkirchen, die am delikatesten gemalten eigentlich alle von Matthäus Günther, in ganz Bayern verstreut.

Im Klosterbräustüberl gegenüber werden gerade die Biergartenstühle aufgeklappt, die Tische sind noch taufeucht. Wochentags darf man das winzige Sträßchen vom Gasthaus Brucknfischer, jenseits der Isarbrücke, südlich zur Aumühle benützen, am Wochenende, wenn das Badeleben die Pupplinger Au zu ersticken droht, ist es gesperrt. Man kann ein Stück ins kiesige Naturschutzgebiet hineinlaufen, jetzt früh sonnt sich hier noch keiner. – Ascholdinger und Pupplinger Au sind hochgradig gefährdete Landschaften. Die Isar-Regulierung hat aus dem ungebändigten Gebirgsfluß ein wohlerzogenes Wässerchen gemacht. Der Oberlauf ist durch den Sylvenstein-Stausee und Wasserentnahme für das Walchensee-Kraftwerk zu schwächlich geworden, die früheren Geröllmassen mitzuzerren. Die Flußlandschaft, die ehedem bei jedem Hochwasser ihr Gesicht änderte, dort Festland mit sich riß, da neue Bänke aufbaute, ist stabil geworden. »Verbuschung« mit monotonem, gängigem Auengehölz läßt sie immer mehr ihr einmaliges Gesicht verlieren; Grundwasserverhältnisse ändern sich, da der Fluß, mangels Auslauf, sein Bett immer tiefer gräbt.

Dazu kommen wir, die fidelen Freizeitmenschen. In der Pupplinger Au verteilten sich bis 1970 vielleicht 150 Badegäste; heute parken Tausende von Autos die vorgelagerten Wiesen zu. Der Funkenflug unzähliger Grillfeuer entfacht immer wieder Buschbrände; der Umtrieb auf den Trampelpfaden erschreckt die in Gesträuch und Röhricht brütenden Flußuferläufer oder Flußregenpfeifer zu Tode.

Über Sachsenhausen und Ergertshausen müssen wir über die nächste Isarbrücke zurück nach Wolfratshausen – drunten liegen die Gaudiflöße des Tages bereit, schon zusammengezimmert, aber noch ohne Publikum. Bei Wolfratshausen fließen Isar und Loisach zusammen, und die langgezogene Hauptstraße mit ihren flachgedeckten Bürgerhäusern ist ganz nett, praktisch jetzt auch, weil es hier alle Arten von Läden hat und morgens in München war noch alles zu. Außerdem habe ich die geschäftige Hausfrauenstimmung in kleinen Städten an einem Werktagmorgen besonders gern. Die Kirche, beiläufig, hat einen sehr schönen frühbarocken Hochaltar mit wuchtig geschraubten Goldsäulen, aber Kirchen kriegen wir heute noch genug zu Gesicht. Mit Colaflasche und Butterbreze verproviantiert, fahren wir über Gelting das kleine Sträßchen oberhalb des Loisachkanals nach Süden. Jetzt sind wir außerhalb des S-Bahn-Bereichs, vielleicht ist das Einbildung, aber außerhalb dieses ÖPNV-Sterns scheint es in allen Richtungen gemächlicher zu werden. Links oberhalb unseres Sträßchens liegt bereits ein wunderschönes Fußgängerrevier: das offene Hügelland mit Panoramablicken südlich vom Gut Schwaigwall, um die Weiler Adelsreuth, Haag und Babenstuben ist so in Ruhe gelassen, daß man nicht glaubt, wie nah die beträchtlichen Siedlungen von Wolfratshausen und Geretsried benachbart sind. Hoffentlich, um Gottes Barmherzigkeit, bleibt das so, und die »Landmark Entertainment Group«, mit einem saudischen Prinzen als Hauptgesellschafter, kommt mit ihrer vom Affen gebissenen Planung nicht zum Zuge, auf dem Wiesenland und der Kiesgrube des Gutes Buchberg für 210 Millionen einen gewaltigen Freizeit- und Event-Park namens »Euro-City« hinzuknallen, mit 800 000 köpfigem Besucheraufkommen per annum. Was sind da wieder für »Visionäre« der Wertschöpfung zugange, die wegen 220 Arbeitsplätzen eine solche Zusatzbelastung für die empfindlichen Isar-Loisachtäler überhaupt erwägen? Wir fahren über Herrnhausen nach Beuerberg hinüber, steil hinauf aus dem schattigen Loisachgrund zum Kloster auf der Hochuferkante.

Das Klagelied des Paters Cajetan Gerstlacher von 1729 erinnert ein wenig an das Gejammer, das heutzutage Besitzer von alten Immobilien bei der Denkmalbehörde anstimmen, wenn sie das Glump wegrupfen und einen Klasse-Neubau hinsetzen möchten: »Veraltetes Closter, understützte Mauern, und zum Fall geneygtes Gebäu. Dises locket die Zähren (Anm.: der Mitbrüder) hervor, und versencket sie in tieffe Traurigkeit, dises blaset auß ihrem innersten Hertzens-Grund die wehemüthigste Seufftzer heraus.« Die Augustiner-Patres mußten nicht lange seufftzen, sie bekamen adrette neue Stiftsgebäude, die heute, rund um einen sehr hübschen Klostergarten, als Erholungsheim dienen. Der Kirchenraum wird nach dem luftigen Charme und der reichen Ausstattung Schäftlarns wohl jeden erstmal enttäuschen. Es dominiert das schwere, etwas starre, »römische« Frühbarock, in monumentalem Schwarzgold der Hochaltar im Tonnengewölbe des Chors, die Seitenaltäre mit ihren giebelartigen Aufbauten streng hintereinandergereiht, die Gemälde finster. Die Kirche ist mitten im Dreißigjährigen Krieg entstanden, und das Ernste, Lastende dieser Zeit scheint in ihr aufbewahrt. Schön, und ganz anders als der entgrenzte, flatternde Rokokostuck, ist der ganz weiße, geometrische Modelstuck, »Eierstab, Blattstab und Perlstab« kann man hier zu unterscheiden üben, und je länger man herumwandert, desto mehr interessante Gestalten entdeckt man: Putten sind in Beuerberg rar, dafür gibt es eine ganze Menge jugendlich-langhaariger Engel in geschürzten Goldkleidchen, die alle die Arme ausbreiten und die Flügel zu plustern scheinen, als wollten sie abheben, als reichten ihnen die eingesperrten Jahrhunderte, und ein Abflug über die Wolken wäre allmählich mal wieder fällig.

Draußen leuchtet der Vormittag und man blinzelt ins Licht. Weiter geht es entlang der Loisach bis zum westlichen Abzweig nach Hohenleiten, das ist ein lohnender kleiner Schlenker eine Etage höher, mit ein paar schönen Höfen am Hang und einem endlosen Rundblick über die Loisachfilze auf Benediktenwand und Blomberg, und noch viel weiter bis zu den Tegernseer Bergen. Die Wiesen haben erst vereinzelt die erste Mahd hinter sich, die meisten stehen noch hoch und blühen, gedüngt und artenarm, aber trotzdem hübsch butterblumengelb und kleeviolett. Daß unten hinter Bäumen die Müllsortieranlage Quarzbichl verborgen liegt, und was für einer scheußlichen Fließbandarbeit da drinnen auch jetzt von Hand nachgegangen werden muß, verdrängt man möglichst umgehend. Hinter dem Gestüt von Hohenleiten gibt es einen winzigen Badeweiher, und eine Schotterstraße führt hinüber zum nächsten hochgelegenen Weiler, Faistenberg, wo sich auf zwei Bauernhöfen Sommerfrische machen läßt. (Siehe Tips des vorhergehenden Abschnitts, Bauernhof-Urlaub, Seite 150.) In einer Schleife kehren wir zur Loisach zurück, und wer jetzt schon eine Brotzeit machen will, kann dies sehr angenehm auf der Aussichtsterrasse des »Hoislbräu« (den nächsten Abzweig wieder rechts hinauf).

Ich aber möchte die flirrende Pansstimmung des frühen Mittag nützen, um noch eine Zeitlang in einer meiner Lieblingsgegenden des Alpenvorlandes herumzukurven, in der milden, stillen Hügel- und Mooslandschaft zwischen Königsdorf und Bad Heilbrunn. *Hier* würde ich mich hineinsetzen im niemals eintretenden Fall des ominösen Jackpotgewinns, in dieses weite Land mit seinen ständig wechselnden Ansichten, nach Norden eine grün-braun gefleckte Gobelin-Landschaft im klaren Licht, nach Süden im silbrigen Mittagsdunst die Voralpenrücken, dazwischen unberührte Senken mit Schlängelbächen wie dem Rottach- oder dem Heubachgrund, und auf den Anhöhen eine Vielzahl sogenannter »Bilderbuchhöfe«, gepflegt oder auch ein bißchen schadhaft, jedenfalls passend, verschont, und ich wüßte schon, welche ich nähme. Auch hier: Laufen! Radeln! – Das nächste Mal auf alle Fälle, denn die schönsten Wege, die sich hier kreuzen und verschlingen oder einfach an Bach- oder Waldrändern enden, entgehen einem motorisiert natürlich. Mit dem Auto fahre ich bei Nantesbuch über die schmale Loisachbrücke, dann im Zickzack durch die Filze hinüber nach Schönrain, und dann ist es egal, ob-aber-über-Oberbuchen-oder-aber-über-Unterbuchen, jedenfalls lande ich im »Gasthaus Fischbach«, einem mir teuren Landgasthaus mit altmodischer Bauernhoffassade, einem Zwiebelturm nebendran und

schönster Ruhe an den Gartentischen überm Bachhang, wenn nicht gerade Tölzer Kurgäste zum Kuchenschlemmen eingefallen sind. Bad Tölz lassen wir (erstmal) gerne beiseite und fahren über Schnegg, Linden, Weiherweber und Ramsau lieber hinunter ins viel ländlichere Bad Heilbrunn, das schon immer unter Tölzens Kurhoheit geächzt hat, und dessen bescheidene balnearische Anlagen seit den Kosteneinsparungen der Gesundheitsreform noch etwas verschlafener und fünfziger-Jahre-belassener wirken. Das brave Jodbad dämmert – es ist halt schon arg lang her, daß der hochprominente Nachweis erbracht wurde, wie wirksam seine Quellen zum Beispiel für die Gebärfreudigkeit sind. 1659 rückte die kinderlose Kurfürstin Adelheid aus der Residenz an, mit 150-köpfigem Troß, Leibmedici, Beichtvätern, Edelknaben, Trompetern, Harfenisten und Barbieren und einem vom Starnberger See herübergekarrten »Silberschiff«, das den winzigen Lettenweiher fast über die Ufer treten ließ. Die ganze ländliche Umgebung rotierte in permanentem Beschaffungsstreß von Kammergeschirr bis Märzenbier, Kapaunen, »Pfäbln« (Pfauen) bis zu den »Strickh zur Aufhengung Ihrer Churfürstlichen

Durchlaucht Wösch«. 968 »Hiendl« und 9706 Eier verdrückte die Hofgesellschaft. Im folgenden Jahr gebar die Herrschersgattin eine Tochter, dann den Thronfolger Max Emanuel und dann noch eine Menge Kinder. Heute sind es eher rheumakranke Mittelbejahrte, die um die überkuppelte Adelheidsquelle, durch die Trinkhalle und den zwergenhaften Kurpark schleichen. In Bad Saarow-Pieskow kann es auch nicht langweiliger sein, aber da gibt es nicht mal eine Benediktenwand.

Ein kurzer Weg auf ungewohnter Rennstrecke bringt uns hinüber nach Bichl und am Westrand des Dorfes hinauf zur Hügelkirche St. Georg, einem Kleinod unter den bayerischen Dorfkirchen. Der berühmte Johann Michael Fischer hat sie gebaut, sein Zentralarchitektur-Konzept en miniature und die Geschichte des Heiligen Georg wird uns im ländlich-heiteren Inneren doppelt präsentiert. Auf dem Deckengemälde, umgeben von sehr schöner illusionistischer Quadraturmalerei, hat der Henker dramatisch sein Schwert zur Enthauptung erhoben, und auf dem Hauptaltar schwingt es ein sehr lebendiger St. Georg selbst zur Drachentötung. Diese Figurengruppe Johann Baptist Straubs zieht sofort den Blick auf sich, sie ist eines der großen Meisterwerke der bayerischen Barockplastik. Der Ritter in seinem fliegenden Gewand, in wunderbaren Rot-Grün-Goldtönen gefaßt, der sich bäumende Schimmel mit seinen rosa Nüstern, die getretene schwarze Basilisken-Kreatur unter den Hufen, der Muskelarm des Drachentöters, sein ruhig-konzentrierter Gesichtsausdruck: das ist von einer fast jahrmarktsartigen Volkstümlichkeit und hochdifferenzierter Skulptorenkunst zugleich.

Und jetzt sehen wir Benediktbeuern liegen, ganz nah schon, wir müssen nur das kleine Sträßchen der Bahnlinie entlang auf die Doppeltürme zufahren, durch die mit einem Mal brettflache Landschaft der großen Kochelseemoore. Jetzt wäre es nicht dumm, sich besser doch ein Quartier zu suchen, denn zum Kennenlernen des Klosters und seiner vielfältigen Umweltaktivitäten, zum etwas gründlicheren Erwandern der reichen Mooslandschaft ist eine Stunde en passant wirklich zu dürftig. Und dann noch der Kochelsee mit seinem kleinen, feinen Franz-Marc-

Museum, und das prima böhmische Essen in Ried, und Kloster Schleh-
dorf, und womöglich hat das opulente Bauernhof-Museum auf der
Glentleiten wieder eine seiner Ausstellungen... Nehmen wir uns also
Zeit, im »Rabenkopf« in Ried ein Zimmer beim böhmakelnden Patron,
oder im »Grauen Bär« zu Kochel eines mit Seeblick, gondeln durch das
überaus geranienreiche Dorf Benediktbeuern zurück und schauen uns
das 1240 Jahre alte Kloster endlich mal in aller Ruhe an. Die herrschaftlichen Dimensionen des Brunnenhofs (»Beurer Grün« heißt der Farbton
aus gemahlenem Grünsandstein, der die Konventsgebäude akzentuiert)
lassen keinen Zweifel aufkommen, welche Bedeutung dieses Stift durch
die Jahrhunderte hatte. Heute ist hier viel Jugend zugange, eine Hoch-
schule für Sozialpädagogik und ein philosophisch-theologischer Studien-
gang sind in dem Geviert etabliert und direkt angrenzend die nach Berlin
meistbesuchte Jugendherberge Deutschlands – ein paar verwegen ausse-
hende Schwarzkittel-Kids sonnen sich auf dem Brunnenrand, ein paar
bravere sitzen mit Kollegheften in ihren Seminarfenstern.

Die riesige frostige Wandpfeilerkirche wirkt, nach der Sonne draußen, wie mit einer Eisglasur überkrustet. Massige, weiße Stuckgebilde zu
Häupten, fette Trauben, Ranken und Ähren: bei genauerer Betrachtung
läßt sich ein ganzer Bauerngarten erkennen: Melonen, Kürbis, Kohl,
Birnen, Spargel, Mohn, Äpfel, Sonnenblumen... Ein imposanter, aber
etwas pompös-drückender Barockraum – meine Lieblingsgestalt, vorne
rechts neben der Kommunionbank, wirkt auch ganz klein und überwäl-
tigt von so viel kalter Pracht: eine neapolitanische Muttergottes mit
Jesuskind, ein rührend junges Mittelscheitelmädchen mit freundlich-
resigniertem Blick – wären da nicht Krone und Strahlenkranz, könnte sie
eine etwas strähnige alleinerziehende junge Mutter von heute sein, die
nicht recht weiß, wie sie dem allzu wachen Klops, der sich auf ihrem
Schoß breitmacht und ihre Finger umklammert hält, Herr wird. Bene-
diktbeuerns künstlerisches Juwel ist weniger die hallende Basilika als die
kleine, vom Kirchhof zugängliche Anastasiakapelle. Ein perfektes Johann-
Michael-Fischer-Oval, mit schönster, zartester Rokoko-Ausstattung.

Benediktbeuern

Leider ist das Gitter meistens geschlossen, so daß man nicht nahe herankommt an das »Kopfreliquiar« der Hl. Anastasia im Hochaltaraufbau: die Silberbüste einer weltlich-prinzessinnenhaften Beauté – im Inneren der Totenschädel. Auch kann man erst auf Postkarten erkennen, *wie* gräßlich die Puttenköpfe des sonst so eleganten Menschendarstellers Ignaz Günther sind: verquollene, verschnupfte Doppelkinn-Schlümpfe, triefäugige Mißgeburten statt süßer Kindlein. Die Führung durch die Konventsgebäude ist unbedingt lohnend, schon wegen der liebenswürdigen, detailreichen »Monatsbilder« vom bäuerlichen Jahreslauf im Alten Festsaal, noch angenehmer ist aber jetzt in der Spätnachmittagssonne ein Spaziergang an der Südseite des Klosterareals entlang, an der alten Fraunhoferschen Glaswerkstätte vorbei und der wegen Brandgefahr separat errichteten Barockbibliothek, in die Gärten und Obstbaumwiesen. (Im Klostergarten kann man biologisch gezogene Blumen, Früchte, Kräuter und Gemüsesorten kaufen.) Dies ist eine derartige Rarität geworden: daß

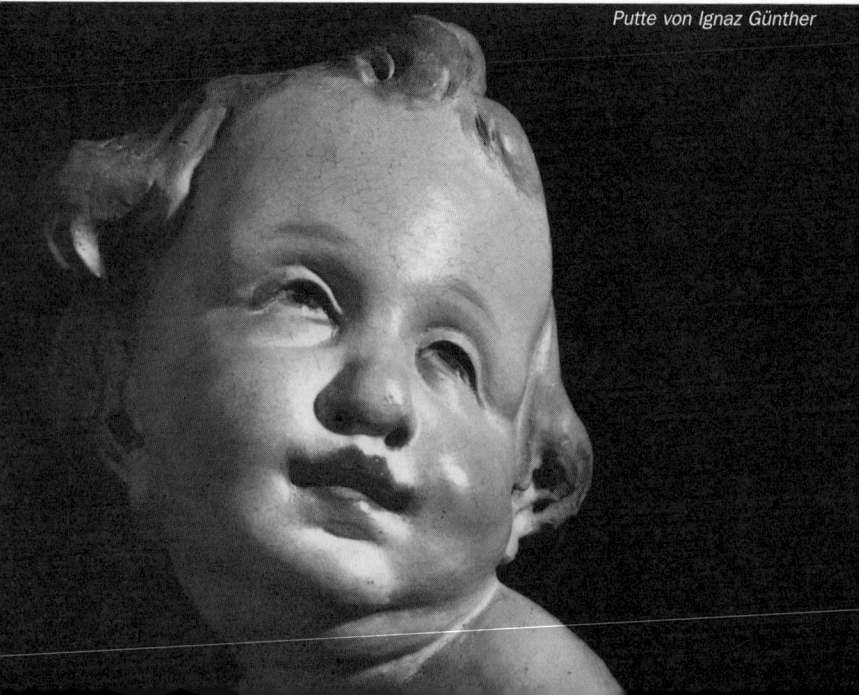

Putte von Ignaz Günther

man aus dem Gefilde von Hochkultur und architektonischer Kostbarkeit unmittelbar in die freie Natur hinaustreten kann, daß keine Siedlungseinkesselung des alten Baubestands stattgefunden hat. In Benediktbeuern ist dieser Übergang Abtei-Gartenland-offenes Moor wunderbar intakt geblieben, geradezu gottgefällig, könnte man sagen. Und gottgefällig ist in der bayerischen Frömmigkeit ja auch von jeher das gute Bier, auch »Klostersupp'n« genannt; an der warmen Südwand des Klosterstüberls im alten Ökonomiehof, mit Eins-A-Bergblick gibt es ein sanftes, stärkendes Dunkles, von dem wir uns jetzt ein, zwei Halbe gönnen. Um dann, milde an-euphorisiert, westwärts, am palisadenverborgenen Mönchs-Schwimmteich, auch launig »Zölibad« genannt, auf die rote Sonnenkugel zulaufen, auf schnurgeradem Pfad durchs vielfältig quakende, piepsende und sirrende Moos, zum Naturschutzterrain der Sindelsbachfilze am Loisachfluß. Und dann lassen wir den Abend sinken, passenderweise die »Mondscheinfilze« im Blick und ein Zitat von Goethe im Kopf, der 1786 hier vorbeikam: »Nach und nach find' ich mich. Ich lasse alles ganz sachte werden, sehe alles still an…«

Klöster müssen heute auch von was leben. Benediktbeuern ist, was seine spezifische Modernität, seine Vorstellung von lebenswerter Zukunft angeht, das glatte Gegenteil des mindestens ebenso prominenten Andechs. Wo man in Andechs voll auf Kommerz und Marketing setzt, auf Bierrummel und Golfplatz, Mobilfunk-Sendemasten auf dem Dach, eine eigene TV-Talkshow und ein »Hanflabyrinth« als Freizeitgaudi, pflegen die Benediktbeurer Salesianer eine etwas sinnsuchendere, eine »nachhaltige« Anschauung von Lebensqualität. Das Kloster hat mit hohem ökologischem Bewußtsein und viel Mühe die natürliche Lebenswelt der Moore und Filze, die durch gedankenlose Übernutzung, durch Intensivbewirtschaftung mit Düngen, Drainieren, Dauermähen, schon massiv ausgeräumt war, wieder restauriert. »Man muß nur ein bißchen Heimat bereiten, dann kommen sie schon wieder«, sagt Pater Helmuth Mauser, ein schmaler verschmitzter Franke im Sporthemd (»das Habit der Salesianer sind die hochgekrempelten Ärmel«). Es kommt das Kiebitz-Biotop wieder, wenn man halt erst im Juli, nach der Nistzeit der Wiesenbrüter mäht, es kommen Schnatterenten, Krickenten und Spechte in die dürren Bäume, der Wachtelkönig und sogar der fast ganz verschwundene Große Brachvogel. Und natürlich Unmengen von Kriech- und Flattergetier: Schmetterlinge aller Art, Molche, Frösche, Blindschleichen und Eidechsen, Streuwiesen voller Lilien, Orchideen, Enzian und Strohgelbem Knabenkraut. »Ich kann nicht verlangen«, sagt Pater Mauser, »daß jeder ein Christ wird, aber sehr wohl, daß jeder Christ ein Umweltschützer ist«. Seit zehn Jahren gibt es nun in Benediktbeuern das »ZUK«, das Zentrum für Umwelt und Kultur, in den aufwendig renovierten Gewölben des alten Meierhofs, ein hochmodern ausgestattetes ökologisches Forschungs- und Tagungszentrum, vor allem aber eine »erlebnispädagogische« Stätte für Kinder und Jugendliche mit viel praktischer Naturbegegnung, so populär geworden, daß man ihre Programme und Matratzenlager Monate im voraus buchen muß. Das Prinzip ist einfach: Keine Pädagogik der Untergangsszenarien, sondern das Intakte, das die hiesige Flora und Fauna in so rarer Reichhaltigkeit bieten, herzeigen, spüren lassen – im Teich pritscheln, und ein bißchen mikroskopieren, dazu wandern, baden und abends Remmidemmi im Dachjuchhe –, das klingt fast *zu* schön nach altmodisch-botanisierender Kinder-Sommerfrische, aber, gemäß der heutigen Hauptmeßlatte allen Gelingens, aller Sinngebung: die Nachfrage ist da. Man traut sich ja kaum noch, so entschlossen »grüne«, entschlossen »bildende« Projekte wie das Benediktbeurer richtig toll zu finden, weil man sofort wieder die »Gutmenschen«-Höhner und Ökotum-Verlacher im Hinterkopf hat – mich aber beeindrucken die zupackenden Aktivitäten dieses Klosters sehr. Die einzigen Grummler sind einige Landwirte, die sich bevormundet fühlen, denn die Auflagen zur extensiven Bewirtschaftung der fast 300 Hektar verpachteten Wiesenlands sind konsequent und streng. Ihre Vorfahren, kann man annehmen, hatten unter der Oberhoheit des Krummstabs gewiß mehr Anlaß zu ächzen.

Am nächsten Morgen geht es dann ins Gebirge hinein, über die Kesselbergstraße zum Walchensee. Das muß sein, denn anders kommen wir

nicht weiter auf unserem Rundweg – aber es ist sozusagen ein Aus-
rutscher in volltouristisches Hoheitsgebiet. Der grundsätzliche, und überall gültige oberbayrisch-allgäuerische Jammer, von Reichenhall bis
Oberstdorf: die Gebirgstäler sind in ihren dichter besiedelten Lagen ver-
saut. Eine Zeitreise wäre wieder mal erwünscht, weit zurück müßte man
gar nicht, vielleicht bis Thoma – als ein Weg von der Stadt in die Berge
eine allmähliche Steigerung der Entlegenheit und Wildheit bedeutete.
Hinaus aus den Mauern und Vorstädten, dann der breite Streifen des hellen, wohlbestellten und zivilisierten bäuerlichen Vorlandes, das Näher-
rücken der dunklen Steilheit, der Wände und Schrunden von Felszonen,
dann das Eintauchen in ihre Schatten, in die schlundartigen Täler mit
schnellen Wassern, in die holzgebauten Orte mit den steinbedeckten
Schindeldächern, mit ihrer ganz eigenen, kargen und kühnen Lebens-
weise … Schon gut – ein knallhartes älplerisches und jagerisches Hunger-
leiderdasein will den Bayerischen Bergen ja wohl niemand mehr an den
Hals wünschen, aber hat's denn so schlimm kommen müssen mit der
Ruhpoldingisierung? Heutzutage ist das Alpen-*Vorland* Oberbayerns be-
wahrteste, anmutigste Landschaft – beim Eintritt ins Gebirge erwischt
einen die volle Tourismus-Breitseite und die »Busse willkommen«-Ga-
stronomie. Ob Inzell oder Grassau, Bayrischzell oder Krün, Lenggries,
Garmisch oder Pfronten – es ist alles eins. Es ist überall derselbe aus dem
Leim gegangene Architektursalat, »Jodelstil« halt, es stehen überall diese
allerbilligsten roten Stapelstühlchen herum und die Substratkübel mit
Tagetes und Eisbegonien, und wenn man sich in einem dieser verkehrsberuhigten Ortskerne länger als auf ein gemischtes Eis aufhält, wird man
trübsinnig. Das waren *auch* alles mal beliebte Sommerfrscheziele des
Bürgertums, mit Luftigkeit und Stil, mit Natürlichkeit und eigenwilligem
Charme – so wie ihn ein paar wenige Urlaubsorte im Alpenraum bewahrt
haben, Altaussee im Salzkammergut fällt mir ein, aber in den bayerischen
Bergen?

Nur, wo man nicht volle Karte auf den eher ramschigen Tourismus
gesetzt hat, der aber jetzt auch, zum großen Gezeter des Fremdenver-

kehrswesens, lieber in die DomRep abhebt (was den alpinen Touristen-
orten auch noch den Charme von Investitionsruinen, dichtgemachten
Pensionen und menschenleeren Cafés beschert), nur wo man zurückhal-
tend war mit Modernisierung und Baulandausweisung und der schnellen
Mark, haben ein paar Ausnahmeorte in den bayerischen Alpen jenen
Reiz konservieren können, der auch ihre Zukunftschance wäre: im Zeichen der wachsenden Unlust am immer massenhafteren Ferntourismus
landschaftlich und baulich erquickliche Refugien zu sein für eine nicht
unbedeutende Minderheit, die sich wieder nach »Logis in einem Landhaus« sehnt, nach einer bestimmten Einfachheit, aber bitte mit Geschmack, nach geruhsamer Rekreation in einer vielleicht schon kind-
heitsvertrauten Landschaft, möglichst in einem Quartier von etwas Tradition und Distinktion: für neue Sommerfrischler eben. *Werben* tun die
Tourismuszentralen in ihren immer verschwommener-nostalgisch foto-
grafierten Prospekten alle mit: Heugeruch, Bauerngärten, Morgenluft,
frischer Kuhmilch etcetera – und mit dem gräßlichen Motto des »Seele-
baumeln-lassens« –, sie ahnen also, woran's fehlt. Nur ist die Selbstbe-
schreibung im Neo-Beschaulichkeits-Timbre nicht selten schamlos gelo-
gen. – An zwei Orten, wo es vergleichsweise ziemlich stimmt mit der
kontemplativen Sommerfrischenqualität, auch heute noch, kommen wir
später am Tag vorbei.

Der Walchensee ist ein spezieller Fall, weil er sich nun schon länger
in kompletter Okkupation durch die Windsurfer befindet. Es ist schon
absurd: ausgerechnet dieser See mit der dunklen, abgründigen, schwer-
mütigen Aura – ein Wagner-Bühnenbild beinah, der auch hier kompo-
niert hat – ist nun tagaus, tagein eine Domäne des quietschbuntesten
Freizeitgeschehens, kein Parkplatz, auf dem die Surfer nicht ihr Gerät zu-
sammenzurren – die Windverhältnisse scheinen immer zu stimmen. Vielleicht kann man den Walchensee mal in einer Vollmondnacht im alten,
stillen Glanz erleben? Womöglich gibt es aber schon das Sachenbach-
Midnight-Surfing mit Flutlicht-Disco und Power Fireworks.

Das Land unten in der Ebene, die weite Verlandungsfläche des

Kochelsees, hieß bei den Malern des Jahrhundertanfangs, bei Marc, Kandinsky, Münter und ihrem Kreis, »das Blaue Land«. Daß sich Lovis Corinth ein paar Jahre später, 1918, den bergverschatteten Walchensee als Wohnsitz und Schauplatz einer manischen Schaffensphase wählte, den »Selbstmördersee«, wie er ihn selber nannte, scheint für den großen Schwarzseher ganz angemessen. »Ich war unglücklich, immer, immer, seit meiner Kindheit von schwerster Melancholie heimgesucht«, hat er sehr eindeutig über sich gesagt, und daß es keinen Tag gegeben hätte, an dem es ihm nicht besser erschienen wäre, »aus diesem Leben zu verscheiden«. Waffen und Rasierklingen durften, aus Angst vor Kurzschlüssen, nicht in seine Nähe gelangen, und nur das Zechen, das Trunkensein (»dem stillen Suff habe ich mich öfter ergeben«), entlasteten sein verdüstertes Gemüt bisweilen, »machten diesem schweren Menschen das Tor zum Leben auf«, wie sich sein Freund Max Halbe erinnerte. Als der Ostpreuße an den Walchensee zog, war er in Berlin sehr erfolgreich; mit 30 000 Mark aus einem Bildverkauf ließ seine Frau Charlotte Berend-Corinth, sein »Petermännchen«, sein »Schutzgeist in Menschengestalt«, das Haus in Urfeld »im Liliputanerstil« errichten, von dessen eigens angelegter Malkanzel aus er mit dem See förmlich verschmolz: 58 Ölgemälde, unzählige Aquarelle, Kaltnadelradierungen und Lithographien entstanden in den sechs Urfelder Jahren. Jeder kennt sie, kennt die große Lärche im Vordergrund, mal entlaubt, mal im Nadelkleid, das bäuerliche Gasthaus »Fischer am See«, das Wasser »jlatt wie äin Spiejel« oder finster bewegt, die Berge im Schnee oder im blaugrünen Dunst – sie begeisterten bereits Corinths Zeitgenossen, man riß sie ihm aus der Hand. »Ich war nicht wenig erstaunt, daß alle Welt mich aus meinen Arbeiten einen starken Lebensbejaher nannte«, wunderte sich der Maler in seiner Selbstbiographie, und arbeitete doch rauschhaft weiter, »naß in naß«, kaum ein Bild größer als die Reichweite seines Arms, denn nach einem Schlaganfall war sein linker Arm gelähmt, die rechte Hand zitterte stark, und manchmal saßen ihm auch noch die Katzen Hinz und Kunz auf den Schultern. Kam tief unglücklich und voller Zweifel »mit einem klatschnassen Bild« ins

Haus zurück, »alles Dreck«, und rang sich erst nach Tagen zu leidlicher Einverstandenheit durch. 1925 starb Lovis Corinth auf einer Reise; keine fünfzehn Jahre später hingen auch zwei seiner Walchensee-Gemälde in der »Entarteten Kunst«. Einige sind seither für immer verschwunden.

Das Haus oberhalb der grausamen Waschbetonklötze, die heute anstelle des »Fischers am See« das Nordufer verrammeln, ist Privatbesitz; es ging nach Corinths Tod in den Besitz der Familie Heisenberg über und war lange Jahre Werner Heisenbergs Sommersitz. Zu Fuß kann man auf einer Privatstraße hinterm Hotel bis zum Gartentürl spazieren, aber »es is nimmer dees«…

Wir fahren in Richtung Mittenwald um den See herum, vorbei am Dorf Walchensee, wo zwar das klotzartige Post-Hotel nicht eben attraktiv ist, das »Café Bucherer« direkt am Wasser dafür um so besuchenswerter. In den Kaffeehausstuben mit den alten Bildern und weißgedeckten Tischen hängt die Patina vergangener Jahrzehnte, auf der Wiese am See stehen lackierte Metallgartenstühle und ältere Stoffschirme herum – und solange die achtzigjährige Chefin ihr Café noch führen kann, wird es auch die weithin gerühmten Kuchen aus ihrem Backofen geben. Kaiserliche Hoheiten haben das Café Bucherer schon beehrt, Erika und Klaus Mann kamen vorbei, später dann ihr Todfeind und Vertreiber, dessen »Reichsjugendführer« Baldur von Schirach im nahen Schloß Aspenstein über Kochel residierte. Noch später gingen Frau Werners Töchter ins Hippie-Amerika und wurden frühe New-Age-Adeptinnen; sie selbst blieb ihr Lebtag unterm heimischen Herzogstand und buk Kuchen – lange möge sie das noch können, hoffen die zahlreichen Stammgäste.

Deutsche Historie – der Vorgängerbau der heute so gesichtslosen »Post« beherbergte in den letzten Kriegstagen im April 1945 die kläglichen Reste der Deutschen Reichsbank – eine der Bizarrerien aus den Untergangstagen des NS-Regimes mit ihren »Alpenfestungs«-Hirngespinsten. Den »Reichsschatz« in Form von zwanzig Tonnen Gold verbunkerte man zunächst in der Zerwirkkammer des Forsthauses Einsiedl, verscharrte ihn dann oberflächlich am Steinriegl, grub ihn teilweise wie-

der aus und verbuddelte ihn in diversen Kleinlagern des Bergwalds. Der größte Batzen wurde von den Amerikanern gefunden, jedoch angeblich nicht das ganze Gold. In den dichtbewaldeten Hängen wird noch heute von Unverdrossenen geschaufelt – der Nadelboden nördlich des Altlachkopfes muß schon tausendfach umgegraben und bis auf den letzten Krümel gesiebt worden sein, aber der Mythos vom Walchenseegold hält sich zäh wie der vom Schatz im Toplitzsee.

Am Südufer liegt in einer Uferlichtung das ehemalige Forsthaus Altlach, wo der König Ludwig, der ja seine Regierungsherrschaften gerne zu Landpartien ins ferne Hochland zwang, eine seiner Kabinettssitzungen al fresco abhielt. Der Förster räumte Tisch und Stühle auf die Wiese, eine rote Wolldecke als Tischdecke und ein Blumenstrauß reichten als Dekor; der prunkliebende Monarch war ja im ländlichen Milieu erstaunlich anspruchslos, Hauptsache, er mußte nicht in die verhaßte Hauptstadt. Zeitzeugen haben die Qualen überliefert, die den König in Erwartung förmlicher Hofgesellschaften überfielen: die trank er sich vorher mit reichlich Champagner schön, dann ließ er sich die gewaltigsten

Tafelaufsätze und Bouquets als Versteck vor die Nase rücken, und der Kapelle war die doppelte Lautstärke angewiesen, zur Vermeidung von Konversation. Im Forsthaus am See war's leichter. Da trat der Kabinettschef im schwarzen Frack und Chapeau Claque unterm Arm vor und referierte allerhand ministerielle Anträge, Kuhglocken läuteten, die ein-

Jachenau

gesperrten Jagdhunde kläfften, Ludwig II. in seiner Schottenmütze unterschrieb das Nötige und sprengte mit seinen Lakaien zurück in die Tiefe des Oberlands. Oder er ließ sich auf das unbewohnte Inselchen Sassau übersetzen, um der Solitude zu pflegen; einer der Schlupfwinkel für seine Einsamkeit, die er sich im ganzen Berggebiet zusammensuchte; meist wußten nur die engsten Eingeweihten, wo sich der Staatslenker gerade mal wieder verbarg.

Das langgedehnte Hochtal der Jachenau, östlich vom Walchensee, gilt als eines der schönsten und intaktesten Terrains von Oberbayern. Allzu hohe Erwartungen sind nie gut. Ein Märchenland ist auch die Jachenau nicht. Aber doch eine besondere, etwas abgeschottete Talschaft, in der sich bemerkenswert viele stattliche Einfirsthöfe in weit verstreuter Lage erhalten haben, Bayerns zahlenmäßig kleinste selbständige Gemeinde mit der größten Landfläche: sechzehn Hektar pro Kopf – da hat man schon Platz zum Atmen. Der hier ansässige »Bauernadel« ist dem Fremdengeschäft nie hinterhergelaufen, das Ausmaß an Quartieren hält sich in Grenzen und die Infrastruktur ebenso: keine Tankstelle, keine Post, keine Pizzeria, keine Mehrzweckhalle. Ein Jachenauer Merkblatt »An die Sommergäste« aus der touristischen Frühzeit klingt dermaßen oberlehrerhaft, als sei Abschreckung bezweckt: »Der Sommergast stelle an das Landvolk nicht die gewohnten Ansprüche der Stadt. Er entsetze sich nicht über etwaige ›mangelnde Hygiene‹. Immer ist ein Volk im Abstieg, wenn es auf ›Hygiene‹ ängstlich bedacht wird. Sie vermag nur einen Bruchteil dessen gut zu machen, was die ungesunden Lebensverhältnisse am Städter sündigen. – Der Jachenauer ist derzeit arm. Er heißt den Gast willkommen. Aber er will um seinetwillen kein Krämer werden.« Etwas aufgeweichter sind die Komfortvorstellungen zum Glück über die Jahre geworden, aber immer noch findet sich hier hauptsächlich Landschaft: Waldberge minderer Höhe um den ebenen Wiesenboden der Jachen, und Gehöfte namens Niggeln und Friedeln und Petern und Fleck, Luitpolder, Laich oder Lain – am schönsten wohl die kleine Siedlung Berg westlich über dem Talzentrum mit der Kirche. Von hier sieht man den Karwendel über den

Nadelwäldern stehen und im Osten den massigen Guffert, einen etwas gigantomanen Einzelberg, der viel höher tut, als er ist. Die Jachenau ist ein Tal in West-Ost-Ausrichtung, den Witterungshärten ungeschützt ausgesetzt und also eine strenge, rauhe Zone zum Leben: lange Schneewinter, auch heute noch, keine gedeihlichen Böden, die Existenz war immer das Holz der tiefen Wälder. Der Dachstuhl der Münchner Frauenkirche verdankt sich den Jachenauer Nadelriesen gleich zweifach: aus 2200 Fichtenstämmen wurde im 15. Jahrhundert das gotische Dach gezimmert; und nach den Bomben des Zweiten Weltkriegs bekam der Münchner Dom wieder ein Jachenauer Dach. – Sehr annehmlich können wir uns hier eine Sommerfrische denken, aber die schönste Jahreszeit im Tal ist wahrscheinlich der späte Frühling, wenn bergwärts noch alles weiß ist und die Wiesen gleichzeitig blühen. Und der Winter ist in diesem Tal auch nicht ohne: schwerer Winter, Gestöberwinter, die Abenddämmerung einsam und etwas bedrohlich in den Schneeweiten, so daß die vereinzelten Häuser mit ihren Lichtern noch richtig fühlbar Schutz und Wärme bedeuten.

Unweit der hiesigen Talkirche, die St. Nikolaus heißt, finden wir nun doch noch einen Bilderbuch-Kramerladen, seit Generationen im Besitz der Familie Öttl, Ofenrohr und alte Holz-Glas-Stellagen, und das verschachtelte Gemischtwarendurcheinander vom Reißverschlußsortiment übers Gurkenglas bis zum Herrenhemd, welches jedes Kindergemüt so erfreut wie der zu Weihnachten aufgestellte Kaufladen der eigenen Frühzeit. »Mia samma ganz für die Einheimischen gedacht«, sagt die Chefin in der Kittelschürze, wie im ganzen Tal das Wohlwollen gegenüber Auswärtigen eher maßvoll zu nennen ist. Die überschaubaren Feriengäste werden freundlich behandelt, aber wenn sie dann wieder abreisen, ist es auch sehr recht. In der Jachenau, wo sich so mancher gern idyllisch zweit-ansiedeln würde, herrscht seit Jahrzehnten Baustopp, und Hotel-Investoren beißen bei der Gemeinde sowieso auf Granit, deren Goldene-Berge-Versprechungen mißtraut man hier von jeher. »Mir lassn koan' nei«, sagt der Kramer selbstbewußt, und seine Kundschaft stimmt ihm zu,

»uns is' liaba aso, weil's sonst überhand nähm'«, und sogar die Jagdgenossenschaft, oh Wunder, verpachtet ihre Reviere nur an Hiesige und läßt keines der sonst überall in Oberbayern wild herumballernden zahlungsfrohen Nordlichter zum Abschuß kommen.

Es gibt in diesem Tal eine Tradition der Sturheit und Eigenständigkeit, die im 19. Jahrhundert schon mal so weit ging, daß die Talschaft erklärte, lieber mit Mann und Maus nach ausgerechnet Bessarabien auswandern zu wollen, als dem Staat die eigenen Waldprivilegien abzutreten. Und als die Jachenau bei der Gemeindereform dem nahen Lenggries zugeschlagen werden sollte, kämpfte sie mit Zähnen und Klauen um ihre Unabhängigkeit, mit Erfolg.

Mit Lenggries und all seinen Bauwucherungen (wie außergewöhnlich die Jachenau ist, merkt man spätestens an ihrem Talende) wollen wir auch nichts zu tun haben. Wir sind jetzt im Isarwinkel und bleiben auf der schmaleren Straße links vom Fluß. Über die Gilgenhöfe, die Rieschenhöfe und die Ertlhöfe gelangen wir ins größere Dorf Arzbach und in Steinbach links hinauf aufs Wackersberger Plateau. Auch hier oben läßt es sich aushalten, was zum Beispiel Richard von Weizsäcker weiß, der seit Jahren in Wackersberg sömmert. Ein kleines Bauernsträßchen bringt uns über die Weiler Schnait und Lehen zur Einkehr der Waldherralm, wo sich ein friedsamer Waldrand- und Aussichtsspaziergang an der Pestkapelle vorbei zum Quellenwirt anbietet. Meine Lieblingsrast auf der Wackersberger Anhöhe ist allerdings eine Kaffee-und-Kuchen-Domäne, das altmodische, gemütlich-walmbedachte »Café Forsthaus«, egal ob in Stube oder Garten, von wo man dann ganz schnell in die Kurstadt Bad Tölz hinunterrutscht, ob man will oder nicht, da muß man jetzt durch.

Der ausgedehnte »Bad«-Anteil der Kreisstadt, den sinnigen Namen »Bad Krankenheil« trug er nicht lange, kommt seit der Reduzierung der Kassenkuren längst nicht mehr auf seine Kosten, um 30 Prozent gingen die Übernachtungsziffern bergab. Nun, man bietet in den biederen Reha-Heimen und Kurkliniken halt auch die ganze »Wellness«-Palette von Quigong bis Shiatsu, mit gedämpfter Resonanz. Für den »Fun«-

Faktor sorgt das schon etwas betagte Spaßbad Alpamare, wo man jetzt vom Wellenbad aus Kino gucken kann, vielleicht »Waterworld« mit Kevin Costner oder »Titanic« mitempfindend, allerdings Gott sei Dank beheizt?

Bleiben die traditionellen Tölzer Sights: die abschüssige Marktstraße, die mit ihren flachgeneigten Dächern und farbenprächtigen Fresken so uraltbayerisch aussieht, weitgehend aber ein heimattümelndes Pastiche der Jahrhundertwende ist: aufgeputzt mit Erkern, Kartuschen und Korbbogentüren hat sie der Architekt Gabriel von Seidl, der auch Neubeuern am Inn in eine bajuwarisierende Theaterkulisse transfomiert hat. Lange Jahre sah man das Seidlsche Wirken in Oberbayern despektierlich als Verkitschung an, heute ist man dem Baumeister freundlicher gesonnen: seine verspielte, neo-bäuerliche Buntheit hat durchaus ihren eigenen Charme; und außerdem war er schon früh ein kämpferischer Konservator. Daß direkt vor Münchens Toren das Isartal als unverbaute Wildlandschaft erhalten wurde, ist Gabriel von Seidl und dem von ihm gegründeten »Isartalverein« zu verdanken. Ebenso wie der Typus altmodischer Wirtshaussäle und Gaststuben, den wir heute so schätzen: dunkle Holzvertäfelung und umlaufende Bänke, Säulen und Gewölbe- oder Balkendecken (das »Augustiner« in München und das »Weiße Bräuhaus« sind beliebte Exempel), auf ein Gabriel von Seidlsches Grundmuster bayerischer »Stimmungs«-Interieurs zurückgeht.

Ein kurzer Spaziergang führt an zwölf Kreuzweghäuschen entlang – *einen* Kreuzweg sollte man im katholischen Altbayern wenigstens gehen – hinauf auf den Kalvarienberg, ein Unikum unter den bayerischen Barock-Inszenierungen, halb Volksfrömmigkeit, halb feierliches Scala-Sancta-Imitat. Unterwegs kriegt man fast einen Schreck, wenn da auf einmal mitten zwischen Efeu und Geäst ein übergroßer Christus kniet, dem ein Engel den Ölberg-Leidenskelch darbietet, wenn die Apostel sehr lebensecht unter Felsüberhängen und verwachsenem Wurzelgestrüpp schlafen, als wären sie Obdachlose, die an einem geschützten Örtchen untergekrochen sind. Bewunderungswürdige Engel gibt es hier oben

Kurhaus Tölz

wieder zu sehen: in einer ernsten Sechserformation bewachen sie die Heilige Stiege der Kalvarienbergskirche und stemmen ihre wachsverkrusteten Kerzenhalter, als wären es Erzengelschwerter.

An der östlichen Tölzer Peripherie, in der Nähe des Klammerweihers, liegt die Heißstraße, wo wir nach Nummer 31 suchen. Heute gehört die jugendstilige Landhausvilla mit Bogenfenstern, Balustradenterrasse, mit halbrundem Balkon und geräumigem Garten zm Komplex des »Josephsheims«, einem Austragshaus für bejahrte Arme Schulschwestern; die Villa dient als Gästetrakt und Wohnort des Hausgeistlichen.

Von 1909 bis 1917 war sie »das Tölzhaus« für die allsommerliche »Pilz-Existenz«, man schaut in den Garten und meint die Kleinkinderstimme zu vernehmen, die quengelt: »Aissi, renn' net aso, sonst fällt der gute Gololo um!« 1909 wurde neues Briefpapier gedruckt, im Kopf »Landhaus Thomas Mann«, und der Hausherr korrespondierte in die Welt: das »Herrensitzchen« sei »allerliebst« geworden – »allmählich ist Ordnung in die Sache gekommen und man kann sein Haupt niederlegen«, verschickte auch gravitätisch scherzende Einladungen: »Definitive Anmeldung durch Postkarte wäre angenehm. Wohnliche Fremdenzimmer. Kalte und warme Speisen. Civile Preise. Herzlichst TM«. Wenn dann aber »langweilige und unergiebige« Jungdichter so lange herumlungerten, bis man das Gästetzimmer für sie richten mußte, konnten sie der nachträglichen Mokanz gewiß sein; die Kinder, später hochbegabte Aufspießer und Imitatoren mitmenschlicher Defizite, waren in den Tölzer Sommern noch zu klein für Spott. Besonders aus ihren Aufzeichnungen, im hohen Alter geschrieben, oder in prekärer, gehetzter Erwachsenenlage, nicht allzu lange vorm Suizid, geht hervor, wie sehr sie das Tölzhaus geliebt haben. »Das Paradies«, heißt es in Klaus Manns autobiographischem »Wendepunkt«, »hat den bittersüßen Duft von Tannen, Himbeeren und Kräutern, vermischt mit dem charakteristischen Duft des Mooses, das von der Sonne durchwärmt ist, der großen, mächtigen Sonne eines Sommertags in Tölz«.

Die damals hinreißend schöne Mutter Katia Mann, »im Kleid, das ›das bulgarische‹ hieß, schweres, rauhes Leinen mit weiten, gepufften Ärmeln und reicher Stickerei«, beobachtete staunend die Aktivitäten ihres Nachwuchses, Golo »mit dem finster schlauen Mäusegesicht« und Klaus mit dem »Handding« zwischen den Fingern, zwei gleich langen Gräsern, ohne die er nicht fabulieren konnte: »Das Brüderpaar ergeht sich, untergefaßt, stundenlang im Garten, sich gegenseitig siezend und über Gott und die Welt recht eigentümliche Meinungen austauschend.«

Keiner aus der Mannschen Sippe wird einem in den vielstimmigen Tölz-Reminiszenzen als Kind so sympathisch wie der vom Vater immer etwas links liegengelassene Golo: »Nicht schopsen, Buckeli, nicht schopsen«, pflegte er zu rufen, wenn es ihm im Kinderwagen zu schnell ging; beim Blumenpflücken für die Mama erwischte der selbsternannte »gute Gololo« immer die ganz verhutzelten und verdorrten Gänseblümchen, und bald sammelte er einen sonderlichen fiktiven Freundeskreis um sich: »Dr. Londoner, Dr. Klauber, Dr. Pitzer und wie sie alle heißen, leiden anhaltend an den seltsamsten Krankheiten«, notierte die Mutter verblüfft.

Was für Kindersommer... Der Collie »Motz«, Cremehütchen von Frau Holzmayer, eine Stange zähen Eibischzucker vom Apotheker und »vom Zauberer um Punkt zwölf abgeholt zum Bad im Klammerweiher... Weiße Wasserrosen, beinahe tellergroß, schwimmen auf seiner reglosen dunklen Fläche. Das Moorwasser, gold-schwarz in meiner Erinnerung, atmet einen kräftig-aromatischen, etwas fauligen Geruch. Sehr klar, von fast öliger Weichheit, sehr schwer... die glitschige Stange, die das flache vom tiefen Wasser trennte, das Sprungbrett mit rauhem Rupfentuch bezogen, ich spüre noch seine Berührung, die kitzelte...«

Und drinnen die Mühen des Zauberers, in Tölz wie an jedem seiner vielen Lebensorte, wie bei jedem Wetter, die eiserne Disziplin des Schreibtischs: »Mein Kopf ist so müde und kaputt, daß ich möchte stumm sein dürfen und einfach in den Regen blinzeln, der draußen mit einem so recht dauerhaften Accent niedergeht...« 1917 verkaufte Thomas Mann das Tölzhaus, um Kriegsanleihen aufzunehmen, die bald völlig wertlos waren, keiner aus der Familie kehrte in den Isarort zurück. Im Werk fanden die Tölzer Jahre knappen, aber besonders liebenswürdigen Niederschlag, nämlich im »Herr und Hund«-Unterkapitel »Wie wir Bauschan gewannen«; jenes zitternde Hundetier, das in Wirklichkeit den »Aristokraten Motz« ersetzte und in der Bergwirtschaft eines »ansprechend gedrungenen schwarzäugigen Fräuleins« als »Kummerbild von säuerlicher Schwermut« von den mitleidigen Manns adoptiert wurde.

Wie bei jeder Begegnung mit dem Mann-Kosmos geht einem diese Familie, der ihr eigene Tonfall, die sie umschwebende dichte Atmosphäre im Kopf herum, und man fürchtet sich gewaltig vor dem baldigen Fernseh-Groß-Event, das uns Armin Mueller-Stahl als TM und eine aufwendig rekonstruierte Bavaria-Studiokulisse präsentieren wird. Am Klammerweiher, wie verändert und verbaut das träumerische Refugium auch heute sein mag, sind uns die geisterhaften Stimmen und Bilder jedenfalls berührend nahe; die brachiale Reanimation auf dem Bildschirm, von welchem Grimme-Preisträger auch immer, *kann* sie uns nur ferner rücken.

Wir verlassen Tölz in nordöstlicher Richtung, auf dem Sträßchen nach Ellbach und Kirchbichl. Spätnachmittag, jetzt kommt die Zeit des unschlagbar schönen Lichts. Musik? Aber ja doch, noch ganz Mann-umsponnen, schieben wir uns nicht gerade Wagner, aber nun doch den »Nachmittag eines Fauns« in den Kassettenschlitz, dieses »beschauliche und unverantwortlich-halbmelodische Dudeln, klüglich danach angetan, die Seele in Traum zu spinnen«. Dies vermöchte auch die Landschaft, die sich im Abgesang dieses Tages nun noch einmal vor uns hinbreitet, daß wir ganz benommen werden vor lauter Schmelz. Das ganze Gebiet rechts der Isar, nördlich von Tölz bis nach Dietramszell, und weiter in die ebeneren Lichtungsinseln bis auf die Höhe von Oberbiberg, ist von bezaubernder Schönheit. Es ist fast egal, wo man hier fährt, radelt, läuft – eine ruhige Ländlichkeit hat sich bewahrt, eine sanft modellierte Hügelszenerie mit weiten Bergpanoramen und dunklen Waldinseln, und vor allem sind die Dörfer der pure Augentrost. Woran liegt es bloß, fragt sich der Durchreisende neidisch, daß man mancherorts so achtsam ist, nicht nur mit den bildschönen alten Einzelhäusern, sondern auch mit dem Charme winkeliger, eingewachsener Dorfbilder – und anderswo bloß holzt und klotzt? – Wir lassen den Kirchsee mit lohnendem Brauereikloster Reutberg diesmal beiseite (von hier käme man über die Weiler Kögelsberg, Reith und Pelletsmühl auf einem winzigen Sträßchen durch den Zeller Wald hinüber nach Dietramszell und könnte vom Gehöft Pelletsmühl ein Stück den ganz unberührten Kirchseebach erkunden). Und schlagen hinter Kirchbichl mit seiner behaglichen Wirtschaft einen Haken nach Hechenberg, von dort durch die Wiesen nach Helfertsried und Spöttberg, und landen über Obermühlthal in Dietramszell.

Dieses Großdorf selbst ist keine reine Augenweide mehr, das Kloster in seiner Talsenke sieht reichlich vergammelt aus, aber die Klosterkirche, unsere letzte Barockkirche dieser Rundfahrt, ist noch nicht zur Nacht versperrt. Nochmal ein Feuerwerk an züngelndem Goldstuck und den Rosé- und Grünschattierungen, die draußen auch allmählich der Abendhimmel angenommen hat. Wie materialisiert stehen die schrägen Sonnenstrahlen aus den Emporenfenstern im Raum und lassen die Draperien der Kanzel funkeln, geben den bewegten Heiligenfiguren des Franz Xaver Schmädl spotartig noch mehr Dramatik. Kein Mensch mehr, Abendgeläute. In den Bänken sind auf alte Emailschildern die Hausnamen all der Kirchgänger geprägt, die hier seit Generationen niederknien. Wir aber müssen jetzt an die Heimkehr denken.

Und schieben das doch hinaus bis zum allerletzten Licht. Immer wieder Anhalten, zum Rückblick auf die Berge, auf das vergossene Goldlicht, das jetzt auf den Mischwäldern um Teufelsgraben und Maria Elend liegt. Verweilen, verweilen würde man hier gern und nicht wieder davonmüssen in die Stadt oder auf die Autobahn. Wir können uns nicht trennen und schinden nochmal schöne Fahrtkilometer – über Bairawies und Rampertshofen hinauf zum Aussichtspunkt der Peretshofer Höhe, über Humbach und Harmating nach Lochen und Baiernrain. Schluß jetzt! Bloß noch kurz einkehren: im Garten der Wirtschaft von Baiernrain gibt es Südtiroler Teigtaschen und prima Rotwein. »Is Eahna ned koid?«, fragt die Bedienung. Schon, aber es gibt immer noch ein wenig Aussicht zu betrachten, und immer noch will die dunstige Abendstimmung über den Wiesen nicht enden. Und erst, als es wirklich schwarz ist um uns herum, als uns die Scheinwerferkegel nur noch die Straßenstreifen zeigen, starten wir durch und kehren zurück in unser normales Leben, schnell jetzt und rundum froh.

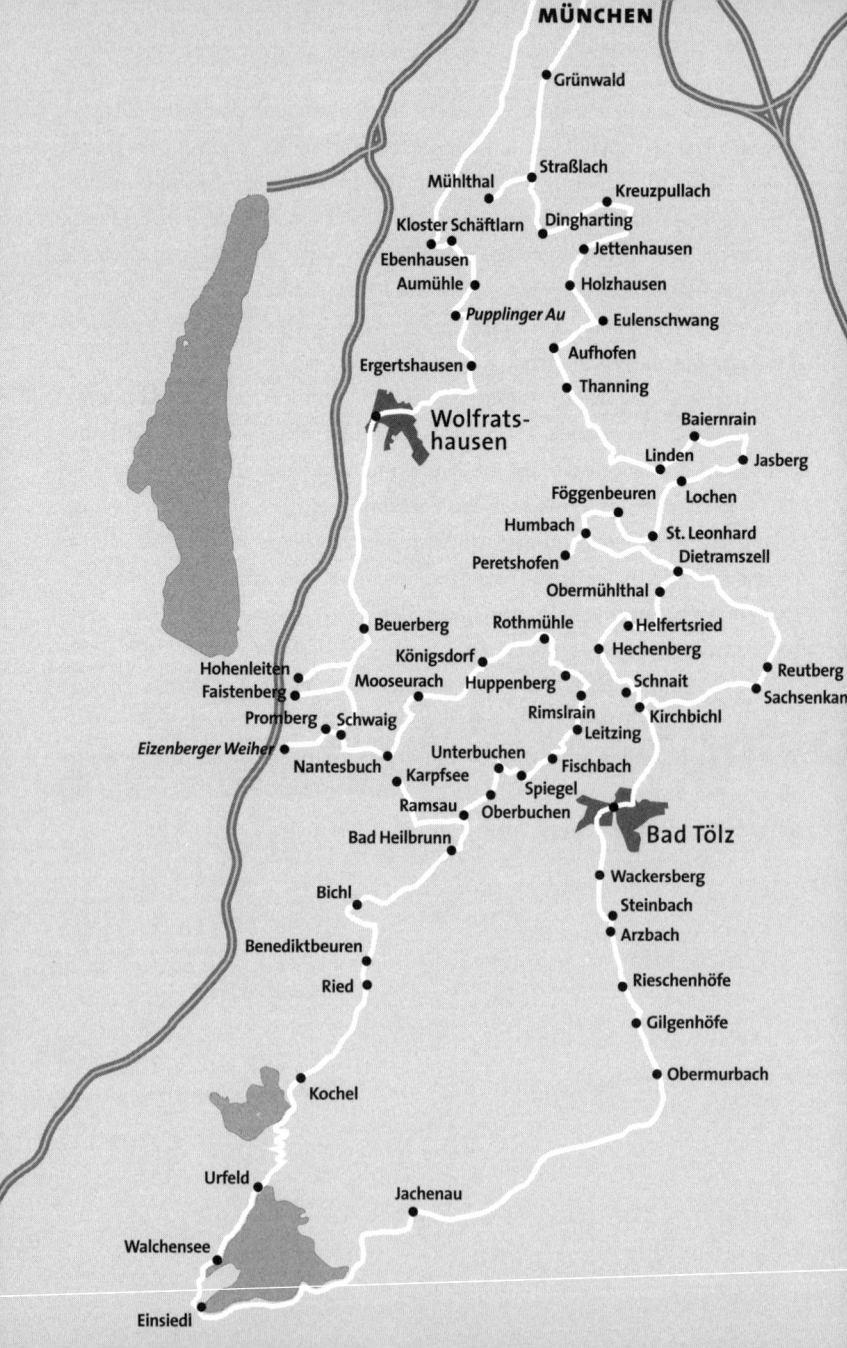

KARTEN

wieder die **Generalkarte 1:200 000, Großraumausgabe Blatt 12, Bayern Süd**, und zum genaueren Zurechtfinden die **1:50 000-Karten des Bayerischen Landesvermessungsamtes**, und zwar die Umgebungsblätter **Bad Tölz – Lenggries und Umgebung**, sowie nochmal das Blatt **Ammersee-Starnberger See**.

EMPFOHLENE STRECKEN

Abkürzungen: ✕ – Gastronomie; ↤ – Übernachten;N – Aussicht; † – Kirche; P – Landschaft; B – Ortsbild; / – kleineres Zentrum

München – Ebenhausen (✕) – Kloster Schäftlarn (†, ✕) – Aumühle (✕) – Pupplinger Au (P) – Ergertshausen – Wolfratshausen (†, ✕, B , /) – Beuerberg (†) – Abstecher nach Hohenleiten und Faistenberg – Schwaig – Abstecher nach Promberg (✕, P , N) und zu den Eizenberger Weihern – Nantesbuch – Mooseurach – Königsdorf (✕) – Rothmühle – Huppenberg – Rimslrain – Leitzing – Thal – Fischbach (P , ✕) – Spiegel – Unterbuchen – Oberbuchen – Ramsau – Reindlschmiede (✕) – Karpfsee – Bad Heilbrunn – Bichl (†) – Benediktbeuren (†, ✕, P) – Ried (✕, ↤) – Kochel (↤, Franz-Marc-Museum, /) – Urfeld – Walchensee (✕) – Einsiedl – Mautsträßchen nach Niedernach (P) – Jachenau (P , B , ✕) – Obermurbach – Gilgenhöfe – Rieschenhöfe – Ertlhöfe – Arzbach – Steinbach – Wackersberg (P , B , ✕, ↤) – Quellenhof (✕) – Bohmerhof – Fürholzen – Bad Tölz (✕, ↤, †, B , /) – Kirchbichl (P , ✕) – Sachsenkam (✕) – Reutberg (P , †, ✕) – Babenberg – Pelletsmühl – Dietramszell (†) – / oder alternativ ab Kirchbichl (P , N): Schnaitt – Hechenberg (✕) – Spöttberg – Helfertsried – Obermühlthal (✕, ↤) – Dietramszell – Humbach (✕) – Peretshofen (N) – Föggenbeuren – St.Leonhard (†) – Lochen – Schlickenried (✕, ↤) – Jasberg – Baiernrain (✕) – Linden (✕) – Thanning (✕) – Aufhofen – Eulenschwang – Holzhausen – Jettenhausen – Kreuzpullach (†) – Dingharting – Straßlach (✕ unten Mühlthal) – Grünwald – München

LAUFEN UND BADEN

Gleich von der Grünwalder Eierwiese aus läuft es sich wunderbar auf dem **Georg-Proebstweg** am Steilhang des Isar-Ostufers entlang durch diese immer noch erstaunliche Wildflußlandschaft so nah bei der Stadt. Immer wieder Tiefblicke und

Aussichtskanzeln und -schanzln, so beim Georgenstein, auf den steilen Flußein-schnitt, bis zum **Mühlthal** mit seinem gemütlichen Wirtshaus.

Ein zweiter besonders lohnender Isarhochuferweg ist der **Gregoriweg** von **Kloster Schäftlarn** nach Icking, und eventuell weiter bis **Wolfratshausen**, meist hoch über dem vielarmigen Fluß in seinem breiten steinigen Bett, dahinter die Gebirgs-kette. Natürlich auch die **Pupplinger Au**, da ist man dann unten im Kies- und Schwemmgebiet mit der außergewöhnlichen Flora, vielen ist dieser Name aller-dings etwas durch ewiggleiche Schulausflugserinnerungen verleidet; und heute an heißen Tagen muß man einen Eiertanz zwischen Entblößten absolvieren, die im Zweifelsfall skeptisch sind, ob man nur nach Felszwenke oder Frauenschuh linst.

Ein sonderbar unberührtes Spaziergebiet, trotz der Nähe zu den umtriebigen Städt-chen Geretsried und Wolfratshausen, ist die hügelige Hochfläche südlich des Gutes **Schwaigwall**, fast wild geht es da über den Hirschbühel und durch das Natur-schutzgebiet, kleine Moosböden und Waldinseln, zum winzigen Eglsee, nach Babenstuben und dem hübschen einsamen Gehöft Haag, zurück über Unterherrn-hausen und Adelsreuth nach Schwaigwall.

Vom Loisachtal, südlich von Beuerberg, kann man an schönen Einzelhöfen vorbei hinauf nach **Hohenleiten** (kleiner Badeweiher in Richtung Oed) fahren und von dort nach **Faistenberg** und ein schönes Moortal hinüber zum Hoislbräu in **Promberg** laufen. Dann vielleicht noch weiter zu den im Wald gelegenen **Eitzenberger Wei-hern** mit kleinem Bad und auf dem gleichen Weg zurück nach Hohenleiten. Auf den hiesigen Wegen begegnen einem womöglich alle möglichen in sich gehenden Selbsterfahrungsgruppler, denn das Therapiezentrum Zist, mal eine Hochburg der Psychoszene, liegt am Weg.

Die **Loisachfilze** um **Nantesbuch**, **Karpfsee**, **Mooseurach** sind immer noch eine weite, menschenleere Landschaft: hier kann man besonders gut radeln, denn hier ist es flach. Der Gasthof **Reindlschmiede** hat einen Biergarten und ein verschla-fenes Naturbadebecken, das mit Moorwasser gespeist wird.

Die im Frühsommer reich blühenden Streuwiesen der **Benediktbeurer Filze**, Lilien, Orchideen, Knabenkraut und Klappertopf, lassen sich auf einem Rundweg vom Kloster aus entdecken; hinüber zur Loisach und dem geschützten Gebiet der Sindelsbachfilze, dann mit imposantem Bergblick zur großen Mooseinöde Brunnen-bach; früher mal eine aparte Wirtschaft mitten im Moor, heute kann man noch Wurst kaufen. Von dort nordöstlich zurück zum Kloster.

Für die **Jachenau** und das ruhige **Walchensee-Ostufer** werden etwas festere Schuhe gebraucht, denn hier wird es ein bißchen bergsteigerisch. Naß und nebelig sollte es »für Ungeübte« nicht sein, denn dann kann man ins Rutschen kommen. Es geht vom Dorfzentrum der Jachenau über den prächtigen Luitpolderhof gleich steil bergauf und durch den Wilfetsgraben zur **Luitpolder Alm**. Von hier ein steiler

Pfad hinunter zum Walchensee, teils über drahtseilgesicherte Felsen im Bachgrund, wo man sich dann entlang des Ostuferweges bis **Sachenbach** entspannen kann. Keine Straßen, keine Häuser, Badeplätze – das Gegenteil zur verbauten, lauten Seite gegenüber. Über die Fieberkapelle zurück in die Jachenau. Dies ist ein längerer Haatscher von 6–7 Stunden, eine richtige Tour.

Auf dem **Wackersberger Hochplateau** läßt es sich dafür kurmäßig bequem herumflanieren, schöne Blicke, opulente Höfe. Über der Wirtschaft »Quellenhof« hat man einen schönen Blick und lohnend ist der Weg weiter zur Pestkapelle Lehenkirchl, über die Jausenstation Waldherralm, zurück in den Ort Wackersberg über Lehen. Jede Menge leichtere Bergwanderungen um Blomberg und Zwiesel und zur Benediktenwand lassen sich hier auch machen.

Wieder mehr draußen im Alpenvorland ist die Gegend nördlich von **Bad Heilbrunn** bis **Königsdorf**, eine der schönsten. Keine großen Straßen, wenig Publikum, ein höchst anmutiges, hingebreitetes Buckelland – Oberbayern ideal und dafür bemerkenswert still. Ein schöner Rundweg (geht auch mit Rad, wenn man manchmal schiebt, vielleicht sogar besser) führt von **Thal**, gleich nordwestlich über Tölz in den Hügeln, über die Weiler Leitzing, **Rimslrain** und **Huppenberg** nach Heimkreit ins Dörfchen **Rothenrain**, dann durch den träumerischen **Rottach**-Bachgrund hinüber nach Kreut. Von dort auf einem Sträßchen nach Unterbuchen, **Oberbuchen** und über Schnegg, Spiegel, Kloiber, Vogelsang zum sehr empfehlenswerten **Gasthaus Fischbach**. Von dort nur noch ein paar Meter nach Thal.

Allerdings ist es auf der anderen Seite der Isar, auf den Anhöhen zwischen Tölz und Dietramszell fast genauso schön. Ein lohnender Rundweg führt von **Hechenberg** über **Spöttberg** und **Helfertsried** nach **Habichau** und läßt sich auch durch Wälder und Moore bis zum **Kirchsee** verlängern.

Schön einsam ist es im **Zellerwald** südöstlich von **Dietramszell**, hinter dem Waldweiher mit Bademöglichkeit und der Wallfahrtskapelle **Maria Elend** hinüber zum Einzelhof **Pelletsmühl** und am unverbauten **Kirchseebach** zum Kirchsee, zurück über Topoi namens »Schwarzes Kreuz« und »Grüne Marter«, die dem dichten Tann eine etwas unheimliche Aura verleihen.

Ein kleiner Spaziergang um die **Peretshofer Höhe**, ein bekannter Aussichtspunkt, geht von **Humbach** über **Podling** zur Anhöhe von **Steinsberg**, von dort auf Höhenweg zur besagten Peretshofer Höhe.

Langsam flacher, aber immer noch mit weiten Panoramen, wird die Gegend, dann auf Wiesen- und Waldweg zurück nach Humbach.

Baden:

In den **Thanninger Weihern** nördlich des Dorfes, im **Harmatinger Weiher**, etwas größer und manchmal recht betriebsam, im **Hohenleitener Weiher** südwestlich von Beuerberg, klein und abgelegen, in den ländlichen **Eitzenberger Weihern** nördlich von Penzberg, maßvoller, ländlicher Badebetrieb; im **Kirchsee** bei Sachsenkam, wo schon eher die Hölle los sein kann, im **Waldweiher** zwischen Dietramszell und Maria Elend.

ÜBERNACHTEN

Gasthof Rabenkopf, Ried bei Kochel. Das vorzügliche böhmische Restaurant in günstiger Lage zwischen Benediktbeuren und dem Kochelsee hat auch Hotelzimmer. Altes Landgasthaus mit Biergarten, ein schöner Fußweg führt über den Weiler Pfisterberg nach Kochel. Kocheler Str. 23, 82431 Kochel, www.rabenkopf.de, rabenkopf@loisachtal.net, ℘ 08857/208 (ÜF im EZ 39 €, im DZ ab 30 € pro Person, Do Ruhetag, siehe auch »Essen und Trinken«).

Hotel Grauer Bär, Kochel, herrliche Aussicht, Terrasse direkt am See. Ausgezeichnete Küche mit Fisch- und Wildspezialitäten. Mittenwalder Str. 82, 82431 Kochel, www.grauer-baer.de, info@grauer-baer.de, ℘ 08851/92500 (ÜF ab 38 €, Mi Ruhetag).

Strasserhof, Oberfischbach am Buchberg bei Bad Tölz, schöne freie Lage mit weitem Blick, großer alter Hof, der aber ziemlich umfänglich renoviert wurde. Golfplatz vor der Tür, Terrasse. Gehobene bayerische Küche, nicht zu teuer. Etwas aufgemotzt, das Ganze. Straß 124, 83646 Bad Tölz, www.strasserhof.de, ℘ 08041/4069 (ÜF im EZ ab 55 €, DZ ab 85 €).

Altes Fährhaus, Bad Tölz. Das noble Gourmet-Restaurant am Rand von Bad Tölz hat auch ein paar komfortable Gästezimmer. An der Isarlust 1, 83646 Bad Tölz, www.altes-faehrhaus-toelz.de, info@altes-faehrhaus-toelz.de, ℘ 08041/6030 (ÜF ab 69 € im EZ, im DZ ab 100 €, Mo/Di Ruhetag).

Café Pension Alpenhaus Kogel, Bad Tölz: Überaus kurios und kariert eingerichtete Pension mit Café in schöner Lage über Bad Tölz mit viel Tradition, Atmosphäre für Individualisten, günstige Zimmer. Schon die Familie Mann war hier zu Gast. Kogelweg 16, 83646 Bad Tölz, Tel. 08041/4802, www.kogel-toelz.de (ÜF ab 30 €).

Café Kolb, Schönau bei Bad Heilbrunn: Dieses Bauernhof-Café in einem stillen Tal abseits von Bad Heilbrunn hat eine wunderbare Einzellage mit benachbartem Badeweiher und vermietet sehr preiswerte Fremdenzimmer. Reizvoller Biergarten. Schönau 3, 83670 Bad Heilbrunn, Tel. 08046/218, www.bad-heilbrunn.de (ÜF 15 €).

Hotel Kolbergarten, Bad Tölz: Stilvoll mit Antiquitäten eingerichtetes komfortables Hotel in bildschöner Prachtvilla der Jahrhundertwende, Garten, Sommerfrische-Nostalgie mit edlem Flair, Gourmet-Restaurant im Haus. Fröhlichgasse 5,

83646 Bad Tölz, Tel. 08041/78920 www.hotel-kolbergarten.de, kolbergartenbad-toelz@t-online.de (ÜF im EZ ab 52 €, im DZ ab 40 € pro Pers.).

Klosterschänke Dietramszell: Die altehrwürdige klösterliche Einkehr wurde in den letzten Jahren liebevoll renoviert und bietet neben mehrfach ausgezeichneter bayerischer Küche in den Gewölberäumen und im Biergarten nun auch freundliche Gästezimmer mit Komfort. Besonders nett die Chaiselongues zur behaglichen Lektüre in manchen Zimmern. Klosterplatz 2, 82623 Dietramszell, Tel. 08027/ 904500, www.klosterschaenke-dietramszell.de, info@klosterschaenke-dietramszell.de (ÜF im EZ ab 45 €, im DZ ab 65 €).

Gasthof Liegl, Obermühltal bei Dietramszell, ein einfaches Dorfgasthaus mit preisgünstigen Zimmern und einem schönen Kastaniengarten vorm Haus. Günstig positioniert für die sehr schöne Wander- und Radllandschaft drumherum. Tölzer Str. 22, 83623 Dietramszell, ✆ 08027/202 (nur DZ, ÜF pro Pers. 40 €, Di/Mi Ruhetag).

Urlaub auf dem Bauernhof, Ferienwohnungen:

Mehrfach preisgekrönt wurde der **Abrahamhof** der alteingesessenen Familie Sindelshauser in **Benediktbeuren**, ein fast zu perfektes Beispiel für die Inszenierung gepflegter Bauernhofferien. Angerfeldweg 10, 83671 Benediktbeuren, www.abrahamhof.de, info@abrahamhof.de, ✆ 08857/ 9627 oder 1560 (Preise auf Anfrage). Ein typischer Einzelhof im schönen Wiesental der **Jachenau** ist der Hof **Zum Orterer**, FeWo ab 35 €, ✆ 08043/441. In **Sachenbach**, am Ostufer des Walchensees, die Seite ohne Durchgangsverkehr, liegen inmitten von Wiesen und nah am Wasser der **Seppenbauernhof**, Sachenbach 2, 83676 Jachenau, www.seppenbauernhof.de, info@seppenbauernhof.de, FeWo ab 52 €, Badestrand und »Sauna mit Kräuterdampf«, ✆ 08851/254, sowie der **Jörglbauernhof**, Sachenbach 1, 83676 Jachenau, benedikt_sachenbacher@hotmail.com, FeWo ab 39 €, Badestrand und eigene Alm, ✆ 08851/359. Und schließlich in der ruhigen offenen Moor- und Buckelwiesenlandschaft, weitab von allen Durchgangsstraßen, zwischen Bad Heilbrunn und Königsdorf der **Bernwieserhof, Bernwies**, Bernwies 1, 83670 Bad Heilbrunn, www.bernwieserhof.de, bernwieser@yahoo.de, ✆ 08046/638, FeWos im Neubau ab 36 €.

Ausführliche, meist bebilderte Unterkunftslisten haben immer die Fremdenverkehrsämter, in diesem Fall der des Landkreises Bad Tölz-Wolfratshausen, ✆ 08041/505206. Oder man bestellt sich zum ausführlichen Vergleichen die dicken Jahreskataloge »Urlaub auf dem Bauernhof« des Bayerischen Bauernverbandes (www.bayerischerbauernverband.de, ✆ 089/558730) oder des Verlags der Deutschen Landwirtschafts-Gesellschaft, Frankfurt (www.dlg.de, ✆ 069/ 247880, Fax 24788-480, www.bauernhof-urlaub.com), die mit dem DLG-Gütesiegel auch qualitativ wertet.

ESSEN UND TRINKEN

Landgasthof Rittergütl, Irschenhausen: Schönes, bäuerlich-behutsam eingerichtetes Dorfgasthaus neben der Kirche, grandioser Isartal-Alpen-Weitblick von
der Terrasse. Frische bayerische Saisonküche, von »Slowfood« ausgezeichnet,
Tafelspitz auf Wirsing-Kürbisemüse z.B., Bayerische Ente, Huchenfilet, Zwetschgen-
knödel oder Schlutzkrapfen, gute Weine. Ebenhauser Str. 26, 82057 Irschenhausen, Tel. 08178/3803, www.ritterguetl.de, ritterguetl@aol.com (Di Ruhetag, März
und Oktober Betriebsferien).

Schweizerwirt, Schlegldorf bei Arzbach: Trotz des Namens bayerisch-österreichi-
sches Wirtshaus im Isartal , beliebt in der Region für seine bodenständige Küche
mit »Böfflamott«, Beinfleisch, Tafelspitz und Fischgerichten, mehrfach ausgezeichnet. Schlegldorf 83, 83661 Lenggries, Tel. 08042/8902, www.schweizer-wirt.de,
info@schweizer-wirt.de (Mo/Di Mittag Ruhetag).

Gasthaus zur Mühle, Mühltal unterhalb Straßlach, schönes altes Wirtshaus mit
Biergarten und gemütlicher Stube ganz unten im hier tiefeingeschnittenen Isartal.
(Siehe Kasten: Eine Wasserpartie). Mit dem Auto nicht zu erreichen. Bodenstän-
dige Küche. Mühlthal 10, 82064 Straßlach, ∅ 08178/3630.

Restaurant Hubertus, Ebenhausen, feine Ein-Stern-Küche auf dem Isarhochufer,
nicht überteuert. Wolfratshauser Straße 53, 82069 Schäftlarn. Reservieren ∅
08178/4851.

Gasthaus Neuhauser, Amtmann Straße 5, 82544 Thanning, ∅ 08176/225 und
Gasthaus August Baur, Kindergartenweg 6, 83623 Linden, ∅ 08027/691: normale traditionelle Dorfgasthäuser in der Dorfmitte bei der Kirche, das in Linden hat
eine schöne, sonnige Terrasse mit Blick nach Süden, schöne Umgebung.

Gasthaus Baiernrain, Baiernrain bei Dietramszell, am Rand des Dorfes in einer
Rodungslichtung mit Blick nach Süden gelegener schöner gelber Wirtshausbau mit
grünen Läden, gediegen herausgeputzt. Phantasievolle Küche mit Südtiroler Einschlägen, gute Weine. Lehrer-Vogel-Weg 1, 83623 Dietramszell, ∅ 08027/9193
(Mo Ruhetag, Di ab 17 Uhr).

Gasthaus Schreinerwirt, Kleinhartpenning, zu dem Dorf abseits des Durchgangsverkehrs führt ein schöner Fußweg von Dietramszell am Waldweiher und
Hackensee vorbei. In der getäfelten Stube kann man ausgezeichnet bayerisch
essen, auch beste Kuchen und vegetarische Gerichte. Kleinhartpenning 25,
83607 Holzkirchen, ∅ 08024/1060, geöffnet wochentags ab 17 Uhr, an den
Wochenenden ab 10 Uhr. Mo/Di Ruhetag.

Tafernwirtschaft Geiger, Humbach: altes, gemütliches Dorfgasthaus mit schattigem Garten, altmodischer Saal im ersten Stock, seit Jahren gleichbleibend, auch

die Preise sehr zivil für Schweins- oder Sauerbraten, der Wirt ist Metzger, aber auch die selbergebackenen Kuchen prima. Sehr zu empfehlen. Humbach 1, 83623 Dietramszell, ✆ 08027/250 (Mo/Di Ruhetag).

Jägerwirt, Kirchbichl: schattig eingewachsenes Dorfgasthaus, wunderschöne Umgebung, kleiner Garten, niedrige Kachelofenstube, gute bodenständige bayerische Küche. Nikolaus-Rank-Str. 1, 83646 Bad Tölz, www.jaegerwirt-kirchbichl.de, mail@jaegerwirt-kirchbichl.de, ✆ 08041/9548 (Mo/Do Ruhetag).

Kloster-Bräustüberl, Reutberg: ein berühmter Blick, einen berühmte Terrasse, ein berühmtes Kloster, dabei auch noch ein Badesee – entsprechender Wochenendbetrieb. Das dunkle Bier ist sehr gut, die Küche eher schwankend. Aber die Aussicht ... Reutberg 2, 83679 Sachsenkam, ✆ 08021/8686.

Vogelbauer, Neufahrn bei Egling, in einem Bilderbuchdorf mit prächtiger Aussicht gelegenes französisches Lokal in einem kleinen Bauernhaus mit Gastgarten. Raffinierte Landküche mit Blutwurst auf Champagnerkraut, gefüllter Taube, Lammragout etc., nicht überteuert. Schanzenstr. 4, 82544 Neufahrn bei Egling, www.vogelbauer.de, info@vogelbauer.de, ✆ 08171/ 29063.

Moarwirt, Hechenberg: in hochgelegenem hübschen Dorf nördlich von Tölz, schöne Landschaft, sonniger Garten, bayerische Küche. Sonnenlängstr. 26, 83623 Dietramszell, www.moarwirt.de, kontakt@moarwirt.de, ✆ 08027/1008.

Gasthof Zantl, Bad Tölz: schönes altes Haus mit grünen Läden in einems dörflichen Winkel der Kurstadt gleich neben der Mühlfeldkirche. Sehr gute Adresse für Vollwertkost und Vegetarisches, zum Beispiel Dinkel-Spinat-Spätzle, aber auch Brotzeiten und Tafelspitz sehr gut. Salzstr. 31, 83646 Bad Tölz, www.gasthofzantl.de, gutessen@gasthof-zantl.de, ✆ 08041/ 9794 (Fr Ruhetag, Sa ab 17 Uhr).

Café Forsthaus, Wackersberg: ein sehr schönes, geducktes altes Walmdach-Holzhaus, zurückgelegen in schattigem Garten, gemütliche Kachelofen-Stuben. An den hausgemachten Kuchen, auch in der Vollkornvariante, kann man sich doof fressen. Ob drinnen oder draußen: höchst angenehmer Platz zum Verhocken. Rundum die ruhige Wiesenlandschaft des Wackersberger Hochplateaus, schön zum Herumspazieren. Wackersberger Str. 15, 83646 Bad Tölz, www.forsthaus-toelz.de, mail@ forsthaus-toelz.de ✆ 08041/27878.

Gasthaus Fischbach, Fischbach zwischen Tölz und Königsdorf, ziemlich versteckt und abgelegen, fern der Durchgangsstraßen in einer besonders reizvollen Moränen- und Mooslandschaft. Behäbiges Bauernhaus mit Garten, eine aparte Zwiebelturmkirche gleich dabei. Solide bayerische Küche mit Wild, Spanferkel oder Kalbshaxen, beliebt bei den Einheimischen. Eine Ausnahme in bayerischen Wirtshäusern: der Kaffee ist richtig gut und die Auswahl an selbstgebackenen Kuchen/Torten beträchtlich. Rundherum 1a-Spaziergegend. Fischbach 48, 83646 Bad Tölz, www.gasthaus-fischbach.de, gasthof-fischbach@t-online.de, ✆ 08041/4817.

Gasthof Rabenkopf, Ried bei Kochel: In dem freundlichen Gasthaus mit Garten gibt es eine Rarität außerhalb der Städte, nämlich bodenständige böhmische Küche mit Topinky, böhmischen Knödeln, Powidldatschkerln, Kuttelflecksuppe, Gansbraten, Gänseleber, sauren Nieren, aber manchmal auch sehr guten Gams-, neudeutsch »Gämsen«-braten – alles kräftig, würzig, große Portionen. Viel Kohldampf vonnöten, damit man dann auch noch Liwancen oder Obstknödel mit geriebenem Quark schafft. Die guten Obstbrände helfen dabei. Kocheler Str. 23, 82431 Kochel, ∅ 08857/208 (siehe auch »Übernachten«).

Café Bucherer, Walchensee, schöne, altmodische Räume, Wiesengarten direkt am See, vorzügliches Hausmacher-Backwerk, Seestr.1, 82432 Walchensee, ∅ 08858/247 (Mo Ruhetag, geöffnet 7 – 19 Uhr).

Klosterbräustüberl, Benediktbeuren: Das Bräustüberl mit seinen Gewölben liegt an der sonnigen Südseite des gewaltigen alten Maierhofs, der in den vergangenen Jahren immer mehr aus seiner abblätternden Desolatheit erwachte, immer schöner und bewohnter wird. Ein idealtypischer Klostergarten, mit Blick auf die barocke Klosteranlage, über die Kochelseefilze auf Jochberg und Herzogstand, solide bayerische Küche, auch Leichteres. Zeilerweg 2, 83671 Benediktbeuren, www.klosterwirt.de, info@klosterwirt.de, ∅ 08857/ 9407.

Gasthaus Schönmühl, bei Penzberg im Loisachtalgrund, ein wirklich »uriges« Wirtshaus am Rand der ehemaligen Bergwerksstadt Penzberg, die als Industrie- und Arbeiterdomäne nie idyllisch, bestenfalls sachlich war. In Schönmühl sieht man von ihr nichts. Altes Haus mit filmreifer denkmalgeschützter Gaststube, viel Stammpublikum, das die deftige bayerische Kost zu schätzen weiß, manchmal eng, rauchig, laut. Unübertroffen ist die Hausmachersülze mit Bratkartoffeln. Auch Biergarten. Ganz in der Nähe, die »Loisachtaler Forellenzucht«, wo man sich frischgeräucherten Fisch mit nach Hause nehmen kann. Schönmühl 1, 82377 Penzberg, ∅ 08856/2498 (Mo/Di Ruhetag, im Sommer auch Mo geöffnet. Küche Mi/Do ab 16 Uhr, Fr – So ab 11 Uhr).

Hoislbräu, Promberg zwischen Penzberg und Benediktbeuren, abseits der Durchgangsstraßen auf einem aussichtsreichen Moränenrücken inmitten von Wiesen gelegen. Ein Klassiker unter den Ausflugsgasthöfen; in den letzten Jahren vergrößert und professioneller, was etwas vom Charme früherer Zeiten gekostet hat. Breites, altes Bauernhaus, sonnige Terrasse mit phantastischer Bergsicht. Immer noch sehr solide, überaus reichliche bayerische Küche, berühmt der schwarze Preßsack, aber auch gute Brätnockerl- oder Schwammerlsuppe, überdurchschnittlicher Schweinsbraten, und nachher Aprikosenstrudel oder Rote Grütze. Zum Glück kann man direkt von der Wirtshaustür in die schöne Landschaft laufen, zum Kalorienvernichten. 82377 Penzberg, www.hoislbraeu.de, mail@hoislbraeu.de, ∅ 08856/ 9017330 (Mo/Di Ruhetag, warme Küche über Mittag und ab 17.30).

KUNST UND KULTUR

»Kultur im Keller« – in der sehr hübschen alten Villa am Rodelweg 10 in **Ebenhausen** veranstaltet der Journalist und Medien-Entrepreneur Karl-Otto Saur sehr lohnende, hochrangige Lesungen und anderes. Programm und Anmeldung unter ℘ 08178/93080 oder saur@kontor.de.

Im »Hollerhaus« in **Irschenhausen**, der ehemaligen Künstlersommerfrische, finden in den Atelierräumen regelmäßig Ausstellungen, Kurse, Konzerte statt, Neufahrner Weg 3, 82507 Irschenhausen, www.hollerhaus-irschenhausen, hollerhaus-irschenhausen@t-online.de, ℘ 08178/3498.

Ein angenehmer Ort in einer Jahrhundertwendevilla, im Bergwald gelegen, ist das kleine Franz-Marc-Museum, ebenfalls in Kochel, der »Wiesenhang« und die »Zwei Frauen am Berg« und die »Hocken im Schnee« haben entschieden Lokalkolorit. »Zwei Frauen im Schnee« zeigt die Erzrivalinnen um Marcs Gunst: er heiratete schließlich beide nacheinander. Das Franz-Marc-Museum am Herzogstandweg 43 in Kochel wird bis Frühjahr 2008 renoviert. Marc-Interessierte können bis dahin eine Auswahl der Werke des Expressionisten im sogenannten Art-Shop, Kalmbachstr. 9, 82431 Kochel am See, bewundern. www.franz-marc-museum.de, artshop@franz-marc-museum.de, ℘ 08851/7114.

Ansonsten ist nicht nur der Pfaffenwinkel, sondern auch die Region rechts der Garmischer Autobahn Klösterland: Neben den beschriebenen ist die merkwürdige tonnenartige »Kirche-in-der-Kirche«, ein sogenanntes Loreto-Haus, von Kloster **Reutberg** sehenswert, aber auch die kleinen Wallfahrtskirchen von **St. Leonhard** und **Maria Elend** des Klosters Dietramszell. Westlich von Sauerlach ist die barocke Dorfkirche von **Kreuzpullach** ein kleines Juwel. In **Benediktbeuern** gibt es einen reichbestückten Klosterladen, der nebst Kunstgewerbe, Büchern und Religiösem auch einen mit Blattgoldgestöber versetzten Klosterlikör verkauft. Hier sollte man auch die »Historische Fraunhofer-Glashütte« nicht versäumen (Fraunhoferstr. 1, 83671 Benediktbeuern, ℘ 08857/880, geöffnet tägl. 9 – 16 Uhr).

Und für Volkskunst-Interessierte ist das neueingerichtete, wissenschaftlich orientierte Trachten-Informationszentrum mit seinen umfänglichen Sammlungen aus ganz Bayern wahrscheinlich interessant. Das Heimatmuseum von Bad Tölz in einem prachtvollen Gabriel-von-Seidl-Bau der Marktstraße ist recht reichhaltig (℘ 08041/504688). Bad Tölz hat eine freundliche Stadtbücherei und mit der Buchhandlung »Winzerer« auch einen engagierten Buchladen. Ansonsten ist die Gegend Dörferland, Bauernland, und kaum irgendwo im bayerischen Oberland gibt es so viele wohlerhaltene Dorfensembles, schöne alte Bauernhäuser zu sehen wie in dieser Ecke.

Im hübschen Gemeinwesen **Humbach** hat sich ein origineller »Theaterhof« etabliert, seit 14 Jahren nun schon, mit einem Repertoire von Ben Jonson über Feydeau bis zur Aida. Der Initiator Marc André Angelini holt sich ein junges, ambitioniertes Ensemble vor allem von amerikanischen und kanadischen Musikhochschulen zusammen, die Kulissen werden in einem ehemaligen Futterlager zusammenge-hämmert, und alle sind mit großem Elan dabei, auch außerhalb der Vorstellungen im schönen Biergarten der »Tafernwirtschaft Geiger«. Karten und Programm unter ✆ 08027/308.

Für den, der das »Blaue Land« mal von oben betrachten möchte: auf dem kleinen Flugplatz von **Königsdorf** läßt sich nicht allzu teuer ein kleines Sportflugzeug mit Piloten mieten, das einen dann nach Wunsch durch die Lüfte schippert. Ein Genuß! Man kommt gar nicht mehr nach mit Orten und Identifizieren und »Guck mal!«, man fliegt bekanntlich ganz anders, viel niedriger und langsamer als in den blöden Jets, und wir haben von dort oben sogar unsere eigene Katze in unserem damaligen Garten auf dem Autokühler schlafen sehen. Flugsportvereinigung Bad Tölz e.V. am Flugplatz Königsdorf ✆ 08179/8203.

LEKTÜRE

Herbert Schindler: *Reisen in Oberbayern*, Prestel 1985, einer der mir lieberen, weil ziemlich lesbaren Kunstreiseführer, lohnt sich für ganz Oberbayern.
Georg Dehio: *Bayern 4. München und Oberbayern,* Deutscher Kunstverlag 2006, der aber halt in typischem Kunsthistoriker-Idiom sehr ins Detail geht.
Alma und Robert Schätz: *Radeln zwischen Andechs, Bad Tölz und Aying,* Stöppel 1984, ein recht genauer Radwanderführer für die Gegend, im Tonfall allerdings aufs äußerste unbedarft.
Hermann und Anna Bauer: *Klöster in Bayern,* C.H. Beck 1993, eine gute Kultur- und Kunstgeschichte des Bayerischen Klösterwesens (bis nach Niederbayern und die Oberpfalz).
Bernhard Setzwein: *An den Ufern der Isar,* Köhler und Amelang 1993, ein sehr les-bares Lesebuch zum historischen und heutigen Leben und Treiben an einem baye-rischen Fluß
Marie-Louise Plessen: *Die Isar – Ein Lebenslauf,* Hugendubel 1983. Ein faktenrei-cher und attraktiv gestalteter Ausstellungskatalog einer Schau im Münchner Stadt-museum (nur antiqu.).
Wassily Kandinsky/Franz Marc: *Der blaue Reiter – Kommentierte Neuausgabe,* Piper 1990.
Und ich benütze als Wanderführer immer noch treu die uralten laminierten Quer-

formate des unvergleichlichen Walter Pause aus den Sechzigern. *»Wer viel geht, fährt gut«*, Schnell & Steiner, heißen diese Bändchen, sind mit ästhetisch hochbefriedigenden Schwarzweißfotos versehen und stimmen immer noch weitgehend, wenngleich der mittlerweile erfolgte Straßen- und Häuslbau den längst verschiedenen Wander-Guru wohl zur Weißglut getrieben hätte. Am schönsten ist das typische betuliche Pause-Parlando, dieses »... und dann stromern wir ein gaches Waldwegerl hinab ... ein reizendes Brotzeitln ist's an diesem feinen, stillen Winkel ... am Wiesenrain entlanggebummelt und im lustigen Auf und Ab endloses Entzücken gesammelt ...« Wo er recht hat, hat er recht: das hat man sich allerdings öfter gedacht, wenn einen diese launigen Sprachwindungen an ein wirklich verdammt »kreuzsauberes Platzerl« geleitet hatten – und gegen die »geldigen Umweltverderber« hat der Walter Pause schon zu einer Zeit räsonniert, als noch eine Unbeschadetheit herrschte, der man heute hinterherjammert.

IM PFAFFENWINKEL

An den Osterseen

Sechs Jahre lang habe ich mich nicht zurückgetraut. Habe bei allen notwendigen Fahrten in südwestliche Richtung große Bögen gemacht um das Dorf, bloß nicht dahin, auch nicht in die benachbarte Landschaft. Ich hatte wirklich Angst – ähnlich der, wenn man einer verflossenen Liebe wiederbegegnen muß und sich gefälligst ganz unbefangen und gegenwärtig zu gebärden hat, auch wenn man genau weiß: das ist damals nicht ordentlich zu Ende gegangen, das ist schmerzlich abgesäbelt worden, das hat im Grunde nie ganz aufgehört.

In Träumen tauchen gelegentlich vergangene Liebschaften aus der Versenkung, und es kommt immer wieder mal *Iffeldorf* vor. Jawohl, Iffeldorf, eh schon so ein blöder Name. In einem Sparkassen-Bildkalender des Landkreises Weilheim hieß es mal verdruckt »Affeldorf«. Ham wir gelacht, als wir damals da wohnten, na das paßt doch... Ein richtiges Verdrußkaff. Straßendorf, Durchgangsverkehr, ein Bürgermeister, der hauptberuflich Börsenmakler war und den Ort radikal »aufzuwerten« sich jede Mühe gab. Kaum waren wir dorthin gezogen, ein harter Schnitt, mitten aus der Stadt in die Dörflichkeit, 65 Kilometer vom Schuß, waren wir schon heftig überkreuz mit dem kommunalen Mainstream: die typischen Staderer, ahnungslose Öko-Heinis, die daherkommen und jede Innovation miesmachen. Wir stritten mit der einen Dorfminorität wacker gegen das pompöse neue Gemeindezentrum, mit einer anderen Kleingruppe gegen den Siedlungs-Bebauungsplan gleich unter der barocken Heuwinkl-Kapelle – und konnten zum Dank am Morgen nach der Rauhnacht, Freinacht der bösen Streiche, nicht mehr aus unserer Haustür, weil sich davor ein dampfender Misthaufen türmte. Wenigstens war keine tote Katze angenagelt wie bei einem fortschrittsfeindlichen Kombattanten.

Das Neonlicht der ragend verglasten Sport- und Freizeithalle erhellte dennoch bald unseren vordem ländlich-finsteren Garten; dann wurde

Iffeldorf

auch der hintere Fußweg von halbhohen, deostick-förmigen Straßen-
laternchen bestrahlt – Iffeldorf leuchtete. Im gewerbehallengroßen Gemeindezentrum etablierte sich ein neo-zirbeliger Landgasthof, und zierliche Basalt-Trottoirs wuchsen an den Rändern der Dorfstraße, so daß
Bauer Seidenschwand, ohnehin so ziemlich der letzte Agrarier, größte
Probleme mit dem Austreiben seiner Kuhherde bekam. Unser schön ver-
wachsener, verbuschter Garten galt als rechter Schandfleck. Die oberen
Anlieger schnippelten die Hecke, kaum hatte man sie leidlich blickdicht
gekriegt, umgehend wieder transparent. Unterhalb beschwerte man sich
litaneiartig über unsere Lärchennadeln, welche die Dachrinnen verstopften: g'heret'n scho lang weg, die Baam, die verrecktn. Die Nachbarn übers
Sträßchen, vom Schreibtischfenster unübersehbar in ihrem properen Thu-

jen- und Essigbaumgarten, waren ständig von irritierender Geschäftigkeit: wo will er denn jetzt schon wieder mit Zollstock und Wasserwaage hin, der Herr Gnatzl, Steuerberater aus München? Was will er denn *noch* bauen auf seinem winzigen Grund – eine Saunahütte? Eine abgestufte Palisadenabstützung? Er hat doch schon zwei Garagen und zwei Grillplätze und einen Außenkamin und so einen schönen Zierparavent auf seinem beigemarmorierten Plattenvorplatz und einen Fontänenbrunnen und spanische Fenstergitter… Derweil ratterte ein Haus weiter schon wieder die Motorsäge, mit der eine schön pyramidal gewachsene Riesentanne aller unteren Äste entledigt wurde, weil die zuviel Schatten machten, bis sie

Osterseen

aussah wie ein Regenschirm mit zehn Meter langem Griff. Und im längst kuhfreien Stall gegenüber webten und wieherten gelangweilt die gegen gutes Geld dort untergestellten »Freizeitpferde«, um die sich nie einer kümmerte.

Man sieht, es war sehr bäuerlich-naturnah in Iffeldorf. Der Traum vom Landleben glich vielfach eher einer kleinkarierten Vororts-Daseinsweise. Und doch... Wir hatten dieses freundliche, verwinkelte Haus, hinten noch ein altersdunkler Scheunenteil, in der Farnwildnis des Steilhangs eine heimliche grün-kühle Tuffsteinterrasse. Wir hatten den Blick aus den nicht sehr dichten Sprossenfenstern des kleinen Sommerzimmers: auf die Turmzwiebel von St. Vitus, davor die ständige Wiegebewegung der bogigen Lärchenzweige – im Frühjahr voller lindgrüner Pinselchen, im Herbst dieses unvergleichliche Braungold. Wir hatten Schneehauben auf unseren Zaunpfosten, so hoch wie Kaffeemützen, tiefverschneite graublaue Winterspätnachmittage, an denen die Dorfstraße nach Schornsteinrauch roch und eine Stimmung über dem Ort lag wie in Brueghels »Düsterem Tag«. Wir hatten den eisig pfeifenden Wind über den offenen Weiden nach Süden, der den Schnee zu schuppenartigen Mustern verwehte, dahinter die violette Kältetönung der Alpenkette. Das alles hätte ausgereicht, um mein Herz so zu verstricken, daß ich heute, nach Jahren der Abwesenheit, manchmal noch die kleinen Widerhaken spüre, die mich, zart aber zäh, an diesen zeitweiligen Heimatort ketten. Aber da waren vor allem die Seen. Die Osterseen, damals unsere Osterseen.

Unser Garten lag direkt an der Moränenkante und wir hatten wir dieselbe Aussicht, wie sie Besucher üblicherweise vom hochgelegenen Dorffriedhof wahrnehmen. Nie werde ich dieses Bild vergessen: die Dreierkette der vorderen Seen: Waschsee, Sengsee, Fohnsee, durch schmale Naturkanäle miteinander verbunden, in ihren Schilfgürteln, die Waldkuppen, die Wieseninseln. Ein Foto dieser Vedute hängt heute an meiner Wand in Ostbayern, aber das ist eben Papier. Damals gehörte der Wassergeruch dazu und das Zischgeräusch der vom Seespiegel aufpreschenden Enten, das wechselnde Licht der Tageszeiten, vom kühlen Morgenschat-

ten mit den Dunstschleiern überm Wasser bis zu den Perlmuttfarben endloser Sommerabende. Und die stumpfe Farbigkeit des Winters: das Gelb-
braun des Schilfs, wie es das Schneeweiß strichelte, die metallischen Wasser, das Schieferdunkel des Himmels. Wenn es dann klirrend kalt wurde,
die kobaltblauen Tage des Blendens und Glitzerns, die Formen des Eises:
poröse Schichtplatten am Ufer, die riffeligen Reliefs, die harte, polierte
Flächigkeit des durchsichtigen Spiegeleises draußen auf dem See.

Meine Winter- und Herbsterinnerungen an Iffeldorf sind die schönsten, denn da war man immer solo auf den Wurzelpfaden rund um die
Seen, und sogar die vermaledeite Caravansiedlung hinterm Ćevapčići-
»Fohnseestüberl« kam einem, schneebedeckt und verödet, eher mitleid-
erregend als krass vor. Ich habe noch Schlittschuhlauffotos vom Fohnsee,
da sind wir ganz allein auf dem Eis, winzige verrenkte Figürchen, einzig
unsere Kufenspuren in der weiten Schneefläche, die das meterdicke Eis
verbarg. Wenn das Spiegeleis freilag, war das Dahingleiten noch unglaublicher, auf dieser festen Glasplatte über wirr bewegtem unterirdischem
Dunkel. An sehr kalten Abenden reflektierten die Schneeflächen in einem
leuchtenden Orange, und die knorzigen Astkronen der vielen uralten
Solitärbäume davor waren die reine Expressionisten-Kunst.

Die Bäume, vor allem um den Großen Ostersee! Die Schirmkiefern
mit ihrem rötlichen Holz, so schräg über den See gewachsen, daß man
sich fragte, wie sie noch Halt im Waldboden haben. Die stolzen Einzel-
gestalten von Eichen, Buchen, Ahorn und Linden auf einer beulenartigen
Kuppe, ausladend in den Kuhwiesen, eine kleine Allee, wo führt sie hin?
Die Birkengruppen im Schilf, die Waldränder überm Frühlingsblau des
Wassers, in alle Grünschattierungen des Laubaustriebs getupft. Die toten
silbergrauen Stämme, die ins Wasser ragten wie umgekippte Einbäume,
die Wurzeln, brückenartig überm klaren Plätscherwasser des Kieselstrands.
Wie glatt und warm so eine Wurzel war, wenn man an einem lauen Sep-
tembertag auf ihr rastete und sich nicht sattsehen konnte an der Verdop-
pelung von Benediktenwand oder Herzogstand, schon mit erstem Schnee
über der Waldgrenze, im kühlen, gleichmütigen Spiegel des Sees.

Das alles wiederzusehen, bloß als flüchtiger Besucher, hätte mir lange Jahre zu weh getan. Dann bin ich doch nach Iffeldorf gefahren, und es war immer noch ziemlich gemein. Nein, unser Haus, in dem jetzt wieder seine rechtmäßigen Eigentümer wohnen, habe ich nicht betreten. Der wurmige alte Scheunentrakt, so läßt sich beim langsamen Vorbeifahren erkennen, ist edel und geschmackvoll ausgebaut worden und es gibt jetzt einen Carport. Die Lärchen, gottlob, stehen noch. Vom »Gasthaus zur Post«, dem alteingesessenen Wirt am Kirchplatz, ist der Putz abgeschlagen – wie dieser Dorfgasthof, neben etlichen anderen im Oberland, von der Brauerei abgestoßen und verscherbelt wurde, ging durch die Presse. Wir waren damals fast schon Abo-Essens-Stammgäste bei dem rundlichen Vater-und-Tochter-Gespann Schuster, zu faul zum Kochen, haben wir die gediegene bayerische Hausmannsküche sehr gemocht: vor allem die legendäre Milzwurstsuppe, die eine Münchener Freundin regelmäßig zweimal bestellte. Der Niedergang der »Post« begann schon mit der Eröffnung des adretten »Landgasthof Osterseen« im Rosa-Tischdecken-Country-Stil; St. Petersfisch und Austernpilze, mit welchen die Post mitzuhalten versuchte, waren halt nicht ihr Metier und stimmten die Stammgäste unlustig. Heute also existiert sie nicht mehr; ein Dorfplatz ohne Gasthaus, dafür mit einem Erweiterungsbau des Limnologischen Instituts der Münchener Uni.

Sonst ist leider, leider alles viel zu vertraut geblieben für eine leichtherzige tempi-passati-Abnabelung. Die Prägeschrift des Bäckerladens an der Hofmark, das Eckhaus der Rauschgoldengel-Manufaktur, die Holzhütte unten im Waschsee-Schilf. Das Blockhaus der Germanistenfamilie steht noch immer einsam im Wald, und die Metzgerei Petermichl hat den nahen Penzberger Großmärkten standgehalten. – Ach, ich muß hier weg. Sonst wird's mich wie einen Schlafwandler an das Gartentürl mit der blauen Sieben führen – ich habe es noch im Kniegelenk, daß man sich zum Öffnen leicht abknicken mußte –, wo ich nichts mehr verloren habe.

Und es ist leider nicht mal einer der überfüllten Hochsommertage, dann wär's nicht so weit her mit der elegischen Gestimmtheit, an denen die Hofmark von der Sparkasse bis zum Kriegerdenkmal autoverstellt war, der Großparkplatz unterm Ort blinkte in der Mittagssonne wie ein zusätzlicher Blechsee. Ich erinnere mich an die Schadenfreude, wenn die Badetaschen-Karawane, die unablässig zur »Alm« am Fohnsee geströmt war, dem tolerierten FKK-Strand zwischen Kuhfladen, bei Gewitteraufzug wieder zurückgehastet kam wie eine in die Flucht geschlagene Armee. Das war die Iffeldorfer Sommer-Kehrseite, zu welcher auch die viellieben Überraschungsgäste zählten, dachten-wir-schaun-mal-rein, die fast jedes Wochenende ums Hauseck grinsten, weil an die Osterseen fährt der Münchner gern und oft. Kaum zu glauben, wie still unsere eigenen Badestunden waren, ganz früh morgens vor der Arbeit, oder im letzten Abendlicht, wenn die Mückensäulen über dem Moorwasser standen und außer dem Menschenpaar nur ein Haubentauchergespann seine Kreise zog.

In St. Vitus zünde ich eine Kerze an, hier ist es sentimentmäßig mal wieder angebracht. Kunst vergeht nicht: meine Lieblingsbildwerke sind alle am Platz: das Deckengemälde des Tiroler Freskanten Johann Jacob Zeiller, das den Hl. Veit im Kessel schmorend zeigt, die kleine, nachgedunkelte Madonna im Blütenkranz und die bräunlichen Medaillons in den Gewölbezwickeln, besonders die offene Muschel, in der eine Perle liegt. Dann fahre ich westwärts davon, auch das versteckte Sträßchen kenne ich noch auswendig: an Gut Steinbach vorbei, durch den Weiler Gröben und oben am Schillersberger Weiher längs. Es ist auch in dieser Parklandschaft mit Benediktenwandblick noch ebenso anmutig wie eh und je, und im neuen Bauernhaus der Einöde Gröben kann man Urlaub auf dem Bauernhof machen. Aber das, überlege ich im Biergarten des Wirtshauses Hohenkasten, schon an der Weilheimer Straße und etwas außerhalb des alten magischen Zirkels, das werde ich mir wohl nicht antun.

Schwingrasen

Ich fahre ein Stück zurück in Richtung Antdorf und lasse das Auto am Fahrweg zur Einöde Tradlenz stehn. Laufe durch den Wald und weglos ein Stück auf den bräunlichen Schwingrasen des Breitfilzes hinaus. Setze mich auf einen trockenen Graspuschel, an eine Erle gelehnt, und fasse einen Entschluß. Nein, ich werde es mir auch nicht zumuten, den Pfaffen-winkel von hier aus ausführlicher zu bereisen, all diese Flecken und Bil-der jetzt wiederzusehen, an denen mein Herz mal hing, und in ein Loch vergeblicher Liebesmüh' zu stürzen. In weiteren sechs Jahren vielleicht. Ich werde hier in der Sonne sitzen bleiben, allein am Rande dieses schwankenden Terrains, die Landkarte auf den Knien, die Augen halb zu und meine Fahrt im Wachtraum, im Hinterherdenken tun.

Hier rundherum ist es zum Beispiel schon mal immer sehr leer und schön gewesen. Keine Straßen zwischen Antdorf, Eberfing, Obersöche-ring, kleine Weiher zwischen Sackfilz und Schwanenfilz, Stille. Auch die Gegend zwischen Hohenkasten und Magnetsried – da sind wir wieder in der kleinteiligen, kuppigen Drumlinlandschaft –, ja, die vermisse ich auch. Im Haarsee mitten im Wald kann man immer noch schwimmen, aber das Terrassenlokal haben sie dichtgemacht, höre ich.

Die Stadt Weilheim geht mir nicht übermäßig ab, allerdings war das so eine behagliche winterliche Einkaufsstadt, die Buchhandlung Stoeppel an der Pöltnerstraße ein Schlachtfeld von Geschenkpapier, im Café Krönner gegenüber der Mariensäule trank man eine heiße Schokolade mit kalter Sahnemütze, und am Straßenzug der »Oberen Stadt«, mit dem Bachlauf in der Mitte, hatten sie die schönste Straßenbeleuchtung, die ich kenne: nur glimmende Hauslaternen an den bescheidenen, halbhohen Fassaden, die kleine, gelbbleiche Lichtkreise warfen, rundherum war es finster. Eine etwas geheimnisvolle städtische Nachtdunkelheit, wie auf alten Buchillu-strationen, das ist ja eine Rarität. – Nur im Winter ist man auch ab und zu nach Andechs hinaufgepilgert, da herrschte im sonst so rummeligen Bräustüberl eine zeitlupenartige Gedämpftheit, die es erträglich machte. Dennoch gemischte Gefühle, wie im Folgenden notiert:

Ach, Andechs

»Is er recht oder is er dopfert?« Der Herr Nachbar blickt forschend von seinem Pappteller auf unsere Pappteller. Auf allen liegen weichliche Quader, in blauweißes Silberpapier gewickelt. Die unseren sind bereits aufgepellt und entsenden unwahrscheinliche Aromaschwaden. Der »Andechser« ist wahrscheinlich der stinkigste Romadur der Welt. Die Erkundigung des Nebenmanns bezieht sich auf sein Inneres: »Topfert«, also quarkig, wäre die ganz falsche Konsistenz. Bleich und bröselig darf der »Backstoana« niemals nicht sein – butterweich schmieren, am besten laufen muß er. Ob er seine Portion vielleicht auf den Kachelofen legen dürfe, fragt der Herr Nachbar, direkt über unseren Köpfen, zur Beschleunigung des Nachreifungsprozesses? Gottlob, der Ofen ist kalt.

Ach, Andechs. Wie lange sitzen wir jetzt schon im Bräustüberl, auf der Bank über Eck? Die verkratzten langen Holztische, Jahrhundertwende-Inventar mit wulstigen Drechselfüßen, haben die genau vermessene Höhe, auf der die Ellenbogen festzukleben scheinen. Der säuerliche Dunst aus Bierlacken und Stumpenqualm ist dichter geworden, der harmlose Geräuschpegel eines winterlichen Werktagnachmittags ganz langsam angestiegen: das Scheppern der Maßkrüge in ihren blechernen Kästen, das »Trumpf-Naushauen« der Schafkopfer und die Gesprächsfetzen der Debattierrunden. Gelegentlich löst einer die Unterarme vom Tisch, »Dring' ma no oane?«, stellt sich an der Selbstbedienungsschank an und wuchtet randvolle Krüge zurück. Der dunkle Bock ist kein Gebräu, das man eiskalt und fix gegen den Durst zischt. Er ist ein Bier zum »Verhocken«, darf ruhig ein bißchen abstehen und lau werden, das läßt ihn eher noch magenmild-nährender munden. Sattbraun und trügerisch harmlos schwappt er im Glase, pappig wie die Zeit hier oben.

Der Biergarten in Andechs

Der Käsekenner hat sich mit »Habe d'Ehre« und dreifachem Fingerknöchelklopfen aufs Tischeck verabschiedet, die Kartler ziehen ihre mitgebrachte Tischdecke ab und verstauen Cervelat und Lyonerwurstenden wieder im Tupperware, und die besseren Trachtler in Handgesponnenem und Handgewebtem zerren den Kurzhaardackel zwischen fremder Leute Füße hervor. Die Ingenieursstudenten in der Ecke lassen die Ringbücher zuknallen. Pack ma's, Zeit wird's. Draußen suppt der Schädel etwas, geht aber noch. Wird auch am Föhn liegen, schau dir mal diesen giftgelben Himmel überm Wetterstein an.

Solche Nachmittage der still-schönen Abstumpfung gibt's noch in Andechs, winters, unter der Woche. Dann vergißt man auch mal den nervtötenden Medienmönch »Pater Anselm«, Cellerar und dröhnendes Sprachrohr des Klosters, ein gwamperter Gesellschafts- löwe unter den Benediktinern, ein klerikaler Rudolf Mooshammer, der einem ähnlich oft aus dem Blätterwald entgegenfeixt wie dieser und es mittlerweile auch zu einer eigenen Talkshow gebracht hat. Dann kommt uns aus dem Sinn, daß Kloster Andechs partout auch einen Golfplatz braucht, und Adabei-Orfftage und ein »Hanf-Laby- rinth« und Politikerauftritte ohne Zahl – als wäre der »Heilige Berg« nicht schon event-massiger Rummelplatz bis zum Überdruß.

Eine lebenslange Andechs-Haßliebe beginnt für den Münchner Menschen üblicherweise im Pennäler-Alter. Besonders Gestrafte er- trugen ihn alljährlich: den immer identischen Andechs-Wandertag. In jeder Klasse gibt es die Bierdimpfl-Fraktion, die – nix Partnach- klamm, nix Biotop-Wanderung – »Andechs! Andechs!« röhrt, sobald eine Landpartie ansteht. Also, wie immer, wie gehabt, S-Bahn nach Herrsching, Kakaotrunk und Debreziner im Proviant, das blöde Kiental, die endlosen Bohlenstufen hochgehangelt und oben dann schließlich Labsal im Biergarten, deren Konsumptionsmengen für den Lehrer sehr unübersichtlich werden. Und da schau her, die 11c vom Oskar-von-Miller ist auch schon da ...

Der Andrang zum Maßkrugstemmen auf den mitunter eher höllischen als heiligen Berg steigt und steigt. An manchen Schön- wetter-Sonntagen muß man sich Andechs schon gewaltig schön- trinken, um es aushalten zu können. Man sollte schon ein wenig schwummerig gucken, um den Großparkplatz zu übersehen, die Kratergesichter der chronischen Säufer, die Rentner, die ihre Ein- samkeit wegschwemmen, die Bierleichen mit dem Gesicht auf dem Tisch zwischen senfverschmierten Rautenservietten und vollge- häuftem Aschenbecher. Man braucht starke Nerven für den Urin- gestank der Großraumklos und zugepichte Ohren gegen Chauvi-

Geröhr von der Art: »Wann ma na hoamkimma, is 's Essn koit und d'Frau hoaß!« Heim finden solche Stammtische eh erst, »wann ma nacha g'langa«. Und langen tut's frühestens ab der sechsten Maß.

Grausam ist Andechs an solchen Tagen, und, wie gesagt, man muß sich selber einigen Bock eingefüllt haben, bis sich das halb aufgekratzte, halb schwermütige Schwebegefühl einstellt, das einen hier auch überschwappen kann. Wenn, wie in Herbert Achternbuschs erstem Film, »ein Volksgemurmel in der Luft liegt«, wenn rundum rührselig jeder mit jedem fraternisiert, wenn das Bier und der Himmel über den Kastanien und die Ammergauer Berge zum Greifen nah eine taumelige, flirrende kollektive Gemütslage erzeugen, der keiner auskommt, eine spürbare gemeinsame Seelenruhe: Wir-sind-alle-arme-Sünder-aber-es-is-eh-wurscht: dann ist dies vielleicht »Das Andechser Gefühl«, das Achternbuschs Film seinen Titel gegeben hat: »Das Andechser Gefühl ist ein Gefühl, daß wir nicht allein sind.«

Der irgendwie biedere Ammersee ist mir immer gleichgültiger geblieben als der Starnberger See, meistens ist man nur um das verlandete Südende herum nach Dießen gefahren. Die Dießener Kirche freilich kann einem nicht egal sein, wenn man den bayerischen Barock liebt; sie ist eine der grandiosesten überhaupt, ein einziger Fanfarenstoß. Dann wurde es wieder einsam im »Staatsforst Bayerdießen«, und in Apfeldorf war man schon am Lech, ein westliches, schwäbisches Gefühl, der Tonfall natürlich auch schon »veraugsburgert«. Wessobrunn, ja natürlich, was weiß ich noch? Das Blaßgrün und die Fleischfarbe des berühmten Stucks in den Klostergängen und im Tassilosaal, wo die ganzen Tiere der Jagd, Hirsche und Hunde, Hasen, Wildschweine und Füchse in den modellierten Ranken gefangen waren wie in einem geknoteten Netz. Das romanische Astkreuz in der Kirche mit den riesengroßen Füßen. Die bemoosten

Wasserbecken vor dem dreibogigen barocken Brunnenhaus, die ausbetonierte Tassilolinde war aber ein trauriger Anblick.

Ja, und auf den Peißenberg bin ich doch immer am liebsten von hinten her gefahren, über Birkland und die ganzen Streusiedlungen im Norden nach Sankt Leonhard im Forst, wo die Wallfahrtskirche beim dritten Mal endlich offenstand und das Matthäus-Günther-Deckenfresko mit dem Heiligen Leonhard als Freund und Beschützer der Tiere zu betrachten war. Wegen Matthäus Günther, der ganz in der Nähe, auf dem Hof Tritschenkreut geboren wurde, war ich auch ein paarmal auf dem sehr schiach verbauten Hohenpeißenberg droben – die ausgesprochen putzige, tortenfarbene Gnadenkapelle beherbergt eines von Günthers erzählfreudigen Prachtfresken und eine brettsteife kleine Madonnenfigur mit sehr dummem Gesicht und auch nicht viel heller wirkendem Jesuskind.

Vom Berg aus konnte man sich schon vorfreuen auf das wunderbare Land in südlicher Richtung – nicht zu umgehen war allerdings die harsche Bergbausiedlung Peißenberg, dann aber ging es über die tiefgesägte Ammer, durch das einzige »Schönberg«, das wegen seiner rundum freien Hochlage *zu Recht* so heißt, hinunter nach Rottenbuch und unbedingt jedesmal in diese Kirche, die wirklich so ist wie einschlägige Bildbände gern heißen, nämlich »jubelndes Rokoko«. Dann bin ich meistens durch traumhaftes Kuhwiesen-Buckelland von hinten her zur Wieskirche gefahren, über Morgenbach und Peustelsau und Hausen und Schildschwaig. Tja, die Wies. Jedesmal habe ich mir gedacht, man müßte im breiten Wirtshaus ihr zur Seite einmal übernachten, um sie am Abend und in der Früh kurzfristig ein wenig für sich zu haben, aber im Grunde wollte man bloß schnell wieder fort von den Bus- und Fotohorden. Zum Beispiel in den romanischen Kreuzgang des Steingadener Münsters, und dann vielleicht noch zum Baden in das bäuerliche Land lechwärts, an die kleinen Lacken des Deutensees, des Doldensees oder des Riesner Sees. Der Lech war immer eine Grenze, jenseits war »Allgäu«, nicht mehr das eigene Gäu.

Wie habe ich mich wieder zurückgeschraubt, damals heim nach Iffeldorf? Das muß wohl über Ilgen und Wildsteig gewesen sein, die Echelsbacher Brücke über die Ammerschlucht querend, den Touristenort Bayersoien umgehend, und dann über Kirmesau und Saliter hinüber in die Schöffau, mitten in meinem speziellen, leeren Sehnsuchtsland westlich des Staffelsees gelegen. Die Täler von Ach und Eyach, das Tritschelfilz und Schloß Harberg, den Obernacher Wald, den Fußweg am Westufer des Sees, die einsamen Wege nach Gut Grasleiten hinüber; das alles vermisse ich schon beim Blick aufs Kartenbild. Ich erinnere mich an einen Besuch im Garten des Fernsehfilmers Dieter Wieland, irgendwo hinter Uffing, dem wir diese ersten detaillierten und scharfsichtigen Polemiken gegen das Neue Bauen und Landschaftszementierung verdanken, »Grün kaputt« und all seine Filme waren wirklich eine Erleuchtung. Sein eigener verwilderter Garten rund um ein altes gelbes Landhaus dagegen, mitten in diesem immer noch weithin verschonten Staffelsee-Hinterland, war natürlich ein inselhaftes Verwunschenheits-Paradies, schon halbwegs übernommen von ausgesamten Büschen und Bäumen. »Ich will, daß man mich hier möglichst wenig spürt«, hatte er gesagt, kein feldherrnhügelmäßiges Auftrumpfen wie bei der Keksfabrikanten-Villa einen Hügel weiter, die er mir zeigte; »Besetzt!«, schrie die in die Gegend, es fehlt bloß noch die Firmenfahne. – Einige Male sind wir an Gut Grasleiten vorbeigewandert, einem wunderbar behäbigen Anwesen mit eigener Kapelle, Knechtehaus und Apfelgarten, und haben taggeträumt, wie ein Leben hier aussehen könnte. Später las ich dann einen sehr schönen Artikel des Feuilletonisten Benjamin Henrichs über seine beneidenswerten Kindheitssommer eben dort, und erst vor kurzem in einem »Urlaub auf dem Bauernhof«-Katalog, daß man dort immer noch Ferien machen kann, bei der nämlichen Familie Schmid, die Henrichs als »auffallend zierlich und klug« beschrieben hatte. »Herrliche Einzellage«, wohl wahr, ja, das könnte schön sein… aber wahrscheinlich wird auch Grasleiten ein geträumter Ort bleiben.

Dann geriet ich immer irgendwann nach Murnau, auch vertraut, die kleine Buchhandlung der beiden älteren Damen mit Antiquariat, die urige Stube des »Karg-Weißbräus«, die lärmende altmodische Druckerei zweier schrulliger Brüder, mit ihren Stößen von vergilbten Glückwunsch- und Ansichtskarten – gibt's bestimmt nicht mehr. Wenn ich nicht im »Weißbräu« eingekehrt bin, dann beim Ramsachkircherl überm Murnauer Moos, oder oben in der Dorfwirtschaft von Hagen, nebendran war doch auch so eine hübsche Dorfkirche? St Blasius? Damals konnte man noch, zumindest halblegal, von Hagen über Perlach zur Höhlmühle hinüberfahren; ich glaube, das ist jetzt gar nicht mehr erlaubt. Dann muß man eben wieder nach Murnau hinab und die Höhlmühle über Froschhausen ansteuern. Und dann bin ich auf jeden Fall das wunderschöne Waldsträßchen nach Aidling hinübergefahren und auf die Aidlinger Höhe und die Hohe Lüß spaziert. Das war mein Lieblings-»Land-vor-den-Bergen«-Belvedere, und *dort* hinauf zumindest will ich auch an diesem heutigen Erinnerungstag, das wird schon zu verkraften sein.

Ach, aber es ist hier alles unsicheres Terrain, nicht nur der Schwingrasen unter den Sohlen. Obersiffelhofen, Untersiffelhofen, gute alte Käfer, da drüben im Wald liegt der Einödhof Wasla, in den wir, in halbverfallenem Zustand, mal winters eingedrungen sind, und allerlei Erwerbs-

Blick aufs Gebirge

Luftschlösser gebaut haben. Antdorf, Habach, hat sich irgendwas gerührt in einem Jahrzehnt? Doch, die »Obermühle«, damals ein angenehmes Speiselokal mit gescheuerten Holzböden und guter Küche, ist ein offenbar sehr beliebtes Rock- und Jazz-Etablissement geworden, und der Verkehr auf der schnellen Straße zum Riegsee ist heftig.

Aidlinger Höhe, 781 Meter, da sitz' ich nun und schaue mir alles nochmal an. Über die Waldgründe »Am Fichten« und »Schaupen« hinweg, den langgezogenen Riegseespiegel und die weite Moos-Ebene auf die altbekannten Gipfel. Da sind die Ammergauer mit der markanten Nase des Ettaler Manndl, der Oberammergauer Kofel. Da ist die Zugspitze und der Wettersteinkamm, mit erstem Schnee überstäubt, denn wir haben Herbstbeginn, und da ist das walddunkle Estergebirge. Die Luft ist schon septemberkühl und das Murnauer Moos trägt sein bräunliches Kleid der Ruhezeit. Und nun kommt mir auch noch das alte bayerische Volkslied »Der Summa is umma« ins Hirn, samt seiner getragenen, ziehenden Melodie: Und es waaht scho der Schneewind/vom Wetterstoa her ja, *und da capo:* es waaht scho deher Schneewind/Vom Wehetterstoa her ... Es ist ein melancholisches Abschiedslied an sich, und wer immer meint, nur Abschied von *Menschen* sei ein schmerzliches Gefühl, der sei beglückwünscht, daß er das nicht kennt: wie haarig auch das Scheiden von einer Landschaft sein kann, in die man sich als Wahlheimat einmal gründlich verschaut hat. »Meine Erinnerungen an Orte sind wie Erinnerungen an Frauen«, hat Valery Larbaud geschrieben, und manche Amouren, und nun pfiad di God, scheene Gegend, kann man eben nicht so leicht vergessen.

KARTEN

Generalkarte 1:200 000, Großraumausgabe Blatt 12, Bayern Süd, Umgebungskarten 1:50 000 des Bayerischen Landesvermessungsamtes »Pfaffenwinkel« und wieder »Ammersee – Starnberger See«

EMPFOHLENE RUNDFAHRT

Abkürzungen: ✗ – Gastronomie; ⇌ – Übernachten; N – Aussicht; ❖ – Heimatmuseum; † – Kirche; P – Landschaft; B – Ortsbild; / – kleineres Zentrum

Iffeldorf (†, P) – Steinbach – Gröben – Hohenkasten (✗, P) – Tradlenz – Untersiffelhofen – Obersiffelhofen – Rieden – Habach – Obersöchering – Egenried – Eberfing – Eitting – Polling (†, ✗) – Weilheim (†, ❖, ✗, B , /) – Wielenbach – Pähl (✗) – Fischen – Wartaweil (✗, ⇌) – Andechs (†, ✗) – Dießen (†, ✗, B , /) – Wessobrunn (†, ✗) – Birkland – St.Leonhard im Forst (†) – Hohenpeißenberg (†) – Peißenberg – Böbing – Schönberg (P) – Rottenbuch (†) – Morgenbach – Peustelsau – Unternogg (✗, P) – Hausen – Schildschwaig – Schwarzenbach – Wieskirche (†) – Steingaden (†) – Maderbichl – Riesensee (P) – Deutensee – Butzau – Ilgen (†) – Wildsteig – Echelsbacher Brücke – Gschwendt – Kirmesau – Saliter – Schöffau (P) – Harberg – Uffing (P) – Seehausen – Murnau (❖, B , ✗, ⇌, /) – Hagen (†, ✗) – Froschhausen (†, P) – Höhlmühle (✗, P) – Aidling – Aidlinger Höhe (N) – Habach (†) – Antdorf – Iffeldorf

LAUFEN UND BADEN

Besonders wunderbare Wandergebiete sind im Pfaffenwinkel das **Drumlingebiet** nordwestlich der Ostersee um **Hohenkasten**, **Arnried** und **Hirschberg**. Ferner, westlich angrenzend, die einsame Moos- und Wiesenlandschaft um **Egenried**. Zwischen Dießen und Wessobrunn liegen die einsamen Waldgebiete des **Stiller Waldes** und des **Staatsforstes Bayerdießen** und zwischen Wessobrunn und Lech die schöne aussichtsreiche Voralpenlandschaft um den **Engelsrieder See**. Die Ammer drängt sich über Kilometer fast weglos durch die dramatische **Ammerschlucht**, aber von Böbing oder Schönberg, von Morgenbach oder Peustelsau kommt man auf Fußpfaden ein Stück heran. Vollends wildromantisch wird es dann im grünen Wiesen-, Weiher- und Moorland um die **Wieskirche** herum, unterm Hohen Trauchberg, das Röhren der Touristenbusse ist nach ein paar Schritten verhallt. Angenehm ruhig und weitläufig auch die seendurchsetzte Gegend westlich der B 17 lechwärts, um den **Deutensee** und den **Riesner See**, hier sind die Berggipfel in der Ferne schon die Allgäuer Alpen und die Tannheimer Kette in Tirol. – Meine absolute Lieblingsgegend aber ist das weite, von ganz wenigen Straßen durchzogene westliche **Hinterland des Staffelsees**; hier kann man sich wirklich noch verlieren zwischen Bachläufen, Wäldern und Lichtungen. – Und niemals langweilig für den leidlich am Kreuchen und Fleuchen und Botanisieren Interessierten wird das **Murnauer Moos**, allerdings möglichst nicht am Wochenende. Und eine angenehme Gegend zum friedlichen Spaziergehen und Radeln ist bei Murnau der Höhenrücken von **Hagen** nach **Guglhör** und die Wege zur **Höhlmühle** und zur **Aidlinger Höhe** hinüber.

Badegelegenheiten gibt es an den ausgewiesenen Uferstellen der **Osterseen**, am **Haarsee** bei Hirschberg, am **Stadler Weiher** bei Hohenkasten, am **Koppenbergweiher** nahe Habach. Dann natürlich in den Strandbädern des Ammersees; recht freundlich ist das von **St. Alban** nördlich Dießens. Das Dorf Böbing über der Ammer hat als Hausweiher den kleinen **Lungenauer See** und die Wildsteig den **Schwaigsee**, der leider sehr straßennah liegt. Sehr friedlich ist es ganz drüben im Westen, am lechnahen **Deutensee** und am **Riesner See**. Der **Staffelsee** ist relativ reich an freien Uferzugängen, aber am Wochenende kann der Badebetrieb nervig werden. Das Strandbad von **Murnau** ist ein ganz gemütliches, kleinstädtisches Familienbad.

ÜBERNACHTEN

Es ist schlichtweg nicht vorstellbar, aber ich habe im ganzen landschaftlich so reizvollen Pfaffenwinkel zwischen Starnberger See und den Königsschlössern kein einziges so *richtig* ansprechendes Hotel/Gasthaus gefunden, wo man sich gern länger einrichten würde. Die folgenden Tips finde ich noch am passabelsten, schöner ist es, auch meistens von der Lage her, wahrscheinlich auf den Bauernhöfen, die Zimmer vermieten.

Landgasthof Osterseen, Iffeldorf. Ich hege gegen dieses Etablissement ein altes Ressentiment, aber anderen ist es ja nicht hinter den Garten geknallt worden. Üblicher moderner Landgasthof voller Hellholz und Kissen, soweit komfortabel, und mit sehr schöner Aussicht von der Terrasse auf die vorderen Osterseen. Riesenkarte, aber flaue Küche. Über die AB von München schnell zu erreichen, günstige Lage für viele Exkursionen. In Anbetracht der nicht gerade opulenten Quartierlage im Pfaffenwinkel nicht die schlechteste Möglichkeit. Hofmark 9, 82393 Iffeldorf, www.landgasthof-osterseen.de, landgasthof-osterseen@t-online.de, ∅ 08856/92860 (ÜF im EZ ab 74 €, DZ ab 98 €).

Gasthof Post, Wessobrunn, ein stattlicher alter Walmdachbau gegenüber vom Klosterbereich, Gasträume zirbelig-neorustikal, aber phantastischer barocker Festsaal mit Kassettendecke im ersten Stock. Ordentliche bayerische Küche, Preise mittel. Zöpfstr. 2, 82405 Wessobrunn, www.gasthof-wessobrunn.de, info@gasthof-wessobrunn.de, ∅ 08809/208 (ÜF ab 27 €, Di Ruhetag).

Alpenhof, Murnau; einziges richtig nobles Vier-Sterne-Hotel weit und breit, gepflegtes modernes Haus mit großzügigem Garten und Alpenblick gegenüber dem Murnauer Moos, »elegant im Landhausstil«, wer's halt mag. Hochgelobte Küche, Ramsachstraße 8, 82418 Murnau, www.alpenhof-murnau.de, info@alpenhof-murnau.de, ∅ 08841/4910, (ÜF im EZ ab 140 €, im DZ ab 188 €, Suiten ab 349 €).

Gasthaus Lieberwirth, Schöffau, schönes altes bäuerliches Haus in der Dorfmitte, Einfache Fremdenzimmer, aber mitten in einer landschaftlich besonders lohnenden Umgebung. Dorfstr. 8, 82449 Schöffau, ∅ 08846/663. (nur DZ: ÜF ab 17 € pro Pers., Di Ruhetag).

In Bayersoien und Bad Kohlgrub hat es eine Menge Gasthöfe und Pensionen, aber das sind beides Jod-Kurorte und Touristenzentren, alles ist Jodelstil und standardisiert, am ehesten noch die normalen Dorfgasthöfe **Weißes Roß**, Dorfstr. 8, 82435 Bad Bayersoien, ∅ 08845/74020 (ÜF im EZ ab 28,50 €, im DZ ab 23 € pro Pers.) und **Metzgerwirt** (prämiert für bodenständige bayerische Küche) an der Dorfstr. 39, 82435 Bad Bayersoien, ∅ 08845/74080 (ÜF im EZ 46 €, im DZ 60 €).

Gasthof Post, Aidling, freundliches Dorf über dem Riegsee in günstiger Lage für viele Ausflüge, gleich beim Aussichtspunkt der Aidlinger Höhe. Normaler Gasthauskomfort, eher günstig, gute bodenständige Küche, Dorfstr. 26, 82418 Riegsee, www.gasthof-post-aidling.de, gasthof-post-aidling@t-online.de, ∅ 08847/6225 (ÜF: nur DZ für 54 €, Mi/Do Ruhetag).

Meine erste Wahl in der Gegend wäre sowieso ein **Bauernhof-Urlaub** auf dem wunderbar gelegenen, großzügigen **Gut Grasleiten** der Fam. Schmid, 82386 Huglfing, www.grasleiten.de, grasleiten@web.de, ∅ 08802/261 (ÜF im EZ/DZ ab 15 € pro Pers., FeWo ab 45 €), Bioland-Hof.

Andere Bauernhöfe in landschaftlich schöner Umgebung wären zum Beispiel der **Einödhof Tradlenz**, Gemeinde **Eberfing**, zwei FeWo ab 36 €, Fam. Gattinger, Tradlenzhof 1, 82390 Eberfing, www.tradlenzhof.de, kontakt@tradlenzhof.de, ∅ 08847/563. Der Bauernhof von Sebastian Krötz in Riesen 7, **Steingaden**, mit kleinem Badesee direkt vor der Tür, zwei FeWo ab 30 €, ∅ 08862/6106.

Zwischen Raisting und **Wessobrunn** liegt der Biohof von Franz-Josef Grenzebach in

Unterstillern, der sich vom Hersteller guten Käses zum Groß- und Versandhandel »Nur Natur« gewandelt hat. Hofladen, Hofcafé mit Biergarten. Stillern 1, 82399 Raisting, grenzebach-hof@t-online.de, ∅ 08809/675.

Im westlichen Staffelsee-Hinterland finden sich außer Gut Grasleiten auch der **Streicherhof**, Streicher 1, **Uffing** von Johann Leis, FeWo ab 55 €, Appartment 30 € ∅ 08846/1063, der **Georgihof** von Winfried Hübner, Ramsachstr. 20, 82418 Murnau, www.georgihof.de, huebner@georgihof.de, ∅ 08841/616116, herrliche Aussichtslage, 3 FeWo ab 41 €, und der **Blaslhof**, Kalkofen 10, **Schöffau**, von Josef Taffertshofer, www.blaslhof.de, info@blaslhof.de, Einzellage, unter »Europas schönste Bauernhöfe« gezählt, Biohof mit Hängebauchschweinen, Ponies, Vollaraberzucht, Reiten – eigene Pferde können mitgebracht werden. Baubiologische Ferienzimmer, ÜF 27 € DM, FeWo ab 62 €, Kräutergarten, Brotbacken, Bibliothek, z.T. Vollwertkost. ∅ 08846/224.

Weitere Angebote für Urlaub auf dem Bauernhof beim Tourismusverband Pfaffenwinkel, Schongau, ∅ 08861/7773, www.pfaffenwinkel.com, info@pfaffenwinkel.com.

ESSEN UND TRINKEN

Forsthaus Hohenkasten, einfache Ausflugswirtschaft an der Straße von Marnbach nach Antdorf, schöner Blick vom kleinen Garten auf die Hohenkastener Filze und die Berge. Bayerische Küche und Brotzeiten. www.hohenkasten.de, ∅ 08801/512, geöffnet nur Sa, So, Feiertag, Oktober bis Mitte Dezember geschlossen.

Klosterwirt, Polling bei Weilheim, alte Biergartenwirtschaft gleich gegenüber dem Klosterbezirk mit anständiger bayerischer Küche. Weilheimer Str. 12, 82398 Polling, www.alte-klosterwirtschaft.de, email@alte-klosterwirtschaft.de, ∅ 0881/4851.

Oberbräu, Weilheim, eine veritable Feinschmeckeradresse in einem unauffälligen Gasthaus an Weilheims freundlicher Bachstraßenzeile Obere Stadt. Der Koch Alois Jobst hat bei Winkler und Sabitzer gelernt und dennoch die Gasträume nicht gourmetlokalhaft aufgebrezelt, der Stammtisch darf sich auch noch treffen. Ausgezeichnete Küche zwischen bodenständig und raffiniert, vom Kalbstafelspitz bis zu den köstlichen Fischgerichten. Reservieren. Obere Stadt 31, 82362 Weilheim, ∅ 0881/2316 (Küche ab 18 Uhr, Di Ruhetag).

Zum Silbernen Floh, Pähl, also, der frühere Name »Alte Post« für die klassische Dorfwirtschaft war einem lieber; jetzt ist sie ein ambitionierteres Restaurant, wo man aber wirklich gut kocht, und die Gasträume sind auch schön und einfach eingerichtet, nicht chichi-ig wie der Name klingt. Ammerseestr. 3, 82396 Pähl, ∅ 08808/594 (Mo Ruhetag).

Statt Andechs: **Oberer Wirt zum Queri**, Frieding, nur ein paar Kilometer hinter den Großparkplätzen des Heiligen Bergs, prächtige gelbverputzte Traditionswirtschaft, mit Biergarten, im Geburtshaus des Mundartdichters Georg Queri, allerdings ein bißchen arg neorustikal renoviert. Am Wochenende ziemlicher Betrieb, was kein Wunder ist bei den Riesenportionen deftiger bayerischer Kost. Besonders gut alles vom Rind (eigene Bio-Zucht), aber auch Schweinsbraten und Bauernente tadellos. Günstige Preise, und den Andechser Dunklen Bock gibt es hier auch. Anständige Weine außerdem. Georg-Queri-Ring 9, 82346 Andechs, www.obere-wirt-zum-queri.de, info@obere-wirt-zum-queri.de, ∅ 08152/91830.

Wirtshaus am Kirchsteig, Dießen, mitten im Viertel der Töpfer und Kunsthandwerker gelegen, also wesentlich schöner als der für seine gute Küche altbekannte »Maurerhansl« an der Durchgangsstraße. Neu und nett renoviert, Kachelofen, einfache Glaslampen, Holzstühle. Traditionelle bayerische Küche mit Fingerspitzengefühl. Am Kirchsteig 30, 86911 Dießen, www.wirtshausamkirchtsteig.de, wirtshaus.amkirchsteig@freenet.de ∅ 08807/72860 (Küche ab 17 Uhr, Sa/So ab 11 Uhr, Di/Mi Ruhetag).

va bene, Fischen/Ammersee: reichhaltige Vinothek und phantasievolle italienische Küche in einem schön restaurierten alten Bauernhof am Ammersee-Südende. Herrschinger Str. 1, 82396 Pähl/Fischen, Tel. 08808/923591, www.va-bene.net, mail@va-bene.net (geöffnet Mi – So 18 – 23 Uhr).

Gasthaus Schatzbergalm, oberhalb von Dießen in Alleinlage zwischen Wiesen und Obstgärten, ein altes Bauernhaus, dessen Biergarten bei gutem Wetter täglich ab 12 Uhr geöffnet hat. Warme und kalte bayerischen Küche, zu erreichen vom Klosterbezirk aus über die Straße nach Ziegelstadel. Ziegelstadel 11, 86911 Dießen, www.schatzbergalm.de, info@schatzbergalm.de ∅ 08807/6780.

Alte Villa, Utting am Ammersee, eine äußerst beliebte gastronomische Kuriosität: schattiger riesiger Biergarten direkt am See, öfters von Live-Musik beschallt, mittendrin eine etwas verspielt-trödelhaft eingerichtete (mittel-)Alte Villa eben, mit Terrasse, in der gehoben gekocht wird, meistens gut. Seestr. 32, 86919 Utting, ∅ 08806/617, www.alte-villa-utting.de, restaurant@alte-villa-utting.de (Biergarten täglich ab 11 Uhr, Restaurant wochenends ebenfalls ab 11 Uhr, an Wochentagen ab 18 Uhr, Mo/Di Ruhetag).

Forsthaus Unternogg, südlich von der Wildsteig/Peustelsau im Wald an der alten Königsstraße gelegen, die Ludwig II. nächtens in seinen Prachtkutschen langzupreschen pflegte. Für den Autoverkehr aber totes Ende hier am Fuß der Ammergauer Berge, nur noch Forststraßen. Einfache gemütliche Wirtschaft mit bayerischer Küche und besonders gutem Kaiserschmarrn und Reiberdatschi. Unternogg 1, 82442 Saulgrub, www.forsthaus-unternogg.de, info@forsthaus-unternogg.de, ∅ 08845/8772 (Küche ab mittags, Di Ruhetag).

Zum Ähndl, Ramsach bei Murnau, winzige, sehr gemütliche Wirtschaft mit schönem Biergarten direkt über dem Murnauer Moos. Nebendran das kleine gotische Ramsachkircherl, für das der Wirt den Schlüssel hat. Einfache bayerische Küche, wohlschmeckende Brotzeiten. Ramsach 2, 82418 Murnau, ∅ 08841/5241 (Do Ruhetag).

Gasthof Westner, Riegsee bei Murnau: Dorfgasthaus ohne ChiChi mit hausgemachten Brotzeiten und deftiger Küche, kleiner Biergarten und Hofladen mit eigenen Würsten, Geräuchertem, Marmeladen etc. Dorfstr. 46, 82418 Riegsee, ∅ 08841/90673, www.westner-riegsee.de, info@westner-riegsee.de (Mai – September Mo Ruhetag, Oktober – April Mo/Di Ruhetag).

Karg's Bräustüberl, Murnau. An Murnaus lebendiger Hauptstraße gelegene Institution. Verräucherte alte Wirtsstube, die Essensqualität hält sich in Grenzen, aber das Weißbier wird zurecht weithin gerühmt. Untermarkt 27, 82418 Murnau, www.brauerei-karg.de, ∅ 08841/8272 (Mo Ruhetag).

Forsthaus Höhlmühle, schönes altes Holzhaus mit weitläufigem Biergarten, abgelegen im Wald zwischen Habach und Froschhausen, am Wochenende trotzdem viel los. Umfangreiche Karte, wechselnde, aber meist anständige Qualität. Guter Ausgangspunkt für Spaziergänge. Höhlmühle, 82418 Riegsee, www.forsthaus-hoehlmuehle.de, ∅ 08841/9620 (Mo/Di Ruhetag).

KUNST UND KULTUR

Über die gloriosen Barockkirchen der Region gibt jeder Kunstführer erschöpfend Auskunft: Als da sind: **Andechs**, **Dießen**, **Wessobrunn**, **Rottenbuch**, **Steingaden** und die **Wieskirche**. Etwas weniger aufgesucht ist die frühbarock überformte, eigentlich gotische Klosterkirche von **Polling**, südlich von Weilheim, mit dem riesigen, goldenen »Tassilokreuz« im Hochaltar und einer sehr schönen Madonna des Hans Leinberger von 1526. Der Bibliothekssaal des Klosters wurde vor einigen Jahren renoviert, und ganz Polling ist durch Thomas Mann literarisch hochbedeutsam geworden: es ist das »Pfeiffering«, das im »Doktor Faustus« eine große Rolle spielt. Thomas Manns Mutter Julia hat in Polling, auf dem Hof Schweighardt (Gut Buchel im Roman), ihre Altersjahre verbracht, und seine Schwester Carla verübte dort ihren gräßlichen Gift-Selbstmord.

Weilheim hat im Kern ein freundliches Stadtbild, und im Stadtmuseum in einem Barockbau mitten auf dem Marienplatz finden sich schöne Beispiele der Pfaffenwinkler Bildhauerkunst. Die frühbarocke Stadtpfarrkirche ist etwas herb und uneinheitlich; besuchenswert aber die Friedhofskirche St. Salvator etwas nördlich außerhalb des Stadtzentrums gelegen, ein ungewöhnliches Oktogon, das zur Gänze mit

Renaissance-Fresken ausgemalt ist. Die Buchhandlung Stoeppel bietet eine große Auswahl an Regionalliteratur und Wanderführern. Provinzposse: Das putzige Stadttheater ist nach den immerhin vielbesuchten Festivalsommern der Cordula Trantow wieder in totalen Kleinstadt-Dämmer zurückgefallen, nachdem die Bürgermeistersgattin sich von einer Faust-Inszenierung skandalisiert gefühlt und die düpierte Intendantin zum Verlegen ihres Theatersommers nach Garmisch veranlaßt hatte. www.weilheim.de.

In **Dießen** ist neben der wundervollen Klosterkirche das Viertel dahinter, Am Kirchsteig, einen Besuch wert. Dießen hat eine große Kunsthandwerker-Tradtion, die Familie Schneider in der Herrenstraße fertigt zum Beispiel seit Generationen ihre volkstümlichen bunten Zinnfiguren-Gebilde an, und am Kirchsteig haben sich besonders viele Hafner und Töpfer angesiedelt, zum Beispiel der Töpfer Enst Lösche, der noch mühsam das seltene Schwarzgeschirr fabriziert. Carl Orff hat eine Zeitlang in Dießen gelebt, weshalb es im Rinkhof in der Hofmark ein Museum für diesen Komponisten gibt. An die Sommergäste Carl Spitzweg, Otto Julius Bierbaum und Wilhelm Leibl gibt es keine manifesten Erinnerungen, aber wer zufällig gerade Dienstag oder Freitag in Dießen ist, der sollte sich für 75 bzw. 90 Cent eine kleine Besonderheit gönnen, den »Ammersee-Kurier«, eine der letzten unabhängigen Heimatzeitungen überhaupt, ein Zweimann-Betrieb in Recherche, Schreiben, Herstellung, gedruckt auf einer alten Zweifarben-Bogendruckmaschine, die wie eine Dampflok klingt. www.diessen.de.

Im heute sehr ausgeuferten **Utting**, einige Kilometer nördlich am Ammerseewestufer machte Bertolt Brecht von Augsburg aus gern Sommerfrische, zunächst im Fachwerkhaus an der Seestraße 10, heute keine Pension mehr, im Herbst 1932 kaufte er dann das bescheiden-gediegene Haus Im Gries Nr. 3, das zu genießen ihm nicht lange vergönnt war – schon im Februar 1933 ging er in die Emigration. »Sieben Wochen meines Lebens war ich reich«, heißt das schöne Gedicht aus Dänemark, in dem er sich des kurzfristigen Immobilienbesitzes erinnerte.

Die Doppelkirche oben auf dem **Peißenberg** ist ein Kuriosum: halb zierliches Rokoko, halb schwereres Hochbarock; neben den Fresken des Matthäus Günther (diese auch in der hübschen Dorfkirche von **St. Leonhard im Forst**), sind die wunderschönen, rankenreichen Holzreliefs des Bartholomäus Steinle besonders sehenswert.

In **Steingaden** arbeitet die witzig-naive Bildhauerin und Schnitzerin Marion Werner, deren Bronzebrunnen mit dem füßebaumelnden Mönch und seinen abgestellten Sandalen daneben, auf dem Klostervorplatz, ein gutes Beispiel ihres Schaffens ist. Ein Schaufenster am Klosterplatz zeigt meist auch einige ihrer bunten, klobigen, wirklich lustigen Schnitzereien – ihr Atelier liegt gleich hinterm Kloster.

Zwischen den Highlights Rottenbuch und Wies liegt die kleine Wallfahrtskapelle

Mariä Heimsuchung von **Ilgen**, ein sehr schönes Beispiel für die Arbeit der Wesso-brunner Stukkator-Architekten aus der Schmuzer-Familie. Noch schöner ist, ein Stück nördlich von Wessobrunn, die Wallfahrtskirche von **Vilgertshofen**, ebenfalls ein idealer Schmuzer-Bau, übersät mit dem typischen Akanthus-Stuck auf leuch-tendgelbem und orangem Putz. Im Gasthaus unweit der Kirche hat der berühmte »Lechhansl«, der Barockmaler Johan Michael Baader, ein paar nette Fresken hinter-lassen. Nicht sehr weit entfernt liegt der alte Pfarrhof von **Issing**, der öfters recht interessante moderne Ausstellungen veranstaltet.

In **Murnau** sind die an Ödön von Horvath erinnernden Baulichkeiten alle ver-schwunden. Die Pension Schönblick, Vorbild für das frühe Drama »Zur schönen Aussicht« ist abgerissen, und das Sommerhaus der Familie Horvath in der Bahn-hofstr. 17 ist durch eine Siebzigerjahre-Apartment-Passagen-Angelegenheit ersetzt, mit Apotheke und »Römerbad«. Der ehemalige Skihügel am Dünaberg ist dicht besiedelt und das altmodische Strandhotel am Staffelsee dito verschwunden. Im Murnauer Schloßmuseum ist aber eine instruktive »Dokumentarsammlung Horvath und Murnau 1924 – 1933« erhältlich, die Elisabeth Tworek, die heutige Leiterin der Münchner »Monacensia«-Bibliothek, verfaßt hat, wie Tworek sich überhaupt äußerst rührig um die Wiederentdeckung der Murnau-Horvath-Verbindung geküm-mert hat, ein Ausstellungsraum ist ihm gewidmet. Das Schloßmuseum in seinem imposanten Zinnenbau ist generell sehr sehenswert, reiche Blaue-Reiter- und Hin-terglasbildersammlung, mit dem deutschen Museumspreis ausgezeichnet, vor allem wenn es eine seiner überregional hochgelobten Sonderausstellungen (z.B. Paul Klee, Beckmann, Landschaftsmalerei) veranstaltet. Ein Muß ist natürlich auch das frischrenovierte und mit neuer Dokumentation versehene »Russenhaus« an der Kottmüllerallee 6 mit seinen handbemalten Möbeln und Treppengeländern, das langjährige Domizil Kandinskys und Gabriele Münters; unzählige Bilder sind hier entstanden. www.murnau.de.

Sehenswerte kleinere Kirchen in der Murnauer Umgebung sind die Dorfkirche von **Hagen**, besonders ihr spätgotischer Vierzehn-Nothelfer-Zyklus an der Empore, die Dorfkirche von **Froschhausen** und die imposante frühbarocke Augustinerchor-herrenkirche von **Habach**. – Für Bauernhofmuseen habe ich persönlich nicht viel übrig, aber das auf der **Glentleiten** ist vermutlich das opulenteste und am besten gestaltete ganz Bayerns. Besonders lohnend auf alle Fälle auch dort, wenn kultur-historische Sonderausstellungen stattfinden, z.B. unlängst der große Überblick über die Geschichte des Fremdenverkehrs in Bayern. Für Pferdebegeisterte oder für Ausflügler in Kinderbegleitung lohnt sich zweifellos auch ein Besuch des uralten Staatsgestüts Schwaiganger, in dem mehrere hundert Rassepferde vom Kaltblüter bis zum Dressurpferd und Haflinger beheimatet sind. Führungen finden in den Som-mermonaten Di, Mi, Do um 13.30 und 15 Uhr statt. www.glentleiten.de, ✆ 08851/

1850. **Iffeldorfs** Heuwinkelkapelle mit der übergroßen Kuppel hat nirgendwo ihresgleichen, und eine Seltenheit auf bayerischen Dörfern dürfte auch die Cartoon-Galerie mit ihren Ausstellungen namhafter Zeichner sein, die sich seit einigen Jahren angesiedelt hat.

LEKTÜRE

Viktor Mann: Wir waren fünf – Bildnis der Familie Mann. Fischer TB 1994. Sehr lebendig geschriebene Familienbiographie des jüngeren Bruders von Thomas und Heinrich, der eigentlich ein *Nicht*-Autor war. Besonders die Polling-Passagen, wo er sich auch mit der Mutter am meisten aufgehalten hat.

Thomas Mann: Doktor Faustus, Fischer 1994. Bayerische Spuren darin: im »Kapitel XXIII« z.B. zieht Adrian Leverkühn nach Pfeiffering, in »Kapitel XL« kommt eine bemerkenswerte Landpartie nach Linderhof vor, und in »Kapitel XLIV« stirbt der arme, kleine Nepomuk Schneidewein in Pfeiffering seinen entsetzlichen Tod an Hirnhautentzündung.

Zu Thomas Manns bayerischen Jahren (auch zur Zeit im »Tölzhaus«) ist Peter de Mendelssohns unvollendete, aber unendlich detailreiche Biographie *Der Zauberer* wohl immer noch die ergiebigste Lektüre (Fischer 1997).

Ödön von Horvath: Italienische Nacht (in Murnau angeregt), *Zur Schönen Aussicht* (ebenfalls nach Murnau-Vorbild), *Jugend ohne Gott* (dito). Alle im *Gesamtwerk,* Suhrkamp 1983–1985.

Drei Bücher, die zwar nicht im Pfaffenwinkel spielen, aber sehr stimmungsvoll altbayerische Sommerfrischen-Atmosphäre vermitteln, dazu noch wunderbare bayerische Literatur sind, wären für jede Garten-Liegestuhl-Alpenblick-Lektüre hervorragend geeignet: *Die Schaukel,* Fischer 1977, und *Daphne Herbst* von Anette Kolb, Suhrkamp 1997, und eine Jahrhundertwende-Münchner/Grainauer Kindheit, die man nicht genug rühmen kann: *Die halbe Violine* von Hermann Heimpel, Suhrkamp 1989 (antiquarisch). Und damit wir die Gegenwart nicht vergessen, sollten wir unseren Blick für ihre Mißratenheiten ruhig nochmal mit *Grün Kaputt* von Dieter Wieland, Raben-Verlag 1990, schärfen.

Ein unaufgeregtes Land, ein sachtes
Relief von Feldern und Weiden...

Kapitel 4:

SPRÖDES LAND –
IM NORDEN VON MÜNCHEN

ARKADIEN ODER NIFLHEIM?

Seit zehn Jahren wohnen wir, die Landkarte zeigt es deutlich, in einer Art Sack, den Oberbayern nach Niederbayern hineingestülpt hat. Niederbayern oben, Niederbayern rechts und links, und unten Altötting, wo Oberbayern platt ist wie ein Bratpfannenboden. Daß wir hier oben noch zu jenem Regierungsbezirk gehören, den alle Welt mit Lüftlfassaden und Alpenblick assoziiert, kommt uns selber manchmal unglaubhaft vor. Schließlich waren wir von den illustren Osterseen hergezogen (Bilderbuch-Bayern: Zwiebelturm, Herzogstand-Spiegelung, Buntpostkarten ohne Zahl). In Piltzing/Verwaltungsgemeinschaft Niederzwerghofen gibt es keine einzige Ansichtskarte. Wovon auch? Kein See, kein Gipfel weit und breit, Esterls Gasthaus bloß noch bei Beerdigungen und Vereinstreffen aufgesperrt, die Kirche eine unbedeutende neubarocke Replik, keine Fremdenzimmer, keine Ausflügler. Wenn mal, selten genug, ein paar nichteinheimische Figuren über die Feldwege schlendern, fällt das entschieden auf.

Oberbayern sind wir aber trotzdem. So wie andere no-names – Marktl oder Wartenberg, Wolnzach, Monheim oder Karlshuld – oberbayerisch sind: wir ganze buckelige Verwandtschaft sozusagen der Everybody's-Darling-Promis da unten im Süden. Bei Stifter heißen die Himmelsrichtungen immer »gen Mittag«, »gen Mitternacht«. Wir alle sind die oberbayerische Mitternacht. Wenn sich an den Wochenenden die Landeshauptstadt auswärts ergießt, dann schwallt es gewaltig südwärts, samt Hartschalen-Containern für die Carving-Ski oder Windsurf-Equipment auf den Autodächern. In die tertiären Hügel und trockengelegten Flachmoore des nördlichen Bauernlandes verkleckern bloß ein paar Rinnsale – das immerhin ist das Glück unserer »Sidekick«-Rolle im Schlagschatten eines ewigen Publikumsmagneten.

Nordlagen sind immer Schattseiten. Als wir die lieblichen Osterseen mit diesem herben niederbayerischen Grenzland tauschten, tauschen mußten, habe ich erstmal geflennt. »Alles, was Norden heißt, riecht förmlich nach Kälte, Unfreundlichkeit und Dunkel. Grau in Grau und Tummelplatz von Trollen, Niflheim kurzum«, wie Hermann Unterstöger mal schrieb – und verbannt aus halcyonischen Gefilden in eine irgendwie unterbelichtete, reizarme, etwas underdog-hafte Region habe ich mich damals wohl auch selbstmitleidig gefühlt. Vernunftehe nach Liebesaffäre: Das englische Etikett »plain« fiel einem zu der neuen Landschaft ein: wie das Gesicht eines braven, aber nicht gerade betörenden Mädchens, nichts weiter dran auszusetzen, aber ohne ästhetischen Schmelz, ohne jene Proportionen und Details, die Schönheit und Außergewöhnlichkeit erzeugen. Es fehlte einem halt der ganze resche Liebreiz des Voralpenlandes, der bestechend komponierte Kulissenzauber von Buckelwiesengrün, Bergwalddunkel und spiegelnden Wassern. Es fehlte das Leuchten der Alpenkette, das bewegte Auf und Ab der glazialen Geländeformen. Es fehlten einem sogar die Kühe, die man hierorts nicht auf Glückskleewiesen stellt, sondern in lagerhallenartige Ställe verräumt.

Die Grämlichkeit, das sage ich gleich, hielt nicht lange vor. Der Blick hat sich gewandelt, hat sich dem Unaufwendigeren, Spröderen immer mehr adaptiert – bis zur heute fest verankerten Neigung zu den nördlichen Landstrichen. Keiner der großen Landschafter des 19. Jahrhunderts, kein Rottmann, Wagenbauer oder Schleich hat hier seine Staffelei im plein air aufgestellt, nicht mal der wunderbare Johann Georg Dillis, der aus einem Forsthaus in Grüngiebing/Isengau stammte, fand seine Heimatgegend eines einzigen größeren Tableaus würdig. Zu wenig arkadisch, zu wenig »malerisch« vermutlich. Es ist ja auch ein unaufgeregtes Land, die Oberfläche ein sachtes Relief von Feldern und Weiden, die Wälder meist etwas geheimnislos, und wenn man beim Spazierenlaufen eine Anhöhe erreicht, dann hat man selten Grund zum Wundern, denn die nächsten sieben Hügel sehen genauso aus wie die soeben durchmessenen. Es braucht seine Zeit, bis man auf den verdeckten, verhaltenen Charme dieser gleichmütigen, in sich ruhenden Szenerien anspringt – und irgendwann will man dann nicht mehr sein ohne ihre Stille, ihre Weitläufigkeit, ihre Abseitigkeit vom fremdenverkehrsmäßig Zweckdienlichen.

NUTZLAND, NO-NONSENSE-LAND – OHNE PUBLIKUM

Denn das vor allem unterscheidet den oberbayerischen Norden vom Süden: er ist *Alltagsland*, nicht Freizeitdomäne, er ist das ganz normale Wohn- und Arbeitsgebiet ganz gewöhnlicher Daueransässiger, keiner Zweitwohnsitzler und gewappelten Zuzügler, er hängt nicht am Tropf des Tourismus, sondern ist Nutzland, No-Nonsense-Land, Zuhause-Land. Agrarisch mit industriellen Einsprengseln, ohne Publikum. Einen herzigen Marketing-Spruch wie den des hochtouristischen Landkreises Bad Tölz: »Wo'st hischaugst: Hoamat!«, fände man in den sachlicheren Gefilden nördlich (über den Daumen gepeilt) der B 12 mit einiger Sicherheit befremdlich bis hirnrissig. »Heimat« muß man hier nicht im Helmut-Zöpfl-Stil besäuseln: sie ist für die dörflichen Mehrheiten blanke, unsentimentale Selbstverständlichkeit: Ob schön oder eher schiach: hier gehört man halt her, war schon immer so, wird doch um alles in der Welt bitte so bleiben – »Heimat is, wo I mi auskenn'« (so ein Schulkind). Nirgendwo scheinen die Flexibilitätszwänge der ominösen Globalisierung eine unwahrscheinlichere, unpassendere Zukunftsperspektive zu sein als unter der zutiefst seßhaften bayerischen Landbevölkerung: Pendeln an einen Arbeitsplatz – wenn's sein muß stundenlang täglich, über Jahrzehnte der Lebenszeit. Aber *Wegziehen??* Ja, um Gott's will'n! Wo käm' ma'n da *hi*!

Verhaftetheit, Gleichmaß, Überschaubarkeit – das Leben im Hinterland hat noch viel zu tun mit jenem »langen, ruhigen Fluß«, in welchem, nach dem Willen der heutigen Dynamisierungs- und »Individualisierungs«-Strategen bald keinem mehr gemach zu treiben vergönnt sein soll. Ein *einfaches* Leben zumeist, hypertrophe Reichtümer sind kaum zu besichtigen, Kometenkarrieren unüblich, eingebunden in die ruhige Daseinsrhythmik des nahen Umfelds: Verwandte, Nachbarn, Vereine. Was will man mehr: anständig durchkommen, die Kinder hoch- und unterbringen, »sich a bisserl was schaffen«, (will sagen, ein präsentables Eigenheim im ausgewiesenen Neubaugebiet Kautzing III und die jeweils neuesten einheimischen Mittelklassewagen), auch mal vorsichtig verreisen. Was zählt?

Existentielle Katastrophen, wenn möglich, vermeiden; Unglück, wenn's kommt, wie in jeder Biographie, mit Fassung aushalten, immer noch mit Hilfe der katholischen Religion (wobei den Glaubensregeln heutzutage allerdings in durchaus halbscharigen und verwässerten Spielarten Genüge getan wird). Und mit Unterstützung einer verläßlichen, trockenen Hilfsbereitschaft, die den Anderen nicht hängenläßt, ob Sterbefall, Hagelschaden, Heuernte. Von so viel nachbarlichem Beistand, auch in simplen handwerklichen und technischen Fragen (ohne finanzielle Hintergedanken: »gibst mir halt an Zehner«), konnte man in unserem früheren Osterseendorf nur träumen, in der Großstadt sowieso.

Bewahre, keine Idylle: Bösartigkeiten, verbissene »Zerkriagtheiten«, Ressentiment sind ebensowenig wegzudenken wie die Antriebskräfte des »Ruachs« (das schöne altbayerische Wort für Habgier), wie die kommunalpolitischen Mauscheleien und Vorteilnahmen, wie die Neigung zur Ausgrenzung alles Abweichenden – Ludwig Thoma läßt grüßen –, aber doch abgefedert durch die toleranteren Verkehrsformen der Moderne, die Vernetzung auch engster Lebensräume mit dem Großen Draußen – eine eigene Homepage hat die Verwaltungsgemeinschaft Niederzwerghofen schon seit Jahren. Und doch scheint auf den Dörfern noch eine Qualität belangvoll, die man sich kaum noch zu benennen traut, weil sie ganz offensichtlich dem Aussterben anheimfallen soll: nämlich die *Geborgenheit*.

Neulich war ich auf einer Beerdigung, auf dem Kirchhof unseres Hauptdorfs. Frau L. war gestorben, die alte Ladnerin von Piltzing, eine Außenseiterin von Graden. Einschichtig, etwas hellseherisch, etwas hexenhaft, schrullig und herrisch, dabei belesen, umweltbewußt und eigenwillig, pflegte sie in regenbogenfarbenen Gummistiefeln strähnig und murmelnd durchs Dorf zu schlurfen, ein Dutzend Katzen im Schlepptau. Zu ihren Lebzeiten war einiges Giftige über sie zu hören – und ich war etwas besorgt, daß ihr Letzter Gang eine blamable Angelegenheit werden könnte, mit verschwindend wenigen Trauergästen. Aber sieh da – in Scharen war der Ort vertreten, beim Rosenkranz, beim

Abschiedsgottesdienst, beim Weihwasserbesprengen des Sarges, bevor er im Familiengrab versank – eine große, eine würdige Leich. Und an den Kaffeetafeln des Gasthauses Esterl nachher, als, wie immer bei Beerdigungen, schon einige Lustigkeit aufgekommen war, wurde das Geschmause riesiger Mandarine-Schaum-Schnitten nochmal vom Kommando der Leichenfrau unterbrochen, und im Chor »Herr gib ihr die ewige Ruhe und das ewige Licht leuchte ihr« gedachte man Frau L.s etwas leiernd, aber in durchaus wohlgesonnener Gemeinsamkeit, wie mir schien. Sie war eben, Hauptsache, eben doch »eine von hier«.

Das Vereinswesen so eines ganz gewöhnlichen bayerischen Dorfes stellt mich immer noch vor Rätsel. Daß auf einer »Christbaumversteigerung« im Januar keine abgenadelten Nordmanntannen verkauft werden,

Die Feuerwehr von Schönberg feiert.

sondern daß es sich um Tombolas zugunsten der Feuerwehr, Schützen und Sportsleute, der Krieger & Soldaten, der Obst- & Gartenbauer, des Kindergartenvereins handelt, weiß ich heute. Aber was sind »Patenbitten« oder »Scheitelmahlzeiten«, wie feinziseliert ist die Hierarchie bei den Freiwilligen Feuerwehren, wenn da einer Festschrift zum 125. Gründungsjubiläum (ich liebe Festschriften!) die Grußworte des Kreisbrandrats, des Kreisbrandinspektors (»es sind zutiefst menschliche Werte, die die Feuerwehr leistet«), des Kreisbrandmeisters, des Jugendwartteams, des Ehrenvorstands und der »Festdamen« voranstehen? Überhaupt, die Festdamen: Festbraut und Festmutter, Trauermutter und Patenbraut (Nummer eins und zwei) sind alle ganzseitig weichgezeichnet abgebildet, in puffärmeliger Abendkleidung (nebst zwei Kindern im gleichen Stoffdessin) und samtene Schärpen hochhaltend. Dazu mußten sie dichten: »… heft' ich nun mit froher Hand/an die Fahne mein Erinnerungsband« – an jenes Banner von 1899, das »in der Fahnenstickerei Laberweinting einer wochenlangen Restaurierung unterzogen wurde« und nunmehr neu geweiht wird. Festschrift-Fotomotive sind oft ein rechter Augenschmaus: Der Raucherclub »Qualm« beim Besichtigungsausflug zum »Josera-Kraftfutterwerk« in Miltenberg, eine »Gruppe mit schwerem Atemgerät unter der Führung von Rudolf Misthilger« oder »Kommandant Alfred Gugler, besser bekannt als ›Brezi‹, überreicht den Aktivenfrauen je ein Rosengebinde«.

Unsere Gemeinde hat sich bei ihren sommerlichen Dorffesten – blauweißgestreiftes Bierzelt und *immer* Blaskapelle Weyerer – schon bis ins Guinness-Buch vorgearbeitet: mit dem höchsten Biertragl-Turm und dem längsten Weißbrotwecken (410 Meter!) seit Menschengedenken. Solche Rührsamkeiten, wie auch ein Jugendfußball-Turnier, das man »Baker's Cup« taufte, gehen meist auf einen bestaunten Überflieger, nämlich den Ortsbäcker zurück, einen Mann der neuen Zeit, selbstvermarktungsmäßig, und »als Existenzgründer auf dem heißumkämpften Backwarenmarkt ein Mittelstürmer unserer Gesellschaft«, wie man unseren Entrepreneur, natürlich in einer Festschrift, hochleben ließ.

Sommers wird im bayerischen Hinterland überhaupt gefeiert, daß es nur so scheppert. Wenn man an milden Augustabenden umherkurvt auf seinen gewohnten kleinen Verbindungssträßchen, muß man immer wieder mit langen Umleitungen rechnen, weil die Dorfplätze voll Biertischen stehen, überall Weinlauben und Glückshafen und Hüpfburgen und Dorfcafés aufgeblüht sind. Wem danach ist, der kann da überall ein wenig mitfeiern, freundliche Durchreisende sind nicht ungern gesehn, kann prima selbstgebackene Kuchen und Hausfrauensalate probieren und ins Gespräch, ins »Schmatzn«, kommen, auch mal mit Frauen und Kindern, denn in den Wirtshäusern hocken immer nur die männlichen Stammtische. Es müssen ja nicht so ausgefallene Events sein wie die »Quietschentenparty Geisenhausen« oder die »Karibische Nacht Mayerklopfen« – unsere niederbayerische Nachbarstadt Vilsbiburg hat sich in ihren Prospekten schon generell in »Vielspaßburg« umgetauft – wahrscheinlich wird Gangkofen bald »Funkofen« heißen. – Einen Überblick über den Feier- und Festivalfuror, der allsommerlich das mitteleuropäische Land überschwappt, bietet der nebenstehende Kasten:

Festsommer

Könnte es sein, daß vielleicht wenigstens Schierling, Gallneukirchen oder Neugablonz keinen FESTLICHEN SOMMER auf die Beine bringen? Zu rühmen wären diese Orte als kontemplative Oasen – aber vermutlich hat man auch dort eine ominöse Tilly/Wallenstein-Episode ausgegraben und gedenkt ihrer nunmehr als »annual event« mit Feuerschluckern und Marketendertreiben. Oder die ansässige Aquarellistin hat mit dem Streichtrio einen Kulturkreis gegründet zum Zwecke der Darbietung von Serenaden-cum-Vernissage im Zehntstadel. Und das schimmelige Landschlößchen bestuhlt seinen Halsgraben, klemmt ein paar Fackeln an die Bröselmauern und erhofft sich von »Heiterer Klassik« oder »Musik wie Champagner« einige Tausender für die Sanierungskasse. Im Mode-schmuck-Neugablonz schließlich, wer weiß, würde sich vielleicht ein fetziges »Glasperlenspiel« als Freilicht-Performance anbieten?

Jeden vergehenden Sommer wundert man sich gründlicher: wie konnte es bloß zu dem Gemeinplatz kommen, die Deutschen seien ein eher schwerer, zu Grämlichkeit und Abschottung neigender Schlag, vereinzelt in ihren Eigenheimen vor Glotze und Computer, null südliche Lebenslust, täppisches geselliges Talent? Alles Quatsch. Deutschland (und Österreich nebenbei) feiert und festivitätet sich, ein Faß am anderen aufmachend, durch die warme Saison, daß es nur so rauscht, von Jahr zu Jahr mit mehr Entschlossenheit, von Jahr zu Jahr flächendeckender. Kurzweil, Kurzweil lückenlos: Kein Wald-stück ohne Kiesgruben-, Wald-, Löschfest, »Beach-Party« oder »Happy Hörbering«. Keine Ruine oder Freitreppe ohne »Der Mann von La Mancha« oder »Käthchen von Heilbronn« oder »Pablo, der kaltblütige Pinguin«. Kein Arkadenhof ohne Quantz samt Tropfkerzen-Illumination (und anschließender »Verwöhnung mit regionalen Spezialitäten durch Cäcilie Freifrau von C. in unseren historischen Kellern«). Und kein Kinderfest ohne Hüpfburg. Wobei »Pfarrer Hans-Joachim Quasbarth persönlich die Tragerlrutsche auspro-bierte«, weiß dann das Heimatblatt.

Es rummst (mit den Rimbacher Böllerschützen, der »legendären Halbmeterwurst« und der Truckertreffen-»Dessousshow«), es rockt (z. B. mit »Frontman Phil Hartlmeier und Ex-Frogshock-Mann Berni Haberla«), es drehleiert mit den »Freiburger Spielleyt«, es fiedelt mit »Rondo Anhaltino-Klassik in aktuellem Sound«. Es tönt hoch mit Klaus Maria Brandauer – wahlweise Byron in Wörishofen oder Doctor Faustus in Ingolstadt. Der Sommer hallt wider von Kreuzgang-, Domruinen- und Steinbruch-Deklamationen. Mal in der Saison-Kombination Evita-Faust-Jedermann, mal Nathan-Hamlet-Hotzenplotz.

Der heißeste Begehr von Stadträten und Verkehrsvereinsvorsitzenden landauf, landab scheint sich aber auf die ohnehin inflationierten Historien-Spektakel zu richten. Bohrend muß der »Me-too«-Impuls in deutschen Rathäusern rumoren: Auch haben wollen, sowas mit Kostümen und mittelalterlichem Markttreiben und Gauklern und Fahnenschwingern und Hunnen, vor allem Hunnen! Man sieht die Gemeinderäte grübelnd vor sich, in Gegenwart des Lokalchronik-Tüftlers, des Gastronomiesprechers, des Großsponsors, des still dichtenden Studienrats. »Erlebniswert« schwirrt durch den Sitzungssaal, »Kulturmarketing« und »Trend zur Inszenierung« für den »individualisierten, multi-optionalen Konsumenten«: *Haben* wir denn nicht irgendwas, Herr Dr. Scheiblgruber? Raubritter? Pest? Bauernschlacht? Hexenverfolgung? Ist der Casanova mal durchgekommen oder wenigstens der Mozart? Die Musikschule muß doch auch für was gut sein, also meine Tochter spielt *sehr* begabt Cello… Schreibn'S uns doch a Stückl, Herr Fritsch, Sie als Beamter mit Ihrer Freizeit… Das Hunnenlager kann uns dann der Mopedclub machen…

Wir haben uns die »4. Nibelungenfestspiele« in Plattling gegönnt; das ist nicht so weit weg, an einem tropenheißen Sommertag, den man eigentlich hinreichend festlich fände mit einem beschlagenen Glas Prosecco im Flimmerschatten des Gartens.

Statt dessen Parkplatzblech in der Gäubodenstadt, die von jeder etwas verwunschenen Patiniertheit so gründlich gesäubert ist wie all die deutschen Kleinstädte, die dann ihren historisierenden Budenzauber vor Optikerläden, Norma und Pils-Pub entfalten. Festzug im brütenden Zentrum: »Hou, hou, hou!«, rufen die strandurlaubsgebräunten Hunnen vom Mopedclub, »Es lebe König Gunther!« die

Nibelungen von der Wasserwacht. Alles schwitzt, in moonboot-artigen Fellstiefeln und Kaninchenwesten, in Samtgewand und Wams. »Geht's no, Seppi?«, tippt eine besorgte Ehefrau ihrem apoplektischen Rittersmann auf die Schulter. Im mittelalterlichen Lager auf dem Marktplatz, beschattet von Baumarkt-Plastikzelten, fummeln die Edeldamen der Dark Ages erstmal die Marlboros aus dem Pelztäschchen. An Rupfenständen kassieren die Fieranten ab, die auf die Historische-Märkte-Szene spezialisiert sind; »Silberlinge« oder »Batzen« für allerlei esoterischen Avalon-Kitsch: keltische Amulette, Wikinger-Trinkhörner, original magische Mineralbrocken. Und in den bleiernen Hundstagehimmel schwadet das Fett von Drehspieß-Schweinernem, aus kolossalen Schmorgeltiegeln; nur am Rand lappt das ganze hunnisch-frühgeschichtliche Geschehen zwanglos in die italienische Eisdiele hinüber.

Ob Plattlinger Hunnen oder »Ampfinger Sommerabende« (»im stimmungsvoll illuminierten Innenhof der Hauptschule«): überall gilt, daß Festsommer-Programmatik »populären, allgemeinverständlichen Charakter tragen und die freundliche, die heitere Seite der Künste betonen soll. – Aber ehe dem pp.-Sommerpublikum nochmal das Albinoni-Adagio oder der achtzehnte Comedian-Harmonists-Aufguß serviert wird, da loben wir uns doch eine jahreszeitliche Feierlichkeit wie sie in Bad Füssing stattfand und mit einem kaum faßlichen Zeitungsfoto dokumentiert wurde: das »Singende Heilwasserbecken«, dirigiert von Gotthilf Fischer. Aber nicht nur, daß der durchweg bademützenbekleidete »größte Wasserchor der Welt« dem Johannisbad ein Jubiläumsständchen brachte, nein, »im Anschluß schwangen die 3300 Sänger *im Wasser* zur Walzerparty das Tanzbein« – ein Event, der sich höchstens noch als »Delirium totale« vermarkten ließe.

DAS LAND UM INN UND SALZACH

Burghausen

Wir haben's gern bedeutend ruhiger, wenn wir uns daranmachen, das nordoberbayerische Land zu durchstreifen, in weitem Bogen von Ost nach West. Deswegen fahren wir an einem Wochentag los, vielleicht im Frühherbst, wenn die Morgen so wunderbar frisch sind und die Laubbäume schon etwas angefärbelt, wenn es nach Äpfeln riecht und dem ersten Nebeldunst und Moder des sinkenden Jahres. Es darf ein wenig nieseln, denn dann ist es zum Beispiel auf der Burg von Burghausen, weil fast ganz entvölkert, besonders schön. Die Grenzstadt Burghausen an der Salzach ist sicherlich eine der unverwechselbarsten in deutschen Landen – wegen ihrer sonderlichen Topographie. Sie ist radikal zweigeteilt: in eine fladenhafte Nachkriegs-Oberstadt mit den gewaltigen Röhren- und Stahlanlagen von Wacker-Chemie und dmp-Petrochemie samt den anhängigen Siedlungs- und Geschäftsgebieten – Hypobank-Beton, Bistro Bierbrunnen, FaTaBo-Center (heißt: Farben, Tapeten, Bodenbeläge). – Und in die viel tiefer am Fluß gelegene, klammartig eingezwängte Altstadt, die man, wie der anrückende Napoleon, erst erspäht, wenn man schon hart oben am Steilufer steht: »Voila, la ville souterraine!« rief er verblüfft und lieferte Burghausen damit einen Dauerbrenner. Steil oberhalb, auf einem fingerartigen, parallelen Bergsporn, die lange, lange, längste Burg Deutschlands – ein ungefähr einstündiger Mittelalter-Spaziergang, einer der schönsten Bayerns, von dem ich noch nie genug gekriegt habe und den ich mindestens einmal jährlich abwackle. Das ist viel mehr als eine Burg, da oben. Es ist eine ganze Landschaft aus jahrhundertealten Gebäuden, die eingefaßt sind von Efeu, Kletterwein oder Staketenzaun-Bauerngärtchen, mal geht man über Buckelpflaster, mal auf Gras, mal auf Holzstegen quer über tiefe Gräben. Eine Kette von Höfen, so vielgestaltig, daß man sich ihre Abfolge einfach nicht merken kann, länger als ein Kilometer vom baumbestandenen, kleinstädtischen Sonnenuhr-Platz bis

Burghausen aus der Luft

zur wehrhaften Düsternis der Hauptburg. Lauter Architekturen mit wunderlich klingenden Namen begleiten den Weg: der »Röhrenkehrerturm« war die Wohnung des Schornsteinfegers, »Kastenschreiber-« und »Kastengegenschreiberturm« beherbergten Steuerbeamte, die über die Natural-Abgaben der Untertanen wachten; im »Getreidewärltturm« saß der Verwalter der immensen Kornvorräte des Haberkastens, und im »Zeugwärltturm«, neben den auch »Schwurfinger« genannten Schwalbenschwanzzinnen, der Verantwortliche für die nicht minder umfänglichen Waffenarsenale. Heute lebt hier Jens Schneider, Kunsterzieher, wie auch die Fronveste oder Zuchthaus und das Spinnhäusl, das Arbeitshaus für weibliche Gefangene, längst Wohnraum für ganz unbescholtene Zeitgenossen geworden sind. Kettcars und Wäschespinnen, Geranienkästen und Trennmülleimer belegen unbefangene Nutzung – das ist einem ja auch viel lieber als sterile Historizität. Manchmal seufzt man ein bißchen über allzu glatten Putz, wo man wunderbar verwitterte Hausteinmauern in Erinnerung hatte, und auch Zipfelmützendächer müssen wohl ab und zu mit sehr roten neuen Dachziegeln versehen werden. Eines der krummen Häuschen, gleich neben dem Christophstor, kann man als Ferienwohnung mieten (der Prechtl-Turm schräg gegenüber beherbergte 1916 den omnipräsenten Rilke, dem das damals völlig verschnarchte Burghausen zu »einem bedeutenden und gefühlten Gegenstand« ward). Vielleicht wird man sich dann mal klar darüber, ob man die Burgbehauser eigentlich beneidet ob ihres zeitabgehobenen Lebenshintergrunds: begünstigt sind sie schon wegen ihrer umwerfenden Fensterblicke hinunter auf die steilen Hintergärtchen und Grabendächer der Altstadt, anderwärts auf den bastionenbewehrten Altwasserarm des Wöhrsees mit seiner immer noch eher altmodischen Badeanstalt – ein Juwel unter den Freibädern des Landes, in welchem schon Hannelore Elsner als Teenie auf den Holzstegen briet.

Aber wir haben einen verschlafenen Nieseltag, da hat man zwischendrin auch Lust auf Drinnen. Komischerweise gibt es auf dem ganzen riesigen Burgareal keine einzige gediegene Taverne oder Kaffeestube – bloß eine Imbißbude mit ein paar Biergartenstühlen. Also in die Museen, wo man, wie so oft in den Sammlungen der Provinz, mal wieder der einzige Gast ist. Das »Haus der Fotografie« im Rentmeisterstock, ganz zu Beginn der Anlage am Curaplatz (wo sich wochentags auch leicht parken läßt), ist weit kurzweiliger, als der blasierte Großstädter vielleicht denkt. Es zeigt nicht nur großzügige, ambitionierte Austellungen der ersten Fotografen-

Hauptburg

garde, sondern in vielen knarzenden Räumen auch ein reiches Sammel-
surium zur Fotografiegeschichte.

Für technische Gerätschaften habe ich kein besonderes Auge: daß die
alten Apparaturen schöner sind als heute Gefertigtes, sieht freilich jeder
Depp. Dafür bleibe ich eine Ewigkeit kleben an den braunstichigen Auf-
nahmen aus der Lokalhistorie: eine Nähstube um 1900, die Zöglinge der
Englischen Fräulein bei Hochwasser auf der Salzachbrücke zusammen-
gedrängt, »Dienstmann Max Laumer in der Schnappsbrennerei«, das
»Bürsten- und Pinselgeschäft von Ferdinand Federmann« und eine
Innenansicht des ersten Ladens der neuen Industrieansiedlung, des kargen
»Werkskaufhauses Wacker« von 1928 (ein Pfund Zucker 33 Pfennig, Stück
Seife 23 Pfennig). Mein Lieblingsobjekt ist ein Stereogucker zum Weiter-
kurbeln, dessen frühe schwarzweiße Dia-Sammlung allerdings einen ganz
anderen genius loci evoziert: sie zeigt scharfgestochen und ausführlich die
Davoser Lungensanatorien-Szenerie der Jahrhundertwende: Liegebal-
kons, Promenaden und Eislaufvergnügen – ideale »Zauberberg«-Illustra-
tionen hier oben auf einer bayerischen Burg.

Am entgegengesetzten Ende hat die dann einen ganz anderen Charakter: finster, ernst und kompakt ist die »Hauptburg« der wittelsbachi-
schen Herzöge, in welcher sogar eine eigene rabiate Gerichtsbarkeit
herrschte: wer in diesem Herrschaftsbereich unbefugt angetroffen wurde,
dem waren seitens des »Vizedoms«, des herzöglichen Burgvogts, »un-
wendlich beide Ohren abzuschneiden«. In den verschatteten Höfen dieser hochgemauerten Trutzfeste gibt es kein Grün mehr, keinen Weitblick
ins Land – hierher verfrachteten die Wittelsbacher gewohnheitsmäßig ihre
unliebsamen Ehefrauen, weit weg vom Landshuter Hofleben, auf Dauer
verräumt, fort mit Schaden. Ganz schnell traf das Burghauser Verban-
nungslos zum Beispiel jene blutjunge polnische Import-Braut Jadwiga,
deren gewinnbringende Vermählung soeben noch in der »Landshuter
Fürstenhochzeit« mit allem Pomp gefeiert worden war. Schon damals war
die 15jährige der Überlieferung nach in Tränen gebadet – vielleicht hatte sie eine Ahnung vom trüben Verlauf ihrer restlichen Lebenszeit. Es muß

ein klaustrophobes, bedrückendes Dasein gewesen sein für die abgelegten Damen, am gottverlassenen Rand des Hoheitsgebiet – und unpassende Tröstungen wurden grausam bestraft. Seit einigen Jahren kann man im ehemaligen Kemenatenbereich ein Verlies besichtigen, in dem dereinst angeblich ein Hofkoch wegen einer »hohen Liebschaft« lebendig eingemauert wurde – das Moderloch ist groß genug, daß sich die Tortur ordentlich hinzog.

Der schauervolle Raum ist heute Teil des Burghauser Heimatmuseums – ein sehr reichhaltiges, und von jener Buntgemischtheit, die Kinder und etwas kindliche Gemüter verläßlich gut unterhält: da steht ein Pranger-Esel auf Rädern, auf dem Englische-Fräulein-Elevinnen zur Strafe sitzen mußten, wenn sie was ausgefressen hatten, unweit einer operettengelben Originalpostkutsche und dem wunderbaren Sandtnerschen Holzmodell der Stadt von 1574; das letzte Paar Kapuzinersandalen, das Pater Crispinian in einem langen Schuhmacherleben anfertigte, wird ebenso gewürdigt wie eine »Halsgeige« für zänkische Frauen und die Damastserviette »des letzten Abtes von Raitenhaslach, Ansanius Detterle«. Das Richtschwert des Scharfrichters Johann Basilius Jakob müßte eigentlich triefen vor Blut: zwischen 1748 und 1776 wurde es allein elfhundertmal zur Hinrichtung erhoben. Burghausen war im ganzen Umland für seine harte Gerichtsbarkeit und Vielzahl von Todesurteilen verschrien – so wie heute vielleicht das mörderische Texas des Ex-Gouverneurs George Bush jun. Sehr passend die Namen der Weiler und Gehöfte, die Burghausens Stadtgrenzen markierten: »Zwischen Ach und Weh,/Kreuz, Kümmernis und Klausen,/liegt das Schindernest Burghausen.« – So lautete ein sarkastischer Vers auf die lange Zeit gefürchtete Stadt. Mulmig werden sollte es den Altvorderen auch bei den dunkelfarbigen Tafeln, welche jene »Zeichen am Himmel und auf Erden« drastisch darstellen, »so die 15 täg vor dem Jingsten Gerichtstag geschechen werden«. Da geht erst das Meer »vierzig ellen hoch« und trocknet dann bis auf den Grund, am fünften Tag werden »alle gefluegl auf dem feld zusamen komen als wann sye waineten«, feurige Flüsse und feurig herabfallende Kometen werden von

Wie der Bug eines steinernen Schiffs ragt der vorderste Teil der Hauptburg über Gassen und Fluß...

erschrecklichem »Erdbiben« übertrumpft, nach welchem große und kleine Steine einfach »zerflaissen« und »alle paum auch bluemen blutigen Scweiß schwizen« werden. Am vorletzten Tag, bevor sich die Gräber öffnen, werden dann die armen Menschen »vor forchth hervorlauffen und nicht mehr reden«, zum Verstummen war ja Schreckens genug.

Keilförmig, leicht bogig zugespitzt, absolut wie der Bug eines steinernen Schiffs auf einem Wogenberg, ragt der vorderste Teil der Hauptburg über Gassen und Fluß tief unten. Einer der schönsten Plätze der Stadt ist die versteckte Plattform ganz oben, ganz vorn auf dem Dach des Palas. Analog zu den naheliegenden Schiffs-Assoziationen ist dieser Ausguck mit verwitterten Planken gedeckt, das Geländer ähnelt einer Reling, und es bedarf keiner ausschweifenden Phantasie, sich vorzustellen, die ganze Burg könnte wie ein Luftschiff krachend abheben und über das tief eingeschnittene Salzachtal, die Barockklöster von Marienberg und Raitenhaslach einfach davonsegeln, in Richtung der Alpenkette, die man an klaren Tagen in der Ferne erkennt. Aber auch wenn man am Boden bleibt, ist es schön und luftig hier oben, Freiheit und Himmel nach den brunnenschachtartig tiefen Burghöfen, die Wolken haben sich auch verzogen, und auf dem warmen Holzboden läßt es sich prima sonnen, lesen, Postkarten schreiben.

Wenn wir Hunger bekommen, müssen wir tief hinab, Abstieg von der Burg durch das »Geistwirtsgassl«, das mich unwürdig an einen sehr frühen Bierrausch erinnert, damals ging's schwankend bergauf vom Gasthof »Post« zur Jugendherberge, angenehmerweise allerdings geschoben und gehievt, unter Flüchen, von Biologielehrer Dr. B., dem Mädchenklassenschwarm. – In jener Zeit hatte Herbert Riehl, nachmals »Süddeutschen«-Edelfeder, wohl schon sein Abitur am traditionsschwangeren Kurfürst-Maximilian-Gymnasium geschafft und mußte nicht mehr mit dem Taschentuch vor der Nase durch die Neustadt hasten, gegen die Wackerschen Chemiedämpfe, woran er sich in seinem Reminiszenzen-Buch »Meine Bundesrepublik« erinnert. Einer seiner Vorgänger an jener Lateinschule war der notorisch katastrophale Gymnasiast Ludwig Thoma, der

einen hiesigen Religionslehrer aus der Messerzeile als »den Kindlein« verewigt hat. Eine Schulbank mit Thomas hineingekratzten Initialen wird an
der Lehranstalt, eine der ältesten Bayerns, angeblich noch gehütet.

Die Emissionen der Chemiewerke sind heute aber ebenso bereinigt,
wie der langgezogene Straßenzug »In den Grüben« unten am Fluß nach
Jahrhunderten endlich hochwasserfrei ist; ein harter, weißer Betondamm
zur Salzach sorgt dafür, daß diese ehedem Freudlose Gasse der armen
Handwerksbetriebe und des Spelunken-Zwielichts aufwendig saniert
werden konnte. Heute sind die »Grüben« eine sogenannte Flaniermeile,
weniger patrizisch, aber ebenso pastellbunt wie der spektakuläre Stadtplatz. – Man tut auf verspielt und südlich, sitzt auf der Straße bei Pasta und
Thaifood, kann Didgeridoos oder »Schönes aus Filz« kaufen – komisch
bloß, daß sich diese netten, der allgemeinen Lebensfreude gewidmeten
Post-Sanierungs-Schlurfzonen im ganzen Land ähneln wie ein handbe-
maltes Holz-Ei dem anderen. Mir tut's um manches leid in den »Grüben«,
so um das höhlenartige Textilgeschäft zweier alter Schwestern, in dem
man noch vor ein paar Jahren wunderbar altmodische Hemden- oder
Kissenstoffe aus Pappschachteln hervorgekramt bekam – jetzt wird da halt
teurer bayerischer Volkskunst-Trödel verscherbelt. Und die altertümliche
Schuhmacherei von Emil Gastbühl hat man als Ganzes sozusagen in
Kunstharz gegossen, hinter Sicherheitsglas als Denkmal konserviert ist die
stillgelegte Werkstatt an der Fassade mit einem ordentlichen Museums-
schild versehen und von der Straße her beleuchtbar wie eine Krippe.
Fehlt bloß noch, vielleicht als ABM-Maßnahme, eine lebende Schuster-
Imitation, die bei Schalterbetätigung zu besohlen beginnt.

Der Stadtplatz ist natürlich ein Kleinod, premium quality. Von den
historischen Platzräumen des Inn-Salzach-Stils – Neuötting, Mühldorf,
Laufen, Tittmoning – ist er wohl der herrschaftlichste und zugleich intim-
ste. Er hat Weite und gleichzeitig eine wohnstubenartige Geschlossenheit.
Die Stuckfassaden und »geschweiften Sprenggiebel« von Tauffkirchen-
Palais oder Regierungsgebäude, Englische-Fräulein-Institut und Alter
Apotheke stehen wie farbenfrohe Zimmerwände um einen familiären

Lebensraum – wer hinter diesen Fenstern wohnt, hat das Leben und Treiben einer Welt en miniature im Blick: das alte »Anker-Kino« unter den Burgfelsen und die Bäckerei mit dem haltbaren Hartgebäck, die Schüler auf den Pollern und Pflanzkästen, die Kugelbäumchen und die Sonnenschirme der Wirtshäuser, das Geplätscher von Löwen- und Marienbrunnen, den spätgotischen Chor der Jakobskirche – und die im Kriechgang einen Parkplatz suchenden Touristen natürlich (bis sie dann doch in die Tiefgarage abtauchen, die erstaunlicherweise nichts kostet).

Gleich oberhalb das noble, sich keinesfalls anbiedernde Schaufenster von »Barbarino« – meist ist da nur ein G'wand, ein Schultertuch, eine Joppe ausgestellt: hier verfertigt man jene strenge, puristische Trachtenmode in gedeckten Farben, edlen Stoffen, traditionellen Mustern, die sich vom schnall'nhaften Rüscherl- und Schnürleiberlstil der sogenannten »Landhausmode« unterscheidet wie Haydns Mariazeller Messe vom Musikantenstadl.

In den »Grüben« arbeitet eine andere »Gewandmeisterin« – so ihr Berufstitel, Alexandra Brandner heißt sie, ist jung, lustig und fesch, und hat sich, dem Lokalkolorit gemäß, aufs Schneidern historischer Outfits verlegt. Sie kann sie alle einkleiden, originalgetreu und detailfreudig: den Renaissancekaufmann, die spätmittelalterliche Hofdame, den Rokokokavalier, und da die Lust am Historienspektakel immer noch weiter wächst, hat sie auch keine Mangel an Kundschaft. Sie selbst, sagt sie, sei ein paar Jahrhunderte zu spät dran, das Spätmittelalter sei ihr Ding, bloß gab's da halt leider keine Motorradln, und wenn sie mal heiratet, dann solle es richtig schweinisch zugehen, Gelage ohne Messer und Gabel, drei Tag' lang.

Logischerweise verfügt auch Burghausen über so ein mittelalterlich rumpelndes »Rentamtsfest« oben auf der Burg, und die »Meier-Helmbrecht-Freilichtspiele« im Altangärtlein – aber solches haben wir bisher, wie überall, zu meiden gewußt. Die Stadt hält sich überhaupt was zu Gute auf ihr lebendiges Kulturmanagement – die Jazzwochen sind schließlich weltberühmt; zweijährig werden Literaturwochen veranstaltet, prominente Lesungen, moderne Kunst im Liebenweinturm der Burg: zuzuschreiben dem Engagement eines regen Altachtundsechziger-Bürgermeisters, der gerne mal mit Gerhard Polt Tennis spielt, vor allem aber dem opulenten Sponsoring der Chemieriesen Wacker, Wacker-Silitronic, Vinnolit Kunststoff und OMV-Deutschland GmbH. Der Großindustrie an ihrem nördlichen Rand dankt die Stadt und ihr Umland alles, was man so »Aufschwung« nennt, aber auch die aufwendige Sanierung und heutige muntere Lebensqualität in ihrem alten Kern, der beiläufig winzig ist im Vergleich mit den Agglomerationen der Neuzeit drumherum. Ein Zehntel Gestern, neun Zehntel Heute – das dürfte ungefähr die Flächenrelation sein. Die Marktler Straße mit ihrer unsäglichen Klotzbebauung – jedesmal muß man da durch – sorgt schon dafür, daß man nicht vergißt, wo man sich befindet: im »Ostbayerischen Chemiedreieck« nämlich.

Den napoleonischen Abschiedsblick vom österreichischen Steilufer – »Ottili is schwul« steht heute grellpink an die Stützmauern gesprayt, versagen wir uns aber nicht –, da haben wir die klassische Vedute von Altstadt und Burg in schönster Kulissenhaftigkeit und petrochemische Stahlkolosse weit außerhalb des Bildausschnitts. Das oberösterreichische Hinterland vis-à-vis Burghausens, mit Ausnahme vielleicht des großen Waldgebiets Weilhardter Forst, können wir uns sparen, denn das ist eine der fadesten Landschaften Gesamtösterreichs: großagrarisch, platt, potthäßlich bebaut. Kehren wir lieber, kurz vor der Grenzbrücke noch schnell im »Weinhaus Pachler« ein – ebenfalls mit Postkartenblick und bei ansässigen Burghausenern eine der beliebtesten Restaurant-Adressen. Oder, wieder diesseitig, im Altstadt-Café am Stadtplatz, bei der Jesuitenkirche, mit schattigem Garten zum Fluß. Es ist eines dieser ruhigen Unfreiwillig-Mithör-Cafés: Vater und aufgeweckter Sohn, in ihrer Velours-Ecke mit Blick auf die gelbsandigen Steilhänge, warten auf Mama. Länger schon, offenbar: Papa, glaubst du, gibts was auf der Welt, wo noch nie a Mensch war? … Papa, wie is'n des: von die Affen weg bis jetzt immer weniger Haar. I glaub, daß mir bald gar keine Haar mehr haben … Oh mei Bua – ah, da iiis ja, d'Mama!

Was uns betrifft, wir mögen jetzt wieder »raus aus der Stadt«, auch wenn diese nur knapp 20 000 Einwohner zählt. Das Kloster Raitenhaslach, vier Kilometer südlich, mit seiner phantastischen Rokokokirche lassen wir diesmal weg, denn das kennen wir bestens, wie auch den gediegenen, weiträumigen Klostergasthof samt Biergarten und angenehm leisen Fremdenzimmern. Im Prälatenstock hat sich, dank der pfleglichen Obhut der Bierbrauerfamilie Baumgartner, nach der Säkularisation eine wunderbar intakte barocke Beletage erhalten, die aber samt Hauskapelle und Deckengemäldesaal privat genutzt wird – irgendwann soll zumindest der Saal für kleine, feine Veranstaltungen öffentlich gemacht werden. Raitenhaslach ist eines der idealtypischen, baumbeschatteten Kloster- & WirtEnsembles Altbayerns; andere sind weit berühmter und überlaufener.

Vielleicht ist hier weniger los, weil die Landschaft nicht so fabelhaft ist wie andernorts: der graugrüne Grenzfluß, Maisäcker, Siedlungshäusln – überaus malerisch ist der ferne oberbayerische Osten um Burghausen, Burgkirchen, Altötting nun mal weiträumig nicht. Immer etwas monotones Ackerland, hat ihn die Zersiedelung im Einzugsgebiet der chemischen Industrie nicht eben verschönt – das Zerstreuungsangebot einiger »Maisfeld-Labyrinthe«, Baggerbadeseen von sehr lokal begrenztem Charme und die Nachbarschaft des touristisch von jeher boomenden Chiemgau machen noch keine »Urlaubsregion Inn-Salzach«, so viel diese auch in bunten Joint-Venture-Prospekten beschworen werden mag. Solche Broschüren erstaunen einen immer wieder, weil ihre Optik genau *das* ins Zentrum rückt, was es kaum noch gibt. Den immergleichen, *einen* übriggebliebenen Bundwerkstadel- Vierseithof, ein unverbautes Bachtal, den pittoresken Zwiebelturm-Dorfkern. Wenn man zufällig das Motiv »in echt« kennt, dann kann man die Prospektfotografen nur bewundern dafür, wie ein paar Krüppelweiden im Vordergrund die Satellitenschüsselwälder, die Baumarktbalkons, die Neubauwucherung den ganzen Hang hoch gefällig abdecken. Warum, fragt man sich, *stehen* die Gemeinden nicht wenigstens zu den ruppig ausgeräumten, topmodern-säuberlichen Ortsbildern, wie sie sich selber zusammengeschustert haben, warum *werben* sie mit einer Ästhetik des Dahingegangenen, die ihnen offenkundig zutiefst wurscht ist, denn sonst gäbe es ja noch ein paar mehr der unverhunzten Ansichten, die sie nun für ihre Fremdenverkehrsambitionen mühselig zusammensuchen oder türken müssen. Wirklich verblüffend, die Chuzpe, mit der ein paar inselhafte Relikte als weißblaues Rundum-Idyll vermarktet werden. Töging, Ampfing, Burgkirchen als weichgezeichnete Ferien-Resorts? Wer sich tatsächlich urlaubshalber in diese verbauten, gänzlich romantikfreien Zwecksiedlungen locken lassen sollte, wird sich umschauen.

Ins Holzland

Zum Glück läßt sich in der Region bei weitem Erfreulicheres auftun. Verlassen wir Burghausen durch die Hintertür, nordöstlich auf der Haiminger Straße. Da geraten wir zunächst gewissermaßen in Teufels Küche, nämlich mitten in die industriellen Großanlagen, zwischen die Werkszäune von »Linde – Werksgruppe technische Gase« und der »dmp-Petrochemie«. In jeden der zylindrischen Mineralöltanks, Reihen über Reihen davon, würden mindestens fünf Dicke Türme der Burg passen. Merkwürdig leer und still ist es zwischen all diesen Kolossen und man fährt auf der schnurgeraden Straße schneller als sonst. Hinter dem großen Daxenthaler Forst dann die vielleicht abgelegenste Ecke Oberbayerns: das grüne, flache Land des »Großen Saurüssel«, wie das Mündungsgebiet von Alz und Salzach in den Inn wenig schmeichelhaft im Volksmund heißt. Am »Innspitz« stoßen Oberbayern, Niederbayern und Österreich aufeinander, und wo die Salzach in den Inn mündet, ist eine wirklich riesige Wasserfläche entstanden, die vollkommen versteckt liegt. In Haiming muß man das Auto stehenlassen und in Richtung der Häuser von Schwaig und durch die Auenwälder zum Damm laufen: Dann meint man an einem asiatischen Steppensee zu stehen: Schilfinseln, Altwässer und Binsengürtel, über dem graublauen, wenig bewegten Mündungssee ein Gewirr von Vogelstimmen, kein Mensch – nicht zu glauben, daß die fetten Kreuzungen der Bundesstraßen 12 und 20 fast in Hörweite liegen und gleich hin-

Im Holzland

ter einem das flurbereinigte Nutzland mit seinen kriechenden McCormick-Schleppern. Diese nasse Wildnis ist nicht riesig, aber sie wirkt so – ganz typisch eigentlich für unsere Lande, wo die wildbelassenen, naturnahen Gebiete, die Naturschutz- oder Landschaftsschutzzonen, kaum je große Flächen bedecken, aber auch in ihrer Kleinräumigkeit etwas Freieres, Unübersichtlicheres, deutlich »Anderes« verkörpern, das einen sofort so anrührt, daß man die Begrenztheit vergißt. Ein paar Kilometer vom Innspitz liegt im »Piesinger Winkel« das geschützte Mündungsgebiet der Alz in den Inn, auch so ein in die Zivilisation geklemmtes und dennoch tröstlich wildes Terrain; die Brut- und Zugvögel jedenfalls, die diese Auensenke nützen (alle möglichen Enten- und Meisenarten, Rohrsänger und Stelzvögel müßte man mit etwas Übung erspähen können), sind da jedenfalls unsentimentaler als unsereiner, richten sich ein im Vorhandenen und bejammern nicht die Gülleäcker, die Trassen von Bahn und Schnellstraße, die ihren Bereich eigentlich recht kläglich segmentieren.

Der Gasthof »Bonimeier« in Niedergottsau, ein alter, breitgelagerter Kirchenwirt, hat sich drinnen brandneu »im Landhausstil« aufgeschnekkelt, viel Naturholz und Laura-Ashley-hafte Sofakissen, und auf jedem Tisch, statt Blumen, eine Hexenpuppe im Zierkürbisrand. Auch die Brotzeit ist neumodisch – man kriegt die Pfifferlinge auf einer Waschschüsselportion von Lollorosso und anderen dieser zipfeligen Knüll-Salate und bleibt auch als einziger Gast nicht verschont von sehr stimmiger Musikunterhaltung: »Deftig, boarisch und modern« rummst der Quälrefrain aus den Lautsprechern: »Lederhos'n, Haferlschuah/Auch die Girls, die steh'n dazua.« Dazua? Nicht: drauf? Egal – am Nachbartisch ist Stammkundschaft eingetroffen und bestellt bei der Wirtin ihre Imbißteller nach Freundesart: »Haust halt auffi, was weida muaß.«

In Marktl am Inn sticht kaum etwas ins Auge außer dem Geburtshaus von Joseph Kardinal Ratzinger, gleich nebendran mahnt uns eine Tafel, auch einen zweiten großen Sohn Marktls, nämlich den »Erfinder des Achselschwenkladers« im Gedächtnis zu behalten. Wir suchen, jenseits der Bahnlinie, das kleine, elend steile Sträßchen die schattigen Innleiten hinauf, das uns eine Etage höher, ins Holzland, bringt.

»Da is' am allerscheenern«, würde der hiesige Dialekt sagen, der den Superlativ scheut. Es ist auch keine Szenerie der Höchstkategorien, aber zum Aufatmen, jedesmal, wie sich über den laubbewaldeten Flußhängen das Land öffnet, wie es sich weithin buckelt und mugelt, senkt und wellt, durchsägt von tiefeingeschnittenen Bachläufen, wie auf den Kuppen und Anhöhen, in den Geländefalten und Mulden die Weiler und Einzelhöfe versprenkelt liegen, als seien sie riesenspielzeughaft fallengelassen worden. Bis nach Neumarkt St. Veit im Westen ungefähr zieht sich dieses komplett in Ruhe gelassene Bauernland hin, im Abseits aller Durchgangswege und touristischen Inbesitznahmen, nordwärts geht es, etwas gemächlicher rollend, in die niederbayerischen Rottal-Hügel über. Schmale Sträßchen und Verbindungswege zwischen den Einöden, die Namen tragen wie Herzöd oder Hölzlwimm, Queng, Gmachl, Guntendobl und Oberschweib. Selten ein Auto, hier wäre ein Fahrrad mit ordentlicher Schaltung wirklich das einwandfreiere Reisegefährt. Mal trifft man auf eine Pferdekutsche, mal auf ein wummerndes landwirtschaftliches Fahrzeug – vielleicht ein Achselschwenklader? –, ab und zu wackelt ein alter Austragsbauer seiner Wege und grüßt, indem er den Spazierstock hoch in die Luft erhebt. Immer wieder tritt man auf die Bremse, steigt aus wegen eines

Fern- und Rundblicks – bei besonders günstigen Luftverhältnissen kann man sogar die graublauen Rücken des Bayerischen Waldes und die helle Zackenlinie der Alpenkette gleichzeitig erkennen, weit, weit weg. Sehr zupaß kommt hier die »Fritsch-Wanderkarte 1 : 50 000« des Landkreises Altötting; sie verzeichnet, gut erkennbar, noch die winzigsten Fahrweglein und erlaubt das abenteuerlichste Herumgekreisel ohne totalen Orientierungsverlust.

Erstmal schrauben wir uns von Marktl aus kurz ins Niederbayerische hinüber, über Oberndorf, die B 20 querend, nach Schildthurn. Warum, ist schon von weitem offenkundig. Da sieht man aus vielen Richtungen einen ganz unglaublichen Turm in den Himmel spießen, viel zu hoch, mit riesigem Spitzhelm, hellgrau – eine ganz unübliche Farbe hierzulande.

Der Dorfkirchturm von St. Ägidius in Schildthurn, der höchste seiner Art weltweit, ist schon fast eine »folly«, eine architektonische Verrücktheit. Im spätesten Mittelalter, um 1530 erst, wurde dieser monumentale Zeigefinger in die Höhe gezogen, aus Backstein gemauert und mit grauem Tuff verkleidet. Je näher man kurvt, desto mehr erkennt man die Details: die fünf quadratischen Untergeschosse mit Rundbogenblenden, die vier oktagonalen Obergeschosse mit ihren Spitzbogenverblendungen, die Maßwerkverzierungen in Form der »hängenden Lilie«. Steht man schließlich an seinem Fuß, wie unter einer verzerrten, überhöhten Pyramide, befallen einen Schwindelgefühle und Genickstarre, wenn man diese gewaltige Vertikale bis zum Turmknauf ins Auge fassen will. Schildthurn – das ist sozusagen »das Prinzip Turm«, übermächtig ragend und wunderbar gegliedert zugleich – in einem winzigen, dösigen Hügeldorf abseits aller kunsthistorischen Zentren. Zu verdanken war die gewaltige Bauanstrengung der damals florierenden Wallfahrt zu den drei heiligen Jungfrauen Einbeth, Willbeth und Warbeth, drei Wunderdamen, die der Volksglaube aus frühen indogermanischen Kulten übernommen hatte: ihnen schrieb man, oder besser frau, wohltätige Kräfte zu, wenn sich kein Kindersegen einstellen wollte – ein starkes Motiv für flehentliche Fußpilgerschaft von weither im Bauernland. Einige Kilometer weiter südöstlich, in

Taubenbach, findet sich ein etwas bescheidenerer Bruder des Schildthurner Hünen, im gleichen Stil, vom gleichen unbekannten Baumeister. Hier wurde zum Heiligen Alban gewallfahrtet, einem Patron in anderen Belangen: weil dem Märtyrer das Haupt abgeschlagen worden war, das er anschließend noch selbst zum Grab trug, galt er als Hoffnungsträger bei allen Kopfkrankheiten: Hirn, Augen, HNO. Noch heute läßt sich aus einem Kessel im Kirchenvorraum, oder direkt aus dem »Heilbrunn«, das wohltätige »Albaniwasser« in eine Mineralwasserflasche abfüllen. Her damit: etwas Benetzen der Augen gegen die Kurzsichtigkeit, ein feuchter Umschlag aufs oft so intransigente Hirnkastl möchte uns wohl auch nicht schaden. Mit einem »Kopfdreier« oder »Albanischädel« können wir uns aber nicht revanchieren – nur noch ein paar dieser archaischen, comichaften Tonköpfe, in denen die Pilger dreierlei Sorten Getreide zu stiften pflegten, haben sich im gotischen Pfarrhof erhalten: Zähnefletscher, Augenaufreißer, Lippenstülper, etwas irre sehen sie alle aus – Art-Brut-Objekte wie aus einer ganz anderen Welt als dem Tannbach- oder Türkenbachtal. In Taubenbach ist auch die Kirche selbst schön und bedeutend: ein spätgotischer Hallenraum mit Netzrippengewölbe und heiteren Rankenmalereien, sehr schön beschlagene mittelalterliche Türen, und vor allem ein prachtvoller manieristischer Hochaltar, schwarzgold, voller Knorpelwerk, Fruchtgehänge und Engelsköpfe, der berühmten Gebrüder Zürn. Die es, in der Zeit des Dreißigjährigen Krieges, bei aller Hochbegabung, nicht zu »einem eigenen Rauch« brachten, zu Heim und Herd und Seßhaftigkeit, sondern sich als künstlerische Wandergesellen verdingen mußten, von Appenzell bis ins Innviertel.

Der Türkenbach bildet hier die Grenze von Ober- und Niederbayern, und wo er in den Inn mündet, einen Steinwurf östlich davon, spielt das schöne Buch »Kindheit in Niederbayern« des Münchner Psychoanalytikers und Autors Wolfgang Schmidbauer. Es erinnert, präzise und detailfreudig, an ein kleinbäuerliches Leben vorm Einsetzen der mechanisierten und industriellen Agrarwirtschaft, eine Zeit, die vielleicht fünfzig Jahre zurückliegt, den heutigen Jungbauern aber wie das Erdaltertum vorkommen muß. Das Buch ist unsentimental und dennoch voll Trauer: um Stimmungen und Fertigkeiten, um Lebensrhythmen und Gerätschaften, um Worte und Gebräuche, die ebenso dahin sind wie die Natur, welche diese Nachkriegs-Bubenjahre prägte: »Die Grenze zwischen Inn und Bach hatte sich verloren. Es schien das selbe Wasser in beiden Betten, schlammig und von Schilf gesäumt… Früher ein großes, unordentliches Bachbett, in dem ein klares Wasser floß, über Mergelplatten, an der steilen Sandmauer entlang, in der die Uferschwalben ihre langen Gänge bauten. Heute ein kleines, ordentliches, mit Zement ausgekleidetes Rinnsal. Es gab nichts mehr zu entdecken am Türkenbach.« Das Buch ist vor dreizehn Jahren erschienen – der Fortschritt ist inzwischen nochmal weitergerast: genau über dem Kindheits-Anwesen des Autors verknoten sich heute die breiten, begradigten Bundesstraßen zwölf und zwanzig, mit kreuzungsfreien Kreiseln und Zubringern, Unter- und Überbauungen, von Leitplanken und Drahtzäunen gesichert – und wenn die B 12 dann noch zur geplanten vierspurigen A 94 verbreitert wird, dann wird die Schmidbauersche Vergangenheit, unter diesem Asphalt verbuddelt, vollends märchenhaft klingen.

Kehren wir zurück nach Oberbayern, ins noch weitgehend verschonte Holzland hinauf, das zwar auch von einigen schnelleren Trassen zersägt ist, aber doch hauptsächlich den lokalen Arbeitspendlerverkehr zu erdulden hat, keine stinkenden Ost-West-Multitonner von Prag nach München, im Rahmen all dieser gottverdammten gesamteuropäischen Transport- und Transitwalzen, welche die jetzt schon komatösen kleinräumigen Regionen, die sie mit ihren angeblich wirtschaftlich lebensnotwendigen »Güter«-Bewegungen durchpflügen, vernichten werden bis zur völligen Unbehausbarkeit.

An einem frühherbstlichen Nachmittag über die Schlängelsträßchen des Holzlands zu gondeln, ist da geradezu nervenstärkend. Von Marktl hinauf nach Leonberg, mit seiner bescheidenen Ausflugsgaststätte in den Wiesen, Biergarten und hölzernes Salettl – dann zu Fuß zur Kirche, zum Gehöft Altwies und dem weiten Ausguck über dem Innufer-Naturschutzgebiet »Dachlwand« nach Süden. Beim »Benebauer« in Queng, in schöner Südhanglage, besteht eine der wenigen Holzlandmöglichkeiten, Urlaub auf dem Bauernhof zu machen: bei einem sehr pfleglichen, naturbewußten Jung-Landwirt, dessen kenntnisreiche Obsorge für Feucht- und Trockenbiotope mit artenreicher Flora und Fauna in der Region eher eine rühmliche Ausnahme darstellt. Ein schöner kleiner Spaziergang von Leonberg aus führt über das Anwesen Weingarten zur 600jährigen Kapellenlinde von Schmidhub und zum Burgstall bei Tafelberg – und ein wundersam schöner Bauernhof, wohl kaum noch in Bauernhand, ist in Allmannsberg zwischen Enggrub und Moise zu bestaunen. Wir fahren über Hauzing ins Zwiebelturmdorf Endlkirchen hinauf – in der einfachen Dorfwirtschaft »Auer« kriegt man eine Brotzeit und die Höfe »Beim Mesner« und »Beim Schmiedmaier« arrangieren sich noch recht ansehnlich um die Kirche herum. In Eisenbuch ist das »Hotel« meines kleinen Wanderführers zu einem Zen-Zentrum geworden, deshalb ergehen sich dort herum ab und an sinnende Gestalten in den Fluren und erforschen das Karma einer Wiesenskabiose. Weiter geht's über Breitenaich und Guntendobl zum reizend gelegenen Landkirchlein von Steinhausen. Der einsame Hof nebendran ist ein beneidenswerter Wohnort – der Fremde allerdings erzeugt Aufruhr unter der dort beheimateten Natur. Schafe meckern in nervösem Sopran, ein Fasan fliegt keckernd aus der hohen Wiese auf, und zwei kalbsgroße Bernhardiner stellen sich hinterm Zaun so lange laut wuffend auf die Hinterfüße, bis Mutter und Tochter erscheinen, denen man seine Harmlosigkeit bezeugen kann. Über Arbing und das Wiesensträßchen nach Ecking, oder aussichtsreicher, über Hoheneck und Fachenberg, rollen wir nach Kienberg und Rockersbach (Hauptsache, wir umgurken den langweiligen Hauptort Reischach), dann westlich an Kirchhaunberg (auch so eine Idylle mit Kirchtürmlein und Apfelgärten) vorbei ins größere Kirchdorf Wald, wo wir uns beim kleinen Edeka mit etwas Wegzehrung versorgen können, für ein Picknick an der Kirchenmauer von St. Koloman und Korona in Sigrün. Dieses Kirchlein mit hölzerner Brunnenkapelle nebendran liegt ganz versteckt über einer sanften

Wiesenmulde – man darf die Abzweigung bei der »Damenschneiderei« in Irlach nicht übersehen. Aber dann sitzt man da wunderbar im Gras, an den leicht abblätternden Putz gelehnt, trinkt ein Erhartinger oder Toerring-Jettenbach'sches Bier der Region, kaut auf seiner allbayerischen trockenen Wurstsemmel herum, hat alle Ruhe der Welt zum Lesen, In-die-Wiesen-Dösen, dem Dieselgestotter des einzigen Traktors nachzulauschen, der vorbeigekommen ist. Es muß schon ein vage pantheistisches Grundmuster der Neigung sein, das einen immer wieder zu diesen abgelegenen Kapellen mitten in der Natur zieht, auf windigen Büheln, in gluckernden Gründen – mittlerweile hat man da schon eine Art Sammelwahn entwickelt und scheut kein holperiges Schotterweglein, wenn auf der Karte ein kleiner schwarzer Kreis mit Kreuz drauf eingezeichnet ist.

Unweit dieser friedsamen Stelle, in Näglstall östlich von Wald, werkelt »der Graebner Hans«, ein faltiger, seehundbärtiger, wurzelhafter Hafner und Ofensetzer in Filz und Schafwollenem. »Ein feiner Mensch«, wie einer seiner Bekannten sagt, das Gegenteil eines übriggebliebenen hären Landfreaks. Der Graebner Hans ist ein Künstler des klassischen, puristischen Kachelofenbaus, »gute Öfen, nicht schöne« aufzumauern ist sein Bestreben, »schön werden sie dann von selber«. Er baut diese weißgekalk-

Man hat alle Ruhe der Welt …

ten Kuppeln mit ein paar grünglasierten Einsprengseln, mit einer Holz-
bank drumherum, Archetypen des Kachelofens, Archetypen der Stuben-
wärme, des Behaglichen. Einmal am Tag muß man sie schüren, »dann is a
Ruah«. Viele Häuser des Umlands hat er schon ausgestattet, oftmals »unter
schweren Kämpfen«, denn es paßt ihm nicht, wenn sein Ofen im falschen
Ambiente steht. Seine eigenen Innenräume sehen »wie gewachsen aus«
mit ihren weißgekalkten Wänden, den gemauerten Nischen und Abstu-
fungen, klar und einfach wie auch sein kühles, strenges Hafnergeschirr –
und so soll es gefälligst auch die Kundschaft schön finden. Etliche Auf-
traggeber, die vom Graebner Hans bloß einen Ofen wollten, fanden sich
anschließend in einer völlig neuen, radikal entkitschten Wohnumgebung
wieder. »Wenn er anfängt, Wände niederzulegen, ist es schon zu spät«, geht
die Rede. Keine Waschmaschine hat er auf seinem Einödhof, dafür jede
Menge Zackelschafe und freilaufende »Gickerl« und eine 2000jährige
chinesische Rosensorte, mit welcher der Graebner Hans seinen Honig
würzt.

Engfurt, unten dann im Isental, ist ein lauschiger, eigenartiger Platz.
Nicht so sehr das renovierte Gasthaus mit seiner standardisierten Pfanndl-
Küche – »kamma lassn«, aber auch nicht mehr. Niedlich jedoch ist der

Biergarten mit der abblätternden Holzkegelbahn, den man durch ein altes Türmchen-Gemäuer betritt und unter dessen Kastanien man auf ein wunderschönes, herrschaftliches Jugendstil-Gutshaus blickt. Kinderbunt, weinbewachsen, mit vielsprossigen Wintergartenfenstern, einer Hinterglas-Hausmadonna und taubengrauen Holzläden, deren Farbe an den Wirtschaftsgebäuden aufgenommen wird – alles ein wenig patiniert und verschabt, ein etwas verwilderter, baumbestandener Hof –, hier würde man gleich einziehen. Das Gutshaus ist privat, aber der Gasthof hat ein paar Fremdenzimmer, im und ums Holzland eine Ausnahme, hier gibt es fast gar keine touristische Infrastruktur. – Durch einen gemauerten Bogen verlassen wir den Hof und gehen ein paar Schritte hinunter zur Isen, die hier im Schatten hoher Weiden und Erlen am Steilhang eine Schleife macht – ein Teil ihres Wassers wird für ein winziges, altmodisches E-Werk genützt. Eine »Klause« ist Engfurt über viele Jahre gewesen – den Pfad noch ein paar Schritte höher steht die gelbweiße Barockkapelle mit dem Dachreiter-Zwiebelturm und dem winzigen angebauten Wohntrakt, die einst ein frommer Einsiedler bewohnte -Wiese, Gärtchen, ein paar Holzschopfen, ein sonnendunstiger Blick in die Ackerebene –, sehr herzerwärmend, diese ganze grünversunkene, verschlafene Engfurter Eremitage.

Noch. Das Autobahnteilstück der A 94 Winhöring-Erharting ist bereits genehmigt, die Finanzierung aus Berlin neuerdings, Gott sei's geklagt, gesichert. In einem Kilometer Entfernung wird dann erstmal das schwere Gerät die ganze Landschaft auf den Kopf stellen, dann wird das große Dauerrummsen einsetzen, die Illumination der Scheinwerferketten. Wie weit ist ein Kilometer? Daß das leise, alte Rauschen der Engfurter Nische von Fluß, Wehr und Laub wird antönen können gegen diese donnernde Drift der Zukunft, ist unwahrscheinlich. Engfurt ist nur eine der vielen Idyllen auf Abruf am gewundenen Lauf der Isen. Auf seine ganze bescheidene Länge ist dieses Flußtal zur Vernichtung vorgesehen. *Die Isen* ist ein Synonym geworden für destruktiven Planungsirrsinn, für die Bedenkenlosigkeit, mit der »dem Verkehrsaufkommen« seine Schneisen und Trassen gehackt werden sollen.

Altötting

Im Holzland sind die Quartiere spärlich, und wenn wir irgendwo zur Nacht bleiben wollen, müssen wir fast zwangsläufig »auf Eding«. Seufz. Zumindest mit ausgeprägtem antiklerikalem Affekt ist dies eine Prüfung, denn katholischer als in Altötting geht's halt in Bayern nimmer. Kein Mensch wird behaupten, daß dies eine normale Stadt ist, trotz zeitgenössisch-alltäglichen Errungenschaften wie dem Landkreis-McDonalds und dem »Phantastischen Einrichtungserlebnis Unterstaller«. Schon von weither in der pfannkuchenflachen Inn-Senke wirkt die Ansiedlung bedenklich türmereich, und gut möglich ist es, daß sich auch der Einzug ganz profaner Nichtpilger samt Parkplatzsuche unter dröhnendem Glockenhall vollzieht, falls zeitgleich eine Wallfahrerschlange einmarschiert. »Meerstern, ich dich grüße«, könnte man dann wiedermal mitsingen, »oho Maharihijaha hilf«, war mal mein absolutes Lieblingslied im Kindergesangbuch »Gotteslob«. Bimbambum, schwankende Fahnen über dem Kapellplatz, Rauschebartwolken am tiefblauen Firmament, schmetternde Choräle – und auf seinem Eiscafé-Stühlchen am Rand des gottesfürchtigen Treibens wird man von einer Gänsehaut etwas unklarer Provenienz überzogen.

Der Kapellplatz, das Herz der mitteleuropäischen Marienwallfahrt und Marienverehrung, erzeugt regelmäßig zwiespältige Gefühle. Er ist ein schönes lichtes Fünfeck von Paradeplatz-Dimensionen, helle Wege zwischen Grasflächen laufen sternförmig auf die kleinwinzige Gnadenkapelle zu, um die sich hier alles dreht. Die noble Bebauung rundherum, viel weißgelbes Barock, gediegene bürgerliche Fassadenpracht, die Offenheit der ganzen Anlage läßt eigentlich eher die Ideen der Aufklärung assoziieren. Ich erinnere mich aber sehr wohl an meinen Kinderschrecken, als ich zum ersten Mal eine krummgearbeitete alte Frau auf Wollstrumpfknien um die Kapelle rutschen sah, ein riesiges Holzkreuz auf dem Buckel, ihren Rosenkranz mümmelnd. So ein Anblick ist heute seltener, vielleicht wird diese allersubmisseste Form des Gnadenerflehens gar nicht mehr so gern

Die Maria über Altötting

gesehen. Der Kapellplatz ist ein lockererer Ort geworden, nicht mehr so viel barmendes Zu-Kreuze-Kriechen, dafür des öfteren Horden bunter Schlafsackjugend – die Nachwuchs-Christen vom Taizé- und Kirchentags-Genre haben mit ihren klampfenden Singsang-Gläubigkeitsformen auch Altötting infiltriert.

Bunt ist der Kapellplatz auch, wenn die großen Fußwallfahrten auf dem Zahnfleisch daherkommen, ein Heerwurm aus einigen tausend Pilgern, drei Tage ab Regensburg unterwegs zum Beispiel – immerhin über hundert Kilometer auf den immer matteren Beinen zugange. Im Juni, wenn auf die waldarmen niederbayerischen Fluren die Sonne hinunterknallt, eine satte Selbstkasteiung. Diese Weg-als-Ziel-Frömmigkeitsübungen haben seit einigen Jahren erstaunlichen Zulauf – jedes Jahr hängen sich mehr Pilgersleute an den Zug und hatschen singend und betend querfeldein, viele Youngsters darunter, die man eher beim In-Line-Skaten oder im Biergarten als hinter Gegrüßet-seist-Du-Maria-Lautsprechern vermuten würde. Es geht das Gerücht, daß »die Regensburger Wallfahrt« auch eine beliebte Kontaktbörse ist – die eine oder andere gutkatholische Ehe hat Unsere Liebe Frau von Altötting auf diesen Gewaltmärschen zu ihren Ehren jedenfalls schon angebahnt. Diskret auf Abstand wandeln die Beichtväter hinterdrein und haben auch im Wandertritt durch das schwüle »gnadenlose Tal« bei Seemannshausen ein offenes Ohr für bußfertige Sünder. Die Ecclesia in Adidas-Schuhen: das scheint ein Erfolgsrezept zu sein.

Die Winzigkeit der Stätte, wohin all dieses Wallen zielt, verblüfft einen immer wieder. Man zieht automatisch den Kopf ein, wenn man die Gnadenkapelle betritt, zunächst den halbdunklen Vorraum, schon dieser meist gepackt voller stummer Christenmenschen, deren Sorgen, Bangen, Hoffen faustdick in der Luft hängt. Dann, nicht drängeln, durch ein kleines romanisches Portal, über dem besonders riesige Opferkerzen wie Orgelpfeifen arrangiert sind, in die gleißende Finsternis des Sanctissimums, das Puppenhaus der Schwarzen Madonna, könnte man es blasphemisch nennen. Schwarz sind die Stuckmarmorwände des beengten Oktagons, davor ein einziges, blendendes Silbergeglitzer im Kerzenschein. Gerank und

Prunkleuchter, Votivgaben und Figurinen, ein Gefunkel wie im Inneren einer Schatzkiste – alles zu Ehren der zwergenhaften Gestalt da oben in ihrer Muschelnische, geschwärzt von Jahrhunderten abbrennender Dochte, im bestickten Zeltkleidchen wie auch ihr Kind. Fast verhutzelt ist die Altöttinger Muttergottes, eine so schlichte, rührende, unsüßliche Madonnenfigur, daß sie schon deshalb anbetungswürdig wäre.

Und immer ihr, der Gnadenreichen, gegenüber, der dunkle, gedrängte Pulk bedürftiger Menschenwesen, aller Schichten, jeden Alters, wechselnder Moden. Seit dem Spätmittelalter eine wogende Bewegung des Kommens, Gehens, Kommens, Gehens, wie ein beständig anbrandender Fluß, in dem auch nie dasselbe Wasser fließt, das Menschenvolk, wortlos, höchstens wispernd: Oh Maria hilf.

Die Herzkammer bayerischer Religiosität: das wurde über Generationen namentlich vom Herrschergeschlecht blutig wörtlich genommen. In den Nischen der Gnadenkapelle stehen aufgereiht die »Herzurnen« der Wittelsbacher auch Ludwigs des Zweiten, mit einem Sonderzug nach Altötting befördertes, herausoperiertes Herz ist dabei, und unter dem Gnadenbild liegt eine Urkunde des Kurfürsten Maximilian, in der er sich, mit seinem eigenen Blut geschrieben, der Gottesmutter anverlobte. Unterm Boden der Knieenden noch mehr Herzen, Leichname, ein »Eingeweidegrab«... Das ganze prunkende Edelmetall an diesem Ort kaschiert nichts als menschliche Hinfälligkeit, physische Zersetzung – man denkt zwanghaft an alle möglichen Bresthaftigkeiten, die im Moment vielleicht gerade beschwörend mit der Schwarzen Madonna verhandelt werden – und beginnt, im Stearinkerzen- und Weihrauchdämmer, nach Luft zu ringen.

Es wird dann wohl jedem so gehen, daß die Tausenden von Votivbilder des überdachten Kapellenumgangs, wo einem wieder der Wind um die Nase bläst, eine Erholung, eine Belustigung sind. Drastisch, bunt, wie Comics, man unterhält und entspannt sich. Ach all diese Katastrophen, letztlich doch mit Happy-End: Maria *hat* geholfen. All diese kleinwinzigen Feuersbrünste und Krankenbetten und Dachstürze und Ochsen-

fuhrwerks-Unfälle (aus unserer Zeit auch sehr viele kippende Traktoren) – all diese zappelnden und fallenden und siechen und entsetzten Figürchen, für die's dann doch gut ausgig: so viel putzige Wunderbezeugung macht Laune, erzeugt beim Betrachter eine auch ihn betreffende vage Wird-schon-schiefgehen-Zuversicht.

Manchmal ist der Kapellplatz fast menschenleer. Da fegt dann bloß eine alte Klosterschwester das Pflaster vorm »Marienwerk«, und sagt zu jedem Passanten einzeln Grüß Gott. Damit man vielleicht doch eintritt und den »Altöttinger Marienfilm« (»sonntags erweiterter Spielbetrieb«) des »bekannten Regisseurs Anton Kutter« betrachtet, oder im Keller jene 22 Zinnfiguren-Dioramen zur Wallfahrtsgeschichte, die etwas größenwahnsinnig generalisierend »DIE SCHAU« heißen. An entvölkerten, herbstlichen Tagen, wenn die Parellelreihen kugelig beschnittener Lindenbäumchen um die Gnadenkapelle schräge Schatten werfen, ist der leicht muffige Charme einer bestimmten altmodischen Katholizität in Altötting greifbarer als zu Wallfahrtshochzeiten. Für das Gleichbleibende dort habe ich eine Schwäche: für die hölzernen Devotionalienbuden an die Stiftskirche geklebt, die altmodischen Schilder »F. X. Blachian« und »Mayer, vormals Dunst« und »Zur mechanischen Krippe«. Ich kann ein

263

paar der schwarzen Wetterkerzen nachkaufen, die auch ich angesichts besonders bedrohlich aufziehender Wolkenwände zu Hause anzünde, kann mich durch ein paar Packen der zuckerigen Heiligenbildchen blättern, von denen ich in meinem Kindergebetbuch nie welche haben durfte, während das meiner beneideten Kommunionunterrichts-Nachbarin vor »Buidln« barst. Und bestaune einige Schaufenster, wie die angestaubte Traktätchen-Produktion des »Franziskusheim-Verlags«, wie die Auslage der Antoniusbuchhandlung, wo sich jede Menge Nostradamus gefällig zu »Kochen mit dem Blubb« gefunden hat. Oder »Damenmoden und Devotionalien Erich Rikisch« am Tillyplatz: eine solche Ansammlung von Tantenhaftigkeit, von Zopfmüsterchen und Maschinenstickdeckchen und beigem Jersey hält man gar nicht mehr für möglich. Gerne kaufe ich allerdings am hiesigen Weihnachtsmarkt Wollsocken der Englischen Fräulein: da bekommt man erstmal ein Stück Pappe und einen Bleistift aus der Bude gereicht, damit man seinen Fußumriß unten im Schneeharsch nachzeichnet: die Größe soll ja stimmen. Schwester Ancilla im selbigen

Orden fertigt auch heute noch immer »Schleierbildchen« an, wie man sie im ebenfalls sehr gestrigen, bodenknarzenden Wallfahrtsmuseum betrachten kann: seit Jahrhunderten populäre Andachtsobjekte, in die ein Stückchen des schwarzen Schleiers, der das Gnadenbild zur Karwoche verhüllt, eingearbeitet wird. »Schluckbildchen« und »Schabefiguren« – die einen wurden bei Krankheit komplett verzehrt, von den Tonfigürchen kratzte man Partikel herunter und verleibte sie sich ein – gehörten zu jenen Volksglaubens-Manifestationen, die der Graf Montgelas zu Säkularisationszeiten als abergläubischen Humbug barsch verbieten ließ, wie auch jene zwanzigtausend Lokal-Heiligen und Schutzpatrone, für jedes Gebrechen ein örtlicher Spezialist, die im bayerischen Rokoko schließlich zusammengekommen waren. Montgelas zum Trotz – im Kirchenführer ist auch in der heutigen Ausgabe noch vom »bösen Geist der Aufklärung« die Rede – hat sich in Altötting einiges von dem raritätenkammerhaften Charakter erhalten, der zu wundergläubigen Zeiten die Wallfahrtsorte geprägt haben muß. Wem hier Segensreiches widerfuhr, oder wer es sich zumindest erhoffte, der hinterließ »Weihegaben«: von den gewaltigen Reliquienmonstranzen der Fürsten Fugger, den Bergkristallkruzifixen und aufwendigen Rosenkranzgehängen anderer Hochmögender bis zum frommen Relief, das ein verurteilter Fälscher im Gefängnis aus Brotteig knetete. Das Sauerteig-Artefakt wird in der »Schatzkammer« ebenso aufbewahrt wie das wirklich unvorstellbar schöne und feingearbeitete »Goldene Rößl« der französischen Spätgotik, Altöttings größter Kunstschatz in Gold, Edelstein und farbigem Email – und ein paar Vitrinen weiter dann wieder der Kaiserin Sisi vertrockneter Brautkranz und alle vierzehn Nothelfer in einem Ei. Es paßt zu des Gnadenorts Wunderlichkeit, daß man bei den immer noch laufenden Renovierungsarbeiten in der Stiftskirche unter dem Pflaster das Skelett des sogenannten »großbaucheten Propstes« ausgrub, eines Klerikers der Renaissance von sechs Zentnern Körpergewicht, dessen Wams bis ins Kuriositätenkabinett der Münchner Residenz fand. Ein anderes Gerippe schaut einen durch ein Glasfensterchen an: jenes des 30-Jährigen-Kriegs-Generals Johann Tserclaes von Tilly in seiner Gruft. Napoleon ließ die Öffnung in den Sarg sägen, um den Schädel seines feldherrlichen Vorgängers ausführlich betrachten zu können. Ein dritter Vanitas-Knochenmann läßt sich leider nicht betrachten, solange die Bauarbeiten in der Hauptkirche währen, der »Tod von Eding«: winzig klein steht das Skelett aus versilbertem Holz – es stammt aus der Pestzeit – ganz oben auf einer hohen Standuhr und schwingt im Sekundenrhythmus seine Sense hin und her: bei jedem Ausschlag stirbt ein Mensch, so geht die Überlieferung.

Im gleichmütigen Tacktack ging seine Mahd auch am 28. April 1945 dahin, als gleich neben den Kirchenmauern sieben Männer starben, sechs davon durch Genickschuß der SS. Eine Kapelle im Kreuzgang erinnert heute an die »Altöttinger Bürgermorde«, als in den letzten Tagen des Krieges solchermaßen die friedliche Übergabe der Stadt an die Amerikaner aufgehalten werden sollte, zu der die ermordeten Männer, gutkatholische Honoratioren, sich bereitfinden wollten, um das Blutvergießen eines »Endkampfs« und die Zerstörung ihrer traditionsreichen Stätten zu verhindern. Nachdem es ihnen gelungen war, die NS-Bonzen der Stadt in Gewahrsam zu nehmen, wurde ihr Vorhaben der in Neuötting stationierten, bis an die Zähne bewaffneten SS-Kampftruppe Trummler verraten, die sofort anmarschierte und standgerichtliche Todesurteile verhängte. Um 15.30 wurde im Garten des Landratsamtes vollstreckt. – Nach dem Krieg wurde den »Blutzeugen« von der Kanzel nachgerufen, welch »große Gnade« es sei, »so zu sterben, aufrecht, christlich, männlich«, und ihre Hinterbliebenen sollten sich doch tunlichst der Tugend »gewährender und selbstentlastender Vergebung« befleißigen. Für die Täter ging es glimpflich ab: der Schießbefehl ließ sich auf den NSdAP-Kreisleiter schieben, der sich praktischerweise umgebracht hatte. Des Verrats verdächtige Altöttinger Nazis wurden wegen Beweismangel freigesprochen. Und die SS-Offiziere, die das Mordkommando unmittelbar angeführt hatten, wurden lediglich wegen Totschlags zu ein paar Jahren Haft verurteilt.

Ich weiß nicht, wie der »Liebfrauenbote« sich durch die Zeiten zu diesen Vorkommnissen gestellt hat; an diesem Tag jedenfalls vermittelt er mir im »Café und Speisehaus Baumann« andere News: Eine junge Friedhofsschänderin, die »Satan ist geil« auf Grabsteine geschmiert hatte, ist endlich geständig geworden. Die Marianische Männerkongregation lädt zum Herbsthauptfest ein: »Sodalen, kommt zahlreich und bringt Eure Fahnen mit!« Eine blühende oberbayerische Gemeinde sucht eine Pfarrhaushälterin und ein junger Mann mit christlicher Lebenseinstellung Arbeit als Mesner. Der Heilige der Woche ist derzeit Nikolaus von Tolentino, und in Fortsetzungen kann man »Das Heilige Schwert – Ein Paulusroman« lesen. Ganz aktuell: »In der Herz-Jesu-Anbetungskirche des Altöttinger Provinz- und Missionshauses Hl. Kreuz feierte Stiftungspropst Wilhelm Probst in Vertretung des Diözesanbischofs den Fastengottesdienst zum Profeßjubiläum von 16 Ordensschwestern. Konzelebranten waren Franz Kinateder und P. Heinz Püller OMI von Maria Taferl.«

Nein, jetzt kann ich nicht mehr. Die Glocken läuten auch schon wieder, und in all den ziemlich öden, halbhoch bebauten Seitenstraßen des Kapellplatzes dräuen noch Kapuzinerklöster und Kreszentiaheime, Caritasheime St. Elisabeth und Christophorus-Begegnungsstätten, Marienschwestern vom Carmel und Exerzitienhaus St. Franziskus... Auch das »Panorama«, dieses düstere, akribisch gemalte spätnazarenische Rundgemälde, eine höchst besuchenswerte Rarität, ist mir jetzt leider zu heilig, denn es zeigt nicht nur die dramatischen Architekturen eines Jerusalems wie aus dem Monumentalfilm, sondern natürlich auch Christi Kreuzigung. Ich *muß* jetzt wieder hinaus in die profane Welt, Eding ade! Und erst an der Großtankstelle mit Getränkemarkt, gegenüber Aldi, fällt mir ein, daß es außer dem Marienfilm ja noch einen anderen Altötting-Film neueren Datums gibt, nämlich die Komödie »Nach fünf im Urwald« des hierorts gebürtigen Regisseurs Hans-Christian Schmid. Auch dieser kommt freilich an einer Variante von Spontanheilung nicht vorbei. Das muß man erzählen: Axel Milberg als in der Provinz gesettelter Altachtundsechziger gerät mit Freunden in eine entgleiste Suff- und Kiffnacht, an deren Ende sein Hund ein totes Karnickel hereinschleppt, den Lieblingshasen des

spießigen Altöttinger Nachbarn. Oh Gott, der Hund hat den Hasen erledigt! Besoffen machen sich Milberg und Freund im Bad daran, den toten
Rammler, an den Löffeln in die Höhe gehalten, wieder schön flauschig
aufzubürsten und aufzuföhnen, damit man den heiklen Nachbarn glau-
ben machen kann, das Tier sei in seinem Verschlag einem plötzlichen
Herztod erlegen. Im Dämmer des Morgengrauens wird der aufgefrischte
Kadaver in seinen Stall zurückexpediert – am Vormittag dann steht der
Kaninchenhalter mit leuchtenden Augen in der Tür: Der Egon! Er ist
wiederauferstanden! Der war doch schon lang tot und begraben! Ein
Wunder!

LAND AUF ABRUF: ISENGAU UND ERDINGER GEGEND

Zuhausesein

Dem Inn weiter nach Südwesten, nach Mühldorf, Wasserburg und
schließlich ins Hochgebirge folgen wir ein anderes Mal, jetzt halten wir
uns wieder an sein Nebenflüßchen Isen und dessen hügeliges Umland.
Inmitten der gemächlich rollenden Ackerwellen zwischen Ampfing und
Vilsbiburg bin ich heute zu Hause und registriere auf der kurzen Altöttinger Heimfahrt, daß sich deutlich der Herbst breitmacht. Wenn die
Blätter jetzt bald wieder fallen und die Landmaschinen ausgedröhnt
haben werden, wenn die Kinder und die Radler und das Leben überhaupt
sich wieder nach innen verziehen, wenn den ganzen Tag die Wolken sich
nicht heben und der Nebel nicht verschwinden wird aus den Bachtälern
– dann kommt die jährliche dunkle Zeit, die auch zuweilen das Gemüt
etwas trübt. Dennoch will ich bisher durchaus nicht weg von hier. Wurzeln? Ach nein, das wäre wohl zu euphemistisch. Aber ich kenne mittlerweile hier den Jahreszeitenwechsel genau, kenne und mag mein ritua-
lisiertes Wegenetz mit seinen geringfügigen Schwankungen. Am Freitag
gibt's wunderbar gutes Brot und Gebäck beim Bauernbäcker Breiten-
eicher vom Hofladen in Bichling bei Oberbergkirchen. Dann wartet man

in der Schlange beim Metzger Trautmannsberger in Ampfing. Am Donnerstag steht Frau Hacklsperger vom Bioland-Hof in Hörbering auf dem Bauernmarkt in Mühldorf, und am Samstag schiebt man sich längs der Marktbuden auf dem schönen, alten Vilsbiburger Stadtplatz für bestes Ab-Hof-Gemüse, Herrn Hubers Honig aus Asenreuth, frische Hühner und Eier und niederbayerisches Geräuchertes. In der Ledererstraße in Mühldorfs Altstadt hält sich zum Glück »der Fischmann«, und der Getränkemarkt in Neumarkt-St. Veit hat einen passablen niederösterreichischen Welschriesling (richtig gute Weine sind allerdings ein beklagenswerter Schwachpunkt der Region, dafür muß man weiter fahren). Gegenüber vom Mühldorfer Bahnhof haben wir sogar einen veritablen Konditoren-Weltmeister, zu welchem jedesmal gedackelt wird, wenn sich städtischer Besuch ankündigt. Beim »Schlittmeyer« in Frauenhaarbach, einem sehr männlich-sachlichen ruralen Hardwarestore kriegt man, sehr viel angenehmer als in den Kettenbaumärkten, Notwendiges wie Gummistiefel, Schrauben und einen Satz billiger Kuheutertücher, sehr gut als Putzlumpen zu verwenden. – Das Kulturleben, najaaa... mal Haindling oder Ringsgwandl oder ein etwas abgehalfterter Rockstar im picobello ausgebauten »Haberkasten«, lokale Streichquartette im Zwergkirchlein von Hofisen, Buchhandlungen mit nix als Donna Leon und Harry Potter: das ist alles ein Stück unter der ehemals großstädtisch hohen Reizschwelle.

Ich bin allerdings als Landbewohner wieder ein Fan des Öffentlichen-Bücherei-Wesens geworden, bin in fünf Kleinstadtbüchereien des Umlands registriert und erwische dort oft literarische Neuerscheinungen, kaum daß sie auf dem Markt sind. Leider wird das Angebot immer magerer – am Budget von popeligen Provinzbüchereien spart die öffentliche Hand offenbar leichthändig. Alle Bibliothekare jammern über ihre immer beschränkteren Mittel; irgendwoher müssen sich die Steuererleichterungen für unsere Investoren ja finanzieren – vielleicht *sponsort* ja irgendwann einer so eine Hungerleider-Bücherei und kriegt dann eine Travertintafel angebracht für Gustav Geldsack, den edlen Volksbildungs-Mäzen. Trotzdem sind diese ländlichen Büchereien wohlige Aufenthaltsorte: öfters in historischen Baulichkeiten etabliert, in hochgiebligen mittelalterlichen Salzstadeln und Herzoglichen Kästen, die man vorbildlich umgebaut hat, mit filigranen, modernen Treppen, schönen Sitzecken in angenehmem Punktstrahlerlicht; mit Regalen bis hoch hinauf ins behaute Balkenwerk der schrägen Dachstühle, wo dann die referatsgeplagten Schüler zwischen den Zeitgeschichtefächern rumkrauchen und ein Rentner bedächtig Bildbandseiten über Ladakh wendet. Die Belegschaften sind meist von großer Freundlichkeit, die Mahngebühren kulant, und gerade im Zwielicht von Novembernachmittagen sind solche Provinzbüchereien, meist auch mit guten Lektürebeständen zur Region versehen, Orte eines unaufwendigen, wärmenden Behagens – für mich jedenfalls, die ich schon als Kind nicht aus der Stadtbücherei im Egloffsteinschen Palais zu kriegen war, eine Regression in allzeit funktionierende Aufgehobenheitsstimmung.

Was ich mit all dem sagen will: es *reicht* mir, was ich auf den kurzen Strecken von meiner Haustür weg alles bekomme. Ich bin dafür meist auch nicht mehr Kilometer unterwegs als, sagen wir, von Nordschwabing nach Fürstenried, und es ist ein schöneres, immer wieder anderes Fahren auf den kleinen Sträßchen über Land als entweder im Geschiebe des Mittleren Rings oder in den unterirdischen Röhren des öffentlichen Nahverkehrs.

Ich fahre auch zu meinen Besorgungen alle möglichen Kurven und Abwege. Ich fahre im Winter, über Eis und Splitt, in einer Rauhreiflandschaft, durch die Kleinstsiedlungen Gehertsham, Wiesling, Hargassen und Braunrott; im Sommer manchmal auf sandigen Fahrspuren, zwischen denen das Grünzeug so hoch steht, daß die Graskolben an den Autoboden schlagen, vielleicht hinter zum Steinernen Brünnl tief im Wald bei Egglkofen. Gelegentlich, wenn es laut Karte weitergehen müßte, strandet man dann doch mitten in einem Gehöft, eine blaffende Bestie kommt herbeigefegt und hinterdrein langsam der arthritische Austrags-Opa. Entschuldigen's schon, ich hab mich verfahren, oder geht's hier vielleicht doch nach Niederkümmersbichl? Ja freili, fahr' nur zuawi. Und tatsächlich schlängelt sich hinterm Fahrsilo ein Lehmweglein waldwärts, den steinhart verbackenen Bulldog-Spuren nach, zuletzt vor drei Jahren zum Baumfällen genützt. Da mußt du jetzt durch. Schlaglöcher, Wurzeln, im Waldschatten blattverklebte Matschlöcher, deren Tiefe nicht zu ahnen ist, den Rückwärtsgang, viel zu eng, kann man nun auch vergessen. Aber schön ist es hier. Ein stiller Waldweiher, Glockenblumen, das Rauschen der Buchen – nächstes Mal wird zu Fuß promeniert. Und da haben wir ja auch wieder ein Asphaltband zum Einbiegen – Eskapade gutgegangen, wieder nicht steckengeblieben – wird mir aber, und recht geschäh's mir, irgendwann mal zustoßen, fürchte ich. – Im Spätsommer, wenn der Mais so hoch steht, daß die üblichen Durchblicke weithin versperrt sind, freut man sich, oberhalb von Trauterfing oder Rupprechtsberg, über die sanfte Flußniederung des Vilstals mit seinen vier bis fünf verschiedenen Dorfkirchtürmen auf einmal, das in seinem Oberlauf immer noch angenehm unverbaut ist. An klaren Herbsttagen bietet die Kammstrecke von Buchbach über Ranoldsberg nach Oberbergkirchen ein ausgedehntes Panorama bis zur Kampenwand und dem Wendelstein, und vielleicht mache ich vor Zangberg einen kleinen Abstecher hinab zum Haumüllerhof im Weiler Wolfhaming, einem der anerkanntermaßen schönsten neugotischen Vierseithöfe im ganzen Land. Der Landwirt Martin Kirschner, ein einschichtiges Mannsbild, freut sich über Anerkennung für sein wunderschön renoviertes Anwesen, in das er selbst viel Arbeitskraft und Geld gesteckt hat. Die Denkmalmedaille hat er bekommen für die akribische, farbenfrohe Rekonstruktion von Fischgräten-Ornamentik und Schablonenmalerei, von filigranen Pfettenkopf-Aufdoppelungen und Stuck-Lisenen – aber eine Frau sucht er meines Wissens noch immer. Wenn man mal durch die opulente Schnitztür in seine Küche vorgedrungen ist, dann sieht man, daß die fehlt.

Ganz in der Nähe liegt, ohne Wegweiser von der Straße, der urige Bauerngasthof Gantenham, ein Einzelgehöft auf einer Anhöhe mit einer unaufgemotzten Wirtsstube wie aus den Fünfzigern oder frühen Sechzigern. Und von hier ist es dann, über Perlesham und Salmannskirchen, nicht mehr weit ins Tal der Isen, dem die wehmütige und angstvolle Neigung vieler Nahbeheimateter gehört, denn das sollen wir ja nicht behalten dürfen.

In diesem Abschnitt des Flußtals ist es ungeheuer still. Alle Straßen halten sich fern von den Krümmungen und Altwassern, den Schilfrändern und Auenwäldern des bräunlich-klaren Gewässers. Ein paar Bauernwege kreuzen auf rostigen Eisenbrücklein den Fluß, einen Kiebitz, dessen hohes, jammerndes Pfeifen am Himmel unverwechselbar ist, sieht man endlich mal aus nächster Nähe ins Gebüsch trippeln, die spitzige Haube, die leuchtend gelben Flecken im Gefieder. Beim Gehöft Attenhausen hat man einen winzigen Parkplatz »nur für Fischer« aus der Wiese ausgespart, und von hier herunter läßt sich teilweise weglos entlang unübersichtlicher Wasserschleifen laufen, vorbei an der kleinen Kapelle von Göppenham, Edmühle, Moosmühle, Marketsmühle, immer möglichst nah am Fluß und seinen Wassergeistern – denn hier können wir noch das Inbegriffhafte eines lebenden kleinen Fließgewässers erfahren, das Verdrehte und Ungezielte, das Verspielte und Irreführende. Ein einziger Angler hat sein Campingstühlchen am Ufer in den Mooswiesen aufgestellt, sonst sind wir unfaßlich allein. Die Gehöfte, die Siedlungen liegen oberhalb am Hang, Walkersaich zum Beispiel, ein freundliches Dorf mit dem »Gasthaus Moser« im alten Schloßgebäude. Und wir erleben wieder mal die kleinräumigen Überraschungen: 12 Kilometer von zuhause: wie anders ist es hier und wie neu.

Es ist schwer, mit der Autobahnplanung Schritt zu halten. Gilt jene Konzeption noch, nach der die neuzuerstellende A 94 haarscharf an der Stelle vorbeiziehen würde, an der mein Kiebitz eben herumgewippt ist? Mal sollte die Trasse ganz unten im Talgrund der Isen langziehen, es gibt alle möglichen Varianten Süd/Mitte/Nord; jetzt ist wohl vorgesehen, daß sie mit gigantischen Brückenkonstruktionen etwas mehr in den südlichen Abhängen verläuft und damit die bislang völlig friedsamen Seitentälchen von Goldach, Rimbach, Ornau und Kagenbach zersägt. – Ich gucke mir diese Landschaft mal wieder an, auf dem Weg nach Dorfen, kurve auf Ach-

Isen

terbahnsträßchen um Frauenornau, Grüngiebing und Schwindkirchen herum, und es ist schlichtweg nicht vorstellbar, was da für ein Zerstörungswerk droht. Idealtypische »Hoamat« nach dem Kanon der Staatspartei, die geopfert werden soll – und das Absurde am Streitfall A 94 ist ja, daß es eine anerkanntermaßen durchaus praktikable Alternative zur »Trasse Dorfen« gäbe, nämlich die »Trasse Haag«, mit welcher die jetzige Bundesstraße 12 überbaut werden könnte und das bisher vom Fernverkehr völlig verschonte Bauern- und Erholungsland undemoliert bliebe. Die sehr zähe, kämpferische und ausgefuchste Bürgerinitiative gegen die freistaatliche A 94-Planung sieht den entscheidenden Planfeststellungen prozeß-präpariert und gelassen entgegen – einem selber ist in solchen Angelegenheiten grundsätzlich pessimistischer zumute. Aber beten möchte man schon, daß dem mit Landschaftsschönheit nicht so reich gesegneten oberbayerischen Norden dieses stimmige, wohltuende Hügelland als Augentrost erhalten bleiben möge. – Wir nähern uns nämlich jetzt einer Gegend, der keine Schonung gegönnt war, einem Landstrich, der mal »Erdinger Moos« hieß und nun »MUC« und »MAC« und bald auch noch »MUC 2« heißen wird.

Das Land von MUC und MAC

»Einzugsbereich« nennt sich das hier alles bereits, »Einzugsbereich« herrscht schon ab vierzig/fünfzig Kilometer Entfernung, mit »flughafennah« bewerben sie sogar in unserer Kreisstadt, ungefähr siebzig Kilometer Fahrstrecke, ihre schnell hochgezogenen Mehrspänner im Neubaugebiet. Gott sei Dank ist das alles ziemlich wahnhaft, und von den MUC-Manifestierungen ist auf den Sträßchen im Dorfener/Erdinger Land erstmal noch nichts zu merken, wenn man mit den Augen am Boden bleibt und die Warteschleifenzieher da oben ignoriert. Dorfen hat einen freundlichen altbayerischen Stadtplatz, einen sehr leistungsfähigen Bioladen namens »Tagwerk«, der vorbildlich und hochprofessionell in regionalen Netzwerken operiert. Und Dorfen hat unlängst durch ein paar neonazistische Anschläge auf sich aufmerksam gemacht, bei denen es bloß der Blödheit der

Dorfen

Brandsätzewerfer zu verdanken war, daß der Name dieser Kleinstadt nicht die gleiche Klangwertigkeit bekam wie »Mölln« und »Hoyerswerda«.

Wir fahren westwärts durch die Hügel nach Hörgersdorf, Eschlbach und Bockhorn hinüber, wo ein paar barocke Dorfkirchen – ätsch, Pfaffenwinkel – stehen, die zwar winzig, aber ganz besonders zart und elegant sind, alle »die anmutige Schöpfung des Ökonomiepfarrers Maximilan Dapsul von Rosenobel«. Den sonderbaren Namen dieses wohl sehr fortschrittlichen pfarrherrlichen Auftraggebers – als »Ökonomiepfarrer« war er auch ein handfester Landwirt – kennt man, die Namen der Rokoko-Künstler, die da einen schon fast aberwitzig überschäumenden Surfwellenschwung, eine kühne Asymmetrie, in ihre Kanzeldeckel und Altaraufbauten gebracht haben, sind nie richtig bekannt geworden. In Hörgersdorf wachsen tropische Blumengebilde aus den Seitenaltären hervor, der Kanzeldeckel in Eschlbach sieht aus wie ein von Raupen zerfressenes Kräuselblatt und der in Oppolding ist schwungvoll verschraubt wie ein Notenschlüssel. (Die Kirchenschlüssel kriegt man meist bei den Omas der benachbarten Hofstellen.)

275

Stets offen stehen zwei außergewöhnlich schöne und prächtige Kirchen des Dorfener/Erdinger Landes: die gotische Kirche von St. Wolfgang mit ihrem Spitzturm und die mit jeder berühmten südbayerischen Rokokokirche konkurrenzfähige Wallfahrtskirche Maria Thalheim. St. Wolfgang ist enorm reich mit Bildwerken ausgestattet: spätgotischen Gemälden und Skulpturen, einem Kreuzigungsrelief mit heftigem Menschen- und Pferdegedrängel und einer sehr lebensnahen Kinderstubenszene aus dem Marienleben – aus der Wolfgangsquelle in der Seitenkapelle kann man sich wieder mal segensreiches Wasser indefiniter Wirkung abschöpfen. (»dem khrumpen grade glider. die blinde sechen wider.«)

Maria Thalheim, nördlich von Dorfen, ist eine wundervoll einheitliche, sehr späte Rokokokirche mit tänzerischen Heiligenfiguren des Christian Jorhan d. Ä., besonders schön hat man den Überblick, wenn man die Knarzstufen zur Orgelempore emporgestiegen ist. Meistens ist man mit dieser ganzen Pracht mutterseelenallein, und mir ist es fast ein

Ritterlicher Heiliger, Diözesanmuseum Freising

Brauch geworden, hier auf meinen nicht allzu häufigen Flughafenwegen kurz einzukehren, als kleiner Trost vor dem Zeit- und Weltensprung, der einem dann immer bevorstand.

Im Grunde kann man dieses nahe Nebeneinander nicht richtig begreifen – die paar flachen Äcker und Ödlandflächen, die vielleicht fünfzehn Minuten Fahrzeit, die zwischen diesem in großer Schönheit in sich ruhenden Kirchenraum und dem unablässig vibrierenden, mobilen, dröhnenden Airport-Kosmos liegen. Womöglich fällt mir das besonders auf, weil ich immer aus der ländlichen Ruhe, nie aus der Stadt, auf den Flughafen zukomme. Nie werde ich ganz das Kopfschütteln los über das Fremdkörperhafte dieser versiegelten Monsterfläche, über das Absurde, Unorganische, das sich da, von mir aus gesehen, mitten ins Land gesenkt hat, und, wie man ja weiß, nach seinen eigenen Gesetzen bestens funktioniert und deshalb immer weiter metastasiert. Wie *sonderbar* das ist, wenn man zu einem Frühflug aus den nächtlichen Hügeln kommt, und da liegt auf einmal dieser außerirdische Lichtdom über der Moosebene, was für eine Umstülpung der ganzen inneren Person es jedesmal bedeutet, aus der gleichmütigen Stimmung frühmorgendlicher Bauerndörfer, nur dünnes Funzellicht aus den Kuhställen und ein paar Pendler-Wohnküchen, in diese hochenergetische, irreale Hinter-Glas-Welt überzuwechseln – eben hat man noch einer Mistfuhre die Vorfahrt lassen müssen, jetzt sitzt man für ein Arbeitsgespräch in der aberwitzigen, hangar-artigen Halle des Kempinski Airport herum und starrt hinauf in die Wedel meterhoher turmhoher konservierter Schmuckpalmen. Und auf einmal sieht der Nebel über den schwarzen Moosböden *draußen* aus, als sei er nicht ganz echt.

Na, heute kann ich sie links liegenlassen, die ganze große High Tech Show da drüben – obwohl es ja auch nicht schlecht wäre, mal wieder, zack, in London zu sein –, und werde brav weiterkrauchen durch die noch nicht für Landebahnen gegrapschten, östlichen Teile des Erdinger Mooses, nix London, sondern Oberhummel und hinauf zu dem netten Gehöft in Asenkofen, wo sie so gutes selbstgemachtes Kürbiskernöl verkaufen. Das ist wieder milde Idylle, ganz nah über dem ganzen Airport-Gewese, und nichts davon zu sehen? »Aber zu hören!«, sagt die junge Bäuerin und füllt mir ein blaues Fläschchen mit moosgrünem Kernöl ab.

In Freising verfüge ich mich auf den Domberg hinauf und schaue mir in der Krypta die mysteriöse romanische Bestiensäule an, deren gierschlundige Drachengestalten Carl Amery, der hochgeschätzte Autor und große ökologische Mahner, in seinem etwas schwer verdaulichen Roman »Das Geheimnis der Krypta« als archaisches Symbol fürs Gefressenwerden durch die rasende Technokratie interpretiert hat. Dann hinüber ins Diözesanmuseum, für das ich eine dauerhafte Schwäche habe. Als einzige? Denn immer schreitet man dort mutterseelenallein durch die hallenden Säle und Emporengänge, vom Pförtner über Video-Monitore überwacht. Dabei ist dies beileibe kein provinzielles Heimatmuseum, sondern eine bedeutende Sammlung vor allem süddeutsch-gotischer Bildwerke, aber auch merkwürdiger, verspielter religiöser Volkskunst – und weil man dermaßen solo ist, kommen einem die ganzen wurmstichigen heiligen Herrschaften als richtig gute Gesellschaft vor. Wie sich ja oft Museen ein bißchen magisch beleben, wenn man da sozusagen Bekannte hat, die man immer wieder mal aufsucht, Favoriten auch, wie in Freising den am ganzen Körper behaarten Hl. Onuphrius, die zierliche Maria im Ährenkleid und den skeptischen Intellektuellenschädel des Jörg von Halsbach, des Erbauers der Münchner Frauenkirche.

Der Gotik bleiben wir treu auf dem kurzen Weg von Freising nach Moosburg hinüber: den grandiosen Hochaltar des Hans Leinberger in St. Kastulus, das Hauptwerk dieses einzigartigen Bildschnitzers zwischen Gotik und Barock, wollen wir auch diesmal nicht versäumen – und nicht die Einkehr im Landgasthof Schloß Isareck, hinter Wang, ein paar Kilometer außerhalb: ein gediegenes altes Haus in Blaßgelb, eine getäfelte Stube wie sie sich gehört und eine ländliche, aber ideenreiche Küche. Gleich sind wir in der Holledau, dem merkwürdigen Spieße- und Stekkenland.

SCHELMEN UND KIRMZÄUNER –
IN DER HOLLEDAU UND IM DONAUMOOS

Viele finden diesen hügelauf, hügelab von Stangenwäldern verstellten Landstrich ja apart, man kann sich aber in diesen ganzen schrägragenden Drahtverhauen auch irritiert und eingekastelt fühlen. Im Sommer, wenn alles meterhoch dichthängt mit graugrünen Hopfenfahnen, kommt man sich vor wie zwischen lauter vollen Wäscheleinen. Im Winter herrscht wenigstens Durchblick, aber auch dann ist das flächendeckende Stangengewirr, gern »graphisch« genannt, ein käfigartiges Hemmnis für den schweifenden Blick. Freilich muß man zugeben, daß der Hopfen im vorigen Jahrhundert die Holledau aus dem Elend gerettet hat, zuvor war die Region ein sogenanntes Armenhaus, »wildes Gehügel«, wie ein recht mißlauniger Staatsrat Hazzi um 1800 schrieb, »greuslich, voll Wald, Moos, Heide… Die Menschenrasse ist äußerst verkümmert und klein, dumm und wild. Die Glückseligkeit dieser Leute ist es, sich zu berauschen. Sie werden nicht alt, einige fünfzig Jahr und am Ende meistens taub.«

Ich gurke auf irgendwelchen kleinen Straßen um Nandlstadt und Hörgertshausen und Airischwand herum, und es ist mir recht fad. Die Orte sind geputzt und bieder modern, und angesichts dieser adretten Langeweile kommt mir die Geschichte der Gegend vor wie eine Räuberpistole. Es stimmt aber, daß die Holledau früher mal einen Hautgout hatte. Als »Schelmenlandl« der Gauner und des Gelichters war das unwegsame Gebiet lange Zeit verrufen – auch wenn manche, die sich dort zwangsläufig herumtrieben, keineswegs aus unehrenhaften Gründen heimatlos gewesen sind: zweite Bauernsöhne ohne Hoferbschaft, entlassene Soldaten, verstoßene uneheliche Kinder. All diese Deklassierten, für die im Milieu der hartleibigen bäuerlichen Rechtschaffenheit kein Platz war, bildeten eine vagabundierende Subkultur, die der Holledau zeitweilig den Leumund eintrug, ihre Grenzen seien durch die vier Galgen von Moosburg und Abensberg, Freising und Pfaffenhofen markiert. Auch als ab Mitte des 19. Jahrhunderts der Hopfenanbau schon Wohlstand gebracht

Im Spieße- und Steckenland

hatte, hatten die »Schandarmen« alle Hände voll zu tun mit Überfällen und Diebstählen, mit Roßtäuscherei und Raubmord, wobei ein berüchtigtes Delinquentengespann mit den schönen Namen »Gump & Gänwürger« die Obrigkeit besonders schikanierte.

Schon lange ist aufgeräumt mit derlei Unwesen im Hopfenland, jedoch ist die materielle Sicherheit, die 150 Jahre lang von der absatzstarken Monokultur ausging, in der letzten Zeit wieder prekärer geworden. Fast jedes Jahr müssen zahlreiche Hopfenbauern die Produktion einstellen, geht die Anbaufläche von Humulus lupulus, dem »Grünen Gold«, um eine ganze Menge Hektar zurück. Überproduktion und die Billigkonkurrenz des Weltmarkts führten zu rapidem Preisverfall, dazu brachten die hohen Kosten der Automatisierung viele Betriebe in Bedrängnis. »Der Hopf is a Tropf«, lautet das Sprichwort, »wer ihm traut, den nimmt er beim Schopf«. Die Aussichten sind ungut, das Schreckenswort »Höfesterben« hängt (wie beileibe ja nicht nur in der Holledau, sondern überall im kleiner strukturierten bayerischen Agrarland) düster über der Flur. Im Norden ist das spürbarer als im satten Süden, der ja ohnehin die größten Geschäfte im Fremdenverkehrs-Business macht. *So* lang ist es noch nicht her, das Arme-Leute-Dasein, das »Notige«. Und wenn dann womöglich der Nebenerwerb, der so viele kleinere Landwirtschaften noch mühsam über Wasser hält, ausfällt, wenn die Brötchengeber-Firma – das Baugewerbe, der Transportunternehmer, die mittelständische Fabrik – im nächsten Mittelzentrum verschlankt und ausstellt – dann ist das Gespenst schnell wieder ganz nah.

Vom Bettel ein Lied singen konnte die Region, in die man aus den Holledauer Hügeln langsam hinunterrutscht, eine der seltsamsten Landschaften Oberbayerns: das Donaumoos.

Ich erinnere mich noch, wie ich mich vor Jahren mal dorthin verfahren hatte – völlig verblüfft: wo bin ich denn *hier* hingeraten. Es gibt ja gewissermaßen eine altbayerische Grundgemeinsamkeit an Landschaftsbild: es geht, mit Ausnahme von ein paar Schotterebenen und Moorflächen, mugelig dahin, es geht immer mal bogig um die Kurve, es geht nie glatt.

Im Donaumoos ist alles schnurgerade und flach wie ein Brett, was den Nordlichtern ja bestens vertraut ist, südlich der Donau aber erheblich befremdet. Die Ortschaften bestehen manchmal aus genau einer Straße, diese aber in endloser Fluchtlinie, rechts eine Häuschenschnur, links eine Häuschenschnur, und hören einfach nicht auf. Ungeschützt und ausgesetzt sieht das aus, wie sofort hinter jedem mageren Gärtchen das leere, kahle Moosland beginnt, mit seinen schwarzen Böden, seinen spinnefingrigen Birken, und wenn dann noch die Wolken tief hängen, kein Mensch unterwegs ist, dann wird es einem etwas mulmig ums Herz. Auch von den umliegenden Höhen aus, wenn man von der Holldedau oder den Donauanhöhen über diese Senke blickt, hat sie etwas Sinistres, Zwielichtiges – besonders wenn ein schwefelgelber Lichtstreifen darüber liegt, oder sich im Spätherbst die Nebel in der nassen Niederung ballen –, man ahnt, warum dem größten Niedermoor Deutschlands immer der Ruf einer zu meidenden, einer Außenseiterlandschaft nachhing.

Dabei hat man sich um das Donaumoos bemüht – nur ist leider alles schiefgegangen. Der bayerische Kurfürst Karl Theodor, ein Mann der Aufklärung, ließ die vorherige Sumpfwildnis um 1780 in einer wohlmeinenden Staatsaktion trockenlegen. Neuland für Habenichtse von überallher sollte das Moos werden, ordentlich parzelliert, der Boden sollte den fleißigen Mann ernähren (und für die Obrigkeit auch einige Abgaben abwerfen): eine lesebuchmäßige Tour de Force der Meliorisation. Nur wurde gar nichts daraus. Der schwarze Moorboden erwies sich als alles andere als ertragreich, was man auch probierte, nichts gedieh. Das drainierte Land sackte ab, die neuen Hütten gleich mit. Die hoffnungsvollen Kolonistenfamilien, meist verschuldet, dazu gedrückt von besagten Abgabenlasten, verelendeten rapide und massenhaft. Die Katen faulten im nassen Untergrund weg, »die Schuhe wurden über Nacht grau«, die des Pfarrers notabene, denn wer sonst besaß Schuhe? Zerlumpt und halb verhungert fretteten sich die »Mösler« mit einer Kost »von rauhem Brod und widerlichen Mooserdäpfeln« durch – so eine Chronik von Karlshuld (der fürstenfromme Ortsname muß ihnen damals schon wie ein Hohn

vorgekommen sein). Ihr Auskommen fanden sie keineswegs als die er-
wünschten seßhaften Kleinbauern, sondern allenfalls als herumziehende
Wanderarbeiter, Torfstecher, oder als ebenfalls vazierende »Kirmzäuner«,
als Korbflechter, mit allerhand Kleinkriminalität im Gefolge. Man sprach
im Donaumoos die Landfahrersprache »Jenisch«, »Gratschipink« hieß der
Bauer, und »Konikel« sein Schwein, und der Spruch bitterarmer Kinder
über den etwas bessergestellten Lehrer, »dös kartellt der Plauderer nobi«
(das versteht der Lehrer nicht), wird wohl oft zugetroffen haben, wenn er
ihnen Moral predigte, wo kein Fressen war.

Heute pendelt das halbe Donaumoos zu Audi nach Ingolstadt, und die
kommunalen Probleme drehen sich um den Grundschulerweiterungsbau
und den Standort des Recyclinghofs. Die Häuschen entlang der lineal-
geraden, erhöhten Dammstraßen und der den Wolkenhimmel spiegelnden Entwässerungsgräben sind so bausparkassenproper wie überall und
das offene Moor wird von denselben Gartencenter-Schmiedeeisenzäunen
ausgegrenzt. Und doch will immer noch keiner hierhergehören. »Wir
sind *nicht* mehr das Moos«, sagt man in den Gemeinden hart am Rand,
wo es noch reichlich platt aussieht, aber vielleicht schon ein kleiner Stra-
ßenbuckel, ein unbedeutender Hang auftritt.

Hinterkaifeck, wiewohl von wahrhaft gruseligem Ruf, war auch nicht
im Moos gelegen, sondern ein Stück weit in den Schrobenhauser Hügeln.
Der Einödhof ist schon lange dem Erdboden gleichgemacht, nach den
dortigen Vorkommnissen war er praktisch nicht mehr bewohnbar. Der
niemals aufgeklärte, bestialische sechsfache Mord, der auf dieser Einöde
1922 begangen wurde, ist ein bleibender finsterer Mythos Oberbayerns;
noch heute gibt es dicke Hinterkaifeck-Wälzer, Hinterkaifeck-Fernseh-
dokumentationen, Hinterkaifeck-Theaterstücke, und zu jedem runden
Jahrestag der Bluttat werden wieder kriminalistische Theorien hin- und
hergewendet. Eine ganze Familie, vom Opa bis zum Kleinkind und der
Dienstmagd, wurde damals in ihrem Stall mit der Kartoffelhacke ge-
schlachtet. Eigenbrötler waren diese Grubers, der Vater wegen Blut-
schande mit der Tochter schon mal verurteilt – lautlos ließen sich die

Hinterkaifeck (Foto aus den 20er Jahren)

Mörder in den Heuboden hinab, ein Sturm tobte in jener Aprilnacht, und verschwanden nach dem Massaker wieder ins Nichts… Da hat der Herrgott die rechte Hand am rechten Ort gehabt, hörte man später im Nachbardorf murmeln, und »Bei dene geht's zua wie z'Hinterkaifeck« war eine beliebte Andeutung, wenn jemand Inzestverhältnisse insinuieren wollte. Heute erinnert nur noch ein schwarzer Steinobelisk im Dorf Stengelheim an die Namen der Opfer. »Der Herr gedenket als Bluträcher ihrer…«

ZWEI STÄDTE IM NORDEN: INGOLSTADT UND NEUBURG

Schudder. In dieser Gegend will ich nicht unbedingt nächtigen. Dunkel wird's auch rasant, also hinein nach Ingolstadt, das kenn' ich eh fast nur vom Passieren auf der Autobahn und seiner im Dunkeln feenhaft leuchtenden Raffinerie. Auch jetzt: Industrie- und Gewerbezonen, lange Ausfallstraßen, es ist überall schon recht ausgestorben. Da ist der Fluß, die Donau, die Türme der Altstadt dahinter. Da suche ich mir jetzt ein gutbürgerliches Hotel, gehe noch ein bißchen durch die Gassen, werde wohl auch noch ein Weinlokal finden, ach, so ein bißchen Stadt ist doch auch wieder recht nach schwarzen Mooren und mörderischem Landvolk… Aber das nicht ganz Geheure, Verquere dieses Tags will einfach nicht weichen: das dunkle, alte Ingolstadt, das da innerhalb seiner Restbastionen und seiner Ringstraßen hockt, läßt mich partout nicht herein, stößt mich ab wie die Abseite eines Magneten – ich kreise und kreise zwischen dunklen Parks und festungsartigen Rundbauten, alles ist in der Dunkelheit nur schemenhaft zu erkennen, gerate wieder über den Fluß, und wieder zurück, verliere komplett die Orientierung, einmal erwische ich auch eine schmale Zufahrt in den inneren Kreis, und holpere durch kaum beleuchtete Gassen an maroden Mauern entlang, kein Mensch, keine Geschäfte, scheele kleine Laternen. Die Stadt des Doktor Frankenstein! Mary Shelley muß *doch* leibhaftig in Ingolstadt gewesen sein, so wie das hier aussieht. Dann bin ich *wieder* zwischen menschenleeren Anlagen und kalt ragenden Forts … Kannst mich gernhaben, Ingolstadt, muß ja nicht sein, wenn du potentielle Schaulustige dermaßen vergraulst! Ich fahre jetzt nach Eichstätt weiter, das ist eh viel sehenswerter, oder besser noch nach Neuburg, das kenne ich und finde ich sehr schön, und du siehst mich lange, lange nicht wieder!

Ich bin dann sehr spät, nach einsamen Waldstrecken, im Klostergasthof von Bergen, hinter Neuburg an der Donau, angelangt und habe Ingolstadt wirklich erstmal vergessen. Denn da war dieses überaus freundliche, komfortable Quartier, mit seiner alten balkengedeckten Gaststube, es gab Altmühltaler Lamm und guten Rotwein, und am Morgen drauf habe ich in der Bergener Klosterkirche wieder mal festgestellt, daß barocke Innenräume auch nördlich der Donau von größtem Reiz sein können. Dann hinüber nach Neuburg an einem leicht vernieselten, verschwommenen Tag, und beim Anblick der Stadtsilhouette, die Konturen fata-morganahaft aufgelöst im feuchten Licht, fällt mir ein Satz von Hausenstein ein: »Denn wie so oft in diesem Lande, zeigte sich auch diesmal die besondere Schönheit eines Wetters, das nicht als ein gutes gilt«. Neuburgs Bergstadt ist einfach wunderbar, ich kenne, glaube ich, kein süddeutsches Stadtbild, das auf kleinem, kompakten Raum so vielgestaltig und reichhaltig ist. Und da ist vor allem immer diese verhaltene, elegische, leise Stimmung, die Kugelbäumchen auf dem herbstlaubübersäten Barockplatz vor der Studienkirche, die blaßfarbenen Stuckfassaden wie aus einem Hofmannsthal-Gedicht, »Wappen nimmermehr vergoldet …«, das ist fragiles, diskretes Rokoko, nicht »jubelnd« und auftrumpfend. Das etwas Moderige und Dekadente des viel zu riesigen Ottheinrichschlosses, all dieser mit gewaltigen Schulden inszenierte Glanz der »Kleinen Pfalz«, der längst verblichen ist. Es ist verträumt und zeitverloren hier oben – ein paar unauffällige Geschäfte, das kuriose kleine Biedermeier-Emporentheater, die Hofapotheke, die Provinzialbibliothek –, aber nicht so gestrig und museal, daß man nicht hinter den vielen schönen Fassaden, an nur ein paar abschüssigen Straßenzügen, ausgesprochen großzügige Wohnungen ahnen würde. Man hätte sich auch einquartieren können in einem dieser Barockhäuser, direkt an der makellosen Amalienstraße, in der »Blauen Traube« oder im Altstadtcafé, wo man jetzt an einer der sieben Sorten Früchtepunsch zuzelt und nochmal über das unweite Ingolstadt nachdenkt.

Gut, daß ich mich bei Tag nochmal hinbequemt habe, denn erstens war bei Lichte auf einmal alles ganz übersichtlich mit dem Rumkommen und Parkplatzfinden, und zweitens gehört seitdem nicht nur Neuburg, sondern auch Ingolstadt zu den mir ganz besonders wohlgefälligen Städten. Das scheint mir doch eine Art Muster zu sein: daß im bayerischen Süden zwar die Landschaft unschlagbar ist, daß im Norden aber die Städte

Ingolstadt

mehr Charakter, unverwechselbares Gesicht, fesselnde Aura und Geschichte haben – gegen Ingolstadt ist Bad Tölz halt leider ein triviales Gebirgskaff.

Wir wollen mal nicht übertreiben. Ingolstadt ist keine Kapitale und kein Schatzhaus, sondern eine katholische, mittelgroße, mittelbayerische Industriestadt, und daß es hier erbärmlich eng und borniert zugehen konnte, das hat Marie-Luise Fleißer, von der noch die Rede sein wird, bitter erfahren. Die unmittelbare Umgebung ist vermurkst und öde, und wahrscheinlich gibt es auch über Ingolstadt den variablen Preisausschreiben-Witz: Erster Preis eine Woche Ingolstadt, zweiter Preis zwei Wochen Ingolstadt, dritter Preis drei Wochen Ingolstadt …

Aber damit täte man der Stadt unrecht, denn sie ist wahrhaft überraschend. Man erwartet im Grunde nicht viel, und staunt dann über den weitläufigen alten Stadtkern, der auffallend atmosphärestark ist, ohne, wie so viele alte Städte, mit kübelweise munterem Pastellputz geliftet zu sein. Sicher, die Hauptachse namens Theresienstraße ist Deutsche Fußgängerzone in Reinkultur, aber in den Seitenstraßen verbleichen Schlecker und Segafredo schlagartig, und viele der Seitenstraßen sind *richtig* alt, wirklich patiniert: grau- und bleichgesichtig, etwas verschrumpelt und kümmerlich, zumindest eher karg und bescheiden. Das ergibt insgesamt ein ganz ungewohntes, ungeschöntes Stadtbild, man läuft hier lange und wach durch krumme und schmale Straßenzüge, durch eine halbhohe, enge Bebauung nicht ganz eindeutiger früherer Zeiten, die nicht so sehr nach repräsentativem Adels- und Bürgerstolz aussieht, sondern nach Kleine-Leute- und Handwerkerhäusern, kleine Platzräume öffen sich mit unregelmäßigem Pflaster, und immer wieder tauchen in den Lücken das düstere Steildach der Hohen Schule, dieser Keimzelle der Gegenreformation, die wuchtigen Backsteintürme des Münsters auf. Das alles hat etwas diffus Vertrautes und Fremdartiges zugleich, eine starke, etwas dämmerige Stimmung und erinnert komischerweise an die unbestimmbaren Städte, von denen man immer wieder träumt.

Eine dieser Straßen, etwas belebter als zum Beispiel diejenigen hinter der Alten Akademie und den Stadtmauergärten, ist die Kupferstraße, in der Marieluise Fleißer aufgewachsen ist. An ihre Ingolstädter Geschichte will ich noch einmal ausführlich erinnern, bevor ich mich ins Stadtarchiv im sonderbaren Bastionsbau »Kavalier Hepp« aufmache, um dort Frau Eiden zu treffen, die Hüterin des Fleißerschen Nachlasses.

Marieluise Fleißer in Ingolstadt

Die bunte Stadt liegt unter schwarzem Wolkenhimmel. Pfützen stehen in Ingolstadts Altstadtgassen; die gestuften und geschweiften Renaissancegiebel, reinlich verputzt, leuchten im goldenen Licht, das nur kurz zwischen schweren Güssen auffetzt. In Ingolstadt an der Donau, knapp über 100 000 Einwohner, in der Mitte Bayerns gelegen, von altersher eine Stadt der Kirchen, Konvikte und Kasernen, heute ein wichtiger Industriestandort, hat eine der bedeutendsten Autorinnen deutscher Sprache, hat Marieluise Fleißer 60 ihrer insgesamt 73 Lebensjahre verbracht. Ingolstadt, DIE PROVINZ, das war ihre lebenslange Kalamität und ihr unergründliches Thema, die »tote Stadt«, das »banale Exil« bildeten ihren Kerker und ihren haßgeliebten Nährboden gleichermaßen.

1901 wurde sie geboren, als zweite Tochter in eine vielköpfige mittelständische Handwerkerfamilie, die keine Not leiden mußte. Der Vater, der einen Eisenwaren- und Geschmeidemacherbetrieb in der schmalen Kupferstraße besaß, war nicht etwa ein grobschlächtiger Schmied. Er liebte das Theater und weinselige Männerausflüge nach München, kleidete sich gern fesch, fuhr Hochrad und spendete auch mal eine Lokalrunde Rosen für die Damen. Die Mutter, schmächtig, still, »mit etwas zerscherbter Stimme«, kriegte geduldig Kinder und »hatte alles am Hals«. Die Kupfergasse der Jahrhundertwende war ein umtriebiges Kinderparadies, vollgestopft mit spannenden Werkstätten und Hinterhofbetrieben – aber auch der Kle-

Marieluise Fleißer Mitte der Zwanzigerjahre

rus war omnipräsent: Pfarrhaus, Kaplanhaus, Mesnerhaus gleich nebenan, an einem Gassenende türmte sich das Münster, »wie eine riesige Henne über den Schützlingen am Boden kauernd«, am anderen Ende gähnte das Portal der Garnisonskirche. »Und ich biege meinen kleinen Finger nicht ab, ohne daß ich vom Himmel beobachtet werde.«

»Die Luis« ist des temperamentvollen und patriarchalen Vaters Lieblingstochter, das »begabte Kind«, an das er allerlei soziale Aufstiegshoffnungen knüpft. Schon früh hat sie eine Sonderstellung, eine reservierte Küchenecke für sich, in der sie lesen, zeichnen, träumen, kleine Theaterstücke erfinden darf, während die Geschwister im Haushalt helfen müssen. Schon früh entwickelt sie eine »ungemäße, schmerzhafte Schärfe der Sehkraft« (Gisela von Wysocki), richtet sich ihre Wahrnehmung auf Verstörendes in der Idylle, auf Krankheit, Tod, kindliche Grausamkeit. Schon zeitig läßt ihre Imaginationskraft ahnen, daß sie »anders«, heikler, unangepaßter sein wird, als es das Normenkorsett der Kleinstadt dulden kann.

Das kluge Kind Luis, das schwärmerisch dem Theater verfallen ist – auch wenn sich's nur um das »feuerspeiende Schicksal« auf plüschiger Provinzbühne handelt –, muß Subordination lernen. Zwar darf sie aufs Gymnasium, doch das bedeutet für Mädchen damals Klosterschule: das Internat der Englischen Fräulein zu Regensburg. Versehen mit »sechs Kammtäschchen aus weißem Wollpikee« und einem »Badehemd, das hinten zu öffnen ist«, begibt sie sich in die »Klausur der steifleinenen Krägen«, die ihr einen dauerhaften Seelenknick eintragen wird. »Ich war erzogen, daß ich gehorchte. Ich war gewohnt, daß ich mich nicht verriet. Ich war nicht erzogen, daß ich mich wehrte.« In der reglementierten Konviktswelt verschafft sich die Gefühlswelt der Klosterschülerinnen in verqueren Obsessionen Luft: eine wiegt tagelang eine große grüne Flasche im Arme, eine andere steckt sich Streichhölzer in die umgeklappten Augenlider. Die Mädchen simulieren Ohnmachten, schlafen mit Flieder auf der Brust wie aufgebahrt und legen an geheimen Opferplätzen erregte Gelöbnisse ab. »Es gab die Flucht nicht nach draußen, es gab nur Fluchtwege im Kopf.«

1919 bricht Marieluise Fleißer dann doch auf, wagt den Absprung in die wirbelige Welt der Großstadt. Sie geht allein zum Studium nach München, belegt Theaterwissenschaften, obwohl sie nach Vaters Willen eigentlich »auf Mittelschullehrerin« studieren soll. Sie lebt bohemehaft kärglich in einem Schwabinger Untermietzimmer, bekommt »blutswenig« Geld von daheim und wird, fidel auf männlichen Schultern reitend, auf Münchner Faschingsfesten gesehen. Alles klingt wie die entscheidende Zäsur für eine wachwerdende Künstlerin, wie das Ende der Beschränktheit.

In Wahrheit ist es viel komplizierter. Das sensible Mädchen, das »ständig um und um gewendet und zersplittert wird durch die Reize der Außenwelt«, ist bleibend verschreckt von Tempo, Härte und Anonymität der großen Städte. »Man konnte in all diesen Räumen versaufen, man wurde hergefegt von einem unwirtlichen Wind, verklemmt das Gesicht, eiskalt die Hände.« Unbeholfen und provinziell kommt sie sich vor, ausgesetzt und überfordet. Obwohl sie sich forsch antibourgeois kleidet, in einer viel zu großen Männer-Regenjacke zum Beispiel, obwohl sie sich verwegen »Lu« nennt und sich redlich bemüht, in der lässigen Großstadtszene Fuß zu fassen: sie bleibt am Rande, sie ist zu scheu, es fehlt ihr an der »Fähigkeit zur Mimikry«, an Chuzpe, an Wendigkeit. Jede Grenzübertretung ist mit Angst und Schuldgefühlen besetzt (»Sie hatte es nicht anders gewollt, sie war doch kein Bürger. Das war aber hart, kein Bürger zu sein...«). Im Grunde fühlt sie sich dem bedürftig angepeilten, vibrierenden Künstlermilieu ebensowenig zugehörig wie dem dumpfen geschlossenen System ihrer Herkunft. Es beginnt ihr lebenslanges Zerrissensein zwischen zwei disparaten Welten, von denen keine wirklich die ihre ist. »Sie war niemals ganz«. Einigermaßen zu Hause hat sie sich ihr Lebtag wohl nur beim einsamen Geschäft des Schreibens gefühlt. »Der Vorrang des Sehens und des Sagens vor dem Leben macht die Signatur der Fleißerschen Dichtungen aus«, so Gisela von Wysocki.

Mitte der Zwanzigerjahre sind Marieluise Fleißer und Bertolt Brecht beide zum Fotografen gegangen. Die Porträts lassen einiges ahnen über die Natur des kurzen, aber substantiell einschneidenden Liebeserlebnisses, das die junge Ingolstädterin an den wenig älteren Dichter fesselte. Marieluise ist ganz taubengleiche Sanftmut – ein »liebes«, etwas derbes Mädchengesicht, die Lider gesenkt, den Blick elegisch zu Boden gerichtet; bloß um den exquisit geschwungenen Mund sitzt auch ein skeptischer und mokanter Zug. Dagegen der »arme B. B.«! Ein »Dandy auf der Höhe seines Zeitgeists« im lässig gegürteten Nappaledermantel, zigarrekauend, die viven Vogelaugen mit Impertinenz auf die Kamera gerichtet – kein Blickesenken bei *ihm*. Damals war er schon das provokante Kraftpaket der Theaterwelt, Mittelpunktsmensch und ungenierter Verführer. »Baal« und »Im Dickicht der Städte« hatten Wirbel gemacht, der 26jährige hatte drei Kinder von drei verschiedenen Müttern (»laßt sie wachsen, die kleinen Brechts«) und sein Verhältnis zu Frauen rüde machohaft, aber schwungvoll in diversen Bänkelliedern klargestellt: »Was brauchen den Dirnen die Stirnen breit sein/Viel besser, die Hüften sind breit/Es kommt mehr heraus und es geht mehr hinein/Und das fördert die Seligkeit.«

»Die Fleißerin«, wie Brecht sie nannte, war gerade im Begriff, sich einen literarischen Namen zu machen. Ihre Prosa war an prominenter Stelle abgedruckt, ihr erstes Drama »Die Fußwaschung«

(später »Fegefeuer in Ingolstadt«) gerade fertig geworden. B. B. war beeindruckt: von der finsteren Wucht, der sarkastischen Weltsicht, mit der dieses 1,60 m kleine Provinzfräulein, das den Mund nicht aufkriegte, die kleinstädtisch-katholische Verfilzung von Sexualunterdrückung und Gewalt, von pervertierter Moral und psychischem Elend zu entlarven wußte. Die Dichterin wollte er fördern, die Frau wollte er haben: für einen homme à femmes seines Kalibers muß die spröd-burschikose, aber auch hingebungsvoll weiche Art der Fleißer kurzfristig einen besonderen Kitzel gehabt haben. Freilich, sehr bald war sie »abgefieselt«.

Der große B. B. hat bekanntlich noch viele Frauen beglückt und verschlissen. Marieluise Fleißer war für ihn eine erotische Marginalie, sie kommt nicht mal in seinen Tagebüchern vor. Sie dagegen hat vierzig Jahre gebraucht, um den Brand zu löschen, die Wunde zu schließen. In ihrer großartigen Erzählung »Avantgarde« hat sie 1964, als alte Frau, ihren traumatischen »Knall auf Brecht« seziert.

Einen glücklichen, einen bayerischen Sommer hat Marieluise Fleißer wohl mit Brecht erlebt: als er sich im Augsburger Elternhaus langweilt, darf die kleine Fleißerin mit der Bahn anreisen und ihn zerstreuen. Einen Sommer lang, in seiner »Kraal 3« genannten Dachstube, wo er ihr obszöne Lieder vorkrächzt, bei Stadtgraben-Spaziergängen im Abendlicht, sind der Schwabe und die Altbayerin ein munteres, flippiges Paar in der Provinz.

Als Fleißer Brecht nach Berlin folgt, wo er sich kräftig für die Aufführung ihres Stückes eingesetzt hat – Sentiment ging ihm auf die Nerven, aber Talent ließ er nicht verkommen –, dämmert ihr langsam: »Der Begabung hatte er seine Augen gemacht. Die Liebe war nur so mitgenommen.« Das »Fegefeuer« wird ein beachtlicher Debüterfolg, der Großkritiker Alfred Kerr jubelt: »Eine Festhalterin, eine kostbare Aufschreiberin kleinmenschlicher Raubtierschaft im hiesig-heutigen Mittelalter«. Doch Fleißer wird, trotz Rentenvertrags mit Ullstein, trotz endlich eigener Schreibmaschine, nicht froh in der heißen Luft des Roaring-Twenties-Berlin. Brecht läßt sie hängen, sortiert sie an inferiorer Stelle in seinen Harem ein, für dessen Damen er eine ganz bestimmte Kleiderordnung bevorzugt: »Lange, schwarze Marengo-Mäntel, also männliche Mäntel, bedeutend länger, als die Mode es wollte. Und den Mantel mußte man schlank zuhalten, nicht knöpfen, man legte den Ellenbogen über den Magen, das war die schicke Berlinerin. Der Schneider machte einen Vorzugspreis, wenn man von Brecht kam.« Die Fleißer begleitet Brecht widerwillig, aber folgsam, bei Bordellbesuchen, wo er seine Milieustudien treibt, läßt sich von der Schönheit seiner anderen Geliebten vorschwärmen und kommt vor Trübsal kaum noch zum eigenen Schreiben.

Doch der große Schock steht noch aus. Mit Fleißers zweitem Drama, »Pioniere in Ingolstadt«, zettelt Brecht 1929, um die Toleranzgrenzen des bürgerlichen Publikums zu testen, einen Theaterskandal an, der für die Autorin ruinöse Folgen hat. In das Stück, wieder im heimatlichen Milieu angesiedelt und von tristen, entfremdeten Sexualabenteuern zwischen Garnisonssoldaten und Dienstmädchen handelnd, streut Brecht, ohne der Autorin Wissen vor der Premiere »wüsten Pfeffer«, kalkulierte Affronts: ein Koitus findet in einer heftig wackelnden Werkzeugkiste statt, und zwischen Grabsteinen wird über Tripper palavert.

Der Eklat, damals war das Theater noch prüder, ist fürchterlich. Die nationalkonservative Presse röhrt: »Ein Drecksdrama von einer schlimmeren Josephine Baker weißer Rasse, aus dem dicksten sexuellen Ur- und Affenwald.« Am Standort Ingolstadt heult die getroffene militärische Ehre auf: »Wenn die heimkommt, brechen wir sie in der Mitte ab.« Im Vaterhaus, das bespuckt und mit Steinen beworfen wird, bekommt die verlorene Tochter Hausverbot. – Brecht bleibt achselzuckend cool, seine Provokation hat funktioniert. Die Fleißer fühlt sich völlig wurzellos, »als eine dröhnende Membran, in unerträgliche Schwingungen versetzt«. Als sie Berge von Schmähbriefen in seiner Wohnung abholen will, verhält er sich eisig, sagt ihr kein Wort des Bedauerns oder des Zuspruchs. Dies ist das Ende für sie, »auf seinen Markt trug sie ihre Haut nicht länger ... Sie ging hinaus durch die Tür mit all den Briefen, sie kam nicht wieder hinein durch die Tür.« 25 Jahre Schweigen zwischen den beiden folgen diesem Moment.

Von nun an wird Fleißers hauptstädtisches Leben vollends chaotisch und deprimierend. Sie läßt sich mit einem diametralen Brecht-Opponenten ein, dem deutschnationalen Wirrkopf und Gelegenheitsjournalisten Helmut Draws-Tychsen, der sie den linken Zirkeln systematisch entfremdet. Sie unterwirft sich diesem bombastischen Herrenmenschen in einer Strindbergschen »Hölle mit dem Stichwort privat«, in der sie gedemütigt und finanziell ausgeblutet wird. Mit dem aufkommenden Faschismus verkaufen sich ihre Bücher – ein Erzählungsband und der, angesichts ihrer inneren Not und Wirrnis erstaunlich lockere und ironische Roman »Mehlreisende Frieda Geier« – immer mieser. 1932 ist sie so am Ende, daß sie einen Suizidversuch macht. 1933 wird auch ihr kleines Werk verbrannt. Ihre ehemalige linke Clique geht fast geschlossen in die Emigration. Und sie? Kehrt heim nach Ingolstadt, ohne Geld, ohne Hoffnung auf Veröffentlichung, eine gebrochene, ramponierte Anfangsdreißigerin, die sich im Vaterhaus verkriecht, auch dort nicht willkommen (»wenn es Dir finanziell nicht anders möglich ist ...«). In der »gedrosselten Stadt« an der Donau wird sie fortan bleiben, bis an ihr Lebensende.

»In die Enge geht alles ...« Die borniert Kleinstadt, »jeder vierte ein Nazi«, zahlt der jetzt Deklassierten feindselig heim, daß sie einmal die kapriziöse Überläuferin in die Urbanität, daß sie die Nestbeschmutzerin gewesen ist. »Ich bin umstellt«, auch von der Familie (»denen wird es ja auch über«), die sie loshaben möchte. »Du kannst doch so gut nähen, kochen, zeichnen, Sprachen. Könntest Du Dich nicht an eine bessere Familie heranmachen, als Gesellschafterin?«, schreibt ihr, wohlmeinend, aber tief kränkend, die Schwester Anna. In dieser existentiellen Bedrängnis scheint ihr der Tabakwarenhändler und Leistungsschwimmer Josef »Bepp« Haindl das einzige rettende »Mausloch« zu bieten. Der gedrungene, rechtschaffene Kleinbürger »mit zu kleinem eisernen Köpfchen« hatte ihr zwar schon in der Jugend mißfallen (»der Bub sah ja wie ein Nußknacker aus«), doch nun ist er der einzige, der eine Art gutmütiger Loyalität und Versorgtheit anbietet.

Marieluise Fleißer fürchtet sich instinktiv vor dieser Ehe. »Hart vorm Tor spürte sie die Gefahr«, beschreibt sie später ihre Widerstände. »Ein schweres Risiko wird das, und wer schmilzt wen um, daß es halbwegs paßt? Ich handle nicht mehr normal, ich rette nur noch das Leben. Es wird doch kein Unglück geben…«

Es gibt ein Unglück und es dauert 23 Jahre lang. Der »Händler mit Rauch« in seiner »harmlosen wohllebigen Art« spannt seine Frau, entgegen allen Versprechungen, umgehend ins Geschirr. Fortan steht die ehedem von berühmten Publizisten wie Walter Benjamin und Herbert von Ihering gefeierte Dramatikerin als biedere, anonyme Frau Haindl tagaus, tagein im kleinen Tabakladen unweit der Altstadtecke Theresienstraße/Am Stein und verkauft »Gelbe Sorte«, »Ravenklau« und »Haus Ulmenried« mit einer solchen Aversion, daß ihr »die Zigarrenschachteln zu Feinden werden«. Abends versorgt sie den Haushalt in der biederen Schnitzvertiko-Wohnung »Am Roseneck« und notiert statt Textentwürfen buchhalterische

Details (»Kontos werden auf dem Großverkaufszettel und im Kontobuch quittiert durch Rechnung vom Datum Nummer Betrag. Haken links und rechts, wenn bezahlt«), verzeichnet Kochrezepte für Sauerkraut und Nudelteig und daß man Hülsenfrüchte mit Natron einweicht. Diese ganze »Aschenbrödelei, die mir wie Leder schmeckt«, erstickt ihre kreative Kraft nach und nach komplett. »Der Mann tilgte mich aus und half kein Schutzgeist dafür, nur die Hand schaute von mir noch heraus und ich mußte versaufen.« Der Haindl Bepp, der sich »minder und linkisch« fühlt, läßt seine Ehefrau dafür um so mehr spüren, wer am längeren Hebel sitzt. Er betrügt sie, hockt in den Wirtschaften herum, tönt am Stammtisch, »das würde sich ja noch weisen, wer hier wem die Gnade erweist«, und kürzt ihr nach Belieben das ohnehin knappe Haushaltsgeld um ein Drittel zusammen. »Was soll ich über die verlorenen Jahre sagen«, schreibt sie später, »ich war in die Grube gefallen und wurde in der Grube verbraucht«.

1938 stellen sich bei Marieluise Fleißer paranoide Anfälle mit Halluzinationen ein, sie jagt nachts durch die dunklen Straßen, »hinauf und hinunter zum Kreuztor hinaus, die Wüste begleitete mich«. Nach einem Nervenzusammenbruch wird sie in eine Münchner Heilanstalt eingeliefert und bekommt anschließend, auf ein ärztliches Machtwort hin, etwas mehr Zeit zum Schreiben eingeräumt. Doch die Deformation hat ihre Wirkung getan. Acht Jahre lang quält sie sich an einem, ihr ganz ungemäßen, pompösen Historiendrama herum, das kein Mensch haben will. Erst mit dem »Starken Stamm«, ein weiterer harter Hieb auf Ingolstädter Saturiertheit, findet sie zu ihrer alten Ausdruckskraft zurück.

Nach dem Krieg, als sie sich wieder um Anschluß ans literarische Leben bemüht, muß sie schmerzlich feststellen, daß sie zu den Vergessenen gehört. »Ich war im einfachen Volk verschollen, mich hat's nimmer gegeben«. Der Tabakladen »beißt« weiter nach ihr, noch 1955, das Eheleben ist nicht erträglicher geworden, schickt sie Briefe wie Aufschreie in die Gegend, fleht um eine Existenzgrundlage: »Ich *muß* meinen Mann verlassen, ich bin so abgeschnitten, daß ich verkomme!« Doch der ist herzkrank, natürlich bleibt sie dann doch bei ihm, bis er 1958 stirbt.

Ihr Leben ist weiter äußerst karg und sorgenvoll. Dem Dichter Günter Eich, mit dem sie korrespondiert, bietet sie günstig »drei paar völlig neue braune Herrenschuhe« an. Jeden Leihschein für zehn Pfennig der Volksbücherei, jede »RoLi«-Kinokarte hebt sie sorgfältig für die Steuer auf. Die Schauspielerin Therese Giehse, eine der wenigen Freundinnen ihres Lebens, zahlt ihr über Jahre die Krankenkasse.

Mitte der Sechzigerjahre beginnt sich der Himmel über ihrem Ingolstadt zu lichten. Langsam tröpfeln Veröffentlichungsangebote ein, ein paar Preise, schließlich auch der Kulturpreis der Stadt Ingolstadt, als Versöhnungsgeste an die nie geheure Tochter. Sie ist eine weißhaarige alte Frau geworden, mit dicker Brille und praktischem Kurzhaarschnitt, in ordentlichen Pelzkrägelchen und Hahnentrittkostümen. »Wie eine Handarbeitslehrerin hat's ausg'schaut«, so Therese Giehses Erinnerung, »aber hinter der Brille, da hat's gefunkelt und geblitzt. Da konnt' man sehen, daß die brave äußere Erscheinung nicht übereinstimmte mit ihrem aufgewühlten Innenleben«.

1966 führt Peter Stein an der Berliner Schaubühne ihren »Starken Stamm« auf – ein explosiver Erfolg, dem im Rahmen des generell wachsenden Interesses am »bösen«, kritischen Volksstück, Fleißers massives Comeback folgt: Rezensionen, Inszenierungen, Exegesen, Interviews, Dissertationen, Gesamtausgabe… Ihre Sprache, dieses kantige, eigenwillige bayerische Idiom wird in einem Atemzug mit Thoma, Brecht und Horváth genannt – Kroetz und

Faßbinder, Achternbusch und Handke erklären sich als Bewunderer und tiefverpflichtete »Söhne«. – Ein paar Jahre kann sie sich noch an der späten Würdigung freuen, doch für vieles ist es zu spät. »Zum Schluß«, so endet eine ihrer Erzählungen, »wußte sie bloß noch, daß sie vergessen mußte, wie das mit ihr hätte sein können«. Auslandsreisen, die sie sich endlich leisten kann, machen ihr keine rechte Freude mehr, zunehmend macht ihr die Gesundheit zu schaffen, sie leidet an Herzbeschwerden und Schwindelzuständen. »Mein Gangwerk ist miserabel«, schreibt sie dem Bruder, »der Weg zum Grabrichten wird mir immer sehr weit.« Am 1. Februar 1974 stirbt sie an ihrem Herzleiden in einem Ingolstädter Krankenhaus.

»Meine Geschichten kommen aus dem Dunkeln«, hat sie selbst über ihr Schreiben gesagt. Und einer ihrer Biographen vermerkt: »Jeder Satz, den sie schreibt, ist so, als müsse er eine Mauer durchstoßen, scheint eingeschnürte Natur und sich entziehendes Leben nachzubilden.« Auf ihrem Grabstein am Ingolstädter Westfriedhof steht »Dichterin«. Und einen ihrer Sätze denkt man sich unwillkürlich dazu: »Uns aber juckt irgendein Flug in den Schultern, den doch die Arme nicht finden…«

Ja, und da ist das ziegelrote mittelalterliche Kreuztor und da geht es hinaus zum Friedhof, und im Durchgang des Tors hat sich ein düster beleuchtetes kleines Geschäft mit Bürsten und Besen, Haushaltsseifen und Einfachkerzen erhalten, das keinen Tag jünger aussieht als von 1932. Wie ich, glaube ich, überhaupt keine Stadt kenne, in der die Zeit und die Atmosphäre eines literarischen Werkes so dicht bewahrt ist wie in Ingolstadt Anno 2000 immer noch die Welt der Marieluise Fleißer. – Frau Eiden im Stadtarchiv ist eine sehr nette Dame, ganz verschmolzen mit der Fleißerin, freut sich über Fan-Besuch und wühlt sich durch unzählige Pappkartons mit Fotos, Briefen, alten Kinokarten, ach, alles müßte besser systematisiert werden, aber hier haben wir ja die Originalpostkarte von Bert Brecht, erst vor kurzem aufgetaucht, und das ist dann schon ein spezielles Gefühl, mal kurz mit dem Finger über diese Handschrift wischen können, wie auch das kleine goldene Reklameschild von »Josef Haindl/Zigarrenspezialhaus/Ingolstadt/Theresienstraße 1« in der Hand zu halten oder die Lesekarte 1234 der Städtischen Bücherei für »Haindl-Fleißer M.L., Schriftstellerin«. Oder sich durch Fleißers persönliche Sammlung von Goldmann-Krimis zu wühlen, die mangels Platz hinter Frau Eidens Office-Schreibtisch gestapelt ist. Die »Gedenkstätte« in der Kupferstraße, in der das schöne, abgewohnte Elternhaus samt allen Abblätterungen und Scheibengardinen, samt Linoleumläufern und väterlicher Werkstatt ganz unverändert geblieben ist, wo nun Fotos und Dokumente, Teile ihres Mobiliars und ihrer Bibliothek – sogar ihr gediegenes Hahnentritt-Kostüm – versammelt sind, ist vor kurzem fertig geworden – ein würdiger, lebendiger Erinnerungsort.

Vom Fleißerschen Grab fahre ich durch die Industrieränder, die Industriewälder der Stadt davon, an Manching und Vohburg vorbei, in die südöstliche Ecke Bayerns zurück, in der ich heute zu Hause bin. Der kleine Autoraum ist warm, und draußen ist es finster, und in diesem rollenden Kästchen bin ich irgendwie auch daheim. Da drüben funkelt die Raffinerie, und hier verprasse ich die Ressourcen. Weiß nicht, was ich davon halten soll. Es wird ja wohl rückblickend diese ganze Ära des freischweifenden Automobilismus, vor allem der ganzen Lustbarkeits-Gurkereien, und seien sie so kleinräumig wie meine, eine sehr kurze gewesen sein. Noch Fleißers Generation war eher selten motorisiert, Radeln im Schambachtal als Entfernungsmaßstab, und in der Zukunft kann der Spaß ja wohl auch nicht mehr lange währen. Das ist ja auch völlig in Ordnung, dann muß einem halt was anderes einfallen.

Abzweig Wildenberg, Pfeffenhausen, Weihmichl, bei Tag ist das eine langweilige Strecke... Aber vermissen wird man seine unbedeutenden Fahrgenüsse doch wenigstens dürfen, wenn das alles mal, jaja, völlig berechtigt, nicht mehr zu bezahlen ist? Und wie komme ich überhaupt noch in die *nahe* Ferne, in die es mich immer ziehen wird, wenn die unbegreifliche Bahn, dieses angebliche Volksverkehrsmittel, alle ihre Gleise in die schönen peripheren Ecken dieses Landes verrotten und verwachsen läßt, damit sie an die Börse kann?

Landshut-Altdorf, Landshut-Piflas, die Flutmulde und da vorne der Martinsturm, der schönste Kirchturm der Welt. Und da ist ja auch wieder die Isar, Rätsel Fluß, das soll *dasselbe* Gewässer sein wie das spratzelnde Gebirgswasser unterhalb von Wackersberg? Zu Landshut, auch eine hochgeschätzte Stadt, fällt mir viel ein, aber hier sind wir in Niederbayern, das ist ein anderes Kapitel.

Geisenhausen, Vilsbiburg (schade, daß es hier die Imbißbude »Eat House« nicht mehr gibt), Egglkofen: So, jetzt ist wieder Oberbayrisch-Sibirien erreicht, der Landkreis Mühldorf grüßt seine Gäste und Heimkehrer. In keinem anderen Bezirk, mögen ja ihre Meriten haben, gibt es jedenfalls so schöne Namen wie hier: Victrizius Misthilger und Hyginus Großpötzl, ungelogen, sind meine Lieblinge, die gehen mir jetzt sinnigerweise im Kopf herum, gefolgt von dem schönen Reim: »Steht die Gans auf einem Fuß/Folgt gewiß ein Regenguß«, denn Nachbars Gänsechor höre ich schon aus dem Stall, in seiner pischpernden Nachttonlage. – Nächstes Mal werde ich eine Fernreise antreten. Ins Ausland! Nach Österreich! Da bin ich ja dann geradezu ein »Fernautler« – so nannte Oskar Maria Graf erbost jene nicht einheimischen Motorisierten, die sein Dorf Berg heimsuchten. Aber zu jenen pflichtvergessenen Freizeitbürgern, »die sich in Bali herumsuhlen, während sich die Shareholder die Haare raufen«, wie sich das Streiflicht mal belustigte, brauche ich mich wenigstens nicht zu zählen. Ob ich dafür mit meinen regionalen Präferenzen mal in Gefahr komme, völlig verblödet die »Deutsche-Nutzvieh-Straße« zu bereisen oder in der Kette der »Fichtelwichtel-Hotels« abzusteigen? Oder vielleicht im thüringischen »Apolda -Stadt der Glocken und der Trikotagen« zu landen? Wohl weniger, aber »Allzunah«, auch Thüringen, klingt gut. Und »Altaussee« erst – aber das, jetzt habe ich den Motor auf dem heimatlichen Kiesweg abgewürgt, das ist dann wirklich ein neuer Anlauf.

BERGEN

Neuburg a.d. Donau

Stengelheim

Königsmoos • Karlshuld

Langenmoosen

Kleinhohenried

Karlskron

Schrobenhausen

Ingolstadt

Gerolsbach

PFAFFEN-HOFEN

WOLN-ZACH

Scheyern

Egg • Grubwimm

Rudertshausen

Haarbach

Osseltshausen

Au in der Hallertau

Margarethenried

Dreifaltern

Enghausen

Zolling

Gelbersdorf

Haag • Wang

Freising

Marzling

Moosburg

Rudlfing

Oberhummel

Berglern

FRAUN-BERG

Reichenkirchen

ERDING

• Maria Thalheim

Oppolding

Eschlbach

Hörgersdorf

Schaflding

Pfaffing

Dorfen

Isen

Schwindegg

Walkersaich

Lappach

Raholdsberg

St. Wolfgang

Mitterrimbach

Oberbergkirchen

Wernhardsberg

Hofgiebing

Stephanskirchen

Fürholzen

Ratzenberg

Zangberg

AMPFING

Wald

Ecking

MÜHLDORF

Salzing

Arbin

Stei
ha

Kirchhaunberg

Endlki

Neuötting

Schildth

Altötting

Marktl

Haiming

Marienberg

**BURG
HAUS**

Raitenhaslach

KARTEN

Neben der **Generalkarte 1:200 000, Großraumausgabe Blatt 12, Bayern Süd** sind für das Unterwegssein auf kleinen und kleinsten Straßen dieser Region besonders geeignet die **Wanderkarten 1:50 000** aus dem **Fritsch-Verlag**, z. B. des Landkreises Altötting, oder die **Landkreis-Karten 1:75 000** des **Städte-Verlags** (zu bestellen im Buchhandel). Da es von dieser weniger touristischen Region keine größeren Umgebungskarten gibt, bräuchte man Einzelkarten der Landkreise Altötting, Mühldorf, Erding, Freising, Pfaffenhofen und Ingolstadt. Noch mehr Einzelblätter wären von den **Topographischen Karten 1:50 000 des Bayrischen Landesvermessungsamtes** nötig; nämlich die Einzelkarten Burghausen, Altötting, Mühldorf, Dorfen, Erding, Freising, Pfaffenhofen, Ingolstadt, Neuburg (ebenfalls im Buchhandel).

EMPFOHLENE STRECKEN

Abkürzungen: ✕ – Gastronomie; ⇔ – Übernachten; P – Burg; d – Schloß; N – Aussicht; ❖ – Heimatmuseum; † – Kirche; P – Landschaft; B – Ortsbild; / – kleineres Zentrum

Im fernen Osten:
Burghausen (P , ❖, N , B , ✕, ⇔, /) – mit Raitenhaslach (†, ✕, ⇔) und Marienberg (†) – Haiming/Innspitz (P) – Marktl – Taubenbach (†) – Schildthurn (†) – Marktl – Holzlandsträßchen (P , N) – Leonberg – Enggrub – Allmannsberg – Moise – Hauzing – Endlkirchen – Steinhausen – Arbing – Ecking – Kienberg – Rockersbach – Kirchhaunberg – Wald – Sigrün – Salzing – Kautzing – Ehegarten – Aufham – Engfurt (✕, ⇔, P) – Neuötting (B , ❖, /) – Altötting (❖, B , ✕, ⇔, /) – Mühldorf (B , ⇔, / , †, ❖)

Isen-Gegend/Erdinger Land:
Ampfing – Zangberg – Oberbergkirchen – Ranoldsberg – Stephanskirchen – Walkersaich – Schwindegg – Mitterrimbach – Hofgiebing (P) – Ratzenberg – Fürholzen (P) – Wernhardsberg – St. Wolfgang (✕, †) – Lappach (✕) – Isen (†) – Dorfen (B , /) – Pfaffing – Schaftlding – Hörgersdorf (✕, †) – Eschlbach (†) – Oppolding (†) – Maria Thalheim (†) – Erding (B , ✕, /)

Freisinger Gegend und Holledau:
Fraunberg – Reichenkirchen – Berglern – Oberhummel – Rudlfing (P) – Marzling – Freising (†, B , ❖, /) – Zolling (✕) – Haag (✕) – Moosburg (†) – Wang (†) – Gelbersdorf

(†) – Enghausen – Dreifaltern – Margarethenried (P) – Au in der Hallertau – Haarbach – Rudertshausen – Osseltshausen (P) – Egg – Grubwimm – Wolnzach (✤, ✕)

Norden: Donaumoos, Ingolstadt, Neuburg

Pfaffenhofen (/) – Scheyern (†, ✕, ⇔) – Gerolsbach (✕) – Schrobenhausen (✕, ✤, B , /) – Langenmoosen – Königsmoos – Stengelheim – Karlshuld – Klein-hohenried (P , ✤) – Karlskron – Ingolstadt (B , ✤, †, ✕, ⇔, /) – Neuburg an der Donau (B , ✤, d , ✕, ⇔, /) – Bergen (✕, ⇔, †)

ÜBERNACHTEN

Im Osten

Hotel Post und **Hotel Bayerischer Hof**, Burghausen, zwei traditionsreiche, gut-bürgerliche Häuser am barocken Burghauser Stadtplatz. Hotel Bayerischer Hof, Stadtplatz 45–46, 84489 Burghausen, www.bayerischer-hof-burghausen.de, info@ bayerischer-hof-burghausen.de, ✆ 08677/97840 (ÜF im EZ ab 60 €, im DZ ab 80 €). Hotel Post, Stadtplatz 39, 84489 Burghausen, www.altstadthotels.net, info@ altstadthotels.net, ✆ 08677/9650 (ÜF im EZ ab 78 €, im DZ ab 98 €).

Klostergasthof, Raitenhaslach, ein paar Kilometer südlich von Burghausen im Salzachgrund, sehr ruhige, idyllische Lage im alten Klostergelände. Gediegener Klostergasthof mit guter bayerischer Küche, Biergarten. Raitenhaslach 9, 84489 Burghausen. www.klostergasthof.com, info@klostergasthof.com, ✆ 08677/9730 (ÜF im EZ 69 €, DZ 49 €).

Gasthof zur Post, Altötting, das ehrwürdige Haus gehört noch immer dem CSU-Strizzi Gerold Tandler, zu dessen finanzieller Sanierung nicht jeder beitragen möch-te, aber es liegt halt sehr schön direkt am Kapellplatz, hat allen bourgeoisen Kom-fort, was man nicht von allen Altöttinger Pilgerherbergen behaupten kann. Da die Alternative ein abgedrehtes »Themenhotel« ist, eher noch die Tandler-Post. Kapell-platz 2, 84503 Altötting, www.zurpostaltoetting.de, info@zurpostaltoetting.de, ✆ 08671/5040 (ÜF im EZ ab 52 €, im DZ ab 88 €).

Schuster- oder Benebauer, Queng 5, oberhalb von Marktl, schöne Südhanglage im Erholungs- und Naturschutzgebiet, ökologische Bewirtschaftung, die Familie ist sehr in der Biotop- und Artenschutzpflege engagiert. Zwei FeWo, Marietta und Lud-wig Maier, ✆ 08678/1785 (FeWo 35 €, Appartement 20 €).

Isengau/Erdinger Land

Gasthaus zur Linde, Hohenpolding bei Taufkirchen/Vils: Dorfgasthaus mit sehr guter bodenständiger Küche und außergewöhnlicher Weinkarte, günstige Preise, in ganz normalem Dorf gelegen. Eine der wenigen Übernachtungsmöglichkeiten überhaupt in dieser Gegend. Hauptstraße 23, 84432 Hohenpolding, ∅ 08084/25770 (ÜF im EZ ab 35 €, im DZ für 60 €).

Tagwerk-Ökohotel, Dorfen. Die sehr professionell und keineswegs sektiererisch arbeitende »Tagwerk Ökoservice GmbH«, die von Dorfen aus ein vorbildliches Netzwerk zur regionalen Versorgung mit biologischer Ernährung für Bauern, Läden und Konsumenten aufgebaut hat, betreibt in der hübschen Stadt auch ein Hotel mit opulentem Frühstocksbüfett lupenreiner Bio-Provenienz. Ein eher modernes Haus gleich beim Bahnhof, aber in die Altstadt ist es nicht weit, wo sich im wohlsortierten »Tagwerk«-Laden (mit Galerie-Café) einkaufen läßt. Siemensstr. 2, 84405 Dorfen, ∅ 08081/937960, www.tagwerk-hotel.de, info@tagwerk-hotel.de (ÜF im EZ ab 49 €, DZ ab 75 €).

Freisinger Land/Holledau

Bayerischer Hof, Freising, traditionelles Stadthotel im alten Zentrum, an der verkehrsberuhigten Hauptstraße gelegen. Untere Hauptstr. 3, 85354 Freising, ∅ 08161/538300 (ÜF im EZ 54,50 €, DZ 81 €).

Gasthof Hörhammerbräu, Zolling, nördlich von Freising. Beliebter, behäbiger Traditionsgasthof am weiten Kirchplatz von Zolling, mit bekannter bayerischer Küche, Freisinger Str. 4, 85406 Zolling, ∅ 08167/950243 (ÜF im EZ ab 19 €, DZ ab 34 €).

Landhaus Plendl, Oberappersdorf nw Zolling, ein Kuriosum – eine superfeine, englische Countryhotel-Idylle, opulent ausgestattet, gute Weine, Gourmet-Kochkurse, alles höchst qualitätsbemüht, und das wirklich auf dem Kuhdorf. Gerlhausener Str. 13, 85406 Oberappersdorf, www.landhaus-plendl.de ∅ 08168/90840 (ÜF im EZ ab 65 €, im DZ ab 44 €).

Müllerbräu, Pfaffenhofen, gediegenes Jugendstilhotel am langgezogenen Stadtplatz, gute, ambitionierte Küche, neu renoviert, Hauptplatz 2, 85276 Pfaffenhofen, www.hotel-muellerbraeu.de, info@hotel-muellerbraeu.de, ∅ 08441/49370 (ÜF im EZ ab 40 €, DZ ab 60 €).

Klosterstubn Scheyern, zwar ist das Kloster nicht eines der schönsten, die ich kenne, aber die Lage ist doch ruhig, am Abend besonders friedlich, das Bier ist gut und die Küche war zuletzt auch bodenständig anständig, aus guter, lokaler Produktion. Zimmer einfach, aber mit Dusche/WC. Schyrenplatz 1, 85298 Scheyern ∅ 08441 /84037 (ÜF im EZ für 43 €, DZ für 63 €).

Landgasthof Zeidlmeier, Rohrbach bei Wolnzach, älterer Holledauer Gasthof mit sehr guter bodenständiger Küche, z. B. wunderbarer Ente. Bahnhofslage. Bahnhofstr. 55, 85296 Rohrbach, ∅ 08442/8428 (ÜF ab 43 €).

Landgasthof Hinterberg, Dorfen: freundliches Landhotel in schönem altem Vierseithof, prächtiger Bauerngarten im Innenhof, Biergartenwirtschaft , Alleinlage im wenig überlaufenen Hügelland des Isengaus. Hinterberg 1, 84405 Dorfen, ∅ 08081/517, www.landgasthof-hinterberg.de, hinterberg@landgasthof-hinterberg.de.

Im Norden

Hotel Adler, Ingolstadt, zentral in der Fußgängerzone, gleich gegenüber dem Liebfrauenmünster gelegenes Traditionshotel, Theresienstr. 22, 85049 Ingolstadt, www.hotel-adler-ingolstadt.de, info@hotel-adler-ingolstadt.de, ∅ 0841/35107 (ÜF im EZ ab 68 €, DZ ab 95 €).

Hotel Kirchbaur Hof, Bittenbrunn bei Neuburg, gediegenes Landhotel mit guter regionaler Saisonküche, Wild- und Fischspezialitäten, hausgemachte Wurstwaren, ruhige, gepflegte Zimmer zum schön eingewachsenen Innenhof. Monheimer Str. 119, 86633 Neuburg-Bittenbrunn, www.hotel-kirchbaur.de, info@hotel-kirchbaur.de ∅ 08431/619980 (ÜF im EZ ab 58 €, DZ ab 98 €).

Hotel Klosterbräu, Bergen bei Neuburg, komfortabler altbayerischer Gutsgasthof gleich bei der schönen Kirche von Bergen, sehr schöne alte Balkengaststube, ausgezeichnete Küche, Spezialitäten Juralamm und Wild, gepflegter, ruhiger Garten-Innenhof. Kirchplatz 1, 86633 Neuburg, www.zum-klosterbraeu.de, boehm@zum-klosterbraeu.de, ∅ 08431/67750 (ÜF im EZ ab 57 €, DZ ab 81 €).

ESSEN UND TRINKEN

Im Osten

Graminger Weißbräu, Altötting: Eine der angenehmsten Einkehr-Adressen des Wallfahrtsorts, am Stadtrand mit schattigem Biergarten gelegen, hervorragendes eigenes Weizenbier (das dunkle »Kirta-Weißbier«) und bodenständige bayerische Küche mit österreichischen Einschlägen, die auch dem »Feinschmecker« schon der lobenden Erwähnung wert war. Auch einfache Fremdenzimmer. Graming 79, 84503 Altötting, Tel. 08671/96140, www.graminger-weissbraeu.de, info@graminger-weissbraeu.de (ÜF im EZ ab 23 €, im DZ ab 39 €).

Burgcafé, Burghausen: Endlich gibt es auch auf dem idyllischen Burgareal eine Einkehrmöglichkeit, die einladend ist: Café kurz vor der Hauptburg in niedrigem mittelalterlichem Häuschen mit altem Mauerwerk, eigene Torten, guter Kaffee und Tee und kleine Jausen. Burg 46, 84489 Burghausen, Tel. 08677/877340, www.burg-cafe-burghausen.de (geöffnet Di – So 10 – 23 Uhr, So/Mo 10 – 18 Uhr).

Weinhaus Pachler, Ach bei Burghausen, gleich gegenüber auf der österreichischen Seite gelegen, wunderbarer Altstadt- und Burgblick, bekannt gute österreichische Küche. A-5122 Ach an der Salzach Nr. 14, www.weinhauspachler.at, office@weinhauspachler.at, ∅ 0043/7727/2206 (Mo/Di Ruhetag).

Wirtshaus auf der Höll, alter Dreiseitbauernhof, allein im Holzland bei Pleiskirchen gelegen, netter Biergarten, wechselnde Karte, junges Team mit Ambition. Höll 1, 84568 Pleiskirchen, ∅ 08635/693427, (wochentags ab 17 Uhr, Sa/So auch mittags, Mo Ruhetag).

Gasthof Huberwirt, Pleiskirchen, gestandener Dorfgasthof im Holzland mit eigener Metzgerei, bei den Einheimischen beliebt, Hofmark 3, 84568 Pleiskirchen, www.huber-wirt.de, landgasthof@huber-wirt.de, ∅ 08635/201 (Di Ruhetag).

Restaurant Hardthaus, Kraiburg am Inn, exquisite Gourmetküche mit regionalen Produkten, für die durchgängige Qualität sind die Feinschmecker-Menüs nicht überteuert. Schöner Raum in altem Ladengeschäft am historischen Stadtplatz des engen Inn-Salzachstädtchens. Reservieren. Marktplatz 31, 84559 Kraiburg am Inn, www.hardthaus.de, mail@hardthaus.de, ∅ 08638/73067 (geöffnet tägl. ab 18.30 Uhr, So/Mo Ruhetag).

Café Egger, Mühldorf am Inn, in mäßig attraktiver Lage schräg gegenüber vom Bahnhof hat sich mit dem Confisier Manfred Bacher ein prämierter »Weltmeister der Konditoren« etabliert. Vorzügliche Torten und Backwaren und Eiskreationen, riesige Auswahl an Trüffeln, kleiner Mittagstisch, behaglicher Kaffeehausraum. Friedrich-Ebert-Str. 6–8, 84453 Mühldorf a. Inn, ∅ 08631/7423.

Isengau/Erdinger Land

AmVieh-Theater, neues Etablissement eines jungen Paares in altem Hof des Isentals: Kleinkunst, Wochenend-Biergarten und Café und demnächst auch Hotelzimmer, Einzellage versteckt im stillen Bauernland. Schafdorn 1, 84419 Schwindegg, Tel. 08086/947948, www.amvieh-theater.de, info@amvieh-theater.de (Café und Biergarten an So/Feiertagen und nach Vereinbarung geöffnet).

Landgasthaus Forster, Hörgersdorf bei Dorfen, freundliches, gemütliches Feinschmeckerlokal in abgelegenem kleinem Dorf, phantasievolle Küche auf regionaler Basis, sehr gute Wild-, Lamm und Fischgerichte, Viergangmenü 40 €, wochentags ab 18.30 Uhr, So/Feiertag ab 12 Uhr, am Wochenende auch Mittagsmenüs. Reservieren. Högersdorf 23, 84416 Taufkirchen (Vils), ∅ 08084/ 2357 (Mo/Di Ruhetag).

Restaurant Mairot, in winzigem Dorf zwischen Dorfen/Oberdorfen und Landersdorf hat sich unlängst noch ein Feinschmeckerlokal etabliert, der Koch hat u. a. am Berliner Interconti gearbeitet und kocht aparte Sachen aus Fisch, Meeresfrüchten, mit diversen Pestos, auch gute Desserts. Zeilhofen 14, 84405 Dorfen, www.mairot.de, ∅ 08081/2034, (geöffnet wochentags ab 18 Uhr, Sonn- und Feiertage ab 11.30 Uhr. Mi Ruhetag).

Gasthof Stiller, Lindum bei Dorfen, bürgerlicher Landgasthof in hellem Zirbelholz, Küche ebenso gutbürgerlich, saisonal Wild- und Fischgerichte, käme die A 94, würde sie unmittelbar an diesem Ausflugswirtshaus vorbeirasieren. Lindum 3, 84405 Dorfen, ∅ 08081/537 (Wochentags ab 18 Uhr, Sonn- und Feiertage ab 11.30 Uhr. Mi Ruhetag).

Grünbacher Schloßbräustubn, Grünbach bei Erding. In der hübschen Brauereigaststätte wird bekannt gut etwas edelbayerisch gekocht, seit einiger Zeit gibt es sogenannte Schmankerl-Buffets Do – So ab 11 Uhr bis abends. Da kann man sich für 16 € an Ente, Wild, Lammkeule, Schwammerl, hausgemachten Knödeln und Salaten satt essen. Reservieren. Graf-Seinsheim-Str. 21, 85461 Grünbach, ∅ 08122/47237 (geöffnet ab 18.30 Uhr, Ruhetag Do und jeder zweite Mo).

Erdinger Weißbräu und **Mayr-Wirt**, Erding, zwei Traditionslokale in der Erdinger Altstadt, voll mit Einheimischen, in beiden solide bayerische Küche, z.B auch mal »Saure Nierndln« oder Brezensuppe. Der Mayr-Wirt hat auch moderne Zimmer. Hier warme Küche 11.30 – 14 und 17.30 – 22 Uhr. Haagerstr. 4, 85435 Erding, www.mayrwirt-erding.de, info@mayrwirt-erding.de, ∅ 08122/880920. (ÜF im EZ ab 50 €, im DZ ab 80 €). Im Weißbräu gleich neben der große Hallenkirche durchgehend warme Küche bis 22 Uhr. Lange Zeile 1, 85435 Erding, ∅ 08122/12208.

In Erding gibt es auch ein überdurchschnittlich raffiniertes Asia-Restaurant, unbedingt besuchenswert: **Jasmin Garden**, Haager Str. 15, ∅ 08122/93433, tägl. mittags bis 14.30, abends bis 23.30 Uhr.

Freisinger Land und Holledau

Bräustüberl Weihenstephan, der Weihenstephaner Berg ist im Münchner Norden eine Institution wie der von Andechs im Süden, aber nicht derart überlaufen. Urige Bräustüberl-Atmosphäre, alle möglichen Bierspezialitäten, bayerische Küche. Weihenstephaner Berg 1, 85354 Freising, www.braeustueberl-weihenstephan.de, info@braustueberl-weihenstephan.de, ∅ 08161/13004 (täglich 10 – 24 Uhr).

Alter Wirt und Biergarten, Haag an der Amper: ebenfalls westlich von Freising; der riesige schattige Biergarten mit seinen alten Holztischen ist überaus beliebt. Im Alten Wirt wird etwas gehoben bayerisch gekocht, z.B. »Ausgelöste Kalbshaxn mit Pfifferlingen, Weißbrot und Wirsing gefüllt«, Pfarrer-Weingand-Str. 2, 85410 Haag, ∅ 08167/8996 (warme Küche ab 18 Uhr, Sa/So ab 11.30 Uhr, Mi/Do Ruhetag).

Landgasthof Schloß Isareck, Wang bei Moosburg, schöner altmodisch-gelber Landgasthof mit Sprossenfenstern und hölzernen Läden gegenüber dem privaten Park von Schloß Isareck, schöne getäfelte Kachelofenstube, sehr qualitätvolle regionale Küche, z.B. Schäufele, geschmorte Ochsenbackerl, Hasenrückenfilet, Spezialitäten Wild und Fisch. Gute Weinkarte, eigene Edelbrände. Isareck 3,

85368 Wang, ∅ 08761/5011 (geöffnet auch in der Woche über Mittag, warme Küche 11 – 14 und 17.30 – 22 Uhr, Mo Ruhetag).

Schloßbräustüberl, Au in der Hallertau, traditionsreiche Bierwirtschaft neben dem Gabriel-von-Seidl-Schloß in der langgezogenen Hopfenstadt. Die eigenen Bierspezialitäten sind hochgelobt, bayerische Küche. Schloßbräugasse 2, 84702 Au in der Hallertau, www.schlossbraeukeller.de, info@schlossbraeukeller.de, ∅ 08752/9822 (geöffnet Di – Do 17 – 23 Uhr, Fr – So 10 – 23 Uhr, Mo Ruhetag).

Biohotel und Tafernwirtschaft Hoerger, Hohenbercha: Zur kulinarisch hochbeliebten altbayerischen Tafernwirtschaft im Freisinger Hinterland hat sich ein modernes Design-Hotel in anspruchsvoller Holz- und Glasarchitektur gesellt, sehr durchdacht und ökologisch musterhaft. Hohenbercha 38, 85402 Kranzberg, ∅ 08166/990980, www.andreashoerger.de, info@hoerger-biohotel.de (ÜF im EZ ab 34 €, im DZ ab 55,20 €).

Im Norden

Zum Schimmelwirt, Schrobenhausen, mitten in der Spargelstadt gelegenes, von außen langweiliges Traditionswirtshaus mit ausgezeichneter bayerischer Küche zu moderaten Preisen. Eigene Metzgerei. Wegen der Spargelgerichte wird von weither angereist, aber auch sonst kocht die Wirtin Martha Stief bilderbuchmäßig deftig und phantasievoll, Riesenportionen (Schlachtschüssel und Spanferkel, Lammfleisch sauer oder sehr guter eigener Paartaler Bauernschinken). Am Abend manchmal »Hoagascht« mit einheimischen Musikanten – Volksmusik als das Gegenteil von Karl Moik. Aichacher Str. 21, 86529 Schrobenhausen, ∅ 08252/7609 (warme Küche 11 – 22 Uhr, Sa Ruhetag; fällt in der Spargelzeit aus).

Müllers Brotzeitstube, Langenmoosen, Donaumoos. Das Lokal sieht so unscheinbar aus, wie der Name klingt, es wird dort aber zu äußerst günstigen Preisen ziemlich gut gekocht, im ganzen Umland beliebt. Am Wochenende unbedingt reservieren, Römerstraße 9, 86571 Langenmoosen, www.muellers-brotzeitstube.de, info@zu-muellers.de ∅ 08433/94180 (warme Küche 11 – 14 und 18 – 22 Uhr, Mo Ruhetag).

Gasthaus Beckerwirt, Böhmfeld, zwischen Ingolstadt und der Altmühl gelegenes sehr beliebtes Landgasthaus, seit Generationen in Familienbesitz, die bayerische Küche sogar vom »Feinschmecker« gelobt, Spezialitäten vom Lamm aus eigener Herde, Wildschweinbraten, gute Kräuterküche, auch Leichtes und Salate. Durchgehend warme Küche. Am Wochenende reservieren. Hauptstr. 15, 85113 Böhmfeld, beckerwirt@altmuehlnet.de ∅ 08406/91242 (Mo Ruhetag).

Altstadt-Café, Neuburg am Inn, in einem hübschen Stufengiebelhaus, direkt an

Neuburgs ruhiger barocker Amalienstraße in der historischen Oberstadt, vermietet das rührige und bemühte Café (österreichische Mehlspeisen, Vollwertmenüs, frische Suppen, zahllose Kaffee-, Schokoladen-Punschsorten...). Amalienstr. 44, 86633 Neuburg/Donau.

Restaurant Arcoschlößchen, Neuburg, auf einer Anhöhe außerhalb mit sehr schönem Blick auf Stadtsilhouette und das Ottheinrich-Schloß, Terrasse. Spezialität Fischgerichte, Kuchen und Torten aus eigener Herstellung. Arcoschlößchen 18, 86633 Neuburg, www.arco-schloesschen.de, ∅ 08431/7055 (im Sommer geöffnet Mo – Sa 11.30 – 1 Uhr, im Winter Mo – Sa 17.30 – 1 Uhr, So 9.30 – 1 Uhr).

Gasthaus Thaddäus, Kaisheim. Unbedingt lohnend sind die ca. 25 km Abstecher westwärts über Schloß Leitheim zum Klosterdorf Kaisheim, wo in einem schönen alten Haus die Sippschaft der bayerischen Kabarettruppe »Mehlprimeln« ein wunderbares Gasthaus betreibt. Exzellente Hausmacherküche von Harriet Panitz, beste Weine, tolle Räume und Garten, oft auch erstrangige Kleinkunst. Abteistr. 23, 86678 Kaisheim, www.gasthaus-thaddaeus.de, mehlprimeln@t-online.de, ∅ 09099/921999, www.gasthaus-thaddaeus.de, Do – Sa 18 – 24, So 11.30 – 14 Uhr.

KUNST UND KULTUR

Im Osten

Die Museen der **Burghauser** Burg sind alle sehenswert. Das Fotomuseum ist vom 11.3. – 4.11. Mi – So 10 – 18 Uhr geöffnet. Auskunft über aktuelle Ausstellungen: ∅ 08677/4734. – Das sehr reichhaltige Stadtmuseum in der Hauptburg ist täglich geöffnet. März/April und Okober/November 10 – 16 Uhr, Mai – September 9 – 18 Uhr. ∅ 08677/65198. – Weitere Auskünfte, z.B. zum Programm regelmäßiger Burghauser Veranstaltungen wie den weltbekannten Jazztagen und den zweijährlichen Literaturtagen oder den modernen Ausstellungen und Autorenlesungen im Liebenweinturm beim Verkehrs- und Kulturamt der Stadt: ∅ 08677/887-154 oder -156, www.burghausen.de.

Ein paar Kilometer südlich die beiden prächtigen Rokokokirchen von **Marienberg** und **Raitenhaslach,** Marienberg auf einer Anhöhe, Raitenhaslach im Talgrund der Salzach, noch stimmungsvolle Reste von Klostergebäuden. Beide leuchtend farbenprächtig und detailfroh, in Marienberg herrscht eher ein sonniger Goldton, in Raitenhaslach ist ein dämmeriges, numinoses Blau die Stimmung des Kirchenraums. In beiden Kirchen wunderbare Deckengemälde, voller getürmter Phantasiearchitekturen. Im Vorraum von Raitenhaslach ein merkwürdiges Heiliges Grab: eine barocke Allegorie in bühnenartiger Kulisse, die nach Art des Jesuitendramas den

Sieg des Glaubens über Tod und Teufel versinnbildlicht: der schwarze Teufel ist besonders nett.

Im Markt **Halsbach** findet allsommerlich ein Laien-Freilichtspiel statt, das weit herausragt aus dem sonstigen Festspielzirkus. Die treibende Kraft des »Landvolktheaters Halsbach« ist der Autor und Regisseur Martin Winklbauer, der ständig neue, z.T. preisgekrönte historische Volksstücke (»Das schwarze Jahr«, »Halsbacher Passion«, aber auch über die NS-Zeit) schreibt, der ganze Ort spielt mit, allen Details, der Ausstattung, der Musik, wird große Aufmerksamkeit gewidmet. Infos und Karten ∅ 08623/7102, www.waldbuehne-halsbach.de.

In **Altötting** hat die Schatzkammer von Ostern – November täglich geöffnet: 10 – 12 und 14 – 16 Uhr. Das Wallfahrts- und Heimatmuseum ist Di – So 10 – 12 und 13 – 16 Uhr geöffnet. Das unbedingt sehenswerte Panorama der Kreuzigung Christi, eines der letzten monumentalen Rundgemälde Deutschlands, mit imposanter spätnazarenischer Architektur- und Landschaftskulisse, ist von März – Oktober täglich 9 – 18 Uhr geöffnet, November – Februar Sa/So 11 – 14 Uhr. ∅ 08671/ 927611. – Im Verkehrs- und Kulturbüro Altötting am Kapellplatz befindet sich auch die Tourismusgemeinschaft für die Inn/Salzach-Region, wo es z.B. Unterkunftsverzeichnisse auch für das Holzland gibt: ∅ 08671/50623819.

Die Nachbarstadt **Neuötting** sollte man auch besuchen, sie hat mit ihrem langgezogenen Laubengang-Stadtplatz im typischen Inn-Salzachstil ein ganz anderes Gesicht. Hier kann man angenehm herumspazieren und einkaufen, nicht so frömmigkeitsgesättigt wie AÖ. Die hochragende Stadtpfarrkirche ist ein Bau des bedeutendsten bayerischen Baumeisters der Spätgotik, Hans von Burghausen, von dem auch die Hauptkirchen in Landshut und Straubing stammen. Die Ausstattung ist leider fast komplett neugotisch, weshalb der Innenraum etwas enttäuscht, aber die Gewölbe sind sehr schön. Das Stadtmuseum ist winzig und gemütlich, hier gibt es Touristik-Information und Literatur zur Stadtgeschichte. ∅ 08671/8837113 (für die Öffnungszeiten und Sonderanmeldungen), www.neuoetting.de.

Mühldorf am Inn, bis 1811 eine Salzburger Exklave in Bayern, ist ebenfalls eine klassische Inn-Salzach-Stadt, jeden Freitagvormittag findet auf dem schönen, lebendigen Stadtplatz ein Bauernmarkt statt. Die Pfarrkirche ist ein ansehnlicher, etwas renovierungsbedürftiger Barockraum, im mittelalterlichen Ensemble aus Haberkasten und Kornkasten hat sich das städtische Kulturzentrum etabliert, mit Bücherei und neurenovierten Veranstaltungsräumen. Gleich gegenüber im Lodron-Haus (mit Weinlokal im alten Hof) das außergewöhnliche Kreismuseum, das neben dem üblichen historischen Inventar vor allem den Alltag der NS-Zeit und die Geschichte des KZ-Nebenlagers im Mühldorfer Hart bemerkenswert reichhaltig dokumentiert. Tuchmacherstr. 7, 84453 Mühldorf am Inn, www.lodron-haus.de, ∅ 08631/2351, geöffnet Di – Do 14 – 17 Uhr, So 14 – 17 Uhr. Die gotische Kirche von

Altmühldorf ist ein etwas karger Raum, besitzt aber ein Kreuzigungsbild und einen Flügelaltar von weit überregionalem Rang. www.inn-salzach-tourismusregion.de.

Isengau/Erdinger Land

In **Dorfen** ist neben dem schönen, altbayerischen Stadtplatz auch die Kirche Mariadorfen über dem Ort sehenswert. Der glanzvolle Rokoko-Hochaltar des Eqid Quirin Asam ist allerdings eine Art Fake. Man hat ihn, rund um das gotische Gnadenbild, ältere Teile verwendend und nach genauen Planzeichnungen und Skizzen Asams vor dreißig Jahren einfach neu gebaut. Sieht nicht nach Remake aus, sondern nach Asam in Reinkultur. Besonders nach dem 24. Dezember ist Mariadorfen einen Besuch wert, denn die Dorfener Krippe aus dem 18. Jahrhundert zählt zu den schönsten Bayerns. Sie ist eine »Wandelkrippe«, d.h., es werden die verschiedenen Szenen des Weihnachtsgeschehens nacheinander aufgestellt, die reichbekleideten Figurinen, die Tiere, die kleinen Objekte stammen nicht mehr alle aus der Entstehungszeit. Bis Mai kann man jeweils wechselnde Inszenierungen anschauen. Im kleinen Landschlößchen von **Kalling** nördlich von Dorfen treten in der barocken Rotunde immer mal wieder die Größen der bayerischen Kabarett-Szene auf, von Ringsgwandl bis zur Biermösl Blosn. Die Schloßbesitzerin Nannie-Ana Kuntz arbeitet für ihre sehr speziellen kleinen Veranstaltungen, auch Tango-Tanzen steht auf dem Programm, zeitweilig mit dem Bayerischen Rundfunk zusammen, und die Abende bei Kerzenlicht und anschließendem Speis & Trank ziehen sich auch mal bis drei Uhr früh hin. Da die Kapelle nicht mehr als 170 Gäste aufnehmen kann, verschickt sie Einladungen, für die man sich per Post oder e-mail interessieren kann: Nannie Kuntz, Kalling 2, 84405 Dorfen, www.schlosskalling.com, info@ schlosskalling.com, ⌀ 08084/3676.

Vom südlichen Dorfener Stadttor aus führt eine landschaftlich hübsche Straße nach **Isen,** wo die Kirche St. Zeno ein gutes romanisches Portal und einige gotische Wandmalereien besitzt. www.dorfen.de.

Das kleine Dorf **Rappoltskirchen** bei Maria Thalheim hat für die Gegend noch ein hübsches altes Gesicht, wofür wahrscheinlich der kulturhistorische Autor und kämpferische Denkmalschützer Wolfgang Johannes Bekh sorgt, der im buntbemalten Jugendstil-Pfarrhof lebt, ein zorniger Konservativer und beredter Polemiker – von dem verhaßten Großflughafen gerade mal ein paar Hügel entfernt.

Die immer riesiger werdende Kreisstadt **Erding** ist in ihrem alten Stadtkern hinterm mit Recht so genannten Schönen Turm ganz nett anzusehen und recht betriebsam. Im Spitzgiebelhaus des »Erdinger Weißbräu« hat Carl Spitzweg als Apotheker gearbeitet. Die schönste Kirche liegt in der südwestlichen Peripherie von **Altenerding**, ein festlicher Rokokoraum mit Skulpturen von Christian Jorhan und einer originellen Schiffskanzel: die Meereswellen unter dem goldenen Boot sind aus Stuck, Jesus und der Apostel Andreas sitzen im Bug und Heck wie auf den Enden einer Wippe und Petrus holt gerade das Ruder ein. www.erding.de.

In **Finsing**, südlich von Erding, hat sich am großen Speichersee ein wohl einmaliges Museum etabliert, nämlich das erste deutsche »Schwemmgutmuseum«. Aus den 15000 Tonnen Material, die sich jährlich in den großen Rechen der Staustufen bayerischer Flüsse fangen, hat man eine bizarre Ausstellung kompiliert, vom Klohäuschen bis zum Autowrack, von der Flaschenpost bis zur Handgranate – auch die geborgenen Toten werden nicht tabuisiert. Kein Witz, sondern eine eigenartig berührende Spiegelung von Wegwerfgesellschaft und Vergänglichkeit. – Seestr. 3, 85464 Finsing, ✆ 08121/709211, Öffnungszeiten nach Vereinbarung.

Freisinger Land und Holledau

Freising ist allein schon durch seine vielen Weihenstephaner TU-Studenten ebenfalls eine lebendige, selbstbewußte Stadt, kann sie auch sein, denn der Landkreis Freising boomt, er hat mit ca. 3% Arbeitslosen die niedrigsten Ziffern Deutschlands. Die breite verkehrsberuhigte Hauptstraße ist voller Handel und Wandel, der Domberg ist eine kleine Welt für sich, mit Diözesanmuseum (Di – So 10 – 17 Uhr), katholischer Bildungsstätte, der Dombibliothek mit einem sehr schönen, taubengrauen Barocksaal (anzusehen Mo – Fr 14 – 15 Uhr) und dem ehemals romanischen Mariendom natürlich, der von den Asams barockisiert wurde (✆ Diözesanmuseum 08161/48790, ✆ Dombibliothek 08161/48400). In der Altstadt ziehen sich kopfsteingepflasterte Gassenzüge an den Stadtbächen mit ihren vielen Brücklein entlang – aber alles ist ein bißchen putzig-poliert und studentenstadt-kneipenhaft. Nicht vorbeifahren sollte man an der sehr schönen Barockkirche von Neustift, etwas außerhalb der Altstadt beim Landratsamt gelegen, vor allem wegen des Hochaltars und der zahlreichen Einzelbildwerke von Ignaz Günther. – Die Buchhandlung »Abraxas« in der Bahnhofsstraße ist trotz ihres nach Esoterik klingenden Namens eine überdurchschnittliche Provinzbuchhandlung. Im »Lindenkeller« am Veitsmüllerweg (unterhalb des Weihenstephaner Berges) finden eine Menge auch überregional interessanter Veranstaltungen (Ausstellungen, Konzerte, Kabarett) des eher unangepaßten Spektrums statt. Und im Frühjahr bis Herbst sollten sich Gartenfreunde unbedingt Zeit für die Schaugärten der Staatlichen Versuchsanstalt für Gartenbau nehmen: der »Oberdieck-Garten« auf dem Weihenstephaner Berg versammelt etliche kleine Themengärten: Apothekergarten, Aromagarten, Bauerngarten zum Beispiel (Mai bis Oktober), Hofgarten und Buchsgarten liegen ebenfalls oben in Weihenstephan (ganzjährig). Besonders sehenswert und weithin gerühmt ist der Staudensichtungsgarten mit Schaugarten an der Thalhauser

Straße: unzählige Sorten, die kein Gartencenter führt, kann man hier live kennen-lernen. ∅ 08161/715384, Öffnungszeiten: Mo – Fr 8 – 18, Sa/So 9 – 18 Uhr. Sehr interessant auch das »Museum im Schafhof« am Weihenstephaner Ring zur Geschichte der bayerischen Landwirtschaft. ∅ 08161/21272, geöffnet Di – So, 10 – 17 Uhr, November geschlossen. www.fh-weihenstephan.de.

Im Münster St. Kastulus von **Moosburg** steht eines der größten bayerischen Kunstwerke: der hochragende spätgotische Schnitzaltar des Hans Leinberger, das Hauptwerk dieses unverwechselbaren Künstlers, der zwar noch der sehr späten Gotik angehört, in seiner Dramatik und Bewegtheit aber bereits ein Barockvorläufer ist. An den Seitenwänden vier Holzreliefs von seiner Hand, die das Martyrium des Hl. Kastulus in großer Drastik zeigen, im linken Seitenschiff ein Leinbergersches Kruzifix. An der Westfront des Münsters reich ornamentiertes romanisches Portal. In der Kirche des winzigen **Gelbersdorf** (Schlüssel beim nächstgelegenen Bauern-hof) findet man ebenfalls einen schönen gotischen Flügelaltar.

In **Wolnzach**, am Nordwestrand der Holledau, liegt das kuriose »Museum Kultur-geschichte der Hand«, ein Privatmuseum, das der Einheimische Norbert Nemetz aus seiner Obsession mit diesem Körperteil entwickelt hat : viele hundert Exponate hat er zusammengetragen, von einem Riesenfinger der Bavaria bis zu einer klei-nen Dalischen Porzellanhand. Das Museum wurde ausgezeichnet für hervorragen-de Umsetzung eines Spezialthemas und ist von Mi – So täglich 13 – 17 Uhr geöffnet. www.museum-der-hand.de, ∅ 08442/1654.

Im Norden, Donaumoos, Ingolstadt, Neuburg

Kloster **Scheyern** westlich von Pfaffenhofen ist irgendwie von großer Bedeutung für die bayerisch-wittelsbachische Geschichte, aber mir gefällt es nicht besonders. Die Klostergebäude, die ein Internat beherbergen, sind massig und langweilig, die barockisierte Basilika eng und dunkel. Zu sehen gibt es das »Scheyrer Kreuz« mit einer Reliquie und einen mäßig interessanten Bilderbogen wittelsbachischer Ge-schichte – und das Bräustüberl.

Ähnlich geht es mir mit **Schrobenhausen**, wo es ein »Spargel-« und ein »Lenbach«-Museum, mit kombinierter Eintrittskarte, gibt. Was, frage ich mich, will man über Spargel groß wissen, außer wie er schmeckt? (Das auszuprobieren, hat man in Schrobenhausen beste Gelegenheit.) Und der bessere Salonmaler Franz von Len-bach (4000 meistens geschönte Auftragsporträts gibt es von ihm, achtzig allein von Bismarck!) muß zwar ein ganz interessantes Leben gehabt haben, aber sein Geburtshaus mag ich trotzdem nicht beehren. (Interessanter ist eine neue Biogra-phie: Brigitte Gedon: Franz von Lenbach, Nymphenburger 1999.) Und interessanter in Schrobenhausen finde ich eine kleine Ausstellung im »Pflegschloß« über den Ex-

Libris-Künstler, Buchillustrator und Jugendstilwegbereiter (die Gestaltung der Zeitschrift PAN z.B.) Joseph K. Sattler. Für die Öffnungszeiten aller Spargelstadt-Museen: Amt für Öffentlichkeitsarbeit im Rathaus, www.schrobenhausen.de ∅ 08252/900.

Ein paar Kilometer südlich von Schrobenhausen lohnt die weithin sichtbare Wallfahrtskirche **Maria Beinberg** den Besuch, buntgedrängtes ländliches Frühbarock, eine Unmenge von Votivtäfelchen. www.schrobenhausen.de.

In **Kleinhohenried** mitten im Donaumoos liegt das »Freilichtmuseum mit Umweltbildungsstätte Donaumoos«, das über die besonderen Lebensbedingungen dieses bitterarmen und lange Zeit verrufenen Landstrichs wirklich gut informiert. Wenn man sich nicht beeilen muß, ist hier auch eine Führung lohnend. Öffnungszeiten und Infos unter ∅ 08454/95205, www.haus-im-moos.de.

Für **Ingolstadt** sollte man sich dann wirklich Zeit nehmen. Folgender Rundgang-Vorschlag: Das Auto in der Münstergarage abstellen. Hier ist man gleich mittendrin. Kreuztor rechts: im Bürstenladen der »Geschw. Bruckmayer« kann man schöne altmodische Haushaltskerzenpackungen oder »Weihrauch fürs Haus« kaufen. Dann quer durchs Münster zur Hauptachse der Theresienstraße mit schönen Giebelhäusern. Im Münster besonders sehenswert die Rückseite des prächtigen Renaissance-Altars von Hans Mielich: die Professorenversammlung der Hohen Schule; und die bizarren Hängerippengewölbe in den Seitenschiffen. In der Theresienstraße, fast Ecke Am Stein, war das Segafredo-Espresso der Handl/Fleißersche Tabakladen. In der Parallelstraße Kupfergasse ist im Geburtshaus Marieluise Fleißers ganz neu eine sehr sehenswerte Gedenkstätte eröffnet worden (∅ 0841/3051885, Fremdenverkehrsamt, geöffnet So 11 – 17 Uhr). Rathausplatz mit Moritzkirche, Herzoglicher Kasten mit attraktiver Stadtbücherei. In der Tränktorstraße das »Museum für Konkrete Kunst« (geöffnet Di – So 10 – 17 Uhr), dann zum Neuen Schloß (mit Armeemuseum). Über die Ludwigstraße und die Schmalzingerstraße zum Schrannenplatz mit der strengen, steilen Fassade der Franziskanerkirche, durch die Kupferstraße (Nr. 18 Fleißers Geburtshaus), in die Konviktstraße zur Asamkirche Maria de Victoria (Stuckausstattung von Egid Quirin, das phantastische Deckenfreko von Cosmas Damian zeigt die Menschwerdung Christi und die Segnungen des Glaubens für die vier Erdteile: aberwitzige Architekturen und Perspektiven). In der Sakristei die berühmte Lepanto-Monstranz: eine ganze Seeschlacht in Gold und Silber. Durch die Jesuitenstraße zum eigenartigen polygonalen Fortifikationsbau des »Kavalier Hepp«, Auf der Schanz 45, heute sehr sehenswertes Stadtmuseum mit Spielzeugmuseum (vor allem Blechspielzeug um 1900), geöffnet Di – Fr, 9 – 17, Sa/So 10 – 17 Uhr. Hier auch das Stadtarchiv mit dem Fleißer-Archiv, Kontakt Ingrid Eiden ∅ 0841/3051890. Durch den Oberen Graben, Kreuzschmied-, Gerber- und Griesbadgasse zur Alten Anatomie mit dem »Deutschen Medizinhistorischen Museum« (geöffnet Di – So 10 – 12 und 14 – 17 Uhr). In einem lichten Barockbau eine einzigartige Sammlung des Makabren: Klistierstühle und Trepanationsbestecke, lepröse Kieferknochen und Wachsmoulagen von Pockeninfektionen, »Kranioklaste« zur Zertrümmerung des Kinderschädels im Mutterleib oder zahnärztliche Instrumente des Grauens… Merkwürdigerweise wird man bei der Anschauung dieser ganzen ideenreichen Hinfälligkeits-Bekämpfung immer ruhiger – und die sogenannten »Ganzpräparate« im schön gekuppelten Saal, ledrig konservierte, aufrecht stehende Tote, auch bewegend zarte Kinderskelette, betrachtet man mit gelassener Sympathie. Sehr erholsam ist dann der wunderbar angelegte Kräuter- und Medizinalgarten – es gibt auch einen Tast- und Aromagarten für Blinde. – Dann entlang der Zinnenstadtmauer, in die Wohnungen mit kleinen Gärten dahinter integriert sind, durch die stimmungsvollen Straßenzeilen von Taschenturmstraße, An der Schleifmühle, Am Roseneck. In Nr. 4 im ersten Stock hat Marie-Luise Fleißer ihre Ehejahre verbracht, vom RoLi-Kino an der Ecke hat sie die Karten für ihr Haushaltsbuch aufgehoben und in der Vorstadtwirtschaft »Daniel« war sie öfters Gast. Schließlich noch hinüber zur steilgiebeligen Hohen Schule, die von 1472 bis 1800 die Bayerische Landesuniversität war. Es lehrten hier bedeutende Humanisten, aber auch allerhand Obskurantisten und die jesuitischen Protestantenfresser der Gegenreformation; im 18. Jahrhundert war sie das Zentrum des Geheimordens der »Illuminaten«. Mary Shelley hat ihren »Frankenstein« bewußt in dieser damals berühmten Universitätsstadt angesiedelt, obwohl sie die nie gesehen hat. Das Goldknopfgäßchen bringt uns wieder zum Münster und zur Parkgarage auf der anderen Seite. (Ein paar Einkehrmöglichkeiten unterwegs: »Am Stein« gibt es ein altmodisches Wiener Café im ersten Stock, in der Dollstraße das »Herrnbräu« mit guter bayerischer Küche und neben der Hohen Schule das kleine Café »Melange«. Außerhalb der Stadtmauer in den Glacisgärten, nicht weit von der Anatomie, liegt der im Sommer ideale »Biergarten am Künettegraben«), www.ingolstadt.de

Die Altstadt von **Neuburg an der Donau** ist bei allem Reiz im Vergleich mit Ingolstadt sehr übersichtlich. Im Museum des riesig aufragenden Renaissance-Schlosses läßt sich die Geschichte des in jeder Beziehung exzessiven Pfalzgrafen, des physisch voluminösen, hochverschuldeten, manischen Kunstsammlers und Mäzens Ottheinrich nachvollziehen. (Geöffnet Di – So 9 – 18 Uhr). Das Museum »Biohistoricum« ebenfalls in der alten Oberstadt, Amalienstr. 33, ist ein Themenmuseum zur Geschichte der Biologie (geöffnet Di – So 10 – 17 Uhr). Und sehr lohnend ist ein Besuch der Provinzialbibliothek am Karlsplatz; den hinreißenden Rokokosaal kann man jeweils mittwochs 14.30 Uhr, ein bißchen arg selten, ansehen und im sachlicheren Lesesaal dann alle möglichen »Neoburgica« studieren. In

die Alte Hofapotheke ist ein Jazzclub eingezogen, und das romantische Bieder-
meiertheater bietet wechselndes Programm. Infomationen und Programm bei der
Gästeinformation Neuburg, ∅ 8431/55240. www.neuburg-donau.de
Ein paar Kilometer nördlich von Neuburg (auf der Fahrt hat man einen sehr schönen Rückblick auf die Stadtsilhouette) liegt in einer Waldlichtung Richtung Altmühl-
tal die Klosterkirche von **Bergen** mit sehr schöner Barockausstattung und darunter einer perfekten romanischen Krypta.

LEKTÜRE

Marieluise Fleißer: Ingolstädter Stücke: *Fegefeuer in Ingolstadt, Pioniere in Ingolstadt, Der starke Stamm*. Außerdem der Ingolstädter Roman: *Eine Zierde für den
Verein* und ihre Erzählungen. Interessante Ingolstadt-Bezüge auch im umfangrei-
chen *Nachlaß*-Band. Alle Suhrkamp, Frankfurt. Sehr lesenswert sind der *Brief-
wechsel 1925–1974* (Suhrkamp 2001) und die Biographie *Marieluise Fleißer* von
Carl-Ludwig Reichert (dtv 2001).
Im Ingolstädter Donaukurier-Verlag ist ein schöner Schwarzweiß-Fotoband, *Marieluise Fleißers Ingolstadt*, und eine regionale Textauswahl, *Aus der Kupferstraße*,
erschienen (nur antiqu.). Die Ausgabe 96/2001 der wunderbar gestalteten »Mar-
bacher Hefte« der Deutschen Schillergesellschaft ist Marieluise Fleißer gewidmet.
Irina Liebmann: *Letzten Sommer in Deutschland – Eine romantische Reise*, Kiepenheuer & Witsch 1997. Sehr lesenswertes literarisches Reisebuch der Ostberli-
ner Schriftstellerin, von der Oder bis zum Bodensee; Ingolstadt und der Fleißerin ist
ein längeres Kapitel gewidmet.
Marianne Hofmann: *Es glühen die Menschen, die Pferde, das Heu*, Suhrkamp
1998. Gelungener Erstlingsroman über eine Fünfzigerjahre-Kindheit als Wirtstoch-
ter in einem Holledau-Dorf.
Carl Amery: *Das Geheimnis der Krypta*, List 1990. Ein etwas schwieriger, komple-
xer Freising-Roman mit Science-Fiction-Elementen. Unbedingt lesenswert, zu Orten
wie Altötting, zur bayerischen Geschichte und zum altbayerischen Lebensgefühl, ist
der sprachgewaltige, farbige, barocke Roman: *Die Wallfahrer*, Heyne 1989. Eine
bayerische Vision von der Frühzeit, über das Komödiantentum und das drastische
Predigertum der Barockzeit, zu den Ursprüngen der Staatspartei CSU – bis zur sehr
apokalyptisch-pessimistisch gesehenen Zukunft dieses schönen Landes.

ORTSREGISTER

BILDNACHWEIS

S. 8   Moser, Niederbayern, Rosenheimer Verlagshaus 1990

S. 16   Postkarte, Kohlbauer Verlag, Pfronten

S. 23   HB-Bildatlas 125 Fränkische Schweiz

S. 26   Postkarte, Verlag Schnell & Steiner, Regensburg

S. 32/33 Renate Just

S. 35   Südliches Niederbayern, Gästeführer des Tourismusverbands Ostbayern

S. 38   Stieglitz/Wackenhut, Die fränkische Schweiz, Ellert & Richter Verlag, Hamburg 1997

S. 44   Höhn, Albrecht Dürer und seine Fränkische Heimat, Schrag Verlag Nürnberg 1928,

S. 47   Postkarte, Lippert Verlag, Ebermannstadt

S. 49   Gerardi, Bilder aus Franken, Verlag Nürnberger Presse, Nürnberg 1960

S. 50   Pollmann, Fränkische Schweiz, Bruckmann Verlag, München 1998

S. 54   Renate Just

S. 59   Judenfrei. Ausstellungskatalog, Nürnberg 1995, © Jim G. Tobias

S. 60   ebd.

S. 64   Richter, Die Gruppe 47, Kiepenheuer & Witsch, Köln 1997

S. 67   Merian, Fränkische Schweiz, Heft 6/XXVI

S. 70/71 Pollmann, Fränkische Schweiz, Bruckmann Verlag, München 1998

S. 76   Felsengarten Sanspareil, Amtlicher Führer der Verwaltung der staatlichen Schlösser, Gärten und Seen

S. 79   ebd.

S. 82   Postkarte, Oberfränk. Ansichtskartenverlag, Bayreuth

S. 87   Merian Bayern, August 1992

S. 102   Dorothea Schmid

S. 107   Schober, Frühe Villen und Landhäuser am Starnberger See, Oreos Verlag, Waakirchen-Schaftlach 1998

S. 108   ebd.

S. 115   ebd.

S. 117   Postkarte 1918

S. 125   Postkarte, Verlag Richard Wörsching, Starnberg

S. 128   Postkarte, Verlag Pikola, Seeshaupt

S. 130   Postkarte 1914

S. 137   Schober, Frühe Villen und Landhäuser am Starnberger See, a.a.O.

S. 138   ebd.

S. 142/143 Postkarte

S. 157   Bahnmüller / Buck, Oberbayerisches Land, Stöppel Verlag, Weilheim 1985

S. 158   Postkarte, Verlag Reincke, München

S. 166   Postkarte, Konrad Verlag, Germering

S. 169   Postkarte, Luftbildverlag Bertram, München

S. 170   Postkarte Thoma Verlag, Benediktbeuren

S. 177   Postkarte, Huber Verlag, Garmisch

S. 178   Postkarte 30er Jahre

S. 183   Postkarte, Bad Tölz, Kurverein

S. 196   Gabriele Münter, Ausstellungskatalog, Prestel verlag, München 1990

S. 201   Bahnmüller / Buck, Oberbayerisches Land, a.a.O.

S. 202   Postkarte, A. Scheler, Bad Oberdorf

S. 209   Bahnmüller / Buck, Oberbayerisches Land, a.a.O.

S. 214   Postkarte, Eva Naske-Jaenisch, Murnau

S. 224   Lenbachhaus, München

S. 226   Das Rottal Heimatbuch, Kiebitz Buch, Vilsbiburg 1995

S. 232   Festschrift 125 Jahre Freiwillige Feuerwehr Schönberg, Schönberg 1998

S. 239   Burg zu Burghausen, Amtlicher Führer der Verwaltung der staatlichen Schlösser, Gärten und Seen, München 1976

S. 240   ebd.

S. 243   ebd.

S. 250   Renate Just

S. 256/257 Merian Oberbayern Juni 2000

S. 260   Votivbild, Verlag Vorfeld und Janssen, Kevelaer

S. 263   Becker, Pilgerwege Altötting, St. Otto Verlag Bamberg 1990

S. 264   Susanne Klippel, Straßenrandbilder, Frauenbuchverlag, München 1981

S. 273   Renate Just

S. 275   Postkarte, Renner, Dorfen

S. 276   Postkarte, Verlag Schnell und Steiner, München

S. 280   Böck / Münch, Die Hallertau, Pinkser Verlag, Mainburg 1973

S. 284   Hinterkaifeck, Programmheft des Theater Nikola, Landshut 1994

S. 286   Fleißers Ingolstadt, Verlag Donaukurier, Ingolstadt 1998

S. 289   ebd.

Karten: Peter Frese, München